Die Briefe Friedrichs des Großen
an seinen vormaligen Kammerdiener Fredersdorf

DIE BRIEFE
FRIEDRICHS DES GROSSEN
AN SEINEN VORMALIGEN KAMMERDIENER
FREDERSDORF

*

HERAUSGEGEBEN UND ERSCHLOSSEN
VON
JOHANNES RICHTER

*

AUGUST STEIGER VERLAG MOERS
1979

Unveränderter Nachdruck der Ausgabe von 1926
Steiger Verlag Moers 1979/80
Gesamtherstellung: Hain-Druck KG, Meisenheim/Glan
Printed in Germany
ISBN 3 921564 19 0

„Man kennt diesen König allein durch seine Taten, die Geschichte wird sie nicht verschweigen; aber, was er für die wenigen ist, die mit ihm leben, verkündigt sie nicht."

*

Ausspruch D'Alemberts
über Friedrich den Großen

Die Briefe Friedrichs des Großen an seinen vormaligen Kammerdiener Fredersdorf, so lautet dieses Buches Überschrift! Für manchen Leser, in dessen Herzen „Fridericus rex, unser König und Held" einen hohen Platz einnimmt, der aber bisher nicht Zeit oder Neigung fand, sich im einzelnen mit Friedrichs Lebensumständen zu beschäftigen, mag der Name Fredersdorf zum ersten Mal bei dieser Gelegenheit aufgetaucht sein. „Wer war dieser Mann?" lautet daher naturgemäß seine erste Frage.

Michael Gabriel Fredersdorf, geboren 1708, war in der Rheinsberger Zeit des Kronprinzen Kammerdiener und stieg nach Friedrichs Regierungsantritt 1740 zum „Geheimen Kammerier", d. h. zum Verwalter der königlichen „Schatulle" auf. Als solcher entfaltete er aber eine Tätigkeit und besaß er einen Einfluß, die weit über den eigentlichen Rahmen seines Amtes hinausreichten. Voltaire nannte ihn, mit voller Berechtigung, „le grand factotum du roi Frédéric". Das Vertrauen des Königs besaß Fredersdorf in vielleicht einzigartiger Weise, und die warmherzige Anteilnahme und wahrhaft rührende, bis in kleinste Einzelheiten gehende Fürsorge, die Friedrich dem Wohlergehen dieses schlichten Menschen zuwandte, war derart, daß es dafür nur einen zutreffenden Vergleich gibt: Es war wie das Verhältnis des treuen Vaters zu seinem lieben Kinde. Diese wenigen Worte der Antwort auf die natürlich nächstliegende Frage des Lesers mögen an dieser, einleitenden, Stelle genügen; denn schon drängt sich, mit fast gleicher Stärke, die andere Frage vor: „Wie ist es bei der allgemeinen Anteilnahme an allem, was mit Friedrich dem Großen zusammenhängt, möglich, daß eine ganze Sammlung von Briefen erscheinen kann, die zum bei weitem größten Teil fast zwei Jahrhunderte lang nicht nur der breiteren Öffentlichkeit, sondern auch der Wissenschaft unbekannt geblieben sind? Wo kommen die Briefe her? Wie wurden sie „entdeckt"? Ist ihre Echtheit auch über jeden Zweifel erhaben?" Gemach! Das soll alles der Reihe nach erzählt werden.

Vorweg aber möchten wir ein mögliches Mißverstehen von Anfang an abschneiden: Der eigentliche Gegenstand dieses Buches ist **nicht** die Persönlichkeit **Fredersdorfs**, der ein treuer, guter Mensch war, aber nichts Überragendes bedeutete, sondern allein der große **König**. Wie bei allen historischen Persönlichkeiten, die durch die weithin sichtbare Höhe ihrer Stellung und durch ihr Verstricktsein in die Fäden der Politik gezwungen sind, jedes Wort, das sie sprechen oder schreiben, auf seine Wirkungen abzuschätzen und daher ihre Zunge und ihre Feder fast stets im Zaum zu halten, so ist es auch bei Friedrich II. **schwer, in das eigentliche, das menschliche Wesen einzudringen**, wenn sich nicht zufällig ein besonderer Geheimschlüssel dazu findet. Als solcher wird aber kaum etwas anderes brauchbarer sein als ein Briefwechsel mit einem Menschen, dem gegenüber jede Scheu, jedes Zweckwollen, jede Künstelei fortfällt und durch ein unbedingt offenes Sichgeben und volles Vertrauen ersetzt wird. Das trifft für unsere Briefe zu, und **darin** liegt ihr ganz eigener Wert; sie sind ein **Spiegel des menschlichen Wesens** des großen Königs. Und in diesem Spiegelbild werden wir, wenn wir uns in rechter Weise darin versenken, nicht nur, in eigenartiger Unmittelbarkeit des Eindrucks, alle die Eigenschaften wiederfinden, die uns den großen König, Staatsmann und Feldherrn seit je **bewundern** ließen, sondern wir werden darüber hinaus Wesenszüge von so tiefer und schlichter seelischer Schönheit an ihm entdecken, daß wir des Glückes teilhaftig werden, diese von Jugend auf **verehrte** Gestalt, mehr noch als bisher, ganz einfach **menschlich lieb zu gewinnen**.

Man erwarte aber kein rührseliges, oder gar ein „tendenziöses" Buch! Die unleugbaren ernsten Schatten in Friedrichs Wesen werden nirgends, wo sie in unseren Briefen sichtbar sind, beschönigt oder vertuscht werden. Das beste, was uns solche, ohne Hemmungen und darum ganz wahrhaftig geschriebenen Briefe schenken können, ist ja der Eindruck blutwarmen Lebens, wie es wirklich **ist**, mit allen Licht- und Schattenseiten. Noch weniger aber erwarte man ein Buch der „Sensationen" im Sinne von „Menschlich-Allzumenschlichem". Wer das sucht, schlage getrost den Deckel zu, er wird **nicht** auf seine Rechnung kommen! Das bekannte Sprichwort, niemand sei „groß" vor seinem Kammerdiener, wird für unsere Briefe, zumal wenn man nicht an ihrer Oberfläche bleibt, in sein **Gegenteil verkehrt!**

Und nun können wir uns den vorhin zurückgedrängten Fragen zuwenden, wie unser Buch entstanden sei, wie die Briefe solange im Verborgenen bleiben konnten, und wie ihre Echtheit zu beweisen ist.

Es war an einem Spätherbstabend des Jahres 1924, als der Herausgeber am knisternden Kaminfeuer eines einsam in den Thüringer Bergen gelegenen Landschlosses saß im Plaudergespräch mit den Hausgenossen. Er erzählte davon, wie er den Nachmittag im freundnachbarlichem Schloß Kochberg zugebracht habe, dem noch jetzt von der Familie des Freiherrn von Stein bewohnten einstigen Sitz von Goethes Freundin Charlotte. Dort steht in einem kleinen, mit Zeichnungen von Goethes Hand geschmückten Zimmer der alte „Sekretär" der Frau v. Stein, auf dessen herunterklappbarer Tischplatte der Dichter einst bei jedem seiner Besuche in kindlich-fröhlichem Übermut das glückhafte Datum — noch heute erkennbar — eingeschrieben hat. Es hat einen wunderbar feinen Reiz, einsam bei Kerzenschein — denn diese trauliche Beleuchtungsart ist in dem wehrhaft dicken Gemäuer des alten Wasserschlosses noch heute die übliche — an diesem Schreibtisch zu sitzen und in den Briefen und Poetereien Goethes, Charlottens und anderer bedeutender Menschen, die er bewahrt, zu kramen. Die anderthalb Jahrhunderte, die uns von jenen Tagen trennen, da alles das lebendige Gegenwart war, schwinden dem träumend Genießenden lautlos dahin. Davon nun wurde am Kamin des Nachbargutes am Abend geplaudert, insbesondere über einen ergreifenden Brief Richard Wagners aus seiner noch jungen, unenttäuschten Freundschaft mit Nietzsche, der auch den Weg in weiland Charlottens Schreibtisch gefunden hatte. Und so kam es ganz von selbst, daß das Gespräch sich auf die Frage richtete, wieviel solcher äußerlich vergilbter, aber innerlich lebendiger Briefschätze wohl noch in Truhen und Schränken alter Herrensitze verborgen sein möchten! — Da ergab sich denn, daß vom verstorbenen Schloßherrn her, dessen Vorfahren zu Goethes gesetzlichen Erben zählten, eine ganze Sammlung von Goethebriefen im Hause vorhanden sei, und — daß sich in der Familie der aus Mecklenburg stammenden Schloßherrin noch zahlreiche Briefe Friedrichs des Großen befinden müßten! Diese Friedrichsbriefe seien allerdings auf acht Erbstämme verteilt, aber trotzdem „hoffentlich noch alle vorhanden"! Jedenfalls aber sei, so berichtete die Hausherrin weiter, von ihrem verstorbenen ältesten Bruder, dem Grafen Adolf von Bassewitz, der auf Prebberede in Mecklenburg saß, vor der Verteilung der Urstücke eine Abschrift aller Briefe genommen worden.

Der Herausgeber horchte hoch auf — und nun ergab sich eins aus dem anderen. Der dortige Anteil an den Friedrichsbriefen wurde hervorgesucht und bald auch die Gesamtabschrift aus Prebberede herbeigeschafft. Die Briefe erwiesen sich als sehr schwer lesbar, erstens äußerlich wegen der Handschrift und der unerhört „souveränen" Behandlung der Rechtschreibung und Zeichensetzung durch den König (worauf wir noch zurückkommen) und sodann auch inhaltlich. Diese inhaltlichen Schwierigkeiten beruhen darauf, daß die Korrespondenten, wie das bei ihrem engen Zusammenleben ganz natürlich ist, tausenderlei Dinge und Umstände als **selbstverständlich bekannt** voraussetzen, die für den heutigen Leser erst künstlich wiederhergestellt und ergänzt werden müssen, um die Briefe so lebendig und farbig zu machen, wie sie einst waren, und ihren, dann allerdings überaus großen, Reiz und psychologischen Kennzeichnungswert in vollem Umfang zur Geltung zu bringen. Daraus allein wohl, daß die Briefe bisher der aufschließenden Erläuterung entbehrten und auch zeitlich nicht richtig geordnet waren, ist es zu erklären, daß die Familie sie hauptsächlich als **Einzelstücke**, als „Autographen" und Andenken an den großen König bewertet und deshalb auch keine Bedenken getragen hatte, eine Verteilung — ohne Rücksicht auf zeitliche Zusammenhänge — vorzunehmen, zumal jeder Zweig begreiflicherweise gern etwas von diesen Heiligtümern in Besitz haben wollte. Als der nachmalige Herausgeber sich einige Tage in die Abschrift der ganzen, rund 300 Stücke umfassenden Sammlung vertieft hatte, erkannte er ihren hohen inneren Wert wenigstens schon insoweit, daß er, vom Inhalt hingerissen, sich weiter damit beschäftigte und für sich selbst eine erläuternde Schrift darüber verfaßte. Nachdem diese Ausarbeitung einmal entstanden war, lag der Gedanke nahe, sie bei den acht Brieferben umlaufen zu lassen, um diesen den Blick dafür zu schärfen, welcher innere Wert den Briefen, abgesehen von ihrer Eigenschaft als ehrwürdige „Handschriften", innewohne, wofern man sie nämlich **zusammenfaßte**, richtig ordnete und vor allem durch geeignete Erläuterung zu vollem Leben zurückriefe. War das erst von allen Beteiligten erkannt, so konnte der Gedanke nicht ausbleiben, die Briefe — zum mindesten in einer nach den Urstücken beglaubigten Abschrift — in einem Staatsarchiv niederzulegen und außerdem für eine **Herausgabe** in geeigneter Form Sorge zu tragen, damit dieser Schatz der Öffentlichkeit nicht länger vorenthalten bliebe, zumal in einer Zeit der Knechtung unseres Volkes, in der die Beschäftigung mit den leuchtenden Gestalten der vaterländischen Geschichte, vor allem mit Friedrich dem Großen und Bismarck, mehr noch als vor unserem Unglück innerstem Bedürfnis entspricht.

In diesem Sinne entschlossen sich die Erben nunmehr und baten den jetzigen Herausgeber um Übernahme dieser Aufgabe. Freudig sagte dieser zu, aber nicht ohne Bedenken, weil die Erschließung der Briefe — neben nicht erlernbarem seelischem Einfühlungsvermögen — eine sehr ins einzelne gehende Kenntnis aller Zweige der Zeitgeschichte erfordert, die er sich zum großen Teil erst erarbeiten mußte, während sie einer Fachgröße in der Durchforschung von Friedrichs Welt sehr viel leichter und in manchen Fällen gewiß auch besser zur Verfügung gestanden hätte. Wenn er den Antrag dennoch annahm, so verführte ihn nicht nur seine Begeisterung für den Stoff dazu, sondern auch der Eindruck, daß die Briefbesitzer infolge der erwähnten privaten Einführungsschrift auf seine Art, die Dinge zu sehen, eingestellt waren. Er wollte die Veröffentlichung auf jeden Fall sicherstellen und zwar in einer Form, die für den großen Kreis der Gebildeten lesbar sei. Ein Urteil, ob ihm dies gelungen, steht ihm nicht zu; das wird d a v o n abhängen, ob und wievielen deutschen Herzen durch dieses Buch die Gestalt des großen Königs noch l e b e n d i g e r und l i e b e r werden wird. Der gelehrten Fachkritik aber wird der Herausgeber für die Nachweisung von etwaigen Irrtümern in Einzelheiten aufrichtig dankbar sein, insbesondere auch hinsichtlich der zeitlichen Einordnung der Briefe, die, wie wir noch hören werden, vom König fast sämtlich ungenügend oder gar nicht „datiert" sind.

Der Generaldirektor der Preußischen Staatsarchive, mit dem sich der Herausgeber schon während der Verhandlungen mit den Briefbesitzern in Verbindung gesetzt hatte, schrieb ihm unter anderem:

„Von Ihrer vertraulichen Mitteilung, daß sich in Privatbesitz eine große Anzahl unbekannter Briefe Friedrichs des Großen und Fredersdorfs befinden, habe ich begreiflicherweise mit größtem Interesse Kenntnis genommen. Denn was kann es für einen Preußen und nun gar für einen preußischen Archivar erfreulicheres geben, als die Kunde, daß von Friedrich dem Einzigen noch unbekannte Dokumente vorhanden seien, die bei dem Verhältnis Friedrichs zu seinem vertrautesten Diener notwendigerweise intimste Zeugnisse sein müssen. Beunruhigend freilich ist, daß, wie Sie sagen, die Briefe nicht in einer Hand sind. Denn nichts ist für solche Sachen gefährlicher, als ihre Zersplitterung. Sie bedeutet notwendig mit der Zeit Verlust! . . ."

In der Tat war diese Gefahr auch in unserem Falle s e h r nahe gerückt, die Zusammenfassung der Briefe gelang gerade noch „in zwölfter Stunde". Ein Teil sollte eben nach Amerika gehen auf den dortigen Handschriftenmarkt, ein anderer Teil war, als nun die Urstücke vom Herausgeber gesammelt wurden, monatelang nicht aufzufinden, so daß man sich schon mit dem Gedanken vertraut machen mußte, sich für dieses Achtel mit der oben erwähnten, vor der Erbteilung gemachten Abschrift zu begnügen. Schließlich aber kamen auch diese letzten Briefe noch rechtzeitig zutage; sie waren, zum Schutz gegen Diebe während der unsicheren Zeiten, „zu gut" verwahrt worden und fanden sich in ein Päckchen verschlossen, das die absichtlich irreführende Aufschrift trug: „Kriegsernährungsverordnungen".

Nunmehr erfolgte die Prüfung der Briefe im Preußischen Geheimen Staatsarchiv zu Berlin und zugleich die Entnahme einer — nur für das Archiv selbst bestimmten, also nicht zugänglichen — amtlichen Abschrift. Unter dem 6. August 1925 (Aktenzeichen G. St. A. Nr. 1942/25) erteilte das Geheime Staatsarchiv folgende Bescheinigung:

„Herrn (Amtstitel) Dr. Richter wird auf seinen Antrag hierdurch bestätigt, daß der uns vorgelegte Briefwechsel zwischen Friedrich dem Großen und Fredersdorf als unzweifelhaft echt anzusehen ist. (Unterschrift des Direktors)".

Tatsächlich konnte schon vorher k e i n Zweifel an der Echtheit aufkommen, da die Briefe, abgesehen von der Bekanntheit von Friedrichs Handschrift, vielfach noch das königliche Siegel tragen und zudem der Weg, den sie von Fredersdorf bis zu den jetzigen Besitzern gegangen sind, genau und urkundlich gesichert zu verfolgen ist. Mit den Einzelheiten wollen wir, angesichts der schon allein ausschlaggebenden Bestätigung durch die berufenste amtliche Stelle den Leser nicht ermüden, es mögen die folgenden Mitteilungen genügen: Die Briefe und im Zusammenhang damit die persönlichen Geschenke des Königs an Fredersdorf sind durch seine Witwe, Frau C. M. E. Fredersdorf, geborene Daum, an ihre Nachkommen aus ihrer zweiten Ehe, die sie mit einem Herrn von Labes schloß, vererbt worden. Von dort gelangten sie im Erbgang an einen Grafen Schlitz und von diesem an die Grafen von Bassewitz-Prebberede, von denen die jetzigen Besitzer, bzw. deren verstorbene Ehegatten, abstammen.

Über die Frage, inwieweit der, auf die obengenannte Weise im Erbwege von Geschlecht zu Geschlecht gewanderte, Briefwechsel bisher der Öffentlichkeit unbekannt war, ist folgendes zu berichten. Wer sich mit der Briefhinterlassenschaft Friedrichs II. beschäftigt hat — sei es mit den 15 Bänden „Correspondance", die die im ganzen dreißigbändigen „Oeuvres de Frédéric le Grand" enthalten, oder auch nur mit kleineren, volkstümlichen Ausgaben — weiß, daß einige zwischen Friedrich und Fredersdorf gewechselte Briefe bereits bekannt waren. Alle in den volkstümlichen Schriften abgedruckten Stücke sind den „Oeuvres" (Band XXVII Abt. 2. S. 127 ff.) entnommen; der Herausgeber der Oeuvres aber fußt seinerseits nicht auf den Handschriften, sondern — wie er selbst sagt und sich außerdem aus der Wiederholung der Lesefehler ergibt — auf einem kleinen Büchlein, das im Jahre 1834 von Friedrich Burchardt herausgegeben wurde. Dieses bis auf wenige Stücke verschollene Heftchen, das — nach einer kurzen, mit Unrichtigkeiten durchsetzten Lebensbeschreibung des Kämmerers — den Wortlaut von 40 Briefen des Königs und von 3 Fredersdorfschen bringt, ist aber wiederum aus unserer Bassewitzschen Sammlung abgeschrieben worden. Burchardt muß diese Sammlung also gekannt haben, hat sich aber bei der Auswahl der Stücke vom bloßen Zufall leiten lassen. Dieser Umstand, nebst verschiedenen gröblichen Lesefehlern, bringt uns auf die Vermutung, daß er nur kurze Zeit zur Einsichtnahme zur Verfügung gehabt hat.

Zusammenfassend können wir also feststellen, daß keine Briefe bereits bekannt waren, die nicht unserer Bassewitzschen Sammlung angehörten, von den über 300 Briefen dieser Sammlung aber wiederum nur die 43 Stücke, die Burchardt — ganz oder teilweise — daraus abgeschrieben hat; denn Burchardt ist, wie wir sahen, die einzige Quelle für alle weiteren bisherigen Veröffentlichungen.

Trotz dieser Sachlage und trotz seiner Mängel ist das Burchhardtsche Büchlein von 1834 für uns aber doch recht wertvoll. Aus der Bassewitzschen Sammlung sind nämlich seit Burchardt — von 1819 besitzen wir eine Stückzahlangabe in einer gesiegelten Urkunde des Grafen Schlitz, der die Briefe damals mit Zahlen versah — 16 Stücke verloren gegangen. Und nun will es ein glücklicher Zufall, daß 8 von diesen später abhanden gekommenen Briefen bei Burchardt und daraufhin in den „Oeuvres" abgedruckt sind, so daß wir ihren Wortlaut kennen. Ein weiteres von den verlorenen Stücken ist auf unbekannten Wegen in den Besitz des Prß. Geheimen Staatsarchivs gelangt, wo der Herausgeber es fand und abschrieb. Daß auch dieses Stück tatsächlich aus der Bassewitzschen Sammlung herrührt, war deutlich daran zu erkennen, daß es mit einer Ziffer versehen ist, die offensichtlich von der stark eigenzügigen Hand des erwähnten Grafen Schlitz stammt. Der Verlust an Briefen vermindert sich demnach hinsichtlich der Urstücke auf 15, und was die Kenntnis des Inhalts betrifft, auf 7. Sollte ein Leser des Buches in der Lage sein, über den Verbleib dieser 7 Briefe Angaben zu machen, würden wir das natürlich dankbar begrüßen.

Eine, von der bisher behandelten unabhängige, Frage ist es, ob außer den Briefen, die Fredersdorfs Witwe besessen hat — diese sind, wie wir durch die Urkunde des Grafen Schlitz wissen, bis auf den erwähnten geringfügigen Verlust, vollständig auf uns gekommen — noch andere zwischen dem König und Fredersdorf gewechselte Briefe irgendwo verborgen sein könnten. Wir halten das für in hohem Maße unwahrscheinlich, denn der K ö n i g hat Briefe von Fredersdorf offenbar nicht verwahrt — sonst würden sie ja in den Archiven vorhanden sein — und was Fredersdorf vom Könige gesammelt hat, ist von seiner Witwe sorgfältigst aufgehoben worden; denn wir wissen von ihr urkundlich, daß sie diese Dinge in fast überschwenglicher Weise heilig gehalten hat. (Daß wir durch Fredersdorf nicht nur Briefe des Königs besitzen, sondern auch viele von ihm selbst, beruht lediglich darauf, daß Friedrich die Briefe seines Kämmerers häufig auf dem gleichen Papier durch Randbemerkungen oder darunter gesetzten Text beantwortete und ihm so zurücksandte.)

Nach den vorstehenden Erwägungen werden wir uns also wohl damit abfinden müssen, daß die in der Bassewitzschen Sammlung sich findenden Lücken niemals ausgefüllt werden können, da die nichtvorhandenen Briefe offenbar schon zu Fredersdorfs Lebzeiten verloren gingen. Diese Lücken sind leider groß. Die ersten uns erhaltenen Stücke stammen aus den von höchsten Spannungen erfüllten Schlußmonaten des Zweiten Schlesischen Krieges, es sind 25 eigenhändige Königsbriefe (vom 24. September bis zum 25. Dezember, dem Tage des Friedensschlusses in Dresden). Dann folgt ein großer leerer Raum. Aus dem Jahr 1747 sind (vom 2. Februar bis 30. April) 49 Briefe vorhanden, aus dem nächsten Jahre, 1748, nur 15 Stücke. Darauf folgen 3 Briefe vom Sommer 1750 und sodann vom Mai 1751 bis November 1752 in ziemlich gleichmäßiger Verteilung 20 Briefe. Von nun an wird das Erhaltene immer reichhaltiger, bis die insgesamt 305 Stücke umfassende Sammlung mit einem Brief vom 18. April 1756 schließt. Aber auch in den besten Zeiten sind einzelne Lücken zu beklagen, was daraus zu erkennen ist, daß der König und Fredersdorf sich gegenseitig auf Briefe beziehen, die uns fehlen. Der Schriftwechsel muß, mindestens zeitweise, überaus rege gewesen sein. Der Fall, daß wir von **einer** Seite am gleichen Tage 2 und auch 3 Briefe haben, ist in unserer Sammlung gar nicht selten. Als Beweis dafür, **wie** lebhaft der Briefverkehr war, mögen folgende Stellen dienen: Fredersdorf hat da (vgl. Nr. 65) dem König einen wichtigen und sehr geheimen Brief gesandt. Da Friedrich am gleichen Abend eine (nicht bekannte) Antwort schickt, ohne darin jenes wichtigen Schreibens zu gedenken, wird Fredersdorf besorgt und richtet eine Rückfrage an den König. Darauf antwortete dieser (übrigens in einer so barschen Tonart, wie er sie Fredersdorf gegenüber sonst nie anwendet): „Du Schreibest mihr 20 briwe alledage, ich Kan ohnmöglich auf aldas tzeuch antworten. ich habe alles Empfangen und werde Mitwoch in berlin Seint. Fch." Mag das mit den „20 Briefen" auch sicher eine scherzhafte Übertreibung der königlichen Ungeduld sein, **äußerst** rege war der Briefwechsel sicher und zwar keineswegs, wie es nach der oben angeführten Stelle scheinen könnte, **gegen** den Wunsch des Königs. Das zeigt z. B. folgender Fall: Friedrich ermahnt den schwer erkrankten Fredersdorf, er solle sich sehr mit Schreiben **schonen**, aber ihm, wenn möglich, doch wöchentlich **wenigstens** zwei- bis dreimal ins Truppenübungslager schreiben, wie es mit seinem Befinden stünde. Also zwei bis drei Briefe wöchentlich von **einer** Seite, wo Fredersdorf sich „schonen" soll! — Das sagt genug!

Burchardt meint nun, das Fehlen so vieler Briefe sei vielleicht daraus zu erklären, daß der König nach Fredersdorfs im Januar 1758 erfolgtem Tode den Schriftwechsel zum größten Teil eingezogen habe, womit offenbar angedeutet werden soll, der König habe die Absicht gehabt, ihm Unangenehmes zu vernichten. Dieser Ansicht, deren verschwiegener Sinn durchsichtig ist, möchten wir entschieden widersprechen. Die Urkunden, auf die Burchardts Vermutung von der „Einziehung" wohl zurückgeht, liegen uns vor. Ein gewisser, auch in unsern Briefen mehrfach vorkommender Geheimrat Köppen hat tatsächlich nach Fredersdorfs Ableben auf Friedrichs Anordnung hin zwei mit königlichem Siegel verschlossene Bündel „von der königlichen **Familie**" an Fredersdorf gerichteter Briefe laut uns vorliegender Bescheinigung am 18. April 1758 von der Witwe für den König in Empfang genommen. Man könnte also so folgern: Der in Friedrichs Befehl gebrauchte Ausdruck „Briefe von der königlichen Familie und dergleichen" umfasse auch die Briefe des **Königs** selber, die uns erhaltenen Briefe seien also nur ein nach kritischer Überprüfung zurückgegebener

Rest dieser Königsbriefe, während das übrige vernichtet worden sei. Wir halten diese, an sich natürlich denkbare, Auslegung nicht für richtig, sondern glauben, daß wirklich nur die Familien-Briefe, nicht die des Königs, abgegeben worden sind. Wir stützen uns dabei auf zwei Gründe, einen äußerlichen und einen psychologischen. Die erstgenannte Erwägung ist diese: Wir haben von der Witwe, die die zwei „Pakete" ja laut Köppens Empfangsbescheinigung ausgeliefert hat, eine sehr feierlich gehaltene Urkunde vom 1. Januar 1791 über unsere Briefsammlung. Darin erwähnt sie nichts davon, daß von den Handschreiben des Königs irgendetwas abgegeben worden sei. Ferner stellt sich Graf Schlitz, der, wie er am 1. Mai 1819 schreibt, unsere Sammlung noch „von der hinterlassenen Witwe selbst" erhalten hat, ausdrücklich — und in Kenntnis jener Briefabgabe von 1758 — auf den Standpunkt, daß nur Briefe der Familie, nicht aber solche des Königs selbst eingefordert worden seien. Aber abgesehen von diesen Gründen, die unseres Erachtens der Auffassung des (wie wir sahen, auch sonst unzuverlässigen) Burchardt entgegenstehen, halten wir es für innerlich widerspruchsvoll und darum unmöglich, daß, wenn der König seine Briefe eingefordert und nach prüfender Durchsicht nur teilweise zurückgegeben hätte, gerade die Stücke, die wir besitzen, freigegeben worden wären. Dazu sind in ihnen viel zu viele Dinge enthalten, deren Bekanntwerden damals dem König sehr unangenehm gewesen wäre. Im einzelnen wollen wir das an dieser Stelle nicht näher ausführen, um den Leser nicht der Spannung zu berauben; das Lesen der Briefe selbst und ihrer Erläuterungen wird einen besonderen Beweis hierfür überflüssig machen.

Wir haben oben erwähnt, aus welchen Zeiten wir Briefe besitzen und wo sie fehlen, andererseits aber auch schon die Tatsache berührt, daß die Briefe des Königs — im Gegensatz zu den Fredersdorfschen — fast durchweg nicht „datiert" sind. In der Tat hat Friedrich über die meisten seiner Briefe gar keine Orts- oder Zeitangabe gesetzt; erfreut müssen wir schon sein, wenn darüber steht „den 21" (ohne Monat, Jahr oder Ort) und etwas Besonderes ist es gar, wenn wenigstens der Name des Monats angegeben ist und nur das Jahr fehlt. Da sind wir nun natürlich dem Leser Antwort auf die Frage schuldig, wie es denn trotzdem möglich gewesen sei, die Zeit der einzelnen Briefe zu bestimmen. — Auf verschiedene Art! Bei einigen Stücken, die irgendwie im Verhältnis von Frage und Antwort mit Fredersdorfs (ja nur ausnahmsweise nichtbezeiteten) Briefen stehen, ist hierdurch der nötige

Anhalt gegeben. In anderen Fällen kann der Zeitpunkt der Abfassung aus im Briefe erwähnten anderweitig bekannten Ereignissen, Namen von Persönlichkeiten usw., erschlossen werden. Manchmal ist das nicht allzu schwer, so z. B. bei den Kriegsbriefen (die übrigens, so will es die Tücke des Schicksals, die einzigen sind, die vom König einigermaßen ausreichend datiert wurden), in anderen Fällen aber ist die „Erschließung des Datums aus dem Briefinhalt" eine nahezu verzweifelte Aufgabe, die lebhaft an die Lösung eines besonders bösartig gestellten „Kreuzworträtsels" erinnert. (Im allgemeinen werden wir den Leser mit diesen, den Fachmann allerdings sehr fesselnden, Fragen, die den Herausgeber viele Wochen lang ausschließlich beschäftigten, nicht behelligen, nur an vereinzelten Stellen haben wir Beispiele, solcher chronologischen Rätselfragen gegeben, um einmal zu zeigen, auf welche Weise man ihnen zu Leibe gehen kann). Endlich bleiben etliche Briefe zurück, die jedem Versuch ihrer „objektiven" Zeitfestlegung widerstehen; da muß dann die „psychologische Methode" heran, um wenigstens ihre „relative" Reihenfolge sicherzustellen. Wir hoffen, daß uns die Lösung dieser Aufgaben im ganzen gelungen ist. Die von früheren Ordnern der Sammlung herrührenden Zeitordnungen * konnten wir zum großen Teil nicht bestehen lassen, auch der diesbezüglichen Auffassung des Herausgebers der „Oeuvres" (für die dort erschienenen aus Burchardts Buch entnommenen Briefe) nicht immer beitreten. Wie schwierig die Aufgabe war, möge ein Ausspruch erkennen lassen, den der wohl beste lebende Kenner von Friedrichs Zeit, nach Einsichtnahme in die Briefe im Staatsarchiv, in einem Gespräch mit dem Herausgeber tat: Eine völlig einwandfreie Zeitbestimmung dieser Briefe würde „ein Wunder" sein!

Wenn Zeit oder Ort eines Briefes nur „erschlossen" ist, werden wir das in unserer Ausgabe durch Einklammerung kennzeichnen; und bei den Fredersdorfschen Briefen werden wir das Datum, das in den Urschriften regelmäßig am Schluß steht, an den Anfang setzen.

Im übrigen ist über die Behandlung der Texte noch das Folgende zu sagen: Unsere Briefe sind in deutscher Sprache verfaßt, während der König bekanntlich sonst vorwiegend französisch schrieb. Mit gutem Grunde, denn seine Ausdrucksweise, seine Rechtschreibung und Zeichensetzung sind, wie wir sehen werden, im Deutschen geradezu

---

* Graf Schlitz hat 1819 eine Chronologie versucht, ferner — davon stark abweichend — Graf Bassewitz-Prebberede, der die Gesamtabschrift der Briefe vor ihrer Verteilung herstellte.

verblüffend schlecht. (Wo immer wir Briefe des Königs in guter deutscher Sprache lesen — auch wir werden solche gelegentlich anführen —, handelt es sich stets um Übersetzungen aus dem Französischen oder um Verbesserungen des betreffenden Herausgebers.) Bezüglich seiner Ausdrucksform dürfen wir allerdings unser scharfes Urteil in gewissem Sinne einschränken: Liest man sich nämlich die Briefe laut vor, so wirken sie ganz wie gesprochen, gesprochen im Ton des „Mannes aus dem Volke".

Daß er das Deutsche nur höchst mangelhaft beherrschte, war dem König grundsätzlich wohl bewußt; denn er bekennt selbst einmal, daß er die Sprache seiner Heimat nur „wie ein Kutscher" rede. Wir sagten aber absichtlich soeben, „grundsätzlich" habe er das gewußt; denn wäre er sich auch im einzelnen klar gewesen über die oft mehr als seltsamen „Leistungen" in seinen Briefen, so würde er nicht versucht haben, dadurch eine scherzhafte Wirkung zu erzielen, daß er bisweilen an sein eigenes Kauderwelsch einige — als solche sich scharf abhebende — Worte „Franzosendeutsch" anhängt (in der Art, wie sie Lessing seinem Riccaut de la Marlinière in der „Minna von Barnhelm" in den Mund legt). Hier darf man wirklich auf Friedrich das Wort anwenden: „Spottet seiner selbst, und weiß nicht wie!" Die drollige Willkür seiner „Rechtschreibung" wird der Leser genügend kennen lernen; wir wollen hier keine Proben geben, nur erwähnen, daß einunddasselbe Wort oft im gleichen Briefe mehrfach verschieden geschrieben wird, daß der König die Namen seiner nächsten Freunde und Bekannten verballhornt, nichtzusammengehörige Worte als eines schreibt, dagegen anderswo unmögliche Zerstückelungen vornimmt. Ehe man sich an diese Eigentümlichkeiten der Urtexte gewöhnt hat, meint man im ersten Augenblick manchmal vor „rätselhaften Inschriften" zu stehen, wie sie im Unterhaltungsteil mancher Zeitschriften zur Erheiterung des Publikums künstlich gebildet werden. Dazu kommt der mit fast unfehlbarer Treffsicherheit falsche Gebrauch der kleinen und großen Anfangsbuchstaben. Das Schlimmste aber ist die sinnverwirrende Zeichensetzung, die Punkte und Kommata fast nie an die Stellen bringt, wo sie hingehören würden, um das Erfassen des Gedankens zu erleichtern, sondern dahin, wo sie dieses Erfassen erschweren und zunächst geradezu hindern.

Die ursprüngliche Absicht, die Briefe völlig in ihrem Urzustande wiederzugeben, mußten wir aus den genannten Gründen aufgeben, um dem Leser nicht gar zu „schwere Arbeit" zuzumuten, andererseits aber konnten wir uns auch nicht zu einer so starken Annäherung an das Schriftdeutsche entschließen, wie sie der Herausgeber der „Oeuvres" an seinen Briefen vorgenommen hat. Wir sind nun in der Weise vorgegangen, daß wir die Erfassung der Satzglieder durch sinngemäße Zeichensetzung erleichtern, getrennt geschriebene Teile eines Wortes durch einen Strich (-) verbinden, willkürliche Wortverkuppelungen zerlegen und Verwechselungen von „das" und „daß", „wen" und „wenn" und dergleichen Fußangeln mehr beseitigen und im übrigen dem Leser durch kleine, in eckigen Klammern in den Text eingefügte, Hilfen durch gar zu garstiges sprachliches Gestrüpp hindurchhelfen.

In die insoweit geklärten, aber in Ausdrucksweise und Rechtschreibung immer noch reichlich „eigenartig" bleibenden Texte wird sich der Leser sehr bald hineinlesen, und dann wird sich ihm diese kleine Anfangsmühe tausendfältig lohnen durch die Freude an der wundervollen Ursprünglichkeit der Briefe. Man glaube aber ja nicht, daß wir uns zum Verzicht auf weitergehende Verbesserungen entschlossen haben in d e r Absicht, einen gewissen Teil des Leserpublikums durch eine billige „Komik" zu ergötzen, die auf Kosten des großen Königs ginge. Dazu ist uns seine Gestalt wirklich zu gut! Nein, gerade da, wo der König herzergreifende Dinge ausspricht, bei denen einem Leser, wie wir ihn uns wünschen, das Lächeln weltenfern liegt, geht von dieser kunstlos unbeholfenen und urwüchsigen Sprache und Schreibart ein unsagbarer Reiz des s e e l i s c h E c h t e n aus. D a r u m haben wir, soweit irgend angängig, den Urtext stehen lassen!

Für diejenigen, die das kennen, möchten wir zum·Vergleich Fritz Reuters unsterbliche „Stromtid" heranziehen. In diesem Werk gibt es Stellen, die in ihrer schlichten Lebenswahrheit den mitgehenden Leser bis ins Innerste ergreifen. Wer aber das bei der „Stromtid" erlebt hat, wird bestätigen, daß ihre „komische" Sprache diese ernsten Wirkungen nicht nur nicht vermindert, sondern gewaltig steigert. Eine Übersetzung dieser niederdeutschen Dichtung ins Hochdeutsche ist — bei aller Anerkennung der Absicht, sie weiteren Kreisen zugänglich zu machen — unseres Erachtens künstlerisch ein Verbrechen. Ganz ähnlich liegen die Dinge bei unseren Briefen, die übrigens nicht etwa — dieser Trost sei dem besorgten Leser gespendet — gleich Reuters Werken in Mundart geschrieben sind.

Schon längst hören wir den Einwand, ob nicht der König vielleicht a b s i c h t l i c h so schlechtes Deutsch geschrieben habe, aus Schalkhaftigkeit, und um sich Fredersdorf anzupassen. Darauf ist zunächst zu erwidern, daß seine deutschen Texte auch außerhalb unseres Briefwechsels genau so sind. Aber selbst wenn uns diese Zeugnisse fehlten, könnte der gemachte Einwand doch nicht gelten; denn erstens ist Fredersdorfs „Rechtschreibung" längst nicht s o schlecht, wie die des Königs, so daß von „Anpassung" nicht wohl die Rede sein kann, und dann treibt man solchen „Scherz" wohl einmal gelegentlich — wie es Friedrich mit dem „Franzosendeutsch" tut — aber nicht dauernd, und namentlich nicht in Briefen, denen man anmerkt, daß sie in tiefstem Ernst und mit blutendem Herzen geschrieben sind. Also die Antwort auf diesen Einwand muß lauten: Friedrich konnte es wirklich nicht besser! Eine Einschränkung dieses Urteils wäre nur insofern zu machen, als er natürlich, wenn er sich Mühe gegeben hätte, nicht ein und dasselbe Wort auf verschiedene Weise falsch geschrieben haben würde. Daß er sich nicht bemühte, wenigstens solche Nachlässigkeiten zu vermeiden, entspricht aber wiederum einem seiner allgemeinen Wesenszüge, nämlich der Verachtung von Äußerlichkeiten, wo er solche nicht aus künstlerischem Empfinden oder Zweckgründen wichtig nahm. Derselbe Wesenszug zeigt sich z. B. auch in seiner Vernachlässigung der Kleidung und seinem geringen Sinn für Sauberkeit. Aber auch dies ist, recht verstanden, ja nur der Schatten einer Lichtseite; man braucht, um sich das klar zu machen, nur an seinen Großvater, den ersten Preußenkönig, zu denken, dessen Sinn für Äußerlichkeiten und innere Bedeutungslosigkeit gleich groß waren. Daß Friedrich übrigens auch im Französischen des nachprüfenden Sprachbesserers bedurfte, darf als bekannt vorausgesetzt werden. Seine innere Bildung aber, die sachliche Tiefe und der hohe Flug seiner Gedanken, wird durch diese Mängel der Form wahrhaftig nicht beeinträchtigt! Nur an der nichtverstehenden Mißachtung des aufblühenden deutschen Schrifttums mag seine gar zu geringe Beherrschung gerade der Muttersprache wesentlich mit Schuld getragen haben.

Suchen wir nach irgendwelchem „Grundsatz" in seiner eigenmächtigen Rechtschreibung — im allgemeinen ist sie, wie schon angedeutet, völlig planlos — so kann man höchstens sagen, er schreibe vielfach rein „nach dem Ohr", wobei ihm allerdings die französischen und die deutschen Lautbezeichnungen durcheinandergehen. So schreibt er Voltaire = „Volter", dagegen den Namen „Münchow", sprich: Müncho = „Munchau", also mit französischer Lautbezeichnung. Wir wollen hier keine weiteren Beispiele bringen; sie werden sich später dem Leser hundertfältig aufdrängen.

Bei den acht Briefen, die aus der Bassewitzschen Sammlung nach 1834 verloren gingen und uns nur, auf dem Umweg über Burchardt, in den „Oeuvres" erhalten sind, haben wir uns deren „verbessertem" Text angeschlossen. Den Unterschied wird der Leser sofort bemerken und hoffentlich das von uns bei allen übrigen Briefen eingeschlagene Verfahren nicht mißbilligen.

Ferner ist über die Textgestaltung nur noch hinzufügen, daß die Briefe nicht alle vollständig abgedruckt sind, sondern daß Dinge, die für unsern Zweck — das menschliche Wesen des Königs zu spiegeln — überflüssig waren, vielfach ausgemerzt worden sind, um die Aufmerksamkeit des Lesers nicht unnütz zu ermüden und von dem in jenem Sinne Wichtigen abzulenken. Der Herausgeber behält sich in Übereinstimmung mit der Verlagsanstalt vor, später — für nur wissenschaftliche Zwecke — eine Ausgabe mit den ganz vollständigen Texten herauszubringen ohne jede sprachliche Überarbeitung, vielleicht in Abbildungen der Handschrift.

Endlich gebietet uns Pflicht und Bedürfnis, für freundliche Unterstützung unserer Arbeit an dieser Stelle herzlichen Dank zu sagen: Für die Prüfung der Echtheit der Briefe und das Zugänglichmachen sonst schwer erreichbarer Druckwerke und Urkunden dem Generaldirektor der Archive Preußens, Herrn Geheimrat Professor Dr. Kehr, Herrn Direktor Professor Dr. Klinckenborg und Herrn Staatsarchivrat Dr. Posner vom Berliner Geheimen Staatsarchiv; für die Erlaubnis zur Wiedergabe unserer Bilder der Gräfin Olga v. Bassewitz-Prebberede und der Leitung des Hohenzollernmuseums.

Wir haben schon oben gesagt und möchten hier nochmals betonen: Fredersdorf ist nicht der Mittelpunkt oder auch nur überhaupt eine durch sich selber wichtige Gestalt in unserem Buche. Nur um den König handelt es sich! Alles andere ist nur Mittel zu dem Zweck, ihm durch unsere Briefe in die Seele zu sehen, und ihm so innerlich näher zu kommen.

Nach manchen Richtungen hin werden die Briefe uns das ermöglichen ohne jede Beziehung auf ihren Empfänger. In anderer Hinsicht aber hängt der Einblick, den uns die Briefe in das Herz des Königs gewähren, mit der Person Fredersdorfs zusammen und besteht darin, daß uns offenbar wird, welch überraschender Reichtum an geduldiger, sich hingebender Güte und an Wärme echtesten Gefühls in Friedrich lebendig war im Verhältnis zu einem schlichten Menschen, den er lieb hatte. Daß dieser Mensch gerade Fredersdorf war, ist an sich auch hier Nebensache. Aber natürlich müssen wir, schon zum äußeren Verständnis der berührten Verhältnisse einiges von den Lebensumständen des Empfängers und Beantworters der Briefe wissen. In diesem Sinne geben wir, in Ergänzung der schon oben gemachten Angaben, folgenden kurzen Abriß über Fredersdorfs Lebenslauf und dienstliche Stellung.

Vorweg sei bemerkt, daß sowohl die Daten der Jugendgeschichte Fredersdorfs, wie die seiner Heirat umstritten sind. Da aber diese Dinge einerseits für unsere Zwecke, wie wir sehen werden, innerlich recht gleichgültig sind, da andererseits (laut Mitteilung eines der Briefbesitzer) ein gewisser Rechtsstreit damit in Zusammenhang stehen soll, mit dem wir den Leser und uns selbst nicht zu befassen wünschen, so schließen wir uns bezüglich der Jugend- und Heiratsgeschichte Fredersdorfs der herrschenden, uns richtig scheinenden, Überlieferung an, wie wir sie in den Bemerkungen zu den „Oeuvres", bei Theodor Fontane („Die Grafschaft Ruppin") und bei Reinhold Koser („König

Friedrich der Große")* finden, verzichten also in diesen Punkten auf eigene kritische Stellungnahme.

Hiernach berichten wir über Fredersdorfs Lebensgang das Folgende: Sein Vater war Stadtmusikus in dem kleinen Städtchen Garz a. d. Oder, wo unser Michael Gabriel Fredersdorf — wir wählen die Schreibart mit nur einem „f" — im Sommer 1708, dreieinhalb Jahre vor der Geburt des großen Königs, zur Welt kam; er stammte also aus ganz kleinen Verhältnissen.

Der zum Jungmann Herangewachsene wurde (ob freiwillig oder gezwungen, ist uns nicht bekannt) Soldat im Musketierregiment zu Frankfurt a. O. und zwar vermutlich Hoboist. In den Gesichtskreis des Kronprinzen trat er während dessen trauriger Küstriner Zeit. Er soll damals dem jungen Friedrich durch sein Flötenspiel manche trübe Stunde gekürzt haben. Ob die Behauptung wahr ist, daß er auch als Vermittler geheimer Nachrichten zwischen dem Kronprinzen und seiner Schwester Wilhelmine gedient habe, bleibe dahingestellt. Sicher ist dagegen, daß Friedrich Gefallen an dem jungen Menschen fand und ihn deshalb vom Regimentskommandeur losbat, um ihn nach Ruppin und Rheinsberg mitzunehmen. Hier wurde Fredersdorf zunächst Lakai und dann Kammerdiener.

Daß er schon in dieser Zeit mehr bedeutete, als sein geringer Stand vermuten ließ, zeigt ein Brief des dem Rheinsberger Kreise angehörenden Barons von Bielfeld, der am 30. Oktober 1739 folgendes (ins Deutsche übersetzt) schreibt: „Der erste Kammerdiener des Kronprinzen, Herr Fredersdorf, ist ein großer und schöner Mensch, nicht ohne Geist und Feinheit, er ist höflich und zuvorkommend, geschickt und in seiner Gewandtheit überall brauchbar (souple), auf seinen geldlichen Vorteil bedacht und zuweilen etwas großartig. Ich glaube, daß er dereinst eine große Rolle spielen wird." Diese Weissagung von der dereinstigen „großen Rolle" sollte in hohem Maße in Erfüllung gehen, obschon der Amtstitel, den Fredersdorf 1740 bei der Thronbesteigung seines jungen Herrn erhielt, nur der eines „Geheimen Kammeriers" war und lebenslang blieb.

---

* Die Erwähnung des Koserschen Werkes, das im übrigen zur höchsten Bewunderung zwingt, gibt uns Anlaß, an dieser Stelle zu bemerken, daß die darin enthaltene Bewertung Fredersdorfs und der inneren Stellung Friedrichs zu ihm den Tatsachen nur sehr unvollkommen gerecht wird. Es konnte nicht anders sein, da Koser von unseren Briefen nur die wenigen kannte, die Burchardt — noch dazu mangelhaft und bruchstückweise — abgeschrieben hat.

Daß Fredersdorf in ganz besonderer Gnade bei Friedrich stehen mußte, wurde den Zeitgenossen plötzlich und weithin, wie durch eine Leuchtrakete, sichtbar durch die verblüffende Tatsache, daß der König 1740, ganz kurz nach seiner Thronbesteigung, den bisherigen Kammerdiener durch Schenkung des Gutes Zernickow bei Rheinsberg zum Rittergutsbesitzer machte! — Das war um so erstaunlicher, als der Übergang von Rittergütern in bürgerliche Hände grundsätzlich sehr gegen Friedrichs eigene Meinung war. Es ist allerdings behauptet worden, Fredersdorf sei, entweder schon damals oder später, auch geadelt worden. Wir vermögen dem aber nicht beizutreten, obschon viele Briefschreiber, die etwas durch ihn erreichen wollten, ihn freigebig mit der Anrede „Ew. Hochwohlgeboren" beehrten, die damals bekanntlich dem Adel vorbehalten war. Auch daß Friedrich selbst diesen Ausdruck einmal gebraucht, kann uns nicht irre machen, denn es geschieht an einer auch im übrigen offensichtlich scherzhaft gemeinten, in „Franzosendeutsch" geschriebenen Stelle. Ausschlaggebend für unsere Verneinung ist die Tatsache, daß die Witwe Fredersdorfs sich in feierlicher Urkunde n i c h t „von" schreibt.

Zum Gute Zernickow, das er wirtschaftlich und sozial musterhaft verwaltete, z. B. auch mit Maulbeerbaumpflanzungen zur Seidenraupenzucht und mit einer Ziegelei versah, kaufte Fredersdorf später noch mehrere Besitzungen hinzu, ja er wurde sogar, wie wir aus der früher erwähnten Urkunde des Grafen Schlitz wissen, Besitzer einer „Kolonie" in Ostindien. Bekannt war seiner Zeit, das „Fredersdorfer Bier", das er in seinen Brauereien zu Köpenick und Spandau erzeugte.

Fontane meint, daß ihm die Mittel zu diesen Unternehmungen zum großen Teil durch seine Heirat mit der Tochter des reichen Potsdamer Bürgers Daum zugeflossen seien. Wir setzen diese Eheschließung auf den 30. Dezember 1753 an und stützen uns dabei auf das Kirchenbuch der Potsdamer Garnisonkirche. (Gewisse anderslautende Behauptungen über Fredersdorfs Familienstand lassen wir aus den vorhin angedeuteten Gründen auf sich beruhen.)

Die Ehe mit der Caroline, Marie, Elisabeth Daum, die wir, in Übereinstimmung mit der bisherigen Geschichtschreibung, für seine einzige halten, blieb kinderlos. Wie wenig uns im übrigen Fredersdorfs Eheangelegenheiten für unsere Zwecke angehen, mag man danach ermessen, daß seine Frau nur in einem einzigen Satz unserer Briefe (Nr. 140) erwähnt wird, in dem der König schreibt: „lasse Dihr lieber heute wie Morgen Trauen, wan [wenn] das zu Deiner flege helfen kan;

und wilstu [willst Du] einen Kleinen lakaien und einen Jäger bei Dihr nehmen, so könstu [kannst Du] es nuhr thun." Fredersdorf seinerseits spricht nie von seiner Frau, ob aus Mangel an Neigung, oder mit Rücksicht auf den König, der vielleicht nichts von ihr hören wollte, bleibe dahingestellt.

Des Kämmerers reger Erwerbsgeist betätigte sich nicht nur in den schon erwähnten gewöhnlichen Bahnen, sondern auch darin, daß er sich mit Haut und Haaren der „Alchemie", der Kunst des „Goldmachens", verschrieb, Er gründete ein eigenes Laboratorium zu diesem Zwecke, das seinen Sitz in der Friedrichstraße Nr. 210 hatte, und beschäftigte darin zeitweise mehrere „Adepten" gleichzeitig. Über diese Angelegenheit werden wir in unsern Briefen vieles und — auch in Bezug auf den König — höchst merkwürdiges hören. Fredersdorf behauptete, daß er diesen geheimnisvollen Künsten weniger aus Eigennutz huldige, als um seinem Könige politisch zu dienen.

Das führt uns zu der Frage, worin denn im allgemeinen die Tätigkeit bestanden habe, die der „Geheime Kammerier" Fredersdorf im Dienste seines Herrn ausübte. Hören wir darüber zunächst das Urteil eines Zeitgenossen! Ein Franzose, der sichtlich die Absicht hat, mit seinen Feststellungen König Friedrich in ungünstigen Vergleich mit Ludwig XV. und dessen strahlendem Hof zu setzen, schreibt darüber: „Er hat einen Kanzler, der niemals spricht, einen Oberjägermeister, der keine Wachtel zu töten wagen würde, einen Oberhofmeister, der nichts anordnet, einen Oberschenk, der nicht weiß, ob Wein im Keller ist, einen Oberstallmeister, der nicht befugt ist, ein Pferd satteln zu lassen, einen Oberkammerherrn, der ihm noch nie das Hemd gereicht hat, einen Großmeister der Garderobe, der nicht den Hofschneider kennt: die Verrichtungen aller dieser großen Ämter werden von einem einzigen Manne, namens Fredersdorf, versehen, der außerdem noch Kammerdiener, Kammerherr und Kabinettssekretär ist." Daß der Franzose mit dieser Aufzählung von „Ressorts", in denen Fredersdorf tätig war, abgesehen von der gespreizten Aufmachung seiner Worte, sachlich nicht nur nicht zu viel sagte, sondern noch bei weitem zu wenig, geht aus unsern Briefen deutlich hervor.

Es ist ja eine bekannte Tatsache, daß König Friedrich in seiner schier unfaßbaren Vielseitigkeit und Unermüdbarkeit nahezu alles in seinem Staat und an seinem Hof selbst lenkte und oft auch im einzelnen bestimmte. Das „Über-den-Kopf-hinweg-regieren" gegenüber den leitenden Beamten beschränkte sich keineswegs auf die Inhaber der Hof-

ämter, von denen unser Franzose spricht, sondern dehnte sich — und
das war weit belangreicher — auch auf die Minister aus. Wir werden
uns mit dieser Tatsache später noch zu beschäftigen haben; hier sei
nur folgender Gedanke daran angeknüpft: Nur unter einem König, der
selbst in der Regierung seines Staates solch ein „Faktotum", ein
„Allesmacher" war, konnte es dazu kommen, daß ein einzelner Mann,
dem er unbedingt vertraute, bei verhältnismäßig untergeordneter
Amtsstellung ein so von Ressortgrenzen unbeengtes Tätigkeitsfeld
und einen so unverhältnismäßig großen Einfluß gewann, wie wir es bei
Fredersdorf sehen. Vergleichbar mit ihm scheint uns in dieser Hinsicht
nur der bekannte, auch in unsern Briefen vielfach vorkommende Geheime
Kabinettsrat E i c h e l zu sein, dessen Tätigkeit deshalb fraglos
noch bedeutsamer war, weil sie hauptsächlich auf dem Gebiete der
vom König sehr eigenwillig und geheim gelenkten Außenpolitik lag.
Aber an Vielgestaltigkeit der Betätigung war Fredersdorf dem Geheimrat
Eichel doch wohl noch sehr überlegen, wie denn auch das Vertrauen
des Königs zu ihm ein weit „persönlicheres", wärmeres
Gepräge trug.

Zunächst war Fredersdorf Verwalter der königlichen „Schatulle".
Schon dadurch kam er bei diesem Herrn, der streng darüber wachte,
daß keinem seiner Untertanen in irgendeiner Sache der unmittelbare
Weg zum Landesvater abgeschnitten würde, mit einer großen Fülle
von Verhältnissen und Aufgaben der verschiedensten Art in Berührung.
Sodann war er für die persönlichen Bedürfnisse des Königs gewissermaßen
das „Mädchen für alles", mochte es sich um Friedrichs geliebte
Tabaksdosen und Flöten, um seine Versorgung im Feld und im Übungslager,
um Keller und Küche, um die Ausstattung seiner Schlösser und
Gärten, um Personalsachen des königlichen Theaters (die einen breiten
Raum in den Briefen einnehmen und oft die drolligsten Szenen bringen),
um Erwerb von Kunstwerken, Einladungen zu Hoffestlichkeiten oder
auch um ganz vertraulich-persönliche Angelegenheiten handeln. Es
ist ein buntes Bilderbuch, das sich da vor uns aufschlägt. Und mag es
sich auch dabei oft nur um „Alltäglichkeiten" drehen, fast immer
finden wir doch irgend etwas für den K ö n i g Kennzeichnendes, und
sehr oft bedarf es nur eines geringen erläuternden Hinweises, um uns
vom scheinbar „Kleinen" ins wahrhaft „Große" hinüber zu führen.
Man glaube aber auch nicht, daß sich Fredersdorfs Tätigkeit auf eine,
wenn auch noch so vielseitige, Beschäftigung mit Dingen beschränkt
habe, die irgendwie mit den persönlichen Angelegenheiten seines Herrn

oder mit der Hofhaltung zusammenhingen. Schon die vielen Gesuche die von außen an den Kämmerer herantraten, damit er sie dem König vermittelnd nahebringe, betrafen häufig Angelegenheiten, die zu den verschiedensten Abteilungen der Staatsverwaltung gehörten. Überhaupt hielt ihn niemand für eine Persönlichkeit, die man hätte vernachlässigen dürfen. Selbst die regierende Königin, andere Mitglieder des königlichen Hauses und einen Voltaire (diesen allerdings in einer Zeit der Ungnade) sehen wir sich an Fredersdorf wenden, um beim König etwas zu erreichen. Aber auch sein Herr selbst gebrauchte bisweilen seinen treuesten Diener zu schwierigen und tiefste Verschwiegenheit erfordernden Aufgaben, die weit in die hohe Politik hineinreichen (Spionagesachen und anderes). Es ist selbstverständlich, daß uns der gänzlich ungeschminkte Briefwechsel des Königs mit einem so vielseitig beschäftigten Beamten außerordentlich viel über Friedrichs Art und Wesen — worauf es uns ja ankommt — zu sagen haben muß.

Bald nach des jungen Königs Regierungsantritt finden wir Fredersdorf als seinen Begleiter auf der abenteuerreichen Reise nach Straßburg und Wesel. Später freilich mußte der Kämmerer zu seinem Leidwesen immer zu Hause bleiben, abgesehen von einem fünf Monate dauernden Aufenthalt in Paris im Sommer 1751, der zugleich gesundheitlichen und politischen Zwecken gedient zu haben scheint, und von einer Badereise nach Aachen und Spa im folgenden Jahre. Fredersdorfs Gesundheit war nämlich, mindestens seit Beginn unserer Briefe, außerordentlich schlecht. Voll gesund finden wir ihn nie, höchstens daß einmal der eine oder andere Brief sein Befinden unerwähnt läßt. Dagegen schwebt er mehrfach monatelang in Lebensgefahr und muß überaus schwer leiden. Aber gerade dieser Umstand ist es, dem wir es verdanken, daß wir durch unsere Briefe so tiefe, ergreifende und herzerfreuliche Blicke in das menschliche Wesen des Königs tun können.

Daß Fredersdorf trotz der schweren Hemmung durch seinen kranken Körper so unermüdlich tätig war für seinen Herrn, hat wohl nicht zum wenigsten dessen felsenfesten Glauben an die unverbrüchliche Treue dieses Dieners immer noch mehr befestigt. Alle Aufgaben, die Fredersdorf zuteil wurden, und denen er sich mit Gewissenhaftigkeit, Geschick und der ihm offenbar angeborenen Gabe, Menschen suggestiv zu lenken, hingab, sind der Ausfluß unbedingten Vertrauens seines Königs. Insofern hängt auch schon die dienstliche Tätigkeit Fredersdorfs, wie sie nach Art und Umfang gestaltet war, eng zusammen mit dem persönlichen Verhältnis Friedrichs zu ihm.

Aus den letzten Lebensjahren, seit dem Versiegen unserer Briefquellen im Frühjahr 1756, haben wir kaum mehr Kunde über Fredersdorfs Erleben. Es ist aber fast mit Sicherheit anzunehmen, daß seine Krankheit immer schwerer wurde und ihn immer mehr in seiner Tätigkeit lähmte; denn wir wissen, daß er am 9. April 1757 aus seinem Amte schied, was sicherlich Herrn und Diener nicht leicht geworden ist.

Am 12. Januar 1758 wurde er dann in Potsdam von seinen Leiden durch den Tod erlöst. Die schweren Aufregungen, das Auf und Nieder der Stimmungen während des Kriegsjahres 1757, mögen mit dazu beigetragen haben, ihn seiner letzten Kräfte zu berauben.

Auf dem Gute Zernickow, das ihm der junge König einst geschenkt, wurde er in seiner Kirche beigesetzt. Fontane weiß zu berichten, daß er angeordnet habe, seine Patronentasche aus der Küstriner Soldatenzeit solle ihm auf den Sarg gelegt werden.

Die Fülle dessen, was unsere Briefe über des Königs Art und Wesen zu sagen haben, kann man in drei Gruppen zerlegen. Es handelt sich dabei:

erstens um solche Gedanken oder Taten Friedrichs, die an sich keinerlei Beziehung zu Fredersdorf haben, über die der König also — wenn auch vielleicht in anderer Form — ebensogut an irgendeinen **anderen** Menschen geschrieben haben könnte;

zweitens um solche Friedrichs Art kennzeichnende Vorgänge, mit denen uns zu beschäftigen wir **dadurch äußeren Anlaß** erhalten, daß sie in den dienstlichen Tätigkeitskreis Fredersdorfs fallen;

endlich drittens um das **innere, menschliche** Verhältnis des Königs zu Fredersdorf oder richtiger: zu einer Persönlichkeit von Fredersdorfs Art.

Bezüglich der ersten und zweiten Gruppe können wir einfach auf die Briefe selbst und die, die Einzelstücke begleitenden, Erläuterungen verweisen. Eine vorherige „allgemeine" Einführung über das bisher Gesagte **hinaus** ist da nicht nötig. (Wir haben es daher auch absichtlich unterlassen, bei der Erörterung von Fredersdorfs Tätigkeitsfeld im vorigen Abschnitt schon irgendwelche Hinweisungen auf bestimmte Briefe, oder „Kostproben" daraus, zu geben.)

Anders dagegen steht es bei der **dritten** Gruppe, die uns in gewissem Sinne die wichtigste ist. Bezüglich der inneren Stellung des Königs zum **Menschen** Fredersdorf dürfen wir den Leser nicht einfach auf die Briefe selber verweisen, hier wird vielmehr die vorherige Zeichnung eines **Gesamtbildes** unerläßlich sein. (Daß wir dabei einzelne Briefstellen vorweg anführen müssen und dadurch gewisse Wiederholungen in Kauf zu nehmen haben, ist unvermeidlich.)

Wir möchten also eine Art „Vorlage" geben, von der geleitet man dann beim Lesen der Briefe selbst von vornherein einen Blick für die sich darin findenden „Mosaiksteine" erhält, aus denen sich das Gesamtbild zusammenfügt. Ohne solche „Vorlage", (die natürlich nicht durch Erläuterungen zu den Einzelbriefen ersetzt werden könnte) würde, so fürchten wir, erst bei einem zweiten Durchlesen ein richtiger Gesamteindruck und damit eine richtige Bewertung jedes einzelnen Briefes entstehen können.

Der Leser besorge aber nicht, daß wir ihm durch die „Vorlage" die Freude des Selbstfindens beeinträchtigen wollen — wir werden ja längst nicht alle „Mosaiksteine" vorweg nehmen — auch nicht, daß wir ihm eine bestimmte Auffassung aufdrängen wollen. Wir glauben im Gegenteil, daß durch unser „Vorlagebild" auch ein etwaiger Widerspruch des Lesers beim Kennenlernen der Briefe selber nur geweckt werden kann. Es handelt sich ja um ein Stück lebendigsten Lebens; und da sieht ein jeder etwas anderes „hinein", je nach dem eigenen Wesen und den selbsterlebten Schicksalen.

Wir haben oben ausgesprochen, daß auch die „dienstliche" Verwendung Fredersdorfs nach Art und Umfang, so wie sie war, nur aus grenzenlosem Vertrauen des Königs erklärt werden kann, daß insofern also auch dort schon eine „persönliche" Saite mitschwingt. Immerhin aber kommt es bekanntlich vor, daß man einen andern Menschen für unbedingt vertrauenswürdig, zuverlässig, verschwiegen und treuergeben hält, ohne doch mit ihm durch gefühlsmäßige Anteilnahme, durch herzenswarme Zuneigung, also in diesem Sinne „persönlich" verbunden zu sein. Daß zwischen dem großen König und Fredersdorf auch solche „Beziehungen des Herzens" und zwar in hohem Grade bestanden, zieht sich, wie ein roter Faden, durch alle unsere Briefe hindurch, was auch immer sie im übrigen sachlich behandeln mögen.

Friedrich hatte, wie allbekannt, das ausgeprägteste Bedürfnis nach Umgang mit geistig bedeutenden, scharfsinnigen und eigenartigen Menschen, er liebte den „Esprit", ja den schneidenden Sarkasmus überaus, und es war ihm Hochgenuß, mit ihm in diesem Sinne geistig Ebenbürtigen die Klingen zu kreuzen. (Man braucht ja nur den einen Namen „Voltaire" auszusprechen!) Er war glücklich, wenn er Menschen fand, die ihm zugleich geistig etwas boten und ihrem Wesen nach geeignet waren, ihm Freunde im gefühlsmäßigen Sinne zu sein. (Wir nennen hier nur: Keyserlingk, Jordan und Rothenburg!) Aber er konnte auch „lieben" ohne jene Voraussetzungen, und Fredersdorf gegenüber war es so! — Wundervoll drückt der König das Empfinden, daß es etwas seelisch Wertvolleres gäbe, als die geistigen Ergötzungen, die ihm seine „Tafelrunde" bot, in folgenden Worten aus: „Aber dieser gepriesene Esprit, ob immer seinem Wesen nach göttlich, soll niemals bei mir den ungerechten Vorzug haben vor einem schlichten und reinen, seiner Pflicht getreuen Herzen."

Nirgends in unsern Briefen treten zwischen dem König und Fredersdorf Berührungspunkte auf **geistigem** oder eigentlich **künstlerischem** Gebiete zutage (trotz des Kämmerers Tätigkeit in den Theaterangelegenheiten und bei der Besorgung von Kunstwerken). Zu solcher **geistigen** Gemeinschaft mit seinem Herrn war Fredersdorf auch wohl einfach zu ungebildet; und wir haben auch keinen Anlaß, ihn für einen durch **Naturgaben** „geistig bedeutenden" Menschen zu halten. Wenn man überhaupt nach einer „**außer-gefühlsmäßigen**", also gedanklichen Erklärung für Friedrichs Zuneigung zu seinem Fredersdorf sucht, so kann diese nur in der Wertschätzung von dessen **Charakter-Eigenschaften**, der unbedingten Treue und Zuverlässigkeit, gelegen haben. Im übrigen war es eine, wir möchten sagen, „primitive" Zuneigung. Wie etwa ein geistig hochstehender Sohn mit seiner ungebildeten Mutter seelisch innigst verbunden sein kann, obschon ein „geistiges Verstehen" zwischen ihnen nicht möglich ist, so wohnte in Friedrichs Herzen die wärmste und echteste Zuneigung zu seinem treuen Fredersdorf, **trotz** der unüberbrückbaren Kluft auf geistigem Gebiet.

Wir leben gegenwärtig im Zeitalter der „Psychoanalyse", einer Wissenschaft oder Kunst, mit der, wofern sie nicht dem Forscherernst wirklich Berufener vorbehalten bleibt, unseres Erachtens mancher Mißbrauch getrieben wird. Man macht es sich vielfach mit der „Erklärung" des Zueinanderstrebens von zwei Menschen reichlich leicht, indem man auch die feinsten und innerlichsten seelischen Regungen in Bausch und Bogen mit dem geschlechtlichen Triebleben, als der angeblichen „Grundlage", in Verbindung zu bringen pflegt. Gerade der tiefere, selbst innerlich reiche Kenner der Menschenseele — dem der „Eros", der „undefinierbare seelische Magnetismus" zwischen zwei Menschen, ganz gewiß auch als die Urkraft des Lebens gilt (nicht nur als Wegbereiter der Gattungserhaltung, sondern weit hineinreichend in die geistigen und seelischen Beziehungen der Einzelwesen wie der Gesellschaft) — gerade der wird sich, meinen wir, **sträuben** gegen eine **verallgemeinernde** Herabziehung dieser Dinge in das Machtgebiet des niederen Trieblebens, als des daran vorgeblich „eigentlich Wirklichen und Wurzelhaften".* Er wird solche Denkart als ebensosehr von Modetheorien befangen, wie seelisch

---

* Vergleiche hierzu die Anmerkung 3 zu Brief 78, wo ausführlich von Friedrichs „Stellung zur Frau" die Rede ist.

unvornehm empfinden. Gewiß ist zuzugeben, daß einerseits aus dem Boden zunächst rein triebmäßigen Zueinanderstrebens edle seelische Blütenbäume aufsprießen können, und daß andererseits Zuneigungen, die ihrem Ursprung nach rein seelischer Natur sind, in ihrem Verlauf Ausstrahlungen erleiden können, die über das Zärtlichkeitsbedürfnis bis in den Kreis des Trieblebens hinabreichen mögen. Aber mit dieser Anerkennung ist denjenigen Psychoanalytikern, die all und jedes seelische Verbundensein im Triebleben „wurzeln" lassen wollen, noch längst nicht zugegeben, daß sie „recht" haben. Es kommt eben darauf an, was das W e s e n t l i c h e ist, und darauf, w i e man s i e h t, ob man die Erscheinungen des Lebens aus der Vogel- oder aus der Froschperspektive zu betrachten innerlich genötigt ist.

Was nun die warmherzige Zuneigung des Königs zu Fredersdorf angeht, so steht man — im Hinblick auf das Fehlen geistiger Verbindungsfäden — fraglos vor einem gewissen „Rätsel". Wer aber Friedrichs Briefe daraufhin gründlich und sich einfühlend liest, wird unseres Erachtens die Aufhellung dieses Rätsels ganz gewiß nicht in der Richtung finden, die oben als die Allerweltslösung gewisser moderner Seelenergründer angedeutet wurde. Der Herausgeber hat sich natürlich s e h r eingehend mit den Briefen befaßt und — das wird ihm der Leser am Schlusse des Buches hoffentlich bestätigen — es mit innerer Hingabe getan: Der daraufhin in i h m entstandene Gesamteindruck von der fürsorgenden Zuneigung des Königs zu seinem treuen Diener ist einfach das auf eine weitere Analyse verzichtende Gefühl der E h r f u r c h t und der freudigen Ergriffenheit vor so viel reinem und schönem Menschentum! Der wesentlichste Zweck dieses Buches würde verfehlt sein, wenn nicht auch der Leser dieses Gefühls und damit der verstärkten Liebe zur Gestalt des großen Königs teilhaftig würde.

Am 8. April 1741 schrieb der König an seinen Bruder August-Wilhelm, den Erben des Throns, aus Schlesien im Angesichte des Feindes einen Brief, in dem er Bestimmungen trifft für den Fall, daß er in der bevorstehenden ersten Schlacht (bei Mollwitz) bleiben würde. In dieser ergreifenden letztwilligen Urkunde empfiehlt er der Gnade des Nachfolgers die Menschen, von denen er sagt, daß er sie „l e b e n d a m m e i s t e n g e l i e b t" habe. Sechs Namen sind es, die er nennt, und darunter ist F r e d e r s d o r f! —

Und das war 1741, also vier Jahre v o r dem Zeitpunkt, wo unsere Sammlung erst b e g i n n t. Es ist aber mit das Schönste von dem, was uns unsere Briefe enthüllen, daß Friedrichs Zuneigung zu Fredersdorf im Laufe der Jahre* — trotz stärkster Geduldsproben, die ihm sein Diener zumutete — nur immer herzlicher und tiefer wurde!

Am rührendsten offenbart sich des Königs, man darf sagen „zärtliche" Fürsorge in d e n j e n i g e n zahlreichen Briefen, die sich ganz oder zum Teil an den kranken Fredersdorf wenden, ihn tröstend und betreuend. Diesen Briefen wenden wir uns nun zum Zweck der Zeichnung der in Aussicht gestellten „Vorlage" — selbstverständlich aus der großen Fülle nur einzelne auswählend — zunächst zu.

Einleitend bringen wir einige Briefstellen aus denen hervorgeht, wie überaus herzliche W o r t e der König findet, wenn es gilt, den kranken Fredersdorf von der Aufrichtigkeit und Innigkeit der Anteilnahme seines königlichen Freundes zu überzeugen. Die Zitate erstrecken sich in zeitlicher Ordnung auf mehrere Jahre fast ständigen Krankseins. Der Leser wird gewiß, gleich uns, den Eindruck haben, daß der König in dieser langen Zeit in der Herzlichkeit seines Tones zum mindesten nicht nachläßt.

Der König schreibt:

„wen [wenn] ein Mitel in der welt währe, Dihr in zwei minuten zu helffen, so wolte ich es Kaufen, es möchte auch So theuer seindt, wie es imer Wolte . . . . es wundert mihr nicht, dass Dihr die Krankheit überdrüssig ist. wenn es von mir Dependihrte [abhinge], so wehre [wäre] nichts, das ich nicht thäte, umb Dihr gleich zu helfen . . . . ich versichere Dihr, das [daß] mir Dein Zustand genung betrübet, allein was Kan ich dabei Thun, alls [als] wünschen, das [daß] Du baldt eine rechte besserung haben Mögest. Gottbewahre!"

*

„ich meine es gewisse guht mit Dihr . . . . und wirdt mihr eine grosse freude seindt, wann man Dich doch auf solche ahrt wieder auf die beine bringet. Gott bewahre Dir!"

*

„. . . . ich bin recht enpeur [en peur = besorgt] und thue gewisse, was ich Kan, Dihr zu helfen; und hoffe, das [daß] es baldt guht gehen wirdt. Morgen mus Schon Viehl besser seindt, und übermorgen so, das es zu merken ist. Gott bewahre Dir! lasse Dihr nur nicht die ge-

---

* Beim Beginn unserer Sammlung war Fredersdorf 37, bei ihrem Schluß 48 Jahre alt.

duld bei dehme [dem] allen vergehen, ein par schlime Nächte müssen noch überstanden werden. . . . . gottbewahre Dihr tausendt mahl!"

*

„. . . . ich bin Sehr bange, das [daß] ich nicht 2 tage in Spandau [im Truppenübungslager] Sein werde, ohne üble nachricht von deiner gesundtheit zu hören. mihr ist gabr nicht guht darbei . . . . gott bewahre Dihr! wann Du noch im Stande, zu Schreiben, bleibest, so Schreibe doch zwei oder drei Mahl die Woche, wie Du Dihr befindest."

Dieser Brief wurde schon oben in anderem Zusammenhange — wegen der Häufigkeit des Briefwechsels — einmal erwähnt. Der König ist, trotz seines herzlichen Interesses an Fredersdorfs Ergehen, im allgemeinen nicht Egoist darin, daß Fredersdorf ihm selber schriftlich berichten soll. So heißt es an einer Stelle, die wir hier außerhalb der zeitlichen Reihe bringen:

„. . . . Schreibe nicht Ehr [eher], bis die Kräfte wieder Kommen und lass Cothenium [den Arzt] Schreiben. Ich wünsche Dihr So viehl guhtes! wan es nuhr was helfen wolte!"

*

„. . . . Es thuhet mihr recht leit, das [daß] das Fiber Dihr noch nicht verlassen wil. ich wolte es Dihr gerne abnehmen! — — jetzo ist das Fornehmste, daß Wieder Kräfte gesamlet werden. geschihet das, so werde ich wieder lustich, sonsten glaube ich, das [daß] ich alle meine besten freunde zu verlihren bestimet bin. ich bitte Dihr recht Sehr, lasse doch von Deiner Seitten nichts fehlen, umb Deine besserung zu befördern. wenn Du es nicht umb Deinet-wegen thuest, so Due es doch um mihr! . . . . ich mus Sonnabendt nach Schlesien hin. ich werde gewis recht in Sorgen bei Meinen reissen seindt umb Deinetwegen . . . . gott bewahre Dihr, ich mach [mag] nicht weiter davon Sagen."

*

„Du hast mir einen guhten Neujahrs-Wunsch gemacht, weillen Du Dihr besser befindest."

*

„ich Küsse den Docter, wann er Dihr gesundt macht!"

„. . . . nuhn halte Nur Künftigen monaht die ohren Steif! wenn wihr den überstanden haben, So hat es mit des Himels hülfe keine Noht. ich versichere Dihr, das [daß], wann es in meinem vermögen wehre [wäre], du morgen Gantz gesundt seindt Solst. . . . . so hoffe ich, Dihr noch lustig und gesundt zu sehen. gottbewahre!"

*

Der nun folgende Brief ist durch Burchardt, bezw. die „Oeuvres" (vgl. S. 9ff.) in veränderter Sprachform und ohne den Schluß schon bekannt. Hier die Urform:

„wohr [wenn] beüte Mittag die Sone Scheint, So werde ich ausreiten. Kome doch am fenster, ich wolte Dihr gerne Sehen! aber das fenster mus feste zu-bleiben; und in der Camer mus Stark feüer Seindt! ich Wünsche von hertzen, das [daß] es sich von tagezu-tage mit Dihr besseren Möhge. gestern habe ich Deine besserung Celebriret [gefeiert], mit 2 butteillen ungerschen wein [2 Flaschen Ungarwein]. Carel [ein Page „Karl"] hat vohr Kitzelln gequipt [vor Kitzeln gequietscht] und nach dießer Schönen harmoni hat Matschenco Seinen bären-Dantz [Bärentanz] verrichtet. gottbewahre!"

*

„. . . . glaube gewis, das [daß], was Mit Menschlicher hülfe bei Dihr auszurichten ist, nichts Sol verseumet werden. habe nuhr vertrauen dartzu und lasse Dihr nichts anders ein-reden. es Meinet Keiner besser mit Dihr, wie ich, Du Könst mihr gewisse glauben. folge Du nuhr, und Suche Dir Sonsten im übrigen das leben So angenehm zu machen, wie Du Könst."

*

„. . . . ich Wolte Dihr So gerne helffen, als ich das leben habe! und glaube gewisse, das [daß], wo es von Mihr Dependirte [abhinge], Du gewisse gleich gesundt seindt Solst." Nachschrift: „antworte mihr nicht!"

*

„. . . . ich meins [meine es] gewisse guht mit Dihr, und wann ich einen Menschen finden könte, der Wirklich im Stande Dihr zu helffen wehre [wäre], so Wolte ich im [ihn] vom Japan Komen lassen."

*

„. . . . ich verlange keine andere erkenntlichkeit von Dihr, als Dihr gesundt wieder-zu-Sehen, was mir Sehr freuen wirdt. gottbewahredir!"

Der König hat seinen Fredersdorf besucht und ist erschüttert über den empfangenen Eindruck. Das spiegelt sich in den beiden folgenden Briefen. Im ersten heißt es: „Ich habe gemeinet, mihr eine Freude zu machen, dihr zu Sehn, aber ich bin recht betrübt zurükegekommen. ich finde Dihr Sehr abgenomen, Seit-dehm ich Dihr gesehen habe.... lasse Dihr die gedult nicht vergehen, und wann Du mihr lib hast, so lege deiner genesung nichts im Wege und gebe zu keinem übel gelegenheit. gottbewahre!"

Und im zweiten Brief finden sich die Worte: „Es [der Besuch bei Fredersdorf] hatt mihr rechte Traurige gedanken gemacht, ich Sage Dihr nicht das hundèrtste theil, der mihr durch den Kopf gegangen ist, ohne das [abgesehen von dem] Mitleiden, das mihr deine fihlfältige [vielfältigen] Schmertzhaffte zufälle veruhrsachen. wann wihr nuhr den Künftigen Mohnath guht überstehen, den [dann] wil ich foller freuden Seindt, dann ich gönne Dihr gewisse alles guhte und solte mihr nichts leidt werden, was es auch Sei, anzuwenden, umb Dihr wider gesundt zu machen. gottbewahre!"

*

Ein jeder wird den zwingenden Eindruck haben, daß s o l c h e Worte der Anteilnahme echt und ehrlich empfunden sind. Man könnte freilich den Einwand erheben, sie seien geschrieben in der Zeit der „Empfindsamkeit", des an überschwenglichen Worten reichen Freundschafts--Kultes. Friedrich selber habe in Rheinsberg den solchem „Kult" geweihten „Bayard-Orden" gegründet, der seinen Regierungsantritt noch lange überdauerte. Das ist richtig. Es ist auch nicht zu bestreiten, daß manche an andere Menschen gerichtete Briefe des jungen Friedrich sich in eine Romantik und eine Gefühlsseligkeit versteigen, die für unser heutiges Empfinden fast unwahrhaftig wirkt. Ein um so wohltuenderes Zeugnis e c h t e n Empfindens sind diese Briefe an den kranken Fredersdorf. Will man die Gefühlsäußerungen der „Empfindsamkeit" mit übersüßter Limonade vergleichen, so genießen wir h i e r das klare Quellwasser des Gebirges! Eines besonderen Beweises bedarf das, so meinen wir, n i c h t, man s p ü r t die Wahrhaftigkeit dieser Worte ganz unmittelbar. Wer aber noch einen „objektiven Beweis" haben will, findet auch den in unseren Briefen; denn den W o r t e n des Königs an den armen Kranken entsprechen seine T a t e n ! Trotz seiner alles gewöhnliche Menschenmaß übersteigenden Inanspruchnahme durch Arbeit und Interessen erwies er seinem Fredersdorf auch die stärkste **sachliche Teilnahme**. Er will jede Erscheinung der Krankheit, jede Veränderung zum Guten oder Schlechten und die Ursache davon genau wissen, denkt selbst gründlich darüber nach und hält ungezählte Male eingehendes „Consilium" ab mit Dr. Cothenius, seinem Leibarzt, der auch Fredersdorf behandeln muß. Friedrich selbst macht, als gehörte er seinerseits der von ihm so viel und mit bissigen Scherzen verspotteten Zunft der Ärzte an, immer wieder bis ins kleinste gehende Vorschläge zur Heilung, namentlich über die richtige Diät, aber auch über die Anwendung bestimmter medizinischer Mittel. Er kämpft mit einer, insbesondere für **sein Temperament** geradezu unbegreiflichen Geduld — nur einmal in den 11 Jahren kommt eine ärgerliche Tonart vor — gegen die unselige Neigung Fredersdorfs an, sich „Charlatanen", Wunderdoktoren u. dergl. in die Arme zu werfen, die immer wieder das eben mühsam Erreichte verderben. Hätten wir auch nicht ein einziges jener oben angeführten herzlichen **Worte** des Königs, diese **Taten** würden uns den untrüglichen Beweis erbringen, daß er seinen Fredersdorf l‍iebte, wie nur der beste Vater seinen Sohn lieben könnte.

Lassen wir die Briefe selbst reden, indem wir wiederum einige Stellen daraus im Wortlaut bringen. (Der Leser wird später selbst sehen, wie wenig wir damit vorweg nehmen.)

„. . . . Du wirst gewisse besser werden . . . . allein wenn Du einmahl hitzige medecine ein-nimst, so ist es aus, und Kan Dihr Keiner helfen. habe nuhr gedult, und nehme mahl 3 monaht nichts, als wenn es [Dr.] Cothenius guht findet. ich wette, Du wirst weiter Kommen, als wie mit alle die neue Docters. so wie es ohnmöchlich ist, das [daß] eine Kirsche in einen Tag blühet und reife wirdt, so ohn-möglich Kan man Dihr in 4 Wochen gesundt machen."

*

„gottlop, daß wihr Dihr So weit wieder haben! nuhn aber Kömt es Sehr auf Dihr Selber an. Deine umbstände seindt So schlecht, daß ohne eine große Diete [Diät] Dihr ohnmöglich Kan geholffen werden. Das vornehmste ist, des Morgens den Schweis abzuwarten und Solchen zu beförhrdern, darnach Keine unverthauliche oder Saltzige speisen zu Essen, nicht zu Schreiben, noch zu arbeiten, bis die Kräfte datzu volkomen wieder dar seindt, Keine fremde Medecin, noch injections [Einspritzungen] oder bougis [Sonden], sie mögen nahmen [Namen] haben, wie sie wollen, zu gebrauchen. .... was einen anderen Menschen Keinen Schaden thäthe, Kan Deinen abgemateten Cörper glatt über den haufen werfen. man mus wie mit einen Kindt mit Dihr umgehen."

*

„Nach einen Neuen Consilium [ärztlichen Beratung] werden wihr [der König und Dr. Cothenius] Dihr anjetzo noch resolvirende [lösende] mitel geben, die einen noch prompteren efekt, wie die vohrigen, thun müssen. ich hoffe einen guhten Success [Erfolg] davon. ich Sitze Cothenium auf den hals und treibe ihm an, so viehl wie möglich. Schlafe nuhr bei Tage und nim alle virtelstunden zu hülfe, so-wie es Deine Schmertzen und umbstände erlauben. .... Cothenius ist im Grunde der Sellen [Seele] bösse über alle die fremden Docters! er saget, die haben bei Dihr alles verdorben, absonderlich der Strasburger. ich Sage ihm, das ist nun zu Spähte, davon zu sprechen, sondern er Sol nuhr handt anlegen, umb Dihr jetzunder zu helfen, und er Sol auch alle Ere [Ehre] davon haben."

*

„Du fängst aber zu früh wieder an zu arbeiten! Du Must nohtwendig erst [wieder] Kräfte Samlen, sonsten Könstu Dihr mit das Schreiben wieder fiber zu-wege-bringen. .... Schlafe des Tages eine halbe oder gantze Stunde, wan [wenn] Du Könst, und lasse Dihr guhte Supen Machen, ohne gewürtz .... den 22. oder 23. [Nach dem Monde bestimmt!] wirstu 2 untzen [Unzen] aderlassen müssen."

*

„Wo Dihr das uriniren des Nachts Stärker quelet [quält], So lasse Dihr nuhr erweichende milch-bäder machen, die aber beileibe nicht zu Warm seindt!"

*

„.... nun sei Du nuhr hübsch from und Mache, daß der Neumohnt auch so guht übergehe; und Schreibe doch, wie-vihl Stunden Du des Nachts Schläfst, und ob das fiber noch nicht gantz wek ist, und [ob] die Materie weißer wirdt. Du mußt Dir recht vornehmen, gesundt zu werden, dann hillft sich die Nahtur auch. absonderlich hüte [verhüte] alles, was im geringsten die Hemeroiden [Hämorrhoiden]

Kan in bewegung bringen, worzu ich Dihr meinen Segen gebe. gott bewahre!"

*

In diesem Brief warnt der König seinen Kranken vor Übermut, wenn es ihm einmal vorübergehend besser geht: „Moderire deine Wiwasitet [Vivacität = Lebhaftigkeit] bei guhten tagen, oder Wihr Komen nihmahlen vom flek!"

*

Der nun folgende Brief zeigt in ganz besonderem Maße, mit welcher Aufmerksamkeit der König die Krankheit Fredersdorfs dauernd verfolgte. Die betreffende Stelle lautet: „ich habe observiret, daß es [nämlich die Anfälle] die andere Mohnahte auch wohl den 14. wiedergekomen ist, also bitte ich dich, thue mir es aus liebe und nim Dihr in allen Stüken bis nach d. 15. in acht, daß, wan wohr [falls] noch Was Komen sol [sollte], du Keine Schult daran hast!"

*

„. . . . so lange wie das fiber wek-bleibet, so lasse dihr Starke bouilons von Calbfleisch mit reis oder gruben [wohl Graupen] machen. hüner und calbfleisch kan dihr nicht Schaden, vohrkost ist zu Stark. vergis nicht die Schmertzen, die Du gehabt hast, umb dardurch die Diete [Diät] besser zu observiren. ich wünsche Dihr tausend [mal] glück datzu."

*

„. . . . es ist weiter nichts, als eine fligende gicht. nuhr mus Du Dihr in acht nehmen, daß es nicht nach der blasse [Blase] oder nach der brust gehe. deswegen mus du nicht aus der Camer [Kammer] gehen, bis Der flus ganz Disipiret [aufgelöst] ist und Dihr vor zuchwinde [Zugwinde] und vornehmlich vor Schleunige ver-Enderunk [Veränderung] von Hitze und Kälte meiden [hüten]!"

*

In der nächsten Briefstelle geht es wieder einmal tüchtig über die „Charlatane" her, die der König „Idioter Kerls" nennt; und dann heißt es weiter: „Du must Dihr selber nicht guht sein, daß du solche Proben mit Deinen Cörper vornehmen Wilst. lasse uns [den König und den Arzt] doch noch ein par Mohnahte Walten, und dann, wan [wenn] Du was Hazardiren wilst, so tuhe, was du Wilst. alleine jetzunder gehet es auf toht und leben! glaube mihr, ich verstehe mehr von anathomie und Medecin, wie Du! aber Deine Krankheit lasset [läßt] sich nicht tzwingen, sie ist Complitziret und gehöret ein Habiler [studierter] Docter dartzu."

*

„Dahrist [Da ist] wieder ein ferfluchter Charlatan aus Kassel gekommen. um Gottes Willen, willstu Dihr ums Leben bringen? Die Erfahrung machet Dihr nicht Klug. Der Duvergé [ein Kurpfuscher] derhate [der hatte] Dihr die ersten acht Tage gesundt gemacht, das nahm aber ein besem ende [böses Ende]. Es wirdt mit diesen nicht besser gehen, und, was zu beklagen ist, ist, daß Du Dihr von freien Stücken umbs leben bringst! ich bitte Dihr, Traue Dihr doch nicht einen Jeden zu, und Schafe [schaff] doch den Schurken ab, der Dihr hitzige balsam und solches Zeuch geben wirdt, das Dihr den brandt in leibe machen wirdt. bleibe doch bei Cothenius! Die [es folgen sechs Namen von Wunderdoktoren] haben Dihr mehr zurücke, wie forwärts, gebracht. habe doch ein-Mahl 6 Wochen gedult und lasse Cothenium und mihr Wirtschaften, es wird guht gehen! oder Du bist allein an allem unglück, das folgen kan, Schuldt!"

*

„Werde doch ein-mahl vernünftig, fasse Dihr und sei ein gantz Jahr geduldich und brauche nichts, als von Cothenius, und lasse Dihr die Närsche gedanken [närrischen Gedanken] vergehen, in 8 tage gesundt zu werden. ich gehe nuhn wek, und weiss nicht, wie Du Dihr verhalten wirst. wenn Du mihr auch versprichst, So helstues [hältst Du es] doch nicht. ich wolte baldt Schiltwachen vor Deiner thüre Setzen lassen, daß kein Docter herein Komen Könte!"

*

„ich habe heute mit Cothenius einen großen Discurs über Deiner gesundheit gehabt. nun habe ich endlich resolvieret, Dihr was zu gebrauchen, das [von dem] ich gantz gewisse hoffe, [daß es] Dihr Sehr Soulagiren [erleichtern] wird. [Es folgen genaueste Einzelanordnungen.]

*

„.... und wann Du alsdan bei Deiner guhten Diete bleibest, Dihr nicht ärgerst — welches Schlimer als das übrige ist — und die Medecin ordentlich zu gebrauchen Continuirest [fortfährst], So habe ich keinen tzweifel, daß Du nicht wieder ziemlich guht werden Solst [solltest]; Cothenius mus aber gegen den 12., zum Spätzden [spätesten] d. 15, vohr die Hemeroiden vohrbeugen und entweder Schrepen [schröpfen] oder 1 untze [eine Unze] aderlassen. das sage ihm nuhr." [Die Mahnung, sich nicht zu ärgern, wiederholt der König in den verschiedensten Abwandlungen in zahlreichen Briefen.]

*

Zum Schluß dieses Abschnitts lassen wir nun noch drei Stellen besonderen Gepräges folgen. Der erste dieser Briefe fällt insofern aus dem Rahmen heraus, als er der einzige ist, in welchem dem König seinem Pflegling gegenüber „die Galle überläuft". Fredersdorf hat ihn durch seine unaufhörlichen Rückfälle in die heimlich betriebene Kurpfuscherei schwer gereizt. Und nun stellt ihm Friedrich in schroffen Worten eine Art von Ultimatum. Aber gerade dieser Brief wirkt besonders rührend, weil man fühlt, wie auch des Königs Zorn in Wahrheit nur aus wärmster Liebe geboren ist. (Bereits der darauf folgende Brief Friedrichs ist denn auch schon wieder, nach Form und Inhalt, von der gewohnten Milde und Herzlichkeit.) Man bedenke auch, dieser zürnende Brief ist im zehnten Jahre der Krankheit geschrieben! Unendliche Geduld, unendliche miterlebende Teilnahme und unendliche Liebe hat der König auf den Kranken verwandt. Es ist ja, als hätte man eine Mutter vor sich, die — vielleicht neben etwas Haushaltungssorgen — an nichts anderes zu denken hat, als an ihr krankes Kind, nicht aber den großen König, der in ständiger Ruhelosigkeit, bald mit dem Schwert, bald mit den Mitteln der Diplomatie, einen unerhörten Kampf führt um Sein und Nichtsein seines Staates, einen König, der daneben ein schöpferischer Landesvater ohnegleichen ist und noch dazu ein Mensch von umfassendsten geistigen Interessen. Erst wenn man sich das alles so recht klar macht, empfängt man den richtigen Maßstab für die menschliche Bewertung dieser Briefe! —

Der Text des „Ultimatums" lautet:

„es ist mir recht lieb, daß Du diesses Mal wieder durch bist. allein wessen Schuldt ist es? meine beiersche [bayrische] Köchin berümt Sich, daß sie Dihr in der Cuhr [Kur] hat! Lachmann [ein Kurpfuscher] brauchst Du Darmank [dazwischen] und wer weis wie viehl andere Docters.

Ich mus Dihr die reine Wahrheit Sagen: Du führst dihr wie ein ungetzogen Kint auf, und, wann Du gesundt Wärest [so würde ich sagen] wie ein unfernünftiger mensch! mach doch ein-Mahl ein Ende mit die Närsche quacksalberei, da Du Dihr gewisse, wohr [wenn] du nicht davon ablässest, den Thoht mit thun würst. oder Du wirst mihr tzwingen, Deine leute in Eidt und flicht zu nehmen, auf-daß sie mir gleich angeben müssen, wenn ein Neuer Docter Komt, oder Dihr Medecin geschiket wirdt. hästu [Hättest Du] mihr gefolget, so würstu [würdest Du] dießen Somer und herbs [Herbst] guht zu-gebracht haben. aber die Närsche und ohnmögliche einbildung, in 8 Tagen gesundt zu werden, hat Dihr fast zum Mörder an deinem leibe gemacht. ich Sage es Dir rein-heraus, würstu [wirst Du] Dihr jetzunder nicht von allen deinen Idioten-Docters, alte Weiber etc. loß-schlagen, so werde ich Cothenius v e r b i h t e n, den fus in Deinen hause zu setzen und werde mihr nicht weiter um Dihr bekümern! denn, wenn Du so Närsch bist, daß Du Dihr nach so vihlen proben Durch Solches liderliches gesindel Wilst umbs leben bringen lassen, so mögstu [magst Du] deinen Willen haben, aber so wird Dihr auch Kein Mensch beklagen!

Du hast mir zwhar Vihl versprochen, aber Du bist So leicht-gläubig und so leicht-Sinnig, daß man auf Deine Worte Keinen Stat machen kann. Sehe nuhn Selber, was Du thun Wilst. und Morgen Gib Deine resolution, denn es mus der Sache ein rechtes Ende werden, Sonsten Krepirstu [krepierst Du] meiner-Sehlen aus puren übermuht!" [Man beachte auch, dass das sonst übliche „Gott bewahre Dihr" diesmal fehlt!]

*

Und zuletzt mögen, um dem Kapitel einen heiteren Abschluß zu geben, noch zwei Stellen folgen, bei denen — im Gegensatz zu dem sonstigen Ernst dieser Briefe an den Kranken — dem König der Schelm aus den Augen lacht:

Da schreibt Friedrich über den immer wieder zu den Kurpfuschern entwischenden Patienten: „du bist wie die Mimi! wann man meinet, man hilt sie feste, so Sprung sie um der architrave [Gesims] von der Camer herum."

*

Noch reizender aber ist die Schalkhaftigkeit des Briefes, den wir in diesem Abschnitt als den letzten anführen wollen. Wir erinnern uns der ewigen Mahnungen des Königs an Fredersdorf, keine „hitzigen" Medikamente zu schlucken, sondern nur die vom Dr. Cothenius verordneten. Das muß man im Gedächtnis haben, wenn man folgendes liest: „ich Schicke Dihr ein Rares Eliksihr [Elixier], das von Teofrastem Paratzelsio Komt, welches mihr und alle, die davon genomen haben, wunder gethan hat. nim nuhr von dießer Medecin. es leidet aber Keine quacksalberein darnehben!! sonsten benimt es einem vohr Sein lebe-Tage die Mänliche Krefte der liebe!"

Man wird kaum fehl gehen in der Annahme, daß das „Elixier" in Wahrheit nur gefärbtes Wasser oder etwas ähnlich Harmloses war. Die Hauptsache ist natürlich, daß Fredersdorf, will er nicht das angedrohte Unheil erleiden, „keine Quacksalbereien daneben" gebrauchen darf! Die Berufung auf Paracelsus ist besonders neckisch. Fredersdorf wird schwerlich genau gewußt haben, wer dieser um 1500 lebende berühmte Professor, Alchemist und Wunderdoktor eigentlich gewesen ist. Da er aber selber (wie wir schon erwähnten und später noch genauer sehen werden) ein scharfer „Goldmacher" war, so wird er jenen Namen, als den einer hohen „wissenschaftlichen Autorität", sicher schon gehört und andächtig verehrt haben!

*

Soviel über die persönlichen, gefühlsmäßigen Beziehungen des Königs zu Fredersdorf, insoweit sie sich in den an den Kranken gerichteten Briefen widerspiegeln. Aber in dieser warmherzigen und tätigen Anteilnahme an den Leiden seines Freundes erschöpft sich der seelische Inhalt von Friedrichs Liebe nicht.

Es ist ein Naturbedürfnis des menschlichen Herzens, mit dem, den es liebt, möglichst viel vom eigenen Erleben und Empfinden zu teilen, wobei selbstverständlich Voraussetzung ist, daß der Andere die Zuneigung zurückgibt und zum Empfang dieser seelischen Gaben froh bereit ist. Bei seinem Fredersdorf glaubte der König an ein solches Echo, an eine volle und warme Erwiderung seiner Gefühle. Darum war es ihm natürlich und drängte es ihn, sich von der Höhe seines Königtums zu diesem Manne geringen Standes und geringer Bildungsstufe nicht nur äußerlich, sondern innerlich herabzuneigen und sich ihm rein als Mensch seelisch hinzugeben, von allem äußeren und inneren Haltungszwang entspannt. Daß diese Hingabe, wir möchten es nennen dieses „innere Du-Sagen" Friedrichs zu seinem Fredersdorf den behandelten Gegenständen nach seine Grenzen finden mußte durch die verhältnismäßige Enge von Fredersdorfs geistigem Blickfeld, ist freilich selbstverständlich. Aber hat denn Fredersdorf seinerseits den König wirklich so geliebt, wie dieser es glaubte? Oder war er nur „treu und zuverlässig"? Verstandesmäßig zwingend ist diese Frage, die nur anzuschneiden fast wehe tut, kaum zu lösen. Im äußeren Rahmen seiner Briefe bleibt der

Kämmerer immer in den üblichen höfischen Formen. Seine Unterschrift z. B. lautet nie anders als: „Ich ersterbe als Ew. Königl. Majestät untertänigster treuer Knecht Fredersdorf." Und wenn er den König in den Briefen seiner Dankbarkeit versichert, Sorge um Friedrichs Gesundheit ausdrückt oder sich teilnehmend nach ihm erkundigt, so kann man natürlich unmöglich objektiv feststellen, ob solche W o r t e in der Tiefe des Herzens ehrlich und warm empfunden waren, o d e r ob (außer der unbezweifelbaren Treue) nur die „schuldige" Ehrerbietung, wenn nicht gar Zweckmäßigkeits-Erwägungen, dahinterstanden. Trotzdem glauben wir fest daran, daß auch Fredersdorf den König auf seine Art wirklich „geliebt" hat, und meinen das auch begründen zu können. Freilich läuft diese Begründung auf einen „indirekten Beweis" hinaus: Wir denken zu hoch von der Menschenkenntnis, dem sicheren „Herzensinstinkt" des Königs, als daß wir es für möglich halten könnten, er — der doch nicht nur, gleich uns, seine W o r t e las, sondern auch seine A u g e n sah — habe sich über Fredersdorfs wahres Empfinden getäuscht. Daß aber der König seinerseits an Fredersdorfs Gegenliebe zu ihm g l a u b t e, darüber kann nach dem Inhalt unserer Briefe k e i n Zweifel bestehen.

*

Friedrich war schon während der Zeit unserer Briefe, also vor dem Siebenjährigen Kriege, sehr viel und ernstlich krank. Es ist ergreifend, zu sehen, wie er bereits in dieser Zeit oftmals seine Riesenleistungen einem bresthaften Körper a b r i n g e n mußte. Geht es ihm schlecht, so empfindet er es offenbar als ganz „selbstverständlich", daß sein Fredersdorf herzlichsten Anteil daran nimmt. Darum ist es ihm — der zarten Rücksicht seines für Freundschaft so dankbaren Herzens entsprechend — auch „selbstverständlich", daß er v e r p f l i c h t e t ist, seinem Fredersdorf fortlaufend über sein Ergehen zu b e r i c h t e n. Und die Art, w i e der König zu diesem Menschen „klagt", ist ganz so, wie man es einem engvertrauten Herzen gegenüber tut, dessen man sich völlig sicher weiß.

Auf das Anführen von Belegstellen hierfür wollen wir verzichten, um den Briefen selbst möglichst wenig vorzugreifen. An diesem Ort mag der Hinweis genügen, daß sich z. B. aus den 3 Wochen vom 2. bis 24. März 1747 — es handelt sich um die Ausläufer einer schweren Krankheit des Königs — in unserer Sammlung nicht weniger als 15 Briefe des hohen Patienten finden, in denen er seinem Fredersdorf über jede einzelne Wandlung seines Zustandes berichtet. Wie sehr also war es

Friedrich Bedürfnis, sich diesem Freunde gegenüber auszusprechen! Wie fest muß er an dessen warme Anteilnahme geglaubt haben!

Ja, zuweilen scheint ihm das ängstliche Sorgen Fredersdorfs um seine Gesundheit fast etwas zu weit gegangen zu sein; denn an mehr als einer Stelle finden wir Aussprüche, wie diese: „sei doch nicht um Mihr besorget, was mihr gefehlet hat, wahr zu viehl geblühte" oder „Sei Du nicht bessorget um mihr, wohr [wenn] mihr der Teuffel nicht holet, so Komme ich [von der Reise] gesundt wieder". (Fredersdorfs Krankheiten nimmt er stets wichtiger als die eigenen.)

Aber nicht nur in Bezug auf körperliche Leiden ist der König von „zutraulicher" Mitteilsamkeit seinem Fredersdorf gegenüber, sondern auch hinsichtlich seelischer Stimmungen, freudiger wie trauriger Art, freilich immer nur, soweit er glauben darf, daß Fredersdorfs schlichtes Verständnis dafür ausreicht. Wie vertraut klingt es z. B., wenn der König ihm schreibt: „Ich bin so verdrießlich und so ärgerlich über hundert unangenehme Zeitungen und Historien, daß ich alles überdrüssig bin." — oder wenn er ihm von Politik und Kriegsgefahren spricht im Tone folgender Stellen: „ich Glaube, Künftig jahr umb diese Zeit haben wihr uns gewisse schon ein par mahlen bei die ohren gehabt! laß gehn, wie es gehet!" oder: „ich Mus jetzo wieder aufpassen, die bestigen [Bestien, nämlich England, Rußland und Österreich, mit denen er in schwerem diplomatischem Kampf steht] machen mihr vihl Sorge. gehet aber unsere Sache guht, so lache ich Sie alle aus!" oder: „ich denke nuhn nichts, als am Krig, der mir vorstehet, und mache meine anstalten darauf."

Ungemein reizvoll im Sinne freundschaftlich-vertrauter Tonart sind auch die in unserer Sammlung vorhandenen Schreiben des Königs aus dem Felde während des Zweiten Schlesischen Krieges. Wir werden später bei der Erläuterung der Briefe sehen, wie unendlich viel man da zwischen den Zeilen lesen kann und welch fabelhaft lebendiges Bild des großen Erlebens und des großen Wirkens Friedrichs sie uns vermitteln, wenn man sie planmäßig „aufschließt". An dieser Stelle dagegen, wo es sich um die persönlichen Beziehungen des Königs zu Fredersdorf, um sein Bedürfnis handelt, mit seinem wegen Krankheit daheimgebliebenen Diener seine Erlebnisse zu teilen, wollen wir den unmittelbaren Eindruck dieser Briefe auf uns wirken lassen. Der aber ist, daß sie sich fast lesen, als wären sie an ein Kind geschrieben. Nirgends werden große politische oder strategische Gedanken bewußt in den Vordergrund gestellt, sondern nur vom Augenblick eingegebene, durch bunte Kleinbilder belebte Stimmungsschilderungen übermittelt, wie man sie sich gegenüber einem, bezüglich „sachlichen Verständnisses" nicht ganz ernst genommenen, aber gefühlsmäßig nahe verbundenen Menschenkinde vom Herzen schreibt.

Auch dafür — aus der Fülle des Vorhandenen — einige kleine Beispiele:
„Hier schlagen wir uns alle Tage wie die Teuwel herum."
„es hat bei Sohrr [in der Schlacht von Soor] Schärfer gegangen, als Nihmahlen, und bin ich in der Suppe bis über die ohren gewessen. Sistu [Siehst Du] wohl, mihr thuht Keine Kugel was!"
„ich Kan noch nicht Sagen, ob sich alles in Die Winterquartire zur Ruhe begeben wirdt, oder ob es den Winter zur Zigeunerei [zum Zigeunerleben] kommen wirdt. doch gehe ich nicht vom Flek, bis dass ich gewisse bin, das die Spitzbuben auch Stille sitzen werden. Gott bewahre Dir indessen! Das Komando und gardecorps Seindt furt und bringen Fahnen, pauken und Standarn genung Mit!"

Auch der — sonst so peinlich versteckte — Sieger-Stolz des Königs kommt seinem Fredersdorf gegenüber an mehreren Stellen offen und freudig zum Ausdruck. So z. B. wo es heißt:
„ich hoffe, dass Man im Lande von Mihr wirdt uhrsache haben zufriden zu Seindt, dan [denn] ich habe mehr, als menschlich, gethan!"

*

Damit wollen wir unsere allgemeine Einführung schließen, in der wir nach jeder Richtung hin möglichst wenig vorweggenommen haben, und in der wir uns insbesondere bezüglich des Zitierens von Briefstellen beschränken zu müssen glaubten auf das, was unbedingt nötig schien, um für das persönliche Verhältnis des Königs zu seinem Diener wenigstens andeutungsweise eine „Vorlage" zeichnen zu können, die es dem Leser erleichtern mag, sich aus den Mosaiksteinen, die er in den Briefen selber in reicher Fülle finden wird, ein vollständigeres Bild dieser Freundschaft nunmehr selbständig zusammenzustellen und mit lebensvoller Farbigkeit auszugestalten.

Wir dürfen zum Schluß noch einmal daran erinnern, daß das persönliche Verhältnis Friedrichs zu Fredersdorf uns nicht des Letztgenannten wegen, sondern nur insofern nahegeht, als wir dadurch Blicke in des Königs Seele tun können, sowie daran, daß das bisher allein hervorgetretene Thema dieser Freundschaft zwischen Herrn und Diener keineswegs den Inhalt und die Bedeutung unserer Briefe erschöpft!

Unsere Sammlung beginnt mit einer Briefgruppe aus dem zweiten Jahre des Zweiten Schlesischen Krieges; der erste dieser Briefe stammt, wie sich aus dem Inhalt ergibt, vom 24. September 1745.

Zur Erleichterung des Verständnisses der Zusammenhänge mag es manchem Leser willkommen sein, wenn wir den Gang der geschichtlichen Ereignisse kurz darstellen, wobei wir von allbekannten Geschehnissen den Ausgang nehmen müssen.

Bald nach Friedrichs Thronbesteigung starb Karl VI., der letzte Habsburger, und seine Tochter Maria Theresia trat auf Grund der „Pragmatischen Sanktion" sein Erbe an, das außer Österreich, Böhmen und Ungarn damals bekanntlich große Besitzungen in den Niederlanden und in Italien umfaßte. Sofort aber erhob sich eine Welt von, vorerst politischen, Feinden gegen sie, die eine günstige Gelegenheit zur eigenen Bereicherung witterten: Spanien, Bayern und Sachsen wollten an ihrer Stelle Erben sein, und auch Frankreich erhob Einspruch. In dieser für ihn günstigen politischen Lage erneuerte auch König Friedrich alte, sachlich recht zweifelhafte, preußische Erbansprüche auf Teile Schlesiens und eröffnete überraschend den „Ersten Schlesischen Krieg", der ihm den Ruhm eines großen Feldherrn und, im Frieden von Breslau 1742, den Besitz fast ganz Schlesiens brachte*.

Dieser Breslauer Vertrag war ein „Sonderfriede", denn bald, nachdem Friedrich gegen Österreich losgeschlagen und dabei Erfolge erzielt hatte, brach auf Grund der erwähnten, von vielen Seiten kommenden Ansprüche und Einsprüche der (bis 1748 dauernde) „Österreichische

---

* Als die schicksalsschwere Nachricht vom Tode Kaiser Karls VI. in Rheinsberg eintraf, lag Friedrich im Fieber. Die Generaladjutanten wagten nicht, ihm in diesem Zustande die aufregende Botschaft zu melden. Da bat man Fredersdorf, zum Könige hineinzugehen und ihn „vorzubereiten".

Erbfolgekrieg" aus, von dem die beiden ersten „Schlesischen Kriege" Friedrichs, vom Standpunkte der europäischen Geschichte aus gesehen, nur Teilereignisse waren. Spanien, Frankreich, Bayern, Sachsen und Preußen standen im Bunde gegen Österreich, bis Preußen, wie gesagt, im Sonderfrieden von Breslau als kriegerisch tätiger Teil ausschied. Dadurch bekam Österreich, und das war sein Beweggrund zum Abschluß von Breslau gewesen, erheblich Luft. Maria Theresia, die zuvor, von Bayern und Franzosen bedrängt, bei ihren Ungarn in Preßburg hatte Hilfe suchen müssen, konnte sich im eroberten München huldigen lassen; und nun schlug auch England-Hannover, das aus Feindschaft gegen Frankreich* Österreichs Bundesgenosse geworden, im Jahre 1743 die Franzosen bei Dettingen empfindlich aufs Haupt. Der bayrische Kurfürst hatte sich zwar inzwischen, mit Friedrichs Unterstützung (als Karl VII.) zum Kaiser krönen lassen, saß nun aber, ohne Land, in Frankfurt. Zu den genannten Erfolgen Maria Theresias kamen noch glückliche Ereignisse in Italien hinzu; und alles dies ließ jetzt auch Sachsen umschwenken und veranlaßte es, sich durch den Wormser Vertrag der politischen Gruppe Österreich, Sardinien, England-Hannover anzuschließen.

In dieser gefährlichen Vereinzelung gelangte Friedrich zu der Überzeugung, daß er noch einmal um den Besitz Schlesiens werde kämpfen müssen, zumal die Österreicher in Erfolgen gegen Frankreich den Rhein hatten überschreiten können und bereits im Elsaß standen. Um also einem späteren Angriff zuvorzukommen, eröffnete Friedrich, nachdem er mit dem durch seinen „Sonderfrieden" von Breslau verstimmten Frankreich wieder angeknüpft hatte, im August 1744 den Zweiten Schlesischen Krieg, und zwar unter der politischen Flagge des Eintretens für den vertriebenen (bayrischen) Kaiser. Von Sachsen forderte er das reichsgesetzliche Durchzugsrecht und rückte, teils auf diesem Wege, teils über Schlesien, vor Prag, nach dessen Eroberung er südwärts die Moldau aufwärts zog, um auf solche Weise ganz Böhmen und die Flankenstellung zur Donau zu beherrschen. Aber dieser großzügige strategische Plan ging gänzlich in die Brüche. Prinz Karl von Lothringen, Maria Theresias Schwager und Feldherr, kehrte eilends aus dem

* Die unüberbrückbare politische Gegnerschaft zwischen den Großmächten England und Frankreich, die nicht zum wenigsten auf überseeischen Interessengegensätzen beruhte, muß man dauernd im Auge behalten; sie bildet den festen Punkt in der im übrigen so vielgestaltigen europäischen Politik während des Zeitraums, den unsere Briefe umspannen.

Elsaß zurück und drängte durch geschickte Marschbewegungen Friedrich — der, von seinen eigenen Hilfsquellen zu weit entfernt, unter Verpflegungsschwierigkeiten litt, und dessen meist frischgeworbene Soldaten massenhaft fahnenflüchtig wurden — aus Böhmen hinaus, ohne daß es zu der vom König gesuchten Schlacht gekommen wäre. Auch die sträfliche Untätigkeit der nun doch im Elsaß entlasteten Franzosen trug zu diesem schweren Mißerfolg Friedrichs bei, dessen ganzer Kriegsplan zerschlagen und, was vielleicht das Schlimmere bedeutete, dessen Ruf der Unbesiegbarkeit draußen in der Welt und vor seinem eigenen Heere vernichtet war.

Noch schlechter ließ sich für den König von Preußen das zweite Kriegsjahr (1745) an. Am 20. Januar starb der bayrische Karl VII., „sein" Kaiser. Damit verlor Friedrich den vorgeschobenen Rechtsgrund für seinen Kampf mit Österreich. Gefährlicher noch war, daß sich Maria Theresia im April 1745 mit Kaiser Karls siebzehnjährigem Sohn und Erben Max-Joseph im Frieden von Füssen aussöhnte. Der junge Kurfürst erhielt sein Bayern zurück gegen Verzicht auf alle Erbansprüche gegen Österreich und gegen das Versprechen, bei der bevorstehenden Kaiserwahl seine Stimme dem Gemahl Maria Theresias, Franz von Lothringen-Toskana, zu geben. Den eine Zeit lang gehegten Gedanken, Schlesien fahren zu lassen und sich für seinen Verlust durch Bayern zu entschädigen, ließ Maria Theresia damit ohne Zwang fallen, so fest glaubte sie an ihren baldigen Sieg über Preußen.

Nach dieser Wendung der Dinge stand Friedrich nun tatsächlich allein der vereinigten Macht der Österreicher und Sachsen, die außerdem von England unterstützt wurden, gegenüber, denn die Bundesgenossenschaft der Franzosen war für ihn von sehr zweifelhaftem Wert, nachdem diese einen Entlastungsangriff auf Wien längs der Donau nach langem Hin- und Herverhandeln abgelehnt hatten und nur in Flandern tätig waren.

Zwei weitere bittere Enttäuschungen kamen dem König von seiten Englands und Rußlands. Ein ihm, wie er irrig meinte, günstiger Ministerwechsel in London hatte ihn schon um die Jahreswende bewogen, durch das Österreich und Sachsen verbündete England den allgemeinen Frieden zu suchen, und zwar, was Preußen anlangte, einen Frieden ohne Eroberungen, andererseits aber auch ohne Verzichte. Qualvoll lange und wechselvoll zogen sich diese — durch die Zwiespältigkeit der politischen Ziele der vereinigten Länder England und Hannover erschwerten — Verhandlungen hin; und allmählich versandeten sie ganz.

Ja, zunächst stand Friedrich nur vor der Tatsache, daß die Unterstützung Österreich-Sachsens durch England mit Truppen und Geld noch verstärkt wurde.

Ebenso groß war die Enttäuschung, die er von Rußland erlebte. Die ursprüngliche Freundschaft der Tochter Peters des Großen, der Kaiserin Elisabeth, für den Preußenkönig wurde durch den unter abenteuerlichen Umständen zum Großkanzler aufgestiegenen Bestushew mit der Zeit in teuflischer Planmäßigkeit vergiftet und in ihr Gegenteil umgekehrt. Drohte Rußland auch im Frühjahr noch nicht mit unmittelbarem Angriff, so übte es doch zu Gunsten Sachsens einen schweren Druck auf Preußen aus. Das hing so zusammen: Gegenüber Sachsen war Friedrich in peinlichster Weise strategisch gelähmt. Obschon nämlich sächsische Truppen gegen ihn in Böhmen und Schlesien zu Felde lagen, beanspruchte der Sächsische Kurfürst und Polnische König August dennoch „Neutralität" für sein Land, da er nur „in Erfüllung einer Bundespflicht" gegenüber Österreich gegen Friedrich kämpfe — und er konnte sich bei diesem uns heute sehr sonderbar anmutenden Neutralitätsanspruch auf das damalige Völkerrecht berufen! Aber nicht nur Rußland forderte in diesem Sinne Rücksicht auf Sachsen, sondern auch England, das dem König doch den Frieden vermitteln sollte, und schließlich sogar auch Frankreich, dieses mit der Begründung, daß es König August für die Kaiserwahl begünstigen wolle, als Gegenbewerber von Maria Theresias Gemahl. So konnte Friedrich einerseits Sachsen nicht angreifen, weil es als „neutral" galt, mußte aber andererseits jeden Augenblick fürchten, daß österreichisch-sächsische Heere von gefährlichster Ausfallstellung aus in das Herz Preußens vorstießen. Der Berliner Außenminister Graf von Podewils erhielt daher schon im April genaue Anordnungen, wohin in solchem Falle der Hof, die Hauptbehörden und der Schatz fliehen sollten. Dieser Schatz war freilich kaum noch des Fliehens wert, denn die sich aus allem Gesagten ergebende überaus ernste Lage Preußens im Frühsommer 1745 wurde noch wesentlich erschwert durch die geradezu verzweifelte Geldnot, zu deren Behebung krampfhafte, aber fast erfolglose Anstrengungen gemacht wurden.

Wir verstehen, daß der König, der sich keinerlei Selbsttäuschung hingab, in einem Brief an seinen Minister v. Podewils von der „schwersten Krisis, in der ich Zeit meines Lebens mich befunden" sprach. Es ging ja nicht mehr allein um den Besitz Schlesiens, von dem freilich die Großmachtstellung abhing, sondern um den Fortbestand Preußens überhaupt. Aber in dieser Notzeit erhob sich seine, inzwischen von allen Schwächen der Jugend, auch von der draufgängerischen Ruhmsucht des ersten Krieges geheilte Seele zu der ganzen Herrlichkeit und inneren Größe, um deretwillen er der leuchtende Held unseres Volkes geworden ist. Gegenüber dem — sachlich, wie er wußte, nur zu berechtigten — schwarzsehenden Kleinmut und den dringenden Mahnungen seiner nächsten Ratgeber, nunmehr einen Frieden auch unter schweren Opfern zu suchen, will er nichts hören von Nachgeben und Verzichten. „Seine Königl. Majestät deklarieren hierbei fort et ferme, daß an keine Cession des geringsten Stückes von Ober- oder Niederschlesien noch dem Glatzischen jemals zu gedenken sei, und daß, wenn der Wienerische Hof darauf insistierte, des Königs Majestät le tout pour le tout risquieren, und nichts oder alles verlieren wollen." So läßt er dem Minister durch den darüber erschrockenen Kabinettsrat Eichel mitteilen. Aber was mag des Königs einsame Seele durchgekämpft haben, ehe sie sich zu dieser eisernen Entschlossenheit durchrang!? Am schwersten vielleicht wurde ihm der ständige Wechsel zwischen Hoffen und Enttäuschtwerden in dem großen diplomatischen Spiel, insbesondere in der Frage der englischen Friedensvermittlung. „Schlimmer, als die schlimmste Gewißheit, ist dies ungewisse Harren!" Und welch erschütternden Einblick in sein Inneres gewährt das andere Wort an die Zaghaften: „Macht es wie ich, der ich meiner Seele Stockschläge gebe, auf daß sie geduldig und still werde."

Als dann alle diplomatischen Hoffnungen zerschellt waren, wußte er: „Es bleibt mir kein anderer Ausweg, als ein großer Schlag", eine, wenn auch noch so gewagte, große Schlacht, wie sie von ihm im Vorjahre in Böhmen vergebens gesucht war. Was er militärisch dazu vorbereitend tun konnte, hatte er getan, insbesondere auch in der seelischen Stärkung des Heeres. Die Mißerfolge des vergangenen Herbstes hatten ja, wie wir hörten, den Glauben seiner Offiziere und seiner Truppen an ihn erschüttert. Inzwischen hatte er mit der ans Rätselhafte grenzenden Macht seiner Persönlichkeit die kleingläubigen Gemüter wieder aufgerichtet, die „Miesmacher", wie wir heute sagen würden, ohne Rücksicht unschädlich gemacht, so daß er zugleich die Meinung des Heeres aussprach, als er schrieb: „Ich habe den Rubikon überschritten, und entweder will ich meine Macht behaupten, oder alles soll untergehen und alles, was preußisch heißt, mit mir begraben werden. Wenn der Feind etwas beginnt, so werden wir ihn so gewiß besiegen, oder wir werden uns alle niederhauen lassen . . . ."

Am 4. Juni erfocht er, als Großtat höchster Feldherrnmeisterschaft, den strahlenden Sieg von Hohenfriedberg gegen Karl von Lothringen, den er über die mit Absicht ungedeckt gelassenen Pässe nach Schlesien hatte herüber kommen lassen. Aber diese schwere Niederlage, die ihren zahlenmäßig weit überlegenen Truppen statt des so sicher erwarteten Sieges beigebracht war, bestimmte Maria Theresia noch nicht zum Nachgeben. In der Tat konnte weder ihre politische noch ihre militärische Lage sie dazu zwingen. Friedrich wagte, gewarnt durch die trüben Erfahrungen des Vorjahres, nicht, allzutief nach Böhmen einzudringen; und so lagen er und Prinz Karl sich nun im Sommer 1745 in der Nähe von Königgrätz fast drei Monate in einer Art von Belagerungskrieg gegenüber. Kleine Gelegenheitsgefechte hier und an den durch die Ungarn belästigten schlesischen Grenzen waren alles, was militärisch geschah. Der König war sich darüber klar, daß er neue entscheidende Schläge nicht hier in Böhmen, sondern nur in Sachsen führen dürfe. Unter den oben erwähnten Gründen, die ihn am „Neutralitätsbruch" gegen Sachsen (trotz seiner vollendeten Vorbereitungen dazu) immer noch hinderten, war die Rücksicht auf Frankreich der stärkste, bis dieses Frankreich aufhörte, die Wahlstadt Frankfurt militärisch zu decken, und so die Erkürung des Kaisers Franz geschehen ließ.

Da Franz auch ohne die brandenburgische Stimme die Mehrheit erhielt, war Friedrichs Plan, seine Kurstimme bei einem Friedensschluß in die Wagschale zu werfen, hinfällig. Wohl aber eröffneten sich ihm neue und, wie er meinte, sehr starke Friedensaussichten durch das Wiedererwachen der Verhandlungen mit England, auf das gerade die Entschlossenheit von Friedrichs Absichten gegen Sachsen den stärksten Eindruck machte. So kam es am 26. August im „Vertrage von Hannover" zu einem „Präliminarfrieden" mit König Georg, den dieser in Wien und Dresden ebenfalls durchzusetzen versprach. Friedrich wußte nicht, wie unaufrichtig Georg, der sich noch kurz zuvor in einem Geheimvertrage Teile Preußens zur Vergrößerung Hannovers hatte versprechen lassen, seine Vermittlerrolle betreiben würde, er wußte auch nicht, wie unnachgiebig Maria Theresia war, der die Kaiserkrone „ohne Schlesien nicht des Tragens wert" schien. Der König rechnete so fest auf den baldigen Frieden, daß er den vorbereiteten Angriff auf Sachsen unterließ und sogar sein Heer in Böhmen, das durch Abgaben an das bei Halle gegen Sachsen stehende Corps stark vermindert war, nicht wieder auffüllte.

In diesem Zustande des Hoffens und Wartens auf den Erfolg des Vertrages von Hannover wurde Friedrich, militärisch sorglos geworden, am 30. September bei S o o r vom Prinzen Karl überfallen, nach einem Plan, der dem seinen von Hohenfriedberg umgekehrt ähnlich war. Daß dieser Plan, der völlig geeignet war, den König vernichtend zu treffen, durch seine persönliche überragende Feldherrngabe und die blitzartige Schnelligkeit seiner Entschlüsse in eine schwere Niederlage der Österreicher verwandelt wurde, mutet bei genauer Kenntnis des Schlachtfeldes und des Schlachtverlaufes wie ein Wunder an. Aber außer dem „moralischen" Erfolg waren die Wirkungen von Soor nur gering. Denn auch abgesehen davon, daß der Feind das verlassene preußische Lager samt dem königlichen Gepäck ausgeplündert hatte, war dieser planwidrig erfochtene Sieg sehr teuer erkauft — die 42 000 Österreicher und Sachsen hatten an Gesamtverlusten etwa 17 %, die 22 000 Preußen dagegen fast 40 % — und für die Kriegslage im ganzen war nichts Entscheidendes gewonnen. Maria Theresia war vom Nachgeben weiter entfernt denn je; schon spannen sich Verhandlungen an wegen eines Sonderfriedens zwischen ihr und Frankreich (wodurch dann Preußen völlig isoliert worden wäre), auch hoffte sie stärker auf Rußland; und mit Sachsen hatte sie, noch vor der Schlacht von Soor, einen Feldzugsplan für den Winter verabredet, von dem wir·später hören werden. So lehnte sie den Beitritt zum Vertrage von Hannover nunmehr dem englischen Gesandten gegenüber mit Entschiedenheit ab; ihr einziges Ziel und ihre gewisse Zuversicht war des Königs von Preußen Vernichtung.

Friedrich aber ahnte von alledem nichts, sondern hoffte weiter auf baldigen Frieden.

*

Nach dieser Einführung wenden wir uns der Anfangsgruppe unserer Briefe des Königs an Fredersdorf zu, deren erster noch vor der Schlacht bei Soor geschrieben ist. Daß unsere Briefe nicht politischen Inhalts sind, sondern nur wertvoll als Spiegel des menschlichen Wesens Friedrichs, möchten wir gerade am Schlusse dieser historisch-politischen — gleichwohl nicht überflüssigen — Einleitungsworte nochmals betonen.

1

DER KÖNIG AN FREDERSDORF

Lager bei Staudenz. D. 24. (September 1745)

bleibe Du nuhr in berlin und lasse Dier Curirn. hier Schlagen wier uns alle Tage wie die Teüwel herum[1]. Der Schirm[2] mus nach Potzdam, auch ein Tisch, 2 Statuen und 4 portreter von Wato[3], So Rohtenburg[4] aus Paris hat Komen lassen. Solche Sollen nur in einer meiner Cameren verwahret werden, bis ich werde darhin Komen Können. ich habe vielle Sorgen und chagrin, ich werde froh Seindt, Knobelstorf[5] zu Sehen. ich weis nicht, ob Porporino[6] nichts mitgebracht hat von [dem], was ihm ist bestellet worden?

lasse Dihr man guht Seindt, ich glaube nicht, daß ich werde vohr Ende November[7] in berlin Seindt. gottbewahredihr!

Fch

[1] Mit dem „Herumschlagen" meint der König die kleinen Beunruhigungsgefechte während des „Stellungskrieges" in der Nähe von Königgrätz, der zwischen den Schlachten von Hohenfriedberg (4. Juni 1745) und Soor (30. September 1745) lag.

[2] Ein Wandschirm, wie man sie vor den Kamin stellte.

[3] Porträts von Watteau. („Wato" ist ein Beispiel für Friedrichs Rechtschreibung „nach dem Ohr".) Antoine Watteau ist der berühmteste französische Maler der Rokokozeit, er starb 1721 in noch jungen Jahren an der Schwindsucht. Aus seinem Siechtum und den daraus folgenden schweren Stimmungen heraus schuf er, gewissermaßen als Selbstbefreiung, Werke naiv sinnenfroher Lebenslust. Friedrich liebte ihn sehr; er hat zahlreiche Gemälde von ihm erworben.

⁴ Graf Friedrich von Rothenburg, 1709 geboren, war ursprünglich französischer Offizier, trat aber aus Begeisterung für Friedrich 1741 in preußische Dienste. Er war es, der die Wiederannäherung zwischen dem durch den Breslauer „Sonderfrieden" verstimmten Frankreich und Preußen vor Beginn des Zweiten Schlesischen Krieges durch seine persönlichen Beziehungen und sein diplomatisches Geschick durchsetzte. An dem Erfolge von Hohenfriedberg hatte er als General hervorragenden Anteil. Er war einer der vertrautesten Freunde des Königs, von dem wir noch weiter hören werden. Zur Zeit dieses Briefes lag er im Lager krank darnieder.

⁵ Georg Wenzel Freiherr von Knobelsdorff ist der große Baumeister und Friedrichs Freund schon aus der Rheinsberger Zeit. Er war zunächst Offizier, folgte dann aber seinen Neigungen und hohen Gaben auf dem Gebiete der Malerei und namentlich der Baukunst. Eine Reise nach Italien, die er mit Unterstützung des Kronprinzen unternahm, gab ihm, und durch ihn Friedrich, starke Anregungen, deren Spuren wir in den Bauten Potsdams und Berlins verfolgen können. Als sein Gönner König geworden war, stieg Knobelsdorff zum „Generaldirektor" der Bauten auf. Von 1741—43 schuf er das Opernhaus, ein Sinnbild für die Tatsache, daß das kunstfeindliche Zeitalter Friedrich Wilhelms I., der das Theater für Verschwendung und „vor Sünde" hielt, zu Ende sei. Außer verschiedenen anderen königlichen Aufträgen — auch den „Tiergarten" hat er gestaltet — erhielt Knobelsdorff den, das „Lustschloß auf dem Königlichen Weinberg", später „Sanssouci" genannt, zu erbauen. Im Frühjahr 1745, während der König im Felde stand, wurde der Grundstein dazu gelegt. Gleich allen anderen Architekten Friedrichs hatte es auch Knobelsdorff nicht leicht mit seinem Herrn, dessen umfassender Geist auch die Baukunst zu beherrschen glaubte. Eifrig suchte der König sich aus fachlichen Werken zu unterrichten, insbesondere aus solchen der Italiener, und machte selbst die Vorentwürfe für seine Bauten. Knobelsdorff wünschte das neue Lustschloß auf einen Kellersockel zu setzen, um es gesünder zu machen und einen schöneren Anblick vom Fuß der „Terrassen" aus zu erzielen. Der König dagegen bestand eigensinnig auf dem zur Ausführung gelangten Plan. Dies war der Anfang seiner späteren Entfremdung mit Knobelsdorff, dem er aber gleichwohl nach dem im Jahre 1753 erfolgten Tode des Künstlers eine, in der Akademie der Wissenschaften verlesene, Gedächtnisrede voll hoher Anerkennung widmete. Der in unserem Brief erwähnte Besuch

Knobelsdorffs im Felde wird sicherlich Besprechungen über Einzelheiten des Sanssoucibaues gegolten haben.

⁶ Porporino war ein italienischer Sänger, der im März 1745 auf Urlaub in seine Heimat gegangen war und Aufträge künstlerischer Art erhalten hatte.

⁷ Für November erwartete der König die Beendigung des Stellungskrieges durch Abzug beider Heere in die Winterstandorte. Auf die unmittelbar bevorstehende Schlacht bei Soor (30. September 1745), von der bereits der nächste Brief berichtet, war der König ganz und gar nicht gefaßt und vorbereitet. Wie wir schon hörten, hatte er sein Heer zugunsten des gegen Sachsen bei Halle unter Fürst Leopold von Dessau bereitstehenden Truppenkörpers erheblich geschwächt. Er hatte ja starke Hoffnung auf baldige Vermittlung des Friedens durch England.

2

DER KÖNIG AN FREDERSDORF[1]

Soor, den 2. Oktober 1745

Denke Dir, wie wir uns geschlagen haben[2], *achtzehn gegen fünfzig! Meine ganze Equipage zum Teufel, Annemarie*[3] *ist todt gehauen, der Champion muß auch todt sein; Eichel*[4], *[Geheimrat] Müller, der Dechiffreur*[5] *und Lesser*[6] *sind noch nicht ausgefunden. Wann das Unglück einmal will, dem fället es allemal auf den Hals*[7]. *Der Köppen*[8] *muß mir zehntausend Thaler schicken. Wärest Du hier gewesen, ich hätte nichts verloren; aber Du kennst den dummen Rietzen, der sich gar nicht zu helfen weiß, und ich hatte so viele gefährliche Umstände auf dem Halse, daß ich [selbst] ohnmöglich daran denken konnte*[9]. *Nun ist die Campagne gewiß vorbei und werde ich sie endigen können, wann es mir gefällt*[10]. *Sei Du nur ruhig! Rothenburg*[11] *wäre bald gestorben. Knobelsdorff*[12] *ist den 1. gekommen. Der gute brave Wedell*[13] *ist todt; Albert*[14] *auch, ist nicht viel verloren; Blanckenburg und Bredow*[15] *auch.*

Helfe der Himmel weiter. In solcher großen Gefahr und Noth[16] *bin ich mein Tage nicht gewesen, als den 30., und bin doch herausgekommen! Gott bewahre Dich. Mache doch meine Sachen alle in Berlin, wie ich es haben will, und werde gesund!*

Friedrich

¹ Dies ist einer der 8 Briefe, die, obschon nach 1834 aus der Bassewitzschen Sammlung verloren gegangen, doch **inhaltlich** erhalten sind, weil sie zu den wenigen Stücken gehören, die Burchardt 1834 abschrieb. Wir bringen diese 8 Briefe in dem „verbesserten" Text der „Oeuvres", in die sie aus Burchardts Büchlein übergingen. (Vgl. Seite 9f. und 14ff.)

² Die Schlacht bei Soor ist am 30. September 1745 geschlagen, der vom Prinzen Karl von Lothringen trefflich angelegte Überfall des kleinen preußischen Heeres durch Friedrichs überragende Feldherrnpersönlichkeit aus einer fast sicheren Niederlage in einen Sieg der Preußen umgewandelt worden. Der König gibt das Zahlenverhältnis in unserem Brief auf 50 000 Österreicher und Sachsen gegen 18 000 Preußen an. Wenn auch die neuere Forschung ein Verhältnis von 42 000 zu 22 000 für richtig hält, bleibt dieser Sieg doch wie ein Wunder, denn weit gefährlicher noch als ihre zahlenmäßige Überlegenheit war die vorteilhafte Stellung der Österreicher. Das Lager hatte Friedrich im Stich lassen müssen samt seiner eigenen Ausstattung, der fast leeren Kriegskasse und den Schriftstücken des Kabinetts. Es wird, allerdings nicht unwidersprochen, behauptet, daß der Zeitverlust der das Lager plündernden Reiterscharen den für Friedrich günstigen Ausgang der Schlacht befördert habe.

³ „Annemarie" und „Champion" sind Namen von Tieren, vermutlich Pferden. Man beachte, daß der König zuerst ihren Verlust meldet, dann erst den Tod der Offiziere, ja sogar den des Bruders der regierenden Königin! Nicht erwähnt hat er in unserem Brief, daß ihm auch seine Lieblingshündin „Biche", von der wir später noch hören werden, bei Soor geraubt wurde. Das Tier wurde aber auf wiederholte Bitte hin zurückgegeben. Es wird erzählt, man habe die Biche leise in das Zimmer hineingelassen, in dem der König Briefe schrieb. Da sei der Hund auf den Tisch gesprungen und habe seinem Herrn die Pfoten um den Hals gelegt; der König habe sich so gefreut, daß ihm die Tränen in die Augen getreten seien.

⁴ Der Geheime Kabinettsrat **Eichel** war, infolge der Art wie Friedrich über die Köpfe der Minister hinweg zu regieren pflegte, ein Mann von großem Einfluß. Er genoß des Königs unbedingtes Vertrauen, darin vielleicht der einzige Fredersdorf gleichbehandelte Beamte. Freilich an persönlich freundschaftlicher Wärme waren die Beziehungen des Königs zu ihm mit denjenigen zu seinem Fredersdorf nicht zu vergleichen. (Siehe Seite 22.) Eichel gelang es, nach der Gefangennahme auf dem

Wege ins feindliche Lager die verfänglichsten Urkunden des Kabinetts zu vernichten. Als er nach einigen Tagen (vgl. Brief 11) ausgeliefert wurde, wußte er von der hohen Bewunderung zu erzählen, die Friedrichs Tat bei Soor den geschlagenen österreichischen Generalen abgenötigt hatte.

⁵ Der „Dechiffreur" ist der Entzifferer der — zur Wahrung des Geheimnisses — in Schlüsselschrift verfaßten diplomatischen Schriftstücke.

⁶ Hofrat L e s s e r, Leib- und Feldmedikus, ist der Arzt des Königs. Auch er war gefangen worden.

⁷ Dieser Satz wird sich auf den Prinzen Karl von Lothringen beziehen, der bei Hohenfriedberg geschlagen war und nun bei Soor wieder unterlag, obschon er diesmal alle günstigen Umstände (des Geländes und der Überraschung), die bei Hohenfriedberg dem König zugute gekommen waren, auf seiner Seite gehabt hatte, auch abgesehen von seiner überlegenen Truppenzahl.

⁸ Geheimrat Friedrich Gotthold K ö p p e n, der schon Seite 11f. erwähnt wurde und in unseren Briefen sehr häufig vorkommt. Er wurde 1751 „Kriegszahlmeister".

⁹ Das heißt: An die Sicherung des Lagers konnte er nicht denken.

¹⁰ Diese frohe Hoffnung des Königs, daß es in s e i n e r Hand liegen werde, den Feldzug bald zu beenden, beruhte, wie wir Seite 50 sahen, auf einer völligen Verkennung der politischen Einstellung Maria Theresias, die eben mit ihrem Gemahl in Frankfurt zur Kaiserkrönung weilte und die Verhandlungen wegen eines Sonderfriedens mit Frankreich begann. Des Königs optimistische Auffassung der Lage kennzeichnet sich durch die Worte an den Kabinettsminister von Podewils (vom 4. Oktober): „Wenn j e t z t unsere Unterhandlungen nicht vorwärts gehen, so werden sie es niemals tun!"

¹¹ Graf Rothenburg (vgl. Brief 1) hatte sich, schwer fieberkrank, mittelst einer Sänfte in die Schlacht tragen lassen.

¹² Knobelsdorff, s. Brief 1, Anm. 5.

¹³ Das Grenadierbataillon Wedell war beim Sturm auf die „große Batterie", den stärksten Punkt der Österreicher bei Soor, nahezu aufgerieben worden.

¹⁴ Albert, Prinz von Braunschweig, ist ein Bruder von König Friedrichs Gemahlin; ihm hatte eine feindliche Kanonenkugel den Kopf zerschmettert. Die Art, wie Friedrich dies Geschehnis hier erwähnt, ist in trauriger Weise bezeichnend für seine innere Stellung zur Königin, zeigt aber andererseits, w i e offen er zu Fredersdorf sprach. Elisabeth Chri-

stine war, und gewiß diesmal nicht mit Unrecht, tief verletzt und empört, daß ihr Gemahl es nicht für nötig hielt, ihr den Kriegertod ihres Bruders persönlich anzuzeigen und ihr Worte des Trostes zu schreiben. Erst sehr nachträglich trafen zwei kurze und förmliche Beileidsbriefe bei ihr ein. Mit der Stellung Friedrichs zu seiner Gemahlin werden wir uns später noch eingehend zu beschäftigen haben. (Vgl. Nr. 78.)

[15] In der Schlacht gefallene Generale.

[16] Das traf für sein Heer wie für seine Person zu; er setzte sich rücksichtslos der Gefahr aus.

3

DER KÖNIG AN FREDERSDORF

D. 6ten Sohr[1] (October 1745)

lieber Fredersdorf! bestelle mihr doch eine Tabacsdosse[2] von Jasppe [Jaspis] mit brillanten und Rubinen, recht So, wie die wahr, die ich hatte und die Mihr die Huzaren genomen haben. Ich will auch wieder So ein leichtes Servis von Silber haben, Mus aber erstlich wissen, was es Kosten wirdt, messers und was dartzu gehöhret, so wie das andere wahr. Mache Mihr auch einen anschlag von alle die Wagens, Cupfer- und tzinen-tzeüch [Zinnzeug], Servietten und tzelter, daß ich nuhr weis, wie Hoch der Verlust gehet. Seindt wohr [wo] noch Preusische gespane [Pferde aus Ostpreußen] von diesses Jahr in Berlin, So nicht verkaufet Seindt, so wil ich Sie behalten. 4 Mohrenköpfe [eine Pferdeart] ist alles, was ich noch habe. ich denke anfangs November in Berlin zu Seindt. Quantz Sol mihr doch 2 Neüe Flöhten[3] Machen, aber recht exstraordinaire, eine Mit den Starken Thon, und eine die Sich leichte blässet und eine Douce höhe [weiche Höhenlage] hat, und Sol sie behalten bis zu Meiner Retour. gott bewahre Dihr! Brauche braf [Arznei], nim Dihr in acht und werde gesundt!

Fch

[1] Der König steht noch bei Soor. Der blutige Sieg war strategisch unfruchtbar geblieben, an eine Verfolgung des Feindes war nicht zu denken.

[2] Es handelt sich um den Ersatz der dem König in der Schlacht bei Soor durch die ungarischen Husaren fortgenommenen Gegenstände. Obenan steht die Schnupftabaksdose! Sowohl mit dem Tabak selbst — es mußte solcher aus Spanien sein und zwar die Sorte Ihrer Majestät —

wie namentlich mit der Ausstattung der Dosen trieb der sonst für seine Person so bescheidene König einen beträchtlichen Aufwand. Zeitgenössische Geschichtschreiber erzählen, daß keine unter 2000 Taler gekostet habe — bis zu 10 000 Taler — und daß man im Nachlaß 130 Stück vorgefunden habe. Aus späteren Stellen unserer Briefsammlung ergibt sich aber, daß mindestens die Preise der Dosen beträchtlich übertrieben sind.

[3] Ferner geht dem König der Verlust seiner F l ö t e n sichtlich nahe. Man weiß, welche Bedeutung des jungen Friedrichs Flötenspiel bei dem Zerwürfnis mit seinem Vater hatte, welchen Trost dem Prinzen und später dem König dieses von ihm künstlerisch beherrschte Instrument in schweren Tagen bot. Täglich „phantasierte" er auf der Flöte und behauptete, daß sich ihm dabei bisweilen die schwierigsten Fragen „wie von selbst" lösten. Er schuf selber Tonsetzungen dafür und ließ sich solche machen, ja, nicht selten wirkte er tätig mit in den allerdings nur in kleinem, vertrautem Kreise stattfindenden Abendkonzerten, deren eines in Sanssouci durch Adolf Menzels berühmtes Bild verewigt worden ist. Johann Joachim Q u a n t z, 1697 als Sohn eines Hufschmiedes geboren, hatte sich allmählich zum Hofmusiker in Dresden emporgeschwungen. Den Versuchen von Friedrichs Mutter, ihn als Flötenlehrer ihres Ältesten ständig nach Berlin zu ziehen, widerstrebte Kurfürst August, doch erhielt Quantz für diesen Zweck jährlich zweimaligen Urlaub, bis er 1741 ganz in Friedrichs Dienste trat. Er erhielt 2000 Taler Gehalt, dazu seine zahlreichen Tonsetzungen für den König noch besonders bezahlt, und für jede Flöte, die er für ihn verfertigte, 10 Dukaten. Als er 1773 starb, ließ ihm Friedrich ein Grabmal setzen, dessen bildhauerischer Schmuck in rührendem Sinnbild die Dankbarkeit des einstigen Schülers zeigt.

4

DER KÖNIG AN FREDERSDORF

Hauptquartier Trautenau, d. 7ten octob. 1745

Weil ich von Meiner Equippage sonst nichts als Meinen Wagen und die 4 Mohren-Köpfe wieder-gekriegt [nach der Plünderung von Soor], so sollet Ihr einen andern adjutanten- auch einen Kammer-Wagen machen; und müssen Sie etwas propre, doch starck seyn: doch sollet Ihr selbige nicht eher alss biss auff Meine ordre abschicken, auch sonsten weiter nichts alss diese Wagens machen lassen, biß Ich hinkomme, da Ich alles ordonniren [anordnen] *werde. Hauptquartier Trautenau D 7 t. october 1745.*

Der adjudanten-Wagen Mus etwas artig von ansehn Sein. Hihr schike [ich] *Dir einige Stücke, So von Meiner guhten flöte wieder-gefunden worden, gebe es an quantz, daß er die andern* [Teile] *darzu wieder-mache.*

Fch

[1] Lediglich der Nachsatz und die Unterschrift dieses Briefes ist von des Königs eigener Hand, den ersten Teil hat er diktiert. Im Verkehr mit Fredersdorf ist das eine ganz seltene Ausnahme.

5

DER KÖNIG AN FREDERSDORF

(Trautenau)[1] *D. 9. Oct. 1745*

Ich danke Dihr vohr aller Deiner Mühe; schicke [nun] *nichts mehr, dann* [denn] *D. 20ten Rüken wihr in Cantonir-quartire* [Winterstandorte]. *d. 3ten Nov. werde* [ich] *in berlin Seindt. es hat bei Sohrr* [Soor] *Schärfer gegangen, als Nihmahlen, und bin ich in der Suppe bis über die ohren gewesen. Sistu* [Siehst Du] *wohl, mihr thuht Keine Kugel was!*[2] *Die Flöte von quantz habe* [ich] *gekrigt, sie ist aber nicht recht guht. ich habe quantzen eine in Verwahrung gegeben, die ist besser. Gib sie mihr in berlin, wan* [wenn] *ich hin-Kome.*

Köpen [Geheimrat Köppen] *Sol die Fükse* [rote Pferde] *vohr d. Kleinen hendrich*[3] *betzahlen. lasse von Meine junge Pferde d. 2. Nov. 4 nach Berlin Comen, 2 Dousen* [zahme] *und 2 Wilde.*

hier haben wihr noch alle Tage Battaille[1], *dieses Thuht nichts! wann alles wirdt zu-boden gehen, So wirdt es Mit uns zum besten Stehen. Rothenburg*[4] *ist wieder gesundt. Nehme Dihr Wohl inacht. lesser* [der Leibarzt] *ist noch nicht* [aus der Gefangenschaft] *wieder hier. Schicke mihr Medesin. Gott bewahre Dihr!*

Fch

[1] Am 6. Oktober zog sich Friedrich von Soor, wo er, mehr „ehrenhalber", das Schlachtfeld besetzt gehalten hatte, nach Trautenau auf das Gebirge hin zurück, um dort 10 Tage zu bleiben. Es gab aber noch verschiedene kleine Loslösungsgefechte (vgl. auch Brief 8) der beider-

seitigen Reitertruppen, ein Beweis, wie gering die militärische Wirkung der Schlacht von Soor gewesen war. Immerhin hielt der König an der — irrtümlichen — Meinung fest, der Krieg, mindestens aber der Feldzug des Jahres, werde in aller Kürze beendet sein.

² Wir hörten schon bei Brief 2, in wie großer Gefahr der König gewesen war; nach der Überlieferung soll seinem Pferde durch eine Kugel der Kopf zerschmettert sein.

³ Der „kleine Hendrich" ist der Bruder des Königs, Prinz Heinrich, der, neunzehnjährig, auf seine Bitten mit ins Feld gekommen war und kurz nach diesem Brief an den Pocken erkrankte.

⁴ Siehe Brief 2, Bemerkung 11.

6

DER KÖNIG AN FREDERSDORF

D. 13ten (Oktober) *Trautenau 1745*

ich habe Deinen Brif vom 8ten gekrigt; und ist mihr lieb, daß Meine Sachen So guht von-Statten gehn. ich werde gewisse nicht vohr dem 3ten November¹ in Berlin Seindt; und wann auch nicht alles dorten fertig ist, So Wirdt es doch Lojabel Seindt.

Den Großen Geldt-Kasten lasse aus Potzdam Komen. Darinen Sol Köpfen [Geheimrat Köppen] *Meine Mohnahts-gelder² und, was ich mihr reserviret habe, darinen Thun, Daß ich das auf Meinen Tisch finde. Die gelder aber, umb Schulden zu betzahlen, behält Köpfen und, Was aus frisslandt Kömmt³, desgleichens.*

Mitt meiner Schatoule habe ich [bei Soor] *die Schlüssels zu die Potzdamsche Spinden verlohren, wohr* [wo] *meine Brifschaften wahren* [in Verwahrsam sind]. *So lasse neüe Schlüssels darzu Machen⁴, aber nicht zu groß, und Eine Schatul, wohr ich Meine Handt-Gelder² darin Thun Kan. Den alten Schlüssel Schike* [ich] *Dihr, mit den Sol das Neüe Schlos auf-Schlissen, dann* [denn] *ich Kan ihm Comode* [bequem] *in der Taschen tragen. Das Kan auch fertig Seindt, wenn ich wieder hin-Komme.*

Die 4 Tablaux von Watau [Watteau] *werden alle tage erwartet und Kommen tzeitig genung. Gott bewahre Dihr und Mache Dier wieder gesundt!*

Fch

¹ Daß die hier für Anfang November angekündigte (und später so ausgeführte) Abreise nach Berlin noch keine endgültige Heimkehr werden sollte, ahnte Friedrich noch nicht.

² Unter den — für einen Fürsten seines Ranges recht bescheidenen — persönlichen Einnahmen des Königs ist, neben geringfügigen anderen Posten, zu unterscheiden zwischen jährlich 52 000 Talern „Handgeldern" und 10 000 Talern „Monatsgeldern". Die Gehälter der Hofbeamten und der Dienerschaft standen auf dem gegenüber der Zeit Friedrich Wilhelms I. stark erhöhten „Hofstaats- und Fourage-Etat", die ebenfalls sehr verstärkten Ausgaben für die königliche Kapelle waren jetzt auf die Generaldomänenkasse übergegangen. Wie peinlich gewissenhaft der „absolute" König Friedrich zwischen seinen persönlichen Einnahmen und denen des Staates unterschied, werden wir häufiger zu beobachten Gelegenheit erhalten.

³ „Was aus Friesland", dem im Mai 1744 nach dem Aussterben des dortigen Herrscherhauses an Preußen gefallenen Lande, „kömmt", waren jährlich 24 000 Taler „Subsidien" und 16 000 Taler für die Befreiung von Aushebung und Werbung.

⁴ Einen stärkeren Beweis für des Königs unbedingtes persönliches Vertrauen, als den in diesem Auftrag liegenden, kann man sich kaum denken.

7

DER KÖNIG AN FREDERSDORF

D. 15ten Oct. (Trautenau 1745)

*Ich habe Deinen Brif gekrigt und ist Mihr lieb, daß es Sich mit Dihr bessert. Das geldt ist auch gekommen. die Barbarin*¹ *Kan bis zum 24ten Gedult haben. Dann Kan Ihr Köppen das geldt tzahlen.*

*Wegen der oppera*² [Oper] *So Gäbe ich zu Kleider vohr Sänger und Däntzer 5000 Thaler, aber die Ersten acteurs* [Darsteller] *Müssen guht gekleidet werden, die Casparini*³ *in Silber und Magnifique, der Salimbeni*⁴ *auch etz.*

*ich weis wohl nich, wann ich So eigentlich nach Berlin Komme; Du wirst es gewiß 5 oder 6 tage vohrher erfahren. ich fürchte mihr recht, dahr wieder hin zu Kommen*⁵.

Der Clempner der Sol los Seindt, 2 blechrene platen [Blechplatten] *seindt nicht wehrt, einen Menschen nacher Spandau zu Schaffen*⁶. *gib meinen Brif an Duhan*⁷ *ab. Gott bewahre Dihr!*   *Fch*

¹ Die berühmte, von den Berlinern stürmisch gefeierte Tänzerin Barbarina (auch „Barberina" geschrieben), war eine außerordentliche Schönheit. Mancher „Kavalier" brachte ihr seine Huldigungen dar; von des Königs Freund Graf Algarotti, wird erzählt, daß er durch ihre Sprödigkeit eine Zeitlang vom Berliner Hofe vertrieben worden sei. Da auch Friedrich selbst die Künstlerin mit besonderen Auszeichnungen bedachte, die man „auffallend" fand, so dichtete ihm der Klatsch zarte Beziehungen zu ihr an. (Vgl. Brief 78, Anm. 3, wo von Friedrichs „Stellung zur Frau" im allgemeinen die Rede ist.) Später heiratete die Barbarina den Sohn des verdienten Justizreformators Samuel von Cocceji.

² In bewußtem Gegensatz zu seinem kleinbürgerlich sittenstrengen Vater wandte Friedrich dem Theater große Anteilnahme und starke Förderung zu, die uns noch sehr häufig in unseren Briefen begegnen wird, weil Fredersdorf auf diesem Gebiete sehr tätig war. Der König bekümmerte sich eingehend um die Personalfragen, gab für die Gewinnung bedeutender Künstler verhältnismäßig sehr hohe Summen aus, befaßte sich mit dem Spielplan und der Ausstattung, besuchte Proben, ja, er entwarf persönlich „Libretti" und schuf die Musik zu einzelnen Arien. Daß die Mitglieder des königlichen Hauses und die Hofgesellschaft bei natürlich nichtöffentlichen Veranstaltungen bisweilen auch selbst die Schauspieler machten, ist bekannt. Die erste in Berlin aufgeführte Oper war die „Rodelinda" von Karl Heinrich G r a u n, den Friedrich schon 1735 nach Rheinsberg gezogen und nun zu seinem ersten Kapellmeister gemacht hatte. Die Vorstellung fand, es war im Dezember 1741, noch im „Schloßtheater" statt, da der neue Prachtbau des „Opernhauses" erst später vollendet wurde. Es mag indessen schon hier betont werden, daß der König niemals über diesen Neigungen höhere Pflichten vergaß; er erkannte der Bühnenkunst, und das war für die damaligen Verhältnisse richtig, wesentlich nur zwei Zwecke zu: Unterhaltung und höfische Würdevertretung. Von Übertreibungen im Schaugepränge, wie sie am Nachbarhofe zu Dresden beliebt waren, hielt sich Friedrich indessen zurück; nicht nur vernünftige Sparsamkeit, sondern auch sein künstlerischer Geschmack bewahrte ihn vor solchen Maßlosigkeiten. Es liest sich fast wie eine Kritik an den „Revue-Bühnen" unserer Tage, wenn er an seine Schwester Wilhelmine schreibt: „An diesen sächsischen Schauspielen (in einer Oper waren 620 Statisten, 20 Dromedare, Pferde, Maultiere usw. „aufgetreten") zeigt sich das Verlangen der Leute, daß man

zu ihren Augen, nicht zu ihrem Herzen spricht; eine einzige rührende Szene verdient den Vorzug vor der ganzen Buntscheckigkeit ihrer Triumphzüge."

³ Die Sängerin Giovanna Gasparini (der König schreibt, vielleicht in witziger Absicht, meist „Casparini") wirkte schon in jener ersten Oper 1741 mit; wir werden ihre Schicksale in unsern Briefen bis 1756 verfolgen können.

⁴ Felice Salimbeni (auch Salimbene geschrieben) galt als der bedeutendste Sänger Europas; er und die später vorkommende „Primadonna" Astrua wurden bisweilen von den Höfen zu Wien, Dresden und Turin zu großen Festvorstellungen „ausgeliehen".

⁵ Den Schlüssel zu diesem Ausspruch gibt uns ein Brief des Königs an die Gräfin Camas, seine 22 Jahre ältere mütterliche Freundin. Die Briefstelle lautet in der Übersetzung: „S i e ermessen, wie schwer es einem Herzen fällt, das so weich wie das meine geschaffen ist, den tiefen Schmerz zu ersticken, welche diese Verluste mir bereiten.... Ich hatte mich auf meine Heimkehr gefreut; jetzt f ü r c h t e ich mich vor Berlin, Potsdam, Charlottenburg, vor allen den Orten, die mir die trauervolle Erinnerung an Freunde wecken werden, welche ich für immer verloren habe." Für Fredersdorfs Verstehen genügt schon der nur andeutende Satz, e r w e i ß, wie tief seines Königs Herz verwundet ist durch den Schlag auf Schlag erfolgten Tod zweier sehr lieber Freunde und Jugendgefährten. Am 24. Mai war Etienne J o r d a n gestorben und am 13. August der Graf Dietrich von K e y s e r l i n g k, Friedrichs „Cäsarion". Wie tief und wie treu des Königs Schmerz um den Verlust dieses wahrhaft geliebten Menschen gewesen ist, spiegelt sich auch in seiner rührenden Fürsorge für Keyserlingks hinterlassenes Töchterchen Adelaide (vgl. Brief 66).

⁶ Wir haben hier ein Beispiel von Friedrichs Eingreifen in die Strafrechtspflege: Zwei gestohlene Blechplatten sind nicht wert, einen Menschen nach Spandau, d. h. ins Gefängnis, zu bringen!

In z i v i l r e c h t l i c h e n Sachen hat der König sich, wenn auch nur ganz allmählich und nicht ohne Rückfälle, zum Verzicht auf landesherrliches Eingreifen, also auf „Kabinettsjustiz" durchgerungen. Das freudige Staunen der Zeitgenossen darüber spiegelt sich in der bekannten Geschichte vom „Müller von Sanssouci", der dem rechtswidrigen Begehren des Königs nach eigenmächtigem Erwerb der Mühle mit den Worten entgegentritt „Ja, wenn kein Kammergericht in Berlin wäre!" und dadurch Friedrich zum alsbaldigen Nachgeben bringt. (Daß diese Anekdote, wie die neuere Forschung annimmt, erfunden sein soll, tut nichts zur Sache, denn sie ist zum mindesten „gut", d. h. die Art des Königs kennzeichnend, erfunden.)

Ein betrübendes Beispiel für einen der oben erwähnten „Rückfälle" ist dagegen Friedrichs Eingreifen in den Prozeß des Müllers Arnhold im Jahre 1779. Bei dieser Gelegenheit hat der König seinem Kammergericht, in der Sache selbst und in der Schroffheit der Form, schweres Unrecht getan. Seine Beweggründe aber waren auch hier die besten. Er war überzeugt, daß man Klassenjustiz geübt, nämlich den klägerischen Edelmann über den Müller zu Unrecht habe obsiegen lassen. Diese Angelegenheit, die natürlich unter allen Umständen traurig bleibt, wird neuerdings gehässig so dargestellt, als habe der König sich seine vom Gericht abweichende Überzeugung nur eingeredet gehabt. In Wirklichkeit hatte er Männer seines Vertrauens zur Untersuchung des Tatbestandes an Ort und Stelle gesandt und war durch das Gutachten eines Sachverständigen irregeführt worden. Soviel über diesen, zu unglücklichem Ergebnis führenden „Rückfall" in die Kabinettsjustiz auf dem Gebiet der bürgerlichen Rechtspflege.

In der Strafjustiz hielt Friedrich grundsätzlich an dem alten — später zum Begnadigungsrecht zusammengeschrumpften — Anspruch fest, daß der Landesherr schon die Urteile selbst beeinflussen, sie mäßigen oder auch schärfen könne. Im allgemeinen ging sein Streben nach Milderung. Das schien ihm untrennbar von seinen Pflichten und Rechten als Vater seiner Landeskinder: „Am allerwenigsten ist unsere Intention, Unsern gedrückten Unterthanen den Zutritt zu unserm Königlichen Thron abzuschneiden." (Vgl. die Anschauungen im „Anti-Machiavell".) Er ließ sich — welche Belastung bei seiner sonstigen Arbeitsfülle! — jedes Urteil der Strafkammern vorlegen, da er in ständiger Sorge lebte, „die Leute in den Provinzen" möchten sonst „gehudelt" werden. Schon bald nach seiner Thronbesteigung schränkte er auch die gerichtliche Folterung stark ein, um sie 1753 gänzlich abzuschaffen.

[7] Duhan de Jandun war des Königs einstiger Lehrer bis zu seinem 15. Lebensjahre. Sogleich nach Antritt seiner Regierung lud Friedrich den 1730 nach dem Fluchtversuch um seinetwillen in die Verbannung geschickten, dankbar verehrten Mann mit den herzlichsten Worten an seinen Hof und schuf ihm einen schönen Lebensabend. Zweieinhalb Monate nach diesem Brief, am 3. Januar 1746, starb Duhan. Als der König am 28. Dezember nach Abschluß des siegreichen Dresdener

Friedens in seine jubeltrunkene Hauptstadt einzog, entzog er sich aller lauten Begeisterung und trat still und ergriffen an das Sterbebett seines alten Lehrers.

8
DER KÖNIG AN FREDERSDORF

D. 17ten Schatzlar (October 1745)

Gestern ist wieder eine Scharffe Panduhren-Battaille auf dem Marsch gewessen[2]*; und Seindt leider viel Ehrliche leüte Liderlicher-Weisse blessiret worden*[1]*. D. 20ten gehe ich* [über die Grenze] *Nach Schlessien und D. 21. nehme mein quartir in Rohnstac* [Rohnstock]*. Dahr werde* [ich] *bleiben bis D. 28., wohr* [falls] *nicht was neües vohrffället. Dann gehe ich Nach Bresslau und* [je-] *Nachdehm* [ich] *dann dorten zu thun finde, werde* [ich] *dahr* [da] *bleiben. vieleicht gehe ich D. 31. wek und bin den 1ten in berlin, vieleicht gehe ich auch Nuhr den 1ten wek und bin D. 2ten in Berlin. vohr* [wofern] *noch gespann Dahrseindt, So schike welche unterwegens. Rothenburg ist wieder tzimlich guht, er Wirdt aber Elerten*[2] *Sehr gebrauchen.*

Der König in Pohlen[3] *lässet Dier grüßen! gott bewahre Dier! werde gesundt. ich werde Dier noch einmahl sicherer Schreiben der Stunde nach, wann ich Komme.*

Fch

[1] Am 16. Oktober zog sich Friedrich von Trautenau nach Schatzlar ins Gebirge in der Richtung auf Schlesien zurück. Daß auch diesmal noch der Marsch durch ungarische Reiterei gestört wurde, beweist aufs neue, wie wenig die Schlacht von Soor die Kraft des Feindes gebrochen hatte.

[2] Eller ist der Leibarzt des Königs. Wir werden ihm in unseren Briefen häufig begegnen, bis im Dezember 1747 der Arzt Cothenius berufen wurde.

[3] Der König von Polen und Kurfürst von Sachsen, August, der Sohn Augusts des Starken. Friedrich macht hier natürlich einen Scherz, vermutlich veranlaßt durch eine uns nicht bekannte Stelle in einem Briefe Fredersdorfs. Welch gefährliche Kriegspläne und politische Ränke Sachsen eben jetzt gegen Preußen betrieb, wußte Friedrich um diese Zeit, da er den Feldzug für beendet hielt, noch nicht.

DER KÖNIG AN FREDERSDORF

D. 18ten (October 1745, Schatzlar)

Ich habe [an] den Oberstalmeister schreiben lassen[1], *7 tzuch [Zug] Hengste und einen Stuten [Stutenzug] aus preusen und einen tzuch aus Rohsenburg auf-Stallen [aufzustellen] und, So baldt es Sich thun lässet, nacher berlin zu schaffen. dann habe an glöden [v. Glöden] schreiben lassen, er sol 2 tzüge zu Siben Dopelte Littauer Kauffen und solche anhero-Schiken. dieses Machet dann zusamen 17 tzüge aus und ist vohrs erste genung. Essels Sollen auch aus alle unssere Manufacturen zusammen-Kommen, umb daß Man mit der tzeit eine equipage zusamen-Stumpert.*

alles was Küchen- und Bagage-wagens Seindt, die lasse Machen. Nun wil [ich] vohr das erste weiter nichts bestellen. das Scharlotenburgische Silberne Serwis[2] *werde [ich] gewisse gegen das frühjahr wieder machen lassen Mit Messer, Lefel [Löffel] und gabel und Was darzu-gehöret. vohr 2000 Thaler Weisstzeüch Kaufe ich auch wohl, dann das Kupfertzeüch lasse auch machen. Das übrige Mus noch anstehen bis auf bessere tzeiten.*

Mache Du Man, daß ich Solche Dosse [Tabaksdose] wieder-Krige, wie die mit Diamanten und Rubinen wahr. gottbewahre Dihr, und Helfe uns aus Die Schwehre tzeiten!

Fch

---

[1] Es handelt sich um Ausfüllung der durch die Plünderung von Soor entstandenen Lücken im Bestande des Marstalls und des sonstigen königlichen Eigentums, auch die Erinnerung an die geraubte Tabaksdose gehört dahin. Mit den „Eseln" sind wohl Maultiere gemeint. Rosenburg ist eine Domäne im Magdeburgischen.

[2] Nicht mit der Plünderung bei Soor, sondern mit der schweren Geldnot des Königs während des Zweiten Schlesischen Krieges, die wir schon erwähnten, hängt die Bemerkung zusammen, daß er das Charlottenburger Tafelsilber nun, da er die Beendigung des Krieges erwartet, zum kommenden Frühjahr wieder herstellen lassen wolle. (Jetzt im Oktober war der „Schatz" bis auf einige wenige tausend Taler zusammengeschmolzen.) Im Dezember 1744 wurde in heimlicher Nachtzeit unter Leitung von Fredersdorf der berühmte, gediegen

silberne „Trompeterchor" aus dem Berliner Schloß — den Friedrich später in der noch heute erhaltenen Form in versilbertem Holz ersetzen ließ — und fast alles sonstige Silbergerät zu Schiffe in die Münze geschafft. Ebenso erging es dem Silbergerät aus Charlottenburg. Wie groß die Geldnot war, mag man auch daran ermessen, daß der König — aber glücklicherweise erfolglos — ernstlich den Plan betrieben hat, die neuerworbene Stadt Emden, diesen für Preußens Verbindung mit dem Weltmeer so wichtigen Platz, zunächst (1744) an die Generalstaaten und sodann (1745) an England für einige Millionen Taler zu verkaufen. Um so bewunderungswürdiger — wenigstens menschlich, wenn auch vielleicht nicht staatsmännisch — war es, daß der König die geldliche Hilfe Frankreichs zurückwies, als er im August eine Bitte um „Subsidien" seinem Stolze abgerungen hatte und ihm daraufhin statt der geforderten 3 bis 4 Millionen Taler Jahreszahlung nur etwa die Hälfte, und diese in Monatsraten, angeboten wurde.

10

DER KÖNIG AN FREDERSDORF

Hauptquartier Schwarzwasser, 18. Oct. 1745

Ich wil, daß Ihr mir erstlich einen Extract auß der Stallcasse schicken sollet, was und wieviel bißher wegen der fourage Meiner hier und in Schlesien gewesenen Pferde ersparet sey.

2tens Bey der Kellirey wil Ich gleichfalss wissen, was und wie viel dabey an Gelde im Bestande ist.

Fch

Dieser Brief ist von fremder Hand geschrieben und vom König nur unterzeichnet, er gibt ebenfalls ein sprechendes Bild von Friedrichs Geldnot und eiserner Sparsamkeit.

11

DER KÖNIG AN FREDERSDORF

D. 22. Rohnstoc (October 1745)

Wier Seindt gestern hier [an-] gekomen[1]. wohr [falls] Noch alles auf denen grentzen Stile [still] bleibet, So gehe ich D. 27. Nacher Brelsau [Breslau], d. 30ten nach Grüneberg und D. 31. gegen 8 uhr abendts [bin ich] in berlin. ich glaube, daß es so angehen Wirdt, doch Kan ich nichts gewisses darvon Sagen, bis daß Man Sihet, was der Feindt Thun Wirdt².

mit die Wagens die lasse du nuhr Machen, Wie du Wilst. wegen des geldts und die Flöhten ist mihr lieb, daß alles in ordenung ist. ich bin Noch so voller Sorgen³, daß ich nicht tzeit habe, an indiferenten [bedeutungslose] Sachen zu gedenken. Wann ich des abendts nacher Berlin Kome, So esse ich bei mihr Mit Poudewels⁴, Borck⁵, Hake⁶, Maupertius⁷, Duhan⁸.

Es Seindt 4 Leüfers und viehl mehr Domestiquen Nach berlin gegangen. Ritzer meint, Sie gehen auf Der oder Herunter [auf der Oder herunter]⁹.

ich Wolte gerne Solchen Stul mit ein Disch haben, als den grüne fauteuil, den ich verlohren habe, nur 1 tzol Höger [höher] als der alte. Eichel¹⁰ und alle andern Seindt wieder hier. Meine equipage Krigt wieder ein ansehen, es wirdt aber Noch was langsam zu-gehen, Er [ehe] alles im Stande Kömt. wenn das Mein Schwerster Kumer³ Währe, So wolte ich geruhig Schlafen. Rohtenburg wirdt baldt in berlin Seindt. gott bewahre Dihr!

Fridrich

¹ Rohnstock ist ein Dorf im Kreise Bolkenhain, Friedrich steht also nunmehr schon tief in Schlesien.

² Das heißt, er will abwarten, ob der Feind über die Grenze folgen wird.

³ Es handelt sich sehr wahrscheinlich um Friedrichs Sorgen wegen der ihm unerklärlichen Hinauszögerung der Friedensvermittlung der Engländer (auf Grund des Vertrages von Hannover). Mit der Behauptung des Königs, daß er keine Zeit habe, an „indifferente" Sachen zu denken, steht der weitere Inhalt des Briefes, insbesondere der Anfang des Schlußabsatzes, in einem drollig wirkenden Gegensatz.

⁴ Es ist sehr auffallend, daß der König die folgenden 5 Namen seiner Vertrauten, mit Ausnahme Duhans, sämtlich nicht richtig schreibt. „Poudewels" ist sein erster Kabinettsminister, Heinrich Graf von Podewils, den wir schon früher erwähnten. Er war schon viele Jahre lang unter Friedrich Wilhelm I. Minister der auswärtigen Angelegenheiten gewesen, die er damals noch wirklich leitete. Unter Friedrich hatte er es schwer, da der König nicht selten wichtige Dinge über seinen Kopf hinweg erledigte, auch mußte sich der Minister manchen ungerechten Vorwurf und Spott gefallen lassen (zum Beispiel die Bezeichnung als „Angsthuhn"). Solchen „Kritiken" setzte der vornehme Mann — ge-

wiß, daß Friedrich ihn im Grunde hochschätzte — würdige Festigkeit entgegen. Im allgemeinen ergänzte er sich mit seinem Herrn in der Weise, daß Friedrich der Mann des großen, bisweilen mehr als kühnen, Entschlusses war, während Podewils zur alles erwägenden Vorsicht neigte. Sowohl die Eröffnung des Zweiten Schlesischen Krieges, wie insbesondere den Plan, nach der Schlacht von Hohenfriedberg gegen Sachsen vorzugehen, hatte Podewils widerraten.

[5] „Borck" muß heißen: „Borcke". Unter den verschiedenen Trägern dieses Namens, die in Friedrichs Leben eine Rolle spielen, ist hier vermutlich Friedrich Ludwig Felix von Borcke gemeint, den Friedrich Wilhelm dem 15jährigen Kronprinzen als „Aufpasser" beigegeben hatte und der statt dessen sein Vertrauter wurde. Jetzt war er einer der Generaladjutanten des Königs. Die außerordentlichen Anstrengungen dieses Amtes hatten einige Jahre später ein tragisches Schicksal zur Folge. Borcke verfiel 1747 in geistige Störungen, von denen ihn vier Jahre später der Tod erlöste.

[6] „Hake" ist der General Hans Christoph Graf von Hacke. Obschon er ein Günstling Friedrich Wilhelms I. gewesen und vom Kronprinzen als einer seiner schlimmsten Feinde angesehen worden war, wurde er 1740 zum allgemeinen Staunen als Generaladjutant übernommen. 1749 wurde er Kommandant von Berlin, der Name „Hackescher Markt" ist noch heute eine Erinnerung daran. Des Königs Werturteil über ihn lautet: „Er gehörte nicht zu den glänzenden Geistern, aber er machte sich nützlich; und diese Art Leute sind dem Staate wichtiger, als diejenigen Besterzogenen, denen Wissenstiefe und Arbeitsamkeit mangelt." Er kommt noch mehrfach in unsern Briefen vor.

[7] „Maupertius" ist der durch seine Gradmessung und den Nachweis der Erdabplattung berühmte französische Gelehrte Maupertuis, den Friedrich neben anderen Leuchten der Wissenschaft gleich 1740 nach Berlin zog, um ihn zum Präsidenten der zu neuem Leben zu erweckenden Akademie der Wissenschaften zu machen. Über Maupertuis' bekannten Zwist mit Voltaire werden wir später hören.

[8] „Duhan" (siehe Brief 7).

[9] „Ritzer" ist der „dumme Rietzer" des Briefes 2. Die Dienerschaft geht „auf Der oder Herunter", das heißt, sie benutzt zur Heimreise den Wasserweg der Oder!

[10] Der Kabinettsrat Eichel und die anderen Gefangenen von Soor sind inzwischen ausgeliefert. (Vgl. Brief 2.)

DER KÖNIG AN FREDERSDORF

D. 24. Oct. (Rohnstock 1745)

ich gehe erstlich d. 28ten hier Wek, wohr [wofern] *nicht sich etwas tzwischen hier* [jetzt] *und der tzeit verendern Solte; und werde, wohr alles bei dem alten bleibet, D. 31. von Bresslau Nach Grüneberg* [fahren] *und d. 1. Nov. abends in berlin Seindt. Solte aber hier auf Denen grentzen was Rege werden, So Kome ich nicht, Sonderen werde Noch erstlich nachricht darvon geben. die Leinewandt Kaufe nuhr, wegen die Pferde ist guht, und Das Cupfer-tzeüch auch, wegen der Wagens ist gantz recht. die Unmündigen Essels auß die gestütte Kan der Oberstalmeister auch Komen lassen.*

ich wolte gerne, daß die Dosse [Tabaksdose], *So ich bestellet habe, Ebenso gemacht wehre wie die,* [die] *Der Pr.* [Prinz] *Carel*[1] *gePfändert hat. Den Hertzoch von Holstein*[2] *bitte auch zum Essen, wenn ich hin-Komme.*

Es Sihet hier Noch Was weitläufich aus und Kan ich noch nicht Sagen, ob sich alles in Die Winterquartire zur Ruhe begeben Wirdt, oder ob es den Winter zur Zigeunerei kommen wirdt[3], *doch gehe ich nicht vom Flek, bis daß ich gewisse bin, daß die Spitzbuben auch Stille sitzen werden.*

Gott bewahre Dihr indessen; Das Komando und gardeCorps Seindt furt und bringen Fahnen, pauken und Standarn [Standarten] *genung Mit.*[4]

Fch

[1] Die Tabaksdose soll genau so werden wie diejenige, die der Prinz Karl von Lothringen, der Führer der Österreicher in der Schlacht bei Soor, „gepfändet" hat. (Vgl. Briefe 2 und 3.)

[2] Zu der im Brief 11 genannten Tafel am Abend der Rückkehr des Königs nach Berlin soll auch der Generalfeldmarschall Herzog Friedrich Wilhelm von Holstein-Beck geladen werden, der im Volksmunde, als Seitenstück zum „Alten Dessauer", der „Alte Holsteiner" genannt wurde. Er war, wie Fürst Leopold, ein Erbstück von Friedrich Wilhelm I. her. Eine militärische Leuchte war er nicht, wohl aber ein liebenswürdiger Mensch und lustiger Gesellschafter, der einen Spaß verstand, auch wenn er auf seine Kosten ging. Er starb 4 Jahre später plötzlich während eines fröhlichen Mahles.

³ „oder ob es den Winter zur Zigeunerei", d. h. zum Zigeunerleben im Feldlager „kommen wird". Noch ahnte der König nicht, was ihm in dieser Hinsicht tatsächlich bevorstand.

⁴ Die Siegeszeichen kamen am 9. November in Berlin an und wurden am 11. feierlich in die Garnisonkirche gebracht, am gleichen Tage, an dem Friedrich die aufregendsten Nachrichten über neue schwere Gefahren erhielt, von denen wir sogleich hören werden.

13

DER KÖNIG AN FREDERSDORF

Rohnstoc. D. 29. Oct. 1745

Die östreichsche Armée ist endtlich aus-einander, ich gehe also, Stat nacher Bresslau, Morgen Nacher Lüben, d. 31. Nacher Crossen und d. 1ten Nacher berlin, alwoh ich denke umb 6 uhr des abendts zu Seindt. zu bestellen habe ich nichts weitters. die Pferde und Dergleichen, als Essen und Trinken, Wirstu [wirst Du] bessorgen. Die verwittwette Königin Wil den Mittwoche nach der Comedie bei mihr Essen, also Mache Nuhr bei-tzeiten, daß man was Guhtes dargegen anschafet. den donderstach, als d 4ten, werde ich des Morgens Nacher Potzdam gehen.

gottbewahre Dihr!   *Fridrich*

Der König kehrte nun tatsächlich am 1. November nach Berlin zurück und verbrachte die beiden nächsten Wochen abwechselnd dort, in Charlottenburg und Potsdam. Da erhielt er am 11., am Tage der Siegesfeier in der Garnisonkirche, durch den schwedischen Gesandten Rudenschöld — Friedrichs Schwester Ulrike war die Gemahlin des schwedischen Thronfolgers — eine aufschreckende Nachricht von größter Tragweite: Österreich und Sachsen hatten, bereits Ende August, vereinbart, im Winter die preußischen Truppen in ihren Ruhestellungen zu überfallen! — Ein Heer, so war der Plan, sollte von Leipzig aus über das preußische Halle nach Berlin vorstoßen, das andere unter Prinz Karl über das sächsische Görlitz nach Niederschlesien einfallen, um die in Schlesien liegende preußische Hauptmacht abzuschneiden. Das politische Ziel war, für Österreich Schlesien zu gewinnen und für Sachsen den Saalekreis, Magdeburg und Halberstadt zu erobern. Wir haben oben (vgl. Seite 50) gesehen, daß und warum Friedrichs Sieg bei Soor

Maria Theresia keineswegs friedfertig gestimmt hatte, so daß dieser „Zwischenfall" auch den, schon vorher verabredeten, Winterfeldzugsplan Österreichs und Sachsens unberührt ließ, von dem die genannten Mächte den sicheren Endsieg erwarteten. Daran änderten auch die Tatsachen nichts, daß Maria Theresia einerseits den angestrebten, ihr allerdings greifbar nahe scheinenden Sonderfrieden mit Frankreich noch n i c h t abgeschlossen hatte, und daß andererseits auch die Aufreizung der Zarin gegen Preußen nicht ganz in dem gewünschten Maße gelungen war. Günstig war es für den König, daß die völkerrechtliche Schulweisheit der Kaiserin Elisabeth — sie unterschied zwischen dem alt-preußischen Besitz und dem angeblich gestohlenen Schlesien — zwar Friedrich bedrohte, falls er in das „neutrale" Sachsen einfiele (siehe Seite 47), aber auch dem König August nicht gestatten wollte, seine Truppen gegen Preußen anderswo als in Schlesien zu verwenden. August knickte vor dieser russischen Willensmeinung zusammen; und so wurde der Vorstoß auf Preußen von sächsischem Gebiet aus — die Grenze lag damals nur 50 Kilometer von Berlin — allein dem österreichischen Korps Grünne übertragen, während die Sachsen lediglich den Prinzen Karl in Niederschlesien unterstützen sollten. Diese ganzen Pläne wurden am Dresdener Hofe ausgeplaudert, und der dortige schwedische Gesandte gab sie durch seinen Berliner Amtsgenossen am 11. November an den König weiter.

Seine zünftigen Diplomaten wollten Friedrich diese Nachrichten einfach nicht glauben, ebensowenig Fürst Leopold von Dessau; Graf Podewils warnte dringend vor einem „Präventivfeldzug", aber der König griff mit eiserner Entschlossenheit durch. Der Dessauer erhielt Befehl, seine Truppen sofort wieder auf Kriegsstand zu setzen und bei Halle zu sammeln; der König selbst ging am 16. November nach Schlesien. Ein Versuch Friedrichs, den er seiner Seele abringen mußte, Frankreichs tätige Hilfe zu erbitten, hatte keinen Erfolg; das erneute Ersuchen an König Georg von England-Hannover, den „Präliminarfrieden" von Hannover auch in Wien und Dresden durchzusetzen, versprach bei Georgs Zwiespältigkeit wenig Erfolg; und Rußland drohte für den Fall eines preußischen Einmarsches nach Sachsen mit Eintritt in den Krieg. So befand sich der König, nicht zum wenigsten auch wegen seiner Geldnot, wiederum in einer Lage von gespanntester Gefahr.

Aber er meisterte diese Gefahr. Heimlich legte er sich mit seinen schlesischen Truppen am Boberfluß auf die Lauer; vier Tage mußte er warten, da wurde ihm das Eindringen des Prinzen Karl in die sächsische

Oberlausitz gemeldet. Da Friedrich hiermit die sächsische „Neutralität" für gebrochen ansah, rückte er auch seinerseits über die Grenze und überfiel — Hans Joachim von Zieten führte die Husaren — am 23. November 1745 bei Kath.-Hennersdorf die gänzlich überraschten Sachsen. Es war keine große Schlacht, die preußische Hauptmacht mit dem König kam gar nicht zum Kampf, aber die Wirkungen waren verblüffend. Prinz Karl zog sich schleunigst, unter Hinterlassung der zahlreichen für ihn in der Lausitz angelegten Stapellager für Heeresbedarf, nach Böhmen zurück; und auch der General Grünne, der bereits wenige Meilen vor dem zitternden Berlin stand, machte schnellstens kehrt, um nicht abgeschnitten zu werden. Nun galt es für Friedrich, den Krieg durch Überwältigung Sachsens — ohne Rücksicht auf die Drohungen der ja noch fernen Russen — mit raschen Schlägen zu beendigen. Den ihm nochmals, durch den englischen Gesandten Villiers, am 1. Dezember angebotenen Frieden nahm August nicht an, sondern warf sich, nach Prag fliehend, Österreich in die Arme.

Zwei Tage nach dem so folgenreichen Gefecht von Kath.-Hennersdorf setzen unsere Briefe wieder ein.

14

DER KÖNIG AN FREDERSDORF

görlitz d. 25. No. (1745)

Wir haben den feindt, ohne den Degen zu tzihen, aus der Gantzen Lausnitz [Lausitz] *gegaget* [gejagt], *und Morgen Mus d. Pr.* [Prinz] *Carel nach Böhmen. 1800 gefangene, nebst Pauken Standarten, Pauquen und Canons, nebst einige 40 oficirs haben Wihr Dahrbei gekrigt. Pake nicht mehr ein. gottlob, dieses Mahl ist es uns gelungen! ich gedenke d. 2. oder 3. oder 4ten Dec. in berlin zu Seindt. wihr haben nicht 100 Toten und Blesirten; sonsten Stehet alles hier Sehr guht. Schreibe es Meyringen* [Gouverneur General Meyering], *daß er es Wisse, und Sei nuhr dissesmahl guhter Ding. Morgen folgen wihr Die flüchtlinge auf Zitau* [Zittau], *und damit So hat es hier ein Ende! gottbewahrediehr!*

Fr

Man merkt dem Brief an, wie des Königs Herz jubelt, wie er sich befreit fühlt, daß die furchtbar drohenden Pläne des Feindes — Vorstoß auf Berlin durch Grünne und Abschneiden der preußischen Heeresteile in Schlesien durch den Prinzen Karl — nach dem Gefecht von Kath.-Hennersdorf wie ein Kartenhaus zusammengebrochen sind. Freilich, wenn der König meint, daß nun der Friede unmittelbar bevorstehen m ü s s e, daß er also schon in den ersten Dezembertagen nach Berlin heimkehren könne, so war das wiederum ein Irrtum.

15

DER KÖNIG AN FREDERSDORF [1]

Ostritz, den 27. (November 1745)

Hier [2] *sind wir fertig und ist Alles aus. Ueberhaupt haben wir drei starke Magazine* [3] *gekriegt. sechzehn-hundert Gefangene, über vierzig Officiers, den Feind mit größerem Schreck und Confusion aus der Lausitz nach Böhmen gejagt, als wenn er zwei Bataillen verloren hätte. Sie desertiren zu dreißig* [4]. *Den 23. des Nachmittags um zwei Uhr sind wir hier ins Land gekommen, und heute Nachmittag vor zwei Uhr haben wir sie schon aus Zittau vertrieben. Alles ist in der größten Flucht. Unsere Husaren haben bessere Equipage, als kein Officier von der Armee. sie schleppen sich mit magnifiquen Pferden und Kutschen herum und ist Alles für Spottgeld zu haben. Wenn es nur dem Fürsten* [5] *in etwas glücket, so sind wir oben darauf. Die ganze Kurzweile kostet uns nicht dreißig Todte und siebzig Blessirte. Dieses Land ist wohlfeiler erbeutet, als wie* [im vorigen Jahre, vergl. Seite 45 f.] *eine Fourage auf einen Tag in Böhmen. Die Oesterreicher haben keine bleibende Stätte und laufen, ohne zu rasten; in einigen Tagen sind sie zu Prag. In drei Tagen so gehen unsere Patrouillen bis Dresden. Denke, welcher Schrecken es ihnen sein wird! Wären wir unglücklich gewesen, vielleicht wäre es nun eben so zu Berlin!* [6] *Gott sei Dank darvor; es gehe uns nur weiter gut, und sonderlich bei Halle* [wo Leopold von Dessau stand], *sonsten helfen unsere Anstalten und angewandten Sorgen* [5] *doch nichts. Ich erwarte Zeitungen* [Meldungen] *darher, nachdem ich nicht säumen werden, nach Berlin zu kommen* [7]. *Gott bewahre Dich.*

Fr.

[1] Vgl. Anm. 1 zu Brief 2. Es ist einer der acht uns nur mittelbar erhaltenen Briefe, die wir im Wortlaut der „Oeuvres" bringen.
[2] „Hier", das heißt in der Lausitz, ist der König „fertig" mit der Vertreibung des Prinzen Karl von Lothringen.

³ Die von den Sachsen für Karl von Lothringen angelegten Stapellager.

⁴ Im ganzen hatte Karl 5000 Mann Verluste bei dieser Unternehmung.

⁵ „Der Fürst" ist Leopold von Anhalt-Dessau, der bei Halle lag und dessen Gegner die auf dem linken Elbufer stehende, noch unberührte sächsische Hauptmacht unter Rutowski war. Hier mußte die endliche Entscheidung fallen, wenn der Feind nicht auf weiteren Widerstand verzichtete und sofort Frieden schloß. In diesem Brief regen sich des Königs erste Zweifel, ob der Feldzug wirklich ohne weitere Schwierigkeit zu Ende gehen werde. Leise künden sich neue Sorgen an. Nach einigem Zögern setzte sich der „Alte Dessauer" endlich am 29. November von Halle aus in Bewegung und besetzte am folgenden Tage, ohne Widerstand zu finden, Leipzig. Rutowski hatte sich zurückgezogen.

⁶ „Vielleicht wäre es nun ebenso zu Berlin!" Der General Grünne war, bevor er auf die Nachricht von Friedrichs Erfolgen in der Lausitz umgekehrt war, bis auf 7 Meilen an Berlin herangekommen. Die Aufregung in der bedrohten, militärisch ungenügend geschützten Hauptstadt war „bei dieser terriblen Krise der Affairen" (wie Eichel schrieb) ungeheuer. 16 000 Bürger bewaffneten sich und warfen in aller Eile Erdbefestigungen auf, wichtige Kabinettsakten und Wertgegenstände wurden nach auswärts geflüchtet, die Bewohner der Umgegend stürmten in die Stadt, der in Berlin weilende Adel floh auf seine entfernteren Güter. Man kann sich die Erleichterung vorstellen, als Grünne kehrtmachte!

⁷ Tatsächlich aber wurde dann durch die heraufziehende neue militärische Gefahrlage eine Rückkehr des Königs nach Berlin vorläufig unmöglich.

16

DER KÖNIG AN FREDERSDORF

görlitz d. 30. Nov. 1745

Meine Sachen habe ich hier [in der Lausitz] *mit Ehren ausgemacht. alle eüre anstalten Werden jetzo überflüsich. ich gedenke baldt in berlin zu Seindt. Du wirst wohl so* [auf anderen Wegen] *erfahren haben, Was alles guhtes hier passiret ist, also sage ich nichts darvon.*

Sorge doch, daß ich in Berlin und Potzdam in Meine Cameren alles fertig finde; ein Neüer Lüster von Cristal de Roche [Bergkristall] *Kömt aus Paris, der Sol in Potzdam* [im Stadtschloß] *in der Musique-Camer Hengen, auch Sol mein bette und Plunder Wieder in der alten Schlaf-Camer hin. ich Wahrte hier auf tzeitungen* [Meldungen] *aus Halle, nach-dehm werde baldt Wieder in berlin Seindt; hier Wirdt und ist alles fast gahr* [zu Ende].

Meine gesundtheit habe [ich] *sehr zu-gesetzet, ich Schlaffe Keine nacht vohr Hertz-Klopfen und Krampfichte Coliquen und Kan fast nicht Essen. Nuhn, da ich in der Ruhe bin, So gebrauche ich Was* [an Heilmitteln], *ich bin aber besorget, daß ich den Winter mit vielen Incomoditéten* [Unpäßlichkeiten] *zubringen werde; die Verkältungen, Sorgen und Cumer Ruiniren mihr gäntzlich.*

So guht, wie diesse 5 tage, ist es niehmahlen gegangen. unssere Huzaren Seindt große Herens, Der Feindt hat über 1000 Bagage- und fourage-Wagens verlohren, Selber verbrennt als zerbrochen, oder die unssere leüte gekrigt haben. gott bewahre Dihr!

D. 15. oder 16. wirdt die 1te Opera [Opernvorstellung] *Seindt!*

Frch.

Dieser Brief atmet wieder ganz unbegrenzte Zuversicht. In der Lausitz ist der Erfolg durchschlagend, die in Berlin gegenüber dem drohenden Überfall Grünnes getroffenen „Anstalten" (vgl. Anm. 6 zum vorigen Brief) sind überflüssig gewesen; dem Dessauer bei Halle wird der Erfolg ja doch wohl sicher auch nicht fehlen! So lebt des Königs Geist schon wieder halb in Berlin und Potsdam, er trifft nebensächliche Einzelanordnungen für dort; und am 15. oder 16. will er daheim in der Oper sitzen!

Wie weit er aber trotz alledem vom Übermut entfernt war, beweist die Tatsache, daß er, obschon er sich in diesem Augenblick vollkommen als Herr der Lage fühlte, am Tage nach diesem Brief den Sachsen erneut den Frieden anbieten ließ auf der für den Feind so günstigen Grundlage des „Vertrages von Hannover". Er war eben nicht mehr der ruhmsüchtige Kriegsmann, der er noch vor wenigen Jahren gewesen war: „Ich will lieber mit dem Frieden als mit dem Siege nach Berlin zurückkehren", sind seine Worte. Daß der Feind diesen Frieden für jetzt noch nicht wollte, war nicht Friedrichs Schuld.

17

DER KÖNIG AN FREDERSDORF

(Görlitz) *den 1ten Dec.* (1745)

Bautzen Mit den Magazin und Guben Mit den Magazin Seindt über, nuhn fehlet nichts, als Dresden. hier gehet alles guht, außer meine gesundtheit. wihr Werden noch Wohl einige Märsche Thun, So-Wohl Nacher Bautzen, als nacher der Elbe, umb daß Wihr von allem recht sicher Seindt.

ich werde nicht Nacher Berlin Können, Eher [ehe] *ich gewisse Weiß, daß ich die opera Tranquil* [in aller Ruhe] *anhören Kan. 8 tage länger, umb den friden zu Erlangen, Mus man nuhn nicht ansehen*[1]. *in-dessen hoffe ich, daß Man im Lande von Mihr Wirdt uhrsache haben, zufriden zu Seindt, dann ich habe mehr als menschlich gehthan, in-dem wihr 8 tage ohne Ruhetage Marschiret Seindt*[2]. *got bewahre Dihr!*

Fch

hier habe 3 bischen gekrigt[3].

[1] Hinter diesen Sätzen verbirgt sich die aufsteigende Sorge des Königs, daß seine militärische und politische Lage doch nicht ganz so günstig ist, wie er sie noch tags zuvor angesehen hat. Bald werden wir weiteres darüber hören.

[2] Hier, wie in den folgenden Briefen, gibt der König seinem frohen Stolz über seine eigenen Leistungen zur Rettung des bedrängten Vaterlandes ungehemmten Ausdruck. Das ist für seine innere Stellung zu Fredersdorf sehr bezeichnend; denn — abgesehen von einigen Stellen in vertrauten Briefen an den Grafen von Podewils — vermeidet er es streng, von seinen, in Wahrheit doch überragenden, persönlichen Verdiensten in diesem Kriege zu sprechen. Sowohl die öffentlichen Kriegsberichte, wie die später von ihm geschriebenen historischen Denkwürdigkeiten beweisen diese bescheidene Zurückhaltung.

[3] „hier habe 3 bischen gekrigt" bedeutet, daß seine nach der Plünderung von Soor zurückgekommene Lieblingshündin „Biche" drei Junge geworfen hat. (Vgl. Anm. 3 zu Brief 2.) Es scheint Friedrich offenbar ganz selbstverständlich, daß „sein" Fredersdorf an diesem „freudigen Familienereignis" den lebhaftesten Anteil nimmt, daß er ihm die Anzeige davon also „schuldig" ist.

d. 9ten Dec:

Bautzen Mit dem Magazin und Guben Mit dem Magazin
sindt über, unser sachen ist so alls Dresden, Hier
gehet alles güht außer meine gesundtheit
diese Wurden noch Macht einige Märsche thün so Macht
Nacher Bautzen als nacher die Elbe, und
den ich Wisse von allem nichts sicher sindt
ich Werde nicht Nacher Berlin kommen ehe ich gewisse
Weiß das ich die opera Tranquil aufhören kan.
8 tage Längsamst den frieden zu erlangen Muss einem
Mühe nicht ansehen, in diesen sachen ist das Man
im Lande von Misse Wirdt überhaupt haben zu finden
zu Sündt dan ich habe mehr als menschlich
gethan in dem Bezirk 8 tage ohne Ruhetage
Marschiret sindt - got bewahre dich

Fch

Hier habe 3 bischöfe gekriegt

Wie meistens bei Übertragung französischer Wörter ins Deutsche, schreibt der König einfach „nach dem Ohr", also „Bische" statt „Biche".

18

DER KÖNIG AN FREDERSDORF

Guben d. 6ten Dec. (1745)

Nuhn gehet es auf Meisen und der Portzelen-fabrique los, wie Du es Sagest; und Kömet von beiden Seiten das ungelüke unsseren feinden auf den hals[1]. *der friden wirt Ihnen angebohten; und Wil mihr es nicht gelingen, So ist Meine Sehle an allen übel unschuldich*[2]. *ich thue das Wenigste bösses hier* [und versuche alles], *Was ich* [zur Vermeidung tun] *Kan*[3]. *aber eine feindtliche armée im lande ist ein groß ungelüke und Ein Schaden, dahr Gott einen jeden dahrvohr bewahre, dehr es abwenden Kan*[4].

Meine gesundtheit ist durch etwas Ruhe wieder etwas in ordenung gekomen, aber der Schlaff und apetit fehlet mihr und bin ich wie die Schwangeren Weiber, die unordentliche lüste haben, aber es wil doch nicht recht fohrt.

ich Kan den tag nicht bestimmen von Meiner Rückkunft, indessen werde ich mit Ehren die berlihner tührme Wieder-Sehen und bringe entweder den friden oder den föligen [völligen] *untergang Meiner feinde Mit*[5].

Mache Man zu fihlen [vielen] *guhten Sachen anstalt. 8 tage Spähter Verschlagen bei So Wichtigen gelegenheiten nichts. das aber nehme* [ich] *mihr vohr, diessen Winter mihr auf alle Weiße, Wie Du Wohl Weist*[6], *mihr Was zu-guhte zu Thun. ich Weiß nicht, wohr mihr Mein Stern Noch herum-promeniren wirdt, indessen Mache* [ich], *Was ich Kan, und lasse die Sachen gehen, in So-weit ich Sie nicht Endren* [ändern] *Kan*[7]. *hier ist alles besser Preusisch als Säkssich. Gottbewahre Dihr!*

Fch

[1] Der Feind war zu neuem Widerstand entschlossen. Die sich daraus ergebende Kriegslage — wie sie dem König jetzt allmählich klar wurde — war diese: Die unversehrte sächsische Hauptmacht unter Rutowski zog sich langsam am linken Elbufer flußaufwärts bis in die Nähe von Dresden; Grünnes zuvor für die Überrumpelung Berlins bestimmt gewesenes Heer stand, ebenfalls unversehrt, bei Pirna; und

Karl von Lothringen, der seine aus der Lausitz geflohenen Truppen bei Prag gesammelt und geordnet hatte, war wieder im Vorrücken nach Norden. Somit bestand die Gefahr, daß Leopold von Dessau es auf dem linken Elbufer mit einem außerordentlich überlegenen Feinde zu tun bekommen könnte, dem im Falle des Sieges über den „Alten" der Weg in die Mark offenstehen würde. Bei dieser, aufs neue **kritischen**, Lage war es Friedrichs Bestreben, einerseits Verstärkungen von seinem eigenen Heere dem Dessauer über die Elbe hinüber zu schicken, andererseits aber den Entscheidungskampf zwischen Leopold und Rutowski schnellstens herbeizuführen, bevor dieser durch den Zuzug vom Prinzen Karl und vom General Grünne übermächtig würde.

In diesem Brief **vertraut** Friedrich noch auf Fürst Leopolds schnelles Handeln; der Satz, daß den Feinden „das Unglück von beiden Seiten auf den Hals" komme, klingt sehr hoffnungsfroh. Der König sendet von seinen Truppen 10 000 Mann unter Lehwaldt in Eilmärschen voraus, damit sie sich jenseits der Elbe bei Meißen mit Leopold vereinigten. Der Feind hätte die mit Eis gehende Elbe als eine schwer überwindbare Schutzschranke ausnutzen können, hatte es aber erstaunlicherweise unterlassen, die Meißener Brücke zu sprengen. So kam Lehwaldt hinüber, fand aber den Dessauer wider Erwarten noch nicht vor und geriet dadurch in eine stark gefährdete Stellung. Worauf die Verspätung des Dessauers beruhte, die bei der geschilderten Lage leicht für den Ausgang des ganzen Krieges hätte vernichtend werden können, hören wir im nächsten Brief.

² Vgl. hierzu den zweiten Absatz der Anmerkung zu Brief 16.

³ Die verbündeten Österreicher hatten übel in Sachsen und namentlich in der Lausitz gehaust. Demgegenüber strebte Friedrich, strenge Mannszucht zu halten.

⁴ Diese Worte sind im Gedenken an den mißlungenen Einfall Grünnes in die Mark geschrieben.

⁵ Vgl. Brief 17, Anm. 2.

⁶ Fredersdorf ist ja mit des Königs Bedürfnissen und Liebhabereien schon seit Rheinsberg genau vertraut.

⁷ „wohr mihr Mein Stern Noch herum promeniren wirdt" heißt natürlich: „wo mich mein Schicksal noch hinführen wird". Die darauf folgenden Worte erinnern an einen Satz, den der König an Podewils schreibt und der (in der Übertragung) folgendermaßen lautet: „Ich habe alles getan, was menschenmöglich von mir abhängt; ich stelle das

Übrige der Vorsehung anheim und habe nichts versäumt und nichts mir vorzuwerfen". Friedrich denkt dabei wohl insbesondere daran, daß er nichts versäumt hat, dem Blutvergießen durch Friedensschluß ein Ende zu machen und den Angriff auf Sachsen — der ihm besonders auch von Rußland so verdacht wird — zu vermeiden.

19

DER KÖNIG AN FREDERSDORF

Bautzen D. 10ten Dec. (1745)

ich werde nicht Können vohr d. 20ten in Berlin Seindt, weillen der alte Krigcht und man inhn immer treiben Mus[1].

bessorge doch, daß Die Tapete in Potzdam hübsch galoniret und zurechtegemacht Wirdt[2]*, So daß vohr 1200 oder 2000 Thaler Tresen darauf Komen. dann Sol mihr der Castelan den grundtris von die Camern Schiken, die Vohr Rohtenburg*[3]*, Maupertui und Duhan Seindt, weillen ich wil auf-tzeichnen lassen, Wie diesses alles Sol eingerichtet werden. Die Neue Cristalene Crone Kömt in der Neuen Music-Camer in Potzdam. Wan der Schöne Plat de menage* [Tafelaufsatz] *fertig ist, So mus er auch nacher Potzdam.*

Morgen gehe von hier auf Meisen[4]*, es hat sich aber alles aus dehm Staube gemacht.*

Fch

[1] Der Satz: „weillen der alte Krigcht und man inhn immer treiben Mus" ist zu lesen: „weil der Alte Dessauer kriecht (= langsam vorrückt) und man ihn immer antreiben muß". Und hinter diesen einfachen Worten versteckt sich eine ungeheure Nervenbelastung für den König. Zum Verständnis für die Lage darf an die Ausführungen in Anm. 1 zu Brief 18 erinnert werden. Es hing schlechterdings **alles** davon ab, daß Leopold von Dessau **schnellstens** gegen Rutowski vorging und ihn zur Schlacht zwang, bevor er die großen heranrückenden Verstärkungen von Grünne und Prinz Karl erhielt. Und in **dieser** Lage **zögerte** Fürst Leopold, indem er, streng nach der alten Schule, es trotz des Zeitverlustes für unerläßlich hielt, jeden kleinen Platz zu besetzen und „die Verpflegung zu sichern". Er zögerte bis zum Unerträglichen und bis an die Grenze der Gehorsamsverweigerung. Am 9. Dezember schrieb der König in begreiflicher höchster Erregung an Leopold einen Brief, aus dem einige Stellen wörtlich (d. h. in dem halbverbesserten

Text der „Oeuvres") zu bringen, wir uns nicht versagen können: „ ... Ich muß Eurer Liebden sagen, daß ich Dero bisherige Operationes **nicht** approbiren kann, weil solche so langsam gehen; und wo was im Stande wäre, Mich hier in Unglück zu bringen, so wäre es gewiss Eurer Liebden Saumseligkeit. Hier seind zehn dergleichen Schlösser mit Landmiliz besetzt, welche wir alle liegen lassen und uns nicht daran kehren ..... Wenn [Ew. Liebden] diesseits [der Elbe] kommen, so wäre solches ebensoviel, als Mir hier das Messer an der Kehle gesetzet. Ich begreife auch nicht, wie Euer Liebden diesseits der Elbe Meissen nehmen wollen, da dieser Ort jenseits der Elbe liegt" ... (Weiter kündet der König die Entsendung eines Kontrolloffiziers an und verweist dem Fürsten seine Ängstlichkeit wegen der Heeresverpflegung) ... „Dahero denn Euer Liebden mit mehrerer Promptitude Dero Sachen zu machen und **Meine Ordres** zu exekutieren haben, sonst wir nicht Freunde bleiben können ..... Ich weiss auch, dass ich mir alle Mal so deutlich explicire, dass sein Tag kein Offizier von meiner Armee geklaget hat, dass er mir nicht verstünde; und ist mein Feldmarschall der einzige, der meine deutliche Befehle nicht verstehen kann oder verstehen will. Ich kann es nicht begreifen und bin in dem größten Missvergnügen, denn Sie bringen mir um Ehre und Reputation. Friedrich." Diese überaus scharfen Worte bewegen dann den tiefgekränkten Fürsten Leopold endlich zum Vorrücken.

Die für jeden Augenblick zu erwartende Vereinigung der feindlichen Heere erschien **so** bedrohlich, daß am 10. Dezember, also am Tage unseres hier behandelten Briefes an Fredersdorf, politisch kluge und militärisch tapfere Männer den König bestürmten, den Krieg, um einen schlimmen Ausgang zu verhüten, lieber **augenblicklich** zu beendigen durch Nachsuchen eines Friedens, der Ostfriesland an England-Hannover abtreten und Sachsen eine Geldentschädigung von 2 Millionen Talern gewähren sollte. Der König blieb auch diesmal fest. Und so kam es am 15. Dezember 1745 bei Kesselsdorf (westlich von Dresden) zwischen dem Fürsten Leopold und Rutowskis Sachsen zur blutigen Schlacht und zum preußischen Siege. Es war die höchste Zeit gewesen, denn Grünne stand recht nahe (bei Pirna) und Prinz Karl sogar nur noch eine einzige Meile vom Schlachtfelde entfernt. Darum hatte Friedrich auch nicht einen Augenblick mehr den Kampf verschieben lassen, obschon er nur einen Tag später seine schon bei Meißen stehenden 25 000 Mann mit dem Dessauer hätte vereinigen können. Es war ein Wettrennen mit dem Schicksal.

² Es ist erstaunlich, daß der König an diesem 10. Dezember, wo seine Seele die ungeheure Wucht der eben erwähnten Entscheidung zu tragen hat, Sinn und Zeit für diese und die weiter behandelten Kleinigkeiten aufbringt. In diesem Zusammenhang gesehen, sagen uns diese Nichtigkeiten wahrhaft Großes über sein Wesen!

³ Der Graf Rothenburg, der Akademiepräsident Maupertuis und des Königs alter Lehrer Duhan sind sämtlich schon früher behandelt. (Vgl. Briefe 1, 7 und 11.)

⁴ Um Fürst Leopold zu verstärken. Die Straße war frei; der Feind befand sich schon in der Nähe von Kesselsdorf. Am Schlachttage, dem 15. Dezember, stand Friedrich in Meißen.

20

DER KÖNIG AN FREDERSDORF

Eine Meile von Dresden, d. 16ten (Dec. 1745)

Du wirst wissen, Was hier passiret ist. wiehr haben viel leüte verlohren, aber die Säksische armée ist fast gäntzlich zu-grunde gerichtet[1]. *Morgen Komen wiehr an Dresden. Meine heütige nachrichten Seindt: Pr. [Prinz] Carel und die Saksen tzihen sich nacher Böhmen*[2]. *ich gedenke d. 20ten in berlin zu Seind und, Nach großen beschwerden, was Ruhe zu genissen.*

lasse Du Man alles dorten Machen, so guht Du Könst. ich gedenke so viel geldt und Porzelan mit zu bringen, daß ich dahrvohr Meine bagage ersetze. Saksen tzwischen Dresden und Meißen ist völich Ruiniret, das übrige nicht; hier ist vih [Vieh] und getreide wek, und die armée mus noch wieder zurüke Marschiren! Mihr jameren die tohten und blessirten unentlich, aber doch ist [es] besser, [daß dies] bei Dresden, als bei berlin [geschieht]. Der friden Sihet wieder Weitlaüftig aus; gott weiß, was es werden wirdt[3].

gottbewahre Dihr!

Fch

Die östreicher und Saksen Seindt nach Böhmen und wihr Morgen in Dresden!

¹ Die Schlacht von Kesselsdorf ist am Tage zuvor geschlagen; 32 000 Preußen gegen 31 000 Sachsen, die sich in einer unangreifbar scheinenden Stellung über teilweise vereisten Abhängen befanden.

Am Tage dieses Briefes schrieb der König huldvoll und versöhnlich an Leopold; und am 17. Dezember traf er mit ihm auf dem Schlachtfelde zusammen, umarmte ihn entblößten Hauptes und sprach ihm vor den Truppen seinen Dank aus. (Daß diese Versöhnung indessen nicht von Dauer war, wird uns ein späterer Brief unserer Sammlung schlagend beweisen.)

² Prinz Karl hatte beim Dresdener „Großen Garten" noch 25 000 Mann frische österreichische und sächsische Truppen stehen. Noch am Abend der Schlacht von Kesselsdorf wurde ein Kriegsrat gehalten, ob dieses Heer den Vormarsch antreten solle, der für Friedrich zum mindesten sehr lästig geworden wäre. Die Weigerung Rutowskis, seine geschlagenen Truppen nachzuführen, entschied dann für den allgemeinen Rückzug nach Böhmen.

³ Es war ebenfalls am Abend des Schlachttages, als die in Dresden gepflogenen Verhandlungen zwischen Maria Theresias Abgeordnetem, dem Grafen Harrach, und dem französischen Gesandten um Haaresbreite zum Abschluß des Sonderfriedens mit Frankreich geführt hätten. Wäre dieser Vertrag zustande gekommen, hätte die Kaiserin wohl sicher den Krieg mit Preußen trotz Kesselsdorf auch jetzt noch fortgesetzt.

21

DER KÖNIG AN FREDERSDORF

Dressden¹ D. 19ten (Dec. 1745)

Ich Kan noch nicht So-gleich nacher Berlin Komen, ich Wolte gerne den friden auch mit-bringen. heüte wirdt hier arminius² gespihlet und ist alle tage Music oder opera.

ich schicke vohr 100000 Thaler Portzelan nacher Berlin, davon werde ich Kotzkofski³ betzahlen, und vohr 50000 Thaler verkaufen. sehe Nuhr zu, Wie Man es Kan loß werden.

Die Essels seindt in der gantzen Welt nicht so teüer, daß Man 1000 Thaler darvohr gibt, ich wil 300 bis 400 Thaler darvohr tzahlen, und überhaupt 40 in Meiner equipage haben. Die Wagens bestelle nuhr alle wieder, So wie es ge-

wesen ist, tzelter des-Gleichens, aber Maultihr-Deken werde Selber bestellen. indessen hoffe ich, daß ich alles [bei] *Meine Rükkunft werde fertig finden. gott bewahre Dihr!*
Fch

Am 18. Dezember war der König in Dresden eingezogen im Glanz des Siegers, aber nicht als Feind. Die Friedensbedingungen, die er forderte, waren Österreich gegenüber die Erhaltung seines schlesischen Besitzes unter Anerkennung der bereits geschehenen Kaiserwahl; und von Sachsen begehrt er nichts als die Zahlung einer einzigen Million Kriegsentschädigung, keinerlei Gebietsabtretung oder sonstige Demütigung. Der König wollte durch solche Mäßigung „moralische Eroberungen" machen und diesem Willen lagen große politische Gedanken zugrunde. Er wollte der Welt beweisen, daß die „Vorstellung des ausschweifenden Ehrgeizes", die sie von ihm hatte, nicht richtig, mindestens nicht mehr richtig sei, und damit gedachte er den gegen ihn gerichteten politischen Einkreisungsbestrebungen für die Zukunft den Wind aus den Segeln zu nehmen. Und wenn er gerade Sachsen so gut behandelte, so sprach dabei ein Gedanke mit, der, wenn ihm nationalpolitische und nicht nur machtpolitische Erwägungen zugrunde gelegen hätten, fast an Bismarcks Tat erinnern könnte. Es war der Gedanke, Bayern, Sachsen, die Pfalz und Kurköln durch ein inniges Bündnis mit Preußen zu verbinden, ein Plan, für den sich allerdings die Zeiten noch nicht als reif erwiesen. Hochachtung, ja vielfach auch wärmere Gefühle, brachten die Sachsen und insbesondere jetzt die Dresdner dem Sieger Friedrich entgegen. Ursache war die Zucht und vergleichsweise größere Menschlichkeit, die die preußischen Feinde im Gegensatz zu den österreichischen Freunden im Lande bewiesen hatten, sodann die gewinnende Persönlichkeit des Königs und nicht zuletzt der Umstand, daß er Protestant war. Es konnte nicht verfehlen, auf die einheitlich evangelische Bevölkerung großen Eindruck zu machen, daß der Eroberer am Tage dieses Briefes mitten unter ihr in der Kreuzkirche am Gottesdienste teilnahm.

[2] Gemeint ist die Oper „Arminio" von Johann Adolph H a s s e, dem Dresdner Kgl. Kapellmeister, einem der gefeiertsten Tonsetzer der Zeit.

[3] „Kotzkofski" soll heißen Gotzkowsky. Er war ein bedeutender Kaufmann, den der König oft in handelspolitischen Fragen zu Rate zog. (In Berlin trägt noch heute eine Straße und eine Brücke seinen Namen.)

22
DER KÖNIG AN FREDERSDORF

Dresden. d. 20. Dec. (1745)

Ich Schike 6 oder 8 fracht-Wagens mit Portzelan, an Dihr adresiret. erkundige Dihr, wann sie auf der Graden Dresner Straße, mit 4 Jägers escortiret, Komen; und, auf daß es Kein aufsehen Machet, So lasse sie in Charlotenburg abladen, aber nicht vohr meiner ankunft aus-Paken. Die Pferde, So Säksich Seindt, Sol Hake und Happe[1] *dem Lande vohr geliferte Pferde wieder-geben. Ich hoffe den friden*[2] *mit-zu-bringen, 40 000 Thaler vohr equipage auch, dahrvohr lasse ich das Servis von Silber*[3] *wieder-Machen und Schaffe alles wieder an.*

ich gedenke doch in 8 Tage dorten zu Seindt.

Fch

[1] Hake und Happe sind vermutlich der schon früher erwähnte General Graf von Hacke und der Etatsminister von Happe, der schon unter dem vorigen König diesen Rang innehatte.

[2] Die Friedensverhandlungen wurden zwischen Podewils und demselben Grafen Harrach geführt, der kurz zuvor noch Maria Theresias Bevollmächtigter für einen Sonderfrieden mit Frankreich gewesen war. Harrachs Eilbote nach Wien, der die Entscheidung der Kaiserin über Annahme oder Verwerfung des Friedens zu den vom König gestellten Bedingungen zurückbringen sollte, war schon unterwegs.

[3] Das während der größten Geldnot eingeschmolzene königliche Silbergeschirr. (Vgl. Brief 9, Anm. 2.)

23
DER KÖNIG AN FREDERSDORF

Dresen d. 22. Dec. 1745

Wegen angagirung der Leüte, so ins Königs in Pohlen[1] *Dinst seindt, mach* [mag] *ich nicht jetzo daran, weilen wihr eine gahr zu große Superioritet* [Überlegenheit] *haben, aber ich Suche Sonsten guhte Hoboes und basons*[2] *mit-zu-Bringen; Pinti*[3] *singet alle abendt in Meiner Camer, ich hätte ihm gerne, aber nicht Debauchiret.*

Meine 40 000 Thaler vohr equipage bringe gewisse Mit, aber dahr ist Silber-Servis und alles Darunter verstanden. ich Kan den tach meiner Rükkunft nicht so gewisse sagen, aber ich glaube, daß d. 25. der fride Wirdt unterschriben seindt, und So-dan bin ich d. 26. in berlin. aus Hamburg seindt frantzösische Sachen vohr mihr unterwegens, erkundige Dihr Dahrnach.

gottbewahre Dihr! ich bin verstopfet als ein Türk, das ist jetzo meine Größeste Krankheit.
Fch

[1] Der Kurfürst August II. von Sachsen war bekanntlich gleichzeitig, als August III., das Haupt des Wahlkönigtums Polen. Mit der „Engagierung von Leuten" ist offenbar die Anwerbung sächsischer Soldaten für das preußische Heer gemeint. Das wäre in jener Zeit eine keineswegs auffallende Sache gewesen, kam es doch vor, daß man in Notzeiten versuchte, Gefangene kurz darauf gegen ihre eigenen bisherigen Genossen zwangsweise in den Kampf zu führen.

[2] Hoboes und basons (basson = Fagott) bedeuten hier offenbar Musiker für diese Instrumente.

[3] Pinti ist ein berühmter Sänger, den der König schon früher durch d'Alembert gegen 4000 Taler Jahresgehalt für Berlin zu gewinnen versucht hatte. Obschon Friedrich also den größten Wert auf ihn legt, will er den Sänger doch nicht „debauchiren", d. h. hier, er will nicht seine Siegerstellung zur Ausübung eines Druckes ausnutzen. Auch dieser kleine Zug paßt zu Friedrichs Streben nach „moralischen Eroberungen" in Sachsen.

24

DER KÖNIG AN FREDERSDORF
Dresen d. 22ten Dec. (1745)

Der fride würdt d. 25 unterschriben Werden[1] *und ich werde gewisse d. 26. oder högstens d. 27. in berlin Seindt. lasse die beiden Cameren in Potzdam vohr mein Domestiquen-Lager Meubliren, Denn der Braunschweiger und Meine Schwester*[2] *werden gegen das Neüe jahr hinkommen; es wirdt alsdan Stark und Delicat Tractiret* [aufgetischt] *werden, also richte zum Vohraus alles darzu Ein.*

wenn ich Nacher berlin Komme, so Esse ich Selbigen tag zuhause. vohr [falls] *Kotzkofsski* [Kaufmann Gotzkowsky] *Gallantrien hat, die der Mühe wehrdt Seindt, So bestelle Was. und Daß vohrnehmlich in Potzdam alles vertig wirdt! gott bewahre Dihr!*
Fch

¹ Der Wiener Geheimbote war mit dem klaren Befehl an Harrach zurückgekommen, den Frieden auf der Grundlage des „Hannoverschen Vertrages", also nach Friedrichs Bedingungen, abzuschließen.

² Am 6. Januar 1746 trafen der Herzog von Braunschweig und seine Gemahlin, Friedrichs Schwester Philippine, in Potsdam ein.

25

DER KÖNIG AN FREDERSDORF

Dresden d. 25. Dec. 1745

*Mohntag gehe ich von hier ab und Dinstach, als d. 28ten, bin ich gantz gewisse in berlin. heüte ist der fride unterschriben*¹. *d. 28. Mitags esse ich bei meinem bruder*² *in Wusterhausen, umb 4 oder 5 nachmitags werde ich wohl in berlin*³ *Seindt. den abendt esse ich zuhause, d 30ten gehe ich nacher Potzdam.*

*Das Portzelan ist d. 22ten von Meisen abgegangen und Kan nicht vohr d. 28. oder 30ten in oder bei berlin Seindt. den Wagen werde ich betzahlen, Sobaldt ich nacher berlin Kome, ingleichen die Potzdamche Schlaf-Camer, denn 10000 Thaler finde ich vom Mohnaht November im Kasten, vom December 10000*⁴, *und von Bokden*⁵ *vor den December auch 9000. von bohden Seindt die 8000 vom November — 5000 an Rohtenburg und 3000 an Nahel*⁶ *— assigniret [angewiesen]. Sage mihr bei Meiner ankunft, ob alles betzahlet ist.*

hier Setzet es braf ausgaben auf der Rükreisse, aber die Einahmen Seindt auch guht. 40000 vohr der equipage seindt dahr und Sollen Sich noch wohl 30000 überdehm finden. gott bewahre Dihr; mein leib ist mihr So Dike als eine Trumel [Trommel].

Fch

¹ Die Unterzeichnung des Friedens von Dresden geschah am Weihnachtsmorgen. Sein Zustandekommen, das der König in den letzten Briefen bereits als vollendete Tatsache betrachtete, ist in Wahrheit das Ergebnis eines Zufalls gewesen. Die Eilbotschaft Maria Theresias, die ihre bereits erteilte Zustimmung widerrief und den Grafen Harrach anwies, statt dessen den Sonderfrieden mit Frankreich abzuschließen, traf nur um ein weniges zu spät in Dresden ein! —

² Dieser Bruder ist der Prinz August Wilhelm, der seit einiger Zeit als mutmaßlicher Thronfolger den Titel „Prinz von Preußen" trug.

³ Der Einzug in Berlin gestaltete sich zu einem Sturm des Jubels.

An diesem Tage scholl dem Retter des Landes zuerst aus dem Munde seines Volkes der Name „Friedrich der Große" entgegen. Als abends die ganze Stadt von der Festbeleuchtung erstrahlte, entzog sich, wie wir schon erzählt haben, Friedrich dem Trubel, sein Herz trieb ihn an das Sterbebett seines alten Lehrers und Freundes Duhan.

[4] Das sind die in Brief 6, Anm. 2 erwähnten „Monatsgelder", die der König aus der Staatskasse für sich bezog.

[5] Der Etatsminister Friedrich August von Boden. Da Boden als Kabinettssekretär Friedrich Wilhelms I. in das Zerwürfnis zwischen dem König und dem Kronprinzen, zum mindesten als Zeuge, verwickelt war, erwartete man 1740 seine Kaltstellung. Statt dessen erhob ihn Friedrich in Anerkennung seiner Tüchtigkeit zu wachsendem Einfluß. Eben dies, sodann seine Strenge und endlich Standesvorurteile gegen Bodens bürgerliche Abstammung zogen dem brauchbaren Manne viele Anfeindungen zu.

[6] Nahel ist einer der zahlreichen für Friedrich tätigen Bildhauer.

*

Der König stand jetzt auf der Höhe seines Lebens! — Eine Welt reichte ihm den Kranz des Ruhmes, an dem sich zu freuen sein Herz noch jung und ungebrochen genug war. In einem zweiten Kriege, durch zeitweilig schwere Drangsale und Gefahren hindurch, die er mit selbsteigenen Kräften gemeistert hatte, war ihm der Preis des ersten Kampfes fest in der Hand geblieben, Schlesien, dessen Besitz sein Preußen aus einem bloßen Namenskönigtum zu einem reifen Staat erhob, den niemand mehr ungestraft außer Rechnung lassen konnte.

Und auch er selbst war jetzt reif geworden. Zwiefach war der Most seines Wesens gegoren und nun zu edlem, starkem Wein entwickelt. Die erste Sturm- und Drangzeit war die seiner Jünglingsjahre gewesen, die zweite die, da der junge König zum Eroberungskriege auszog, von Ruhmbegierde gepeitscht und in dem noch ungezügelten Kraftgefühl, daß nur sein Wille genüge, Preußens Aar bis in den Himmel steigen zu lassen. Jetzt kannte er seine Grenzen, sowohl die seiner staatlichen Macht, wie die seines eigenen Könnens. Dem Ehrgeiz war Genüge geschehen; mit Mäßigung und ehrlicher Bescheidung wollte er nun nichts anderes mehr, als das Errungene bewahren, und dieser Heimkehrtage vielleicht größtes Glück mochte der Glaube sein, es sei nunmehr gesichert. „Keine Katze" werde er mehr angreifen, äußerte er sich in Dresden, wofern man ihn nicht dazu zwinge.

Ein Friedensfürst wollte er nun werden gleich seinem Vater, dem durch ihn groß und stark gewordenem Lande die Fülle des Segens bringen an Gaben der äußeren und inneren Wohlfahrt. Für sich selbst aber begehrte er, auf geistigen Höhen zu wandeln, zu denen die Tage von Rheinsberg ihm nur als ein Anstieg gelten mochten.

Die bisher betrachteten Briefe an Fredersdorf sind gewiß keine „historisch-politischen Urkunden", sondern, wenn man so will, nichts weiter als „geschäftliche Mitteilungen" des Königs an einen ihm nahestehenden Menschen von immerhin bescheidener dienstlicher Stellung, a b e r es sind Mitteilungen, bei denen nebenbei dem König „der Mund überfließt" von dem, dessen sein „Herz voll ist". Darum spiegelt sich in diesen an sich so harmlosen Briefen, wenn man — wie wir es dem Leser zu vermitteln suchten — die Zusammenhänge kennt, die ganze Größe des überragenden Feldherrn und Staatsmannes, die ganze Herrlichkeit der h e l d i s c h e n Seele Friedrichs. Daneben freilich verraten uns schon hier manche kleine Tatsachen und Aussprüche auch rein m e n s c h l i c h schöne Züge in Friedrichs Wesen, auch blickt bereits hier seine warmherzige persönliche Anteilnahme an seinem F r e d e r s d o r f deutlich zwischen den Zeilen durch. Damit meinen wir nicht nur die häufig wiederkehrenden Fragen nach dessen Gesundheit und die Bitten, sich zu schonen, auch nicht allein die Beweise des Vertrauens, sondern schon die Tatsache selbst, daß der König überhaupt den Drang spürt, mitten in allen Nöten und in aller Überlastung seinen Diener an den eigenen Erlebnissen, den „größten" wie den „kleinsten", t e i l n e h m e n zu lassen, soweit Fredersdorf sie verstehen kann.

Diese Anzeichen der Herzensnähe des großen Königs zu seinem allzeit treu erfundenen Diener treten nun noch weit stärker hervor in den folgenden Briefen, die — wenn auch mit großen Lücken — die Jahre bis 1756, kurz vor Ausbruch des Siebenjährigen Krieges, umfassen. Darin liegt der eigentliche Wert dieser Briefe, deren „sachlicher" Inhalt nicht selten dem Lebenskreise des — übrigens keineswegs notwendig reizlosen — „Alltags" entstammt. Andererseits werden wir auch weiterhin sehen, daß die großen Lebenstaten Friedrichs im kommenden Jahrzehnt — das Ringen um die Erhaltung des Friedens und die einzigartige landesväterliche Fürsorge — sich wieder und wieder in unseren Briefen spiegeln. Aber mag der „sachliche" Briefinhalt nun im Einzelfalle „bedeutend" oder „unbedeutend" sein, für uns ist das Nebensache, die durch die Briefe vermittelte Erkenntnis des **warmherzigen Menschentums** Friedrichs der Kernpunkt.

Aus dem Jahre 1746 sind uns keine Briefe zwischen dem König und Fredersdorf erhalten. Um den Zusammenhang der politischen Ereignisse nicht zu verlieren, müssen wir uns folgendes in aller Gedrängtheit vergegenwärtigen:

Nach einer nur ganz kurzen Atempause war der König bis zum Herbst dieses Jahres aufs neue von drückender Sorge erfüllt, deren Gegenstand die Befürchtung bildete, der soeben durch den Dresdener Frieden beendete Krieg möchte unter erschwerenden Umständen erneut ausbrechen. Der eigentliche Herd der Gefahr lag in Rußland, nicht, wie der König wähnte, in Wien. Zwar litt Maria Theresia schmerzlich unter dem Frieden von Dresden, hatte aber die ehrliche Absicht, ihn nicht willkürlich zu brechen, zumal der „Österreichische Erbfolgekrieg" gegen Frankreich und seine Bundesgenossen seinen Fortgang nahm. Da trat Rußland als Versucher an den Wiener Hof heran. Die Zarin Elisabeth zürnte, daß Friedrich gegen ihren Einspruch in Sachsen eingedrungen war und es niedergeworfen hatte. Nun wollte sie — oder doch ihr Großkanzler Bestushew — ihrerseits Preußen mit Krieg überziehen und rechnete dabei auf Österreichs Mitgehen als auf eine Selbstverständlichkeit. Wien aber widerstand der Versuchung, zumal Frankreich nicht gewillt war, aus einem — wenn auch 1745 fast untätig gewesenen und jetzt über Friedrichs nochmaligen „Sonderfrieden" erzürnten — Freund Preußens plötzlich sein bewaffneter Feind zu werden, selbst nicht um den Preis eines günstigen Ausgleichs mit Österreich. Friedrich nutzte die Feindschaft der beiden Großmächte Frankreich und England geschickt dazu aus, sich als wichtiger politisch-militärischer Faktor von beiden „suchen" zu lassen, schlug aber, da er zur Aufrechterhaltung des Friedens für sein Land fest entschlossen war, alle, auch die lockendsten Anerbietungen aus, die ihn zu tätigem Eingreifen auf englischer oder französischer Seite veranlassen wollten. Da Rußland von England finanziell abhängig war, und Österreich den von Bestushew gewünschten Überfall auf Preußen jetzt (ohne Frankreich) nicht mitmachen wollte, so war das Ergebnis der russisch-österreichischen Verhandlungen lediglich der am 2. Juni 1746 geschlossene „Petersburger Vertrag", der, in der Form eines harmlos aussehenden Verteidigungsbündnisses, im September dem König mitgeteilt wurde. Verheimlicht aber wurde Friedrich (mit Erfolg allerdings nur bis 1753, vgl. Brief 120), daß in einem Geheimnachtrage vereinbart worden war, Maria Theresias Verzicht auf Schlesien solle als hinfällig betrachtet werden und Rußland und Österreich sollten mit vereinten Kräften über Preußen herfallen, falls Friedrich Österreich o d e r Rußland oder Polen angriffe. Besthusews Pläne aber, den König zu einem Streit mit Rußland, also zur Schaffung des Vertragsfalls im Sinne des Geheimnachtrages aufzureizen, waren in seinem anschlägigen Kopf schon fertig.

Daß in der Person des Großkanzlers Bestushew eine besondere Gefahr für ihn lag, ahnte Friedrich wohl; er hat deshalb mehrfach daran gedacht, diesen dunklen Ehrenmann durch große Summen zu bestechen, unterließ es aber, da er sich zu der Hoffnung berechtigt hielt, Bestushew werde demnächst gestürzt werden. Umsomehr überhäufte er den vermuteten Nachfolger, den derzeitigen Vizekanzler Woronzow, mit Auszeichnungen, als dieser, den man für einen Anhänger Preußens und Frankreichs hielt, nach längerem Kurgebrauch in Südfrankreich in seine Heimat zurückkehrte und dabei im Juli Aufenthalt in Berlin nahm. Nach diesen Bemerkungen über das Jahr 1746 wenden wir uns nunmehr den aus dem folgenden Jahre (1747) erhaltenen Briefen zu, die uns bald Anlaß geben werden, weiteres über die Entwicklung in Rußland zu hören.

26

DER KÖNIG AN FREDERSDORF

D. 2. febr. (1747)

antwohrte den Loria nuhr, daß, wann die astrua [die Sängerin Astrua] *vohr 1500 Duc* [Dukaten] *Komen wil, So wil ich Sie wohl 500 Thaler zur Reise geben, aber sie mus Ihr engagement auf 6 jahr machen. Wohrnicht, So Kan er die Massa nehmen*[1]. *wegen fäschen* [Fäsch][2] *ist guht.*

ich Schike Dihr 6000 Thaler, 3000 vohr den Saahl in berlin und 3000 Thaler auf abschlach auf Die Kameren in charlotenburg[3]. *ich bin acuraht wie ein Thorschreiber*[4].

Dein Husten hat Keine gefahr, nuhr gedult mus Du haben; und die hastu [hast Du] *nicht gerne!*

gottbewahre Dihr!

Fch

[1] Der Agent Loria ist unterwegs, um im Auslande bedeutende Kräfte für die Berliner Oper zu gewinnen. Hier handelt es sich um die **Astrua**, die damals wohl berühmteste „Primadonna", und die **Masi**. Beide wurden, wie wir hören werden, wirklich angestellt. Wie wenig genau es sowohl der König wie Fredersdorf mit der Schreibung von Eigennamen nehmen — sie schrieben ja, wie wir schon sahen, nicht einmal ihre nächsten Bekannten und Freunde richtig — dafür bietet die Sängerin Masi* ein besonders kennzeichnendes Beispiel. Sie kommt in unseren Briefen vor als Massa, Massi, Masi, Mansy, Mantzky und Mansi! Man verzeihe dem Herausgeber diesen kleinen Stoßseufzer!

[2] Fäsch ist ein aus der Schweiz stammender Kaufmann, dessen

---

* Droysen schreibt Mansi, Volz dagegen Masi.

Fähigkeiten Friedrich in eigenartiger Weise benutzte. Um diese Zeit ist er noch staatlich beauftragter Agent für Handelssachen in Amsterdam. Als der König durch Angliederung eines „Fünften Departements" an das „Generaldirektorium" ein besonderes Handelsministerium schuf, setzte er, nach dem Tode des ersten Ministers (von Marschall) 1749 den „praktischen" Kaufmann Fäsch an die Spitze dieser Behörde. Fäsch war in dieser Stellung nicht „Minister", aber auch nicht Untergebener der andern das „Generaldirektorium" bildenden Minister, sondern unterstand unmittelbar dem König. Wir erwähnen dies als Beweis für Friedrichs überraschend „moderne" Denkart. Welches Aufsehen erregte es noch zu unserer Zeit, als Wilhelm II. einen „Kaufmann" zum Kolonialminister machte!

[3] Die Kammern in Charlottenburg sind der Knobelsdorffsche Anbau an das dortige Schloß.

[4] „ich bin acurath wie ein Thorschreiber". Dieser von Selbsterkenntnis zeugende Ausspruch des Königs, für dessen Richtigkeit unsere Briefe Belege in bunter Fülle liefern, fordert zu einer kurzen allgemeinen Betrachtung heraus. Friedrich war nicht nur dem staatsrechtlichen Begriff nach „Selbstherrscher", sondern er machte auch tatsächlich in einem Maße, wie es für einen großen Staat ohne Beispiel ist, alles selbst, woraus sich wiederum die überraschende Bedeutung der ihm nahestehenden Beamten auch niederen Grades, wie Eichel und Fredersdorf, erklärt. Die Minister, sowohl die „Kabinettsminister" (für die auswärtige Politik), wie diejenigen des „Generaldirektoriums" (für die Verwaltung) und in gewissem Grade auch die Justizminister waren alle nur ausführende Glieder, während — um im Bilde zu bleiben — der König das Hirn des Staatskörpers darstellte. Friedrich verhandelte vielfach über die Köpfe seiner höchsten Beamten hinweg, sowohl mit den Regierungen des Auslands, wie mit den mittleren und örtlichen Verwaltungsbehörden des Inlandes, schriftlich und mündlich. Die Folge war einerseits günstig, nämlich eine umfassend sachkundige, außerordentlich straffe und schnellarbeitende einheitliche Staatsleitung. Die Schattenseite dagegen war, daß die höhere Beamtenschaft davon entwöhnt wurde, außerhalb des gewöhnlichen laufenden Geschäftsganges selbstverantwortlich zu handeln; gerade die tüchtigsten Kräfte mußten dabei unbefriedigt bleiben. Fast alles wirklich Wichtige war auf die zwei Augen des Königs gestellt; und wenn sich diese Augen einmal schlossen, konnten die Folgen für den verwaisten Staat nicht ausbleiben. Von dieser teilweise ablehnenden Beurteilung von

Friedrichs Selbstherrschaft kann uns auch die staunende Bewunderung seiner — trotz oftmals kranken Körpers — fast unbegrenzten Arbeitskraft nicht abhalten, dieser Arbeits- und Nervenkraft, die ihm neben der allumfassenden Regierungstätigkeit nach außen und innen noch Zeit und Freudigkeit ließ zu genießender und selbstschöpferischer Betätigung auf weiten Gebieten der Kunst und Wissenschaft und der geistig veredelten Geselligkeit, und außerdem auch noch oftmals zu einer hausväterlichen Kleinfürsorge für die geringsten Dinge um ihn her, die uns bisweilen wohl ein Lächeln abnötigen mag. Der letztgenannte Wesenszug könnte kleinlich und somit entwertend wirken, handelte es sich nicht lediglich um einen Überfluß seiner schier unerschöpflichen geistigen Kräfte und wüßten wir nicht, daß der König niemals das Augenmaß dafür verlor, was w i r k l i c h wichtig und was im Grunde nebensächlich war.

27

DER KÖNIG AN FREDERSDORF

D. 2ten (März 1747)

ich werde auf der Gantzen Suma von der Monbijouischen Schuldt[1] *2000 Thaler betzahlen.*

Wegen die Wagens, Sehe ich wohl, ist ein Mißverstandt; Schike mihr nuhr die tzeichnungen zurüke, dann wil ich es deüdlicher machen lassen. Der Sönste [schönste] wirdt hel-Roht und goldt und mus Magnific seindt, der andere Seladon-Samt[2] *mit Silber, und darf nuhr So gemacht werden, wie der, den ich in berlin gebrauche*[3].

Elert [der Leibarzt Eller] hat einen guhten glauben, wo er meint, daß Schlachflüsse und Stein-Coliquen einen Menschen Restituiren [gesundheitlich erneuern]! ich empfinde es So bei mihr, daß ich So schwach bin, daß mich eine bagatele [Kleinigkeit] gleich über den haufen Schmeißet[4].

es ist nicht recht, daß Du vohr [Ablauf von] 4 Wochen in der Luft Kömst. Du must Dihr Sehr in acht nehmen, Sonsten Kan es gar leichte übel aussehen.

Gottbewahre Diehr!

Fch

Wahrum haben dan die Narens [Narren][5] *nicht Mitwoch Comedie gespihlet? ich betzahle sie ja davohr!*

¹ Das Schloß „Monbijou", der Sommersitz für die von Friedrich stets mit rührender Fürsorge umgebene Königin-Mutter, wurde umgebaut. Manch erfreuliches Beispiel für des Königs pietätvolle Sohnesliebe, die alles vergessen hatte, was ehemals bisweilen zwischen Mutter und Kind gestanden, werden uns unsere Briefe liefern. Hier sei nur erwähnt, daß Friedrich einst, als man ihn in Rheinsberg mit einem wohlgelungenen Bildnis seiner Mutter überraschte, von der Freude darüber so ergriffen wurde, daß er den Schöpfer des Werkes, Antoine Pesne, tiefbewegt in seine Arme schloß.

² „Seladon" ist ein zartes Grün. Der Samt war sicherlich einheimischer, vermutlich aus dem 1743 mit staatlicher Unterstützung errichteten Betriebe von Blume. Für die Einführung und Hebung des Textilgewerbes (Leinwand, Tuche, Seide, Samt) in Preußen, wie überhaupt für die Errichtung von „Manufakturen", setzte sich der König bekanntlich eifrigst ein. Möglichste Selbstversorgung des Landes war sein volkswirtschaftliches Ziel.

³ In Berlin trat Friedrich, um seiner königlichen Würde nach außen hin Genüge zu tun, prächtig auf; er fuhr dort gewöhnlich in einem kunstvoll geschmückten Wagen, von 6 „Läufern" begleitet. In Potsdam dagegen, wo er „Mensch" sein durfte, verschmähte er, seiner eigentlichen Neigung entsprechend, jeden Prunk; dort sah man ihn fast nur als Reiter.

⁴ Am 13. Februar 1747 hatte der König, obschon doch erst 35 Jahre alt, einen Schlaganfall (Hemiplegie) erlitten. Die halbseitigen Lähmungserscheinungen verschwanden aber bald und kehrten glücklicherweise nie wieder. Statt dessen nisteten sich mancherlei andere Leiden ein. Schon in den Jahren 1744 und 1746 hatte Friedrich das Bad Pyrmont besucht, der drohenden Gicht wegen, die dann neben starken und häufigen Hämorrhoidenbeschwerden der Plagegeist seines Lebens werden sollte. Der jetzt aufgetretene Schlagfluß hatte natürlich die beunruhigendsten Gerüchte ausgelöst, zumal der König nur langsam wieder zu Kräften kommen konnte, dies hauptsächlich als Folge davon, daß er zu früh wieder anfing zu arbeiten und keine Geduld hatte, sich angemessen zu schonen. Und wie trefflich konnte er gerade über diesen Punkt schmälen, wenn es sich nicht um ihn selbst handelte, sondern er sich Fredersdorf gegenüber in der Rolle des gestrengen „Doktors" fühlte! — Daß der König übrigens seine diesmalige Erkrankung selber recht ernst nahm, geht aus den Worten hervor, die er am 22. Februar schrieb: „... Für diesmal glaube ich dem Reiche

Plutos entronnen zu sein, aber ich war bis zur letzten Station vor dem Styx, ich hörte schon den Cerberus bellen..."

⁵ Daß Friedrich die Opernmitglieder als „Narren" bezeichnet, darf uns bei seiner Vorliebe für derbe und „deutliche" Ausdrücke nicht wundernehmen, wir werden uns bald an noch stärker gepfefferte Kosenamen gewöhnen müssen.

28

DER KÖNIG AN FREDERSDORF

D. 3. Mertz (1747)

Ich Schike Dier den Desein [Zeichnung] *vom grünen Wagen zurüke, der Kan nuhr imer darnach gemacht werden. den Rohten lasse ich noch Corrigihren; und wann Die zeichnung wirdt fertig Seind, So Schike ich Sie Dihr zu.*

wegen den Sahl [Saal], *So bleibet die Tapete drinnen; und ist es recht guht. wegen das geldt des lorias* [Loria] *wirstu wohl besorgen; ich leide imer an der Nihre, Miltz und leber, das alte luder ist nicht mehr wehrt, als daß es der Teüfel holet. gott bewahre Dihr, und in 4 Wochen, ehr nicht, Könstu aus-gehen!*

Fch

29

DER KÖNIG AN FREDERSDORF

D. 4. (März 1747)

Ich Sehe mit freüden, daß Du besser Wirst; ich fange mich nun auch an zu Erhollen, Die Luft und exsercise [Bewegung] *Tuht mihr guht. es ist die Miltz und Nihre Sehr in Meiner Krankheit implicirt; wann ich werde Können zu-Pferde Kommen, Denke ich mihr gantz zu Couriren. wegen den Schlach* [Schlagfluß] *mus ich ofte aderlassen*[1]. *frage an Ellert* [Leibarzt Eller], *wann ich Carelsbatér wasser Dies frühjahr hier tränke, ob das guht währe.*

Den andern Wagen [d. h. die Zeichnung dazu] *Kan ich noch nicht Schiken, er ist nicht vertig. gott bewahre Dihr!*

Fch

[1] Der König hielt, wie die damalige schulgerechte Heilkunde allgemein, viel auf das Aderlassen. Auch ohne besonderen Anlaß ließ er es regelmäßig viermal im Jahre an sich vornehmen, jetzt wegen des

Schlaganfalles häufiger. Er glaubte, wie wir in unseren Briefen des öfteren sehen werden, fest daran, daß die Stellung von Sonne und Mond maßgebenden Einfluß auf die Krankheiten selbst und die Wirksamkeit der angewandten Heilmittel, insbesondere auch des Aderlassens, hätte.

30

DER KÖNIG AN FREDERSDORF

D. 7. (März 1747)

Ich habe gestern die Lauffende hemeroiden gekrigt; weillen es aber nach einem Clistir wahr, so weis ich nicht, ob es nicht woh daher Kömt, daß das Röhrchen was durch-gestosen hat. ich befinde mihr doch beser, heüte lauffen Sie nicht mehr.[1]

Du hast gros recht, daß Du die Docters die Wahrheit Sagst, sie Seindt große Idioten[2]. *Das Reiten Thuht mihr Sehr guht, doch bin ich noch Schwach und ist mein Cörper bei-weiten nicht in seiner ordinairen Wigeur [Lebenskraft], eine bagatelle Thut mihr Schaden. Die Linke nihre [Niere] und die Miltz leiden noch bei mihr, absonderlich die Miltz. ob es obstructions oder ein Squir*[3] *ist, weis ich nicht.*

ich Solte glauben, ein Trank von quinquina [Chinin] würde mihr Sehr guht Seindt.

Schike mihr doch auf den Schnit verguldt [auf dem Schnitt vergoldetes] papır, wie anderson die probe gegeben hat[4].

Der hasenfus[5] *hat das podagra, hat mihr nicht glauben Wollen und Sich mit Spiritus gewaschen, nun Schreiet er ach und Weh.*

gottbewahre Dihr, nehme Dihr wohl in acht!   Fch

[1] Den ersten Absatz des Briefes haben wir nicht gestrichen, trotz unleugbarer ästhetischer Bedenken. Wir ließen ihn aber nicht nur der Drolligkeit wegen stehen, sondern als ein Beispiel der völlig naiven Mitteilsamkeit des Königs gegenüber Fredersdorf.

[2] Sich über die Ärzte lustig zu machen, bereitet dem König das größte Vergnügen, das er sich nicht selten gönnt. Und nicht nur die „Scharlatans" — denen sich Fredersdorf zu Friedrichs Verzweiflung immer wieder heimlich zuwendet — sind das Ziel dieses Spottes, sondern auch die „habilen", d. h. die „richtigen" Ärzte. Durch diesen Ausfluß seiner Neigung zum beißenden Witz darf man sich aber nicht täuschen

lassen, auf diesem Gebiete so wenig wie auf anderen. Wir werden später sehen, daß er zu seinem, Ende dieses Jahres nach Berlin berufenen Leibarzt Cothenius das denkbar größte Vertrauen hat — ohne ihn deshalb bei der Verspottung des Medizinerstandes auszunehmen. Im übrigen pfuscht der König, namentlich Fredersdorf gegenüber, den Ärzten nicht selten seinerseits tüchtig ins Handwerk. Fragen der Heilkunde reizen und beschäftigen ihn sehr, und er ist nicht wenig stolz auf seine Kenntnisse auf diesem Gebiet.

³ „obstructions" hier = Gefäßverstopfungen. „Squir" = squirre ist eine bösartige Drüsenverhärtung.

⁴ Solches Goldschnittpapier hat der König auch zu vielen unserer Briefe verwandt. Anderson ist ein Kammerdiener, der später geisteskrank wird und dem König viel zu schaffen macht. Wir werden ihm noch begegnen.

⁵ Der König besaß eine Windhündin namens „Hasenfuß", die aber hier natürlich nicht in Betracht kommt. Möglicherweise ist der ebenerwähnte Anderson gemeint, oder aber der Kammerherr Marquis d'Argens, ein etwas wunderlicher Mensch, dem Friedrich, obschon er ihn ursprünglich nur aus politischen Rücksichten berufen hatte, inzwischen persönlich nähergetreten war. D'Argens lebte in ständiger Besorgnis um sein liebes Ich — daher unsere Vermutung, daß er mit dem „Hasenfuß" gemeint sein könne — und war überaus stolz auf seine wirklichen oder vermeintlichen Krankheiten. In einem allerdings wesentlich späteren (französischen) Brief verspottet der König ihn folgendermaßen: „... Sie können sich also denken, daß ich Ihnen den genußreichen Krankheitszustand von Herzen gönne, den Sie bei sich für den Lauf dieses Jahres voraussetzen. Voltaire ist nicht fruchtbarer an Bosheit ... als Sie an neuen Krankheiten ..." Und die Unterschrift lautet: „Ich habe die Ehre zu bleiben, Herr Marquis, der ergebenste Diener Ihrer Leiden. Der Philosoph von Sanssouci."

Solchen Spottes ungeachtet, hat d'Argens dem König später — als dessen Freundeskreis sich durch den Tod und aus anderen Gründen sehr gelichtet hatte — jahrelang sehr nahegestanden; das beweisen Friedrichs wundervolle B r i e f e an ihn aus der Zeit des großen Krieges. Daß ein erneutes Zusammensein im täglichen Leben nach 1763 dieser Freundschaft wenig gut bekam und schließlich zur Trennung führte, ist eine Tatsache, die nicht als zufällig angesehen werden kann und deren nähere Betrachtung geeignet ist, uns in eine tragische Seite von Friedrichs Lebensschicksal einzuführen. (Vgl. die Anmerkung zu 102.)

31

DER KÖNIG AN FREDERSDORF

d. 9. (März 1747)

Weillen Du alle meine Umstände wissen wilst, so mus [ich] *Dihr sagen, daß viehl Hipoconderie*[1] *in Meiner Kranckheit ist. die linke seite unter den Riben* [Rippen] *hinterwertz-zu Macht mihr das meiste zu tuhn. die Nihren Seindt viel Schuldt; und dan-unt-Wan dann Schwilt die Miltz auf, dann tuht mihr der lincke arm So weh, als wann ich einen Flus daran hätte. und dann so Kömtz* [kommt es] *mihr dan-untwan, als wenn ich Sticken wolte, und des Nachts Eben-so. Der Urin hilft mihr nicht anders, als wann ich ihm Dick lasse,* [so] *daß Sediment* [Bodensatz] *darein ist. die luf* [Luft] *aber und bewegung tuht mihr guht. wann mihr der tobe* [tobende] *Schmertz in der Seiten Stark wirdt, dann mus ich alles Weck-brechen.*

heüte bin ich tzimlich wohl[2]*, aber gegen abendt findet sich imer wieder was ein, einen tag Stärker, den anderen Schwächer; und ich glaube auch Was Fiber. heüte habe ich noch nicht von der china* [Chinin] *gebraucht, weillen ich verstopfet wahr und Meinte, die Hemeroiden würden wieder-Kommen; nuhn aber ist nichts daraus geworden, und Werde morgen* [Chinin] *gebrauchen.*

bleibe um gottes Willen noch in der Camer und tuhe nicht die Tohrheit, so tzeitig auszugehen. Künftige Woche komme ich nach berlin[3] *und werde Sehen, wie es mit Dihr ist. gottbewahre Dihr!*

Fch

[1] Heute versteht der gewöhnliche Sprachgebrauch unter Hypochondrie „eingebildete" Leiden. Das will der König offenbar nicht sagen, es würde auch den folgenden Sätzen widersprechen; er meint vielmehr, dem griechischen Wortsinn und der damaligen wissenschaftlichen Ausdrucksweise gemäß, ein Unterleibsleiden mit Blähungen und wechselnden Beschwerden.

[2] Der König empfing an diesem Tage den russischen Gesandten.

[3] Friedrich fuhr wirklich am 15. März nach Berlin; die Folge war ein neuer Rückfall.

32
DER KÖNIG AN FREDERSDORF

D. 10. (März 1747)

ich habe Deine beide briwe gekrigt, ich bin Sehr verwundert über den bothen. in-dessen ist nöthig, daß du den Menschen[1] *sprichst. man mus ihm versprechen, was er verlangt, umb zu hören, was er zu Sagen hat. und mache, was Du Könst, daß Du ihm reden Machst, und daß Man erfähret, was er Weis und was man durch ihn Weiter wirdt erfahren Können. in-dessen mus man wissen, was er vohr absichten hat und wohr* [wo] *seine gedanken hin-gehen; denn, wann der mensch mihr considerable Dinste Thun wil, mus er absichten darunter haben; und die Müssen wiehr nothwendig entdecken, Sonst ist er* [ihm] *doch nicht zu trauen. ich bin Sehr Curios* [neugierig] *des-Wegen; also setze ihm Mohntag sehr zu und verspreche als* [alles].

Ellert [Leibarzt Eller] *Seinen Raht werde ich folgen. Den Trang habe ich heüte getrunken und finde ich mihr zimlich Wohl darnach und besser als die andere Tage; es Kömt auf der Continuation* [dauernde Durchführung] *an.*

Der Jude[1] *macht mihr viele gedanken; und Kan ich nicht begreifen, was zu dieser Sache ihm gelegenheit geben Kan. wann ich aufrichtig sagen Sol, So halte ich es vohr einen feinen betruch. Schreibe mihr baldt ein Mehreres davon. gott bewahre Dihr!*

Fch

umb 7 uhr abendts

---

[1] Der hier genannte „Mensch" ist ein politischer Spitzel und zwar, soviel wir wissen, der erste, den zu gewinnen dem König gelang. Längst wußte Friedrich, daß er seinerseits von feindlicher Seite mit einem Netz planmäßigen Kundschafterdienstes umstrickt war (1746 wurde ein daran beteiligter Russe verhaftet), daß die Post seiner Gesandten in Österreich, Rußland und England-Hannover durchmustert und nach Möglichkeit die Schlüsselschrift entziffert wurde, während er selber auf die Berichte seiner beglaubigten Auslandsvertreter angewiesen blieb und die fremdstaatliche Geheimpolitik „nur durch einen Flor" oder „wie ein Träumender" sah. Es war also ein Ereignis von beträchtlicher Bedeutung, wenn es jetzt gelang, auf diesem Gebiete Gegenminen zu legen. Das restlose Vertrauen des Königs zu seinem treuen Fredersdorf, der sich ja hier ein hohes Verdienst erwarb, leuchtet gerade auch

aus diesen Briefen besonders hervor. Außer Fredersdorf scheint nur noch des Königs Geheimer Kabinettsrat Eichel, von dessen Sonderstellung wir ja schon gehört haben (vgl. Seite 22 und 54), ins Vertrauen gezogen zu sein; von einer Beteiligung des für die auswärtige Politik zuständigen Kabinettsministeriums deuten die Briefe nichts an, ja nicht einmal der leitende Minister Graf Podewils scheint vorerst eingeweiht worden zu sein. (Der in den Briefen erwähnte Beamte Jordan, der nicht mit Friedrichs bereits verstorbenem Freunde gleichen Namens zu verwechseln ist, hatte nur Geheimschrift abzuschreiben, konnte also damit noch nichts verraten.)

Die „Spitzelbriefe", wie wir sie nennen wollen, umfassen die Nummern 32, 35, 36, 38, 42, 45, 49—53, 56—59, 61, 62, 65—74 und 89, es sind also 28 Stücke. Die darin eine Rolle spielenden Personen sind erstens der „Mensch"; das ist der Spitzel, offenbar ein Beamter der österreichischen Gesandtschaft, dessen Name nie genannt wird. Es ist anzunehmen, daß der König und Fredersdorf seinen Namen wohl erfahren haben, zumal ihm nach einigen Wochen vorsichtigen Zuwartens und mißtrauischen Erprobens ein „Patent", d. h. ein Anstellungsvertrag, ausgehändigt wird, daß also die Auslassung des Namens lediglich als eine Schutzmaßnahme für den Fall der Entwendung dieser Briefe zwischen dem König und Fredersdorf gedacht ist. Sodann kommt der „Bruder" vor, womit, wie wir es auslegen, ein Bruder des „Menschen" gemeint ist. Ferner tritt, als Zwischenträger, der aber anscheinend keine Einsicht in die Geheimnisse erlangt, der „Jude" auf. Gegenstand der Spitzelei sind die Berichte, die der österreichische Gesandte General Graf Bernes empfängt und erstattet. Er wird in diesen Briefen vorsichtshalber stets mit Abkürzungen bezeichnet, nämlich als „B" oder „Ber" oder „G" (wohl „General" zu lesen) oder „Gen". Graf Bernes war im Herbst 1746 als Gesandter Maria Theresias in Berlin eingetroffen (Antrittsbesuch beim König am 24. XI. 46) und blieb bis April 1748. Alsdann wurde er an den russischen Hof versetzt, zu Friedrichs Unglück; denn dort nutzte Bernes seine angebliche Kenntnis der Berliner Verhältnisse aus zu vergiftenden Verleumdungen. Außerdem kommt in den Spitzelbriefen noch der dänische Legationssekretär Schneider, der Wiener Hofkanzler Ulfeld (hier „Uhlf" oder „Uehlefeldt" genannt) und der österreichische General Batthyany vor.

Über den vermutlichen Inhalt der durch diesen Kundschafterdienst erlangten Nachrichten werden wir später hören.

FREDERSDORF AN DEN KÖNIG

11. März 1747

Ewr. Königl. Majesté Melde in Aller Untherthänigkeit, daß der Neue Fasahn-Meister[1] heüte Angekomen Mit einer Frau und 6 Söhne, alle gesunde und tüchtige jungens, alle gut gewaksen. Einer davon iß gut 9 Zoll; ich habe Ihm proponiret [vorgeschlagen], ob Er nicht Lust hatt, Soldat Zu werden, wo-Zu Er Bis dato [bis jetzt] Nicht viel Lust Bezeiget. wann es aber Ewr. Königl. Majesté allergnädigst Befehlen, so wil [ich] Ihn Mit güte persuadiren [überreden]. ein Schön grenadier unter Der Guarde würde Er abgeben[2],

Ewr Königl. Majes. Bitte untherthänigst um eine ordre an den Oberjager-Mstr. Graff Schlieben, damit Der Neue Fasahn-Mstr in Rosenthal [nördlich von Berlin] placiret wirdt; sonst werden Ihm die Kinder Zur Last Zu unterhalten, Zu-Mahl sie alles im Stich gelassen. Der Tichy hatt einen Sohn auch Mitgebracht, welchen Er von jugendt Auf Zum reiten und Bey Pferde gehabt, wo-von Er ein groß Erkenntnis haben soll. Er bittet untherthänigst, Ob Ew. Königl Majesté Ihm Nicht wollen lassen reiten lernen.

Tichy Versichert Mir, Auf den Herbst, wann die leüte in Böhmen werden ein-geErndt [eingeerntet] Haben, daß Er Ew. Königl. Maj. wohl an 100 Familien, Lauter Bauren, Verschaffen wil.[3]

Ew. Königl. Maj. frage Auch Untherstänigst An wegen des Kochs vom Seeligen Ministre v. Bork[4], der die probe in Potsdam geKocht hat. joyart[5] rühmt Ihm sehr; und wir Haben einen unter die Campanie-Kochs [unter den Feldköchen], Siberth, welcher Nich viel taugt, in dessen Stelle Er Könte gesetzt werden. den Siberth wil ich sehn wo Bey jemand unter-zu-bringen. erwarte aller gnädigste ordre, ich Ersterbe

Ew Königl Majesté
Untherthänigster treuer Knecht
Fredersdorf

Bel. d. 11. Mart. 1747

[Der Leibarzt] Eller hatt Mir Heute gesagt, der Hertzog von Holstein währ sehr Matt, aber Zu sagen Hätt es Nichts.

¹ Der neue Fasanenmeister, mit Namen Kosak, kommt, ebenso wie der später genannte Tichy, aus Böhmen; vielleicht handelt es sich um vertriebene Protestanten (sie haben „alles im Stich gelassen"), die ja schon seit dem Großen Kurfürsten aus vielen Landen gelegentlich in Preußen Schutz und eine neue Heimat suchten.

² „9 Zoll" ist zu lesen: 5 Fuß und 9 Zoll = ungefähr 181 cm. Fredersdorf will den jungen Mann — wohlgemerkt „mit Güte", denn Friedrich war, wenigstens „grundsätzlich", gegen das „Pressen" — überreden, in das „Grenadier-Garde-Bataillon" einzutreten, das der König „zum glorwürdigen Andenken" an seinen Vater von dessen kostspieliger und nur durch brutale Menschenjagd zu ermöglichender Riesengarde allein aufrecht erhalten hatte. Als Friedrich 1740 das Regiment der „Langen Kerle" auflöste, verbreitete sich im Auslande das Gerücht, dies sei der Anfang einer allgemeinen Heeresverminderung — ein s e h r gründlicher Irrtum!

Um den Mannschaftsersatz für „sein" Bataillon bekümmert sich der König auch selbst, im allgemeinen aber hatten die „Kapitäne" ziemlich selbständig für die Vollzähligkeit ihrer Truppe zu sorgen. Einige kurze Bemerkungen darüber, wie das geschah, mögen hier am Platze sein: Das Land war eingeteilt in „Kantone", deren junge Mannschaft „enroliert" und bestimmten Regimentern, zur Aushebung nach Bedarf, zugeteilt wurde. Das war der Grundgedanke der allgemeinen Wehrpflicht, der aber durch zahlreiche Ausnahmen erheblich abgeschwächt wurde. Von der Aushebung frei war der Adel (der die Offiziere stellen sollte), die gelehrt Gebildeten, ganze Berufsstände (z. B. angesessene Bauern und grundbesitzende Bürger, Neusiedler, „Manufaktur"-Arbeiter), ja, ganze Städte, Kreise und Landesteile (z. B. Ostfriesland). Um so mehr ist zu verstehen, daß neben der Aushebung im Inlande Werbung im Auslande nötig war und in großem Umfange durchgeführt wurde, wobei es selbstverständlich, trotz des entgegengesetzten königlichen „Grundsatzes", nicht immer ohne Gewalttat abging. Großgewachsene Soldaten bevorzugte auch Friedrich II., aber weniger aus Liebhaberei, als mit Rücksicht auf die Vorteile beim Bajonettangriff. Weiteres hierzu finden wir bei Brief 59.

³ Wegen der „100 Bauern" vgl. im nächsten Brief die Antwort des Königs.

⁴ Der Minister Caspar Wilhelm von Borcke, der nicht nur ein tüchtiger Diplomat, sondern auch ein feinsinniger Gelehrter war — er hat z. B. Shakespeare übersetzt — war am 7. März 1747 gestorben, auch

seiner menschlichen Liebenswürdigkeit wegen allgemein betrauert. (Er ist nicht zu verwechseln mit dem in Brief 11 erwähnten Generaladjutanten gleichen Namens.)

[5] J o y a r d war Friedrichs französischer Leibkoch schon seit Rheinsberg. Wie wichtig der König bisweilen Küchenfragen nahm, werden wir noch hören.

34

DER KÖNIG AN FREDERSDORF

(11. März 1747)

Wegen den fassanen-Meister bestelle nuhr alles bei Eichlern [Eichel]. des Tichy seinen Sohn wil ich wohl nehmen und [er] Kan mit der tzeit ein Cameraht von Wehleren[1] werden.

Der Sohn vom fassanen-Meister wirdt Sich wohl bereden lassen; und wegen die 100 familien ist Sehr guht, die Kan ich in Pomeren an-bringen[2].

Fch

[1] Wähler ist königlicher Stallmeister. Unserer Briefsammlung liegt ein Schreiben dieses Wähler bei, in dem er den König persönlich (!) in kläglichem Ton um einen neuen Anzug bittet. Friedrich schreibt darunter: „Fredersdorf Sol ihm eine Mundierung machen lassen. Fch."

[2] Die freudige Annahme des Angebots von 100 Bauernfamilien erinnert uns an Friedrichs großzügige und erfolgreiche Siedlungsunternehmungen. Noch war, als Folge des Dreißigjährigen Krieges, viel urbares Land unbesetzt, dazu schuf der König durch Rodungen, Bruchentwässerungen und Regelung von Flußläufen viel Neuland. Die Siedler wurden mit allerlei Vorrechten ausgestattet auf dem Gebiete der Steuern und, wie oben erwähnt, der Aushebung zum Heere. Die in unserem Brief genannten Familien werden in einem der Bruchländer an der Oder angesiedelt worden sein.

Noch heute erinnern zahlreiche Dorfnamen, die von Männern aus Friedrichs persönlicher Umgebung oder von Beamten abgeleitet sind, an jene Zeiten. Wir nennen, um uns auf Persönlichkeiten zu beschränken, die in unseren Briefen bisher schon vorkamen: Bodenhagen, Happenwalde, Podewilshausen, Coccejidorf, Rothenburg, Eichelhagen. (Ob auch der östlich von Berlin gelegene Ort „Fredersdorf" eine Siedlung ist und nach dem Kämmerer genannt ist, konnten wir nicht feststellen; die Vermutung liegt nahe.) Abgesehen von der Vermehrung durch Siedlung begünstigte der König den Bauernstand durch das Verbot des „Bauernlegens".

35

DER KÖNIG AN FREDERSDORF

D. 11. (März 1747)

Ich verspreche den unbekanten Menschen meine Protection, und daß er alle verschwigenheit bei mihr finden wirdt, die Er verlangt, und Daß Seine Dinste verdinter-masen Sollen recompensiret [belohnt] *werden.*

Fridrich

36

DER KÖNIG AN FREDERSDORF

D. 11. (März 1747)

Es tuht mihr Leidt, daß Man Dihr die Nacht aufgeweket[1] *hat. ich wil Diehr hierbei Eine Versicherung* [s. oben] *geben, die Du den Menschen Weißen Könst. dehm-ohngeachtet traue ich das Spihl doch nicht, bevohr der Mensch entweder chiffren*[2] *oder eine würkliche Sache dahr-thut; was er von denen Russen spricht, ist nicht gantz Sonder grundt*[3], *allein man mus was weiteres von ihm höhren.*

gestern abendt habe ich wieder einen Starken Krampf im unterleibe gehabt, das Steiget mihr bis am hals, es wahr aber in der rechten Seiten; jedoch tuht mihr Die china [das Chinin] *guht und habe ich heute darmit continuiret* [fortgefahren]. *vielle blehungen fange ich an loß zu werden, welches Schon ein gros Soulagement* [Erleichterung] *ist.*

Pelnitz[4] *lasse vohr 300 Taler einen Rok machen, grau und Silber, und die Weste inclusive von der Bourignon.*

Dem Menschen [d. h. dem Spitzel] *Sage nuhr, Wohr-fern er mihr Sprechen wil, So Kan es Mitwoch oder Donnerstach abendts Sein.*

gott bewahre Dihr! *Fch*

einen Rink von Elends-fus[6] *Schike mihr.*

[1] Man sieht, wie wichtig der König die im Brief 32 erwähnte Gewinnung eines politischen Kundschafters nimmt.

² Die „Chiffren" sind der Schlüssel zur Geheimschrift, in der die Wiener Regierung mit ihrem Berliner Gesandten verkehrt. Man ließ vorsichtshalber bisweilen einen Wechsel in der Wahl der Schrift eintreten. Das Entziffern der Schriftsätze mittels des Schlüssels heißt bekanntlich „dechiffrieren".
³ Näheres werden wir beim Brief 68 hören.
⁴ Der Baron Pöllnitz lebte an Friedrichs Hof, wo er — ein Erbstück von Friedrich Wilhelm I. her — als eine erheiternde Figur geduldet wurde. Er war geistreich und gewandt, im übrigen aber ein höchst minderwertiger, gesinnungsloser Mensch, eine böse Lästerzunge, ein Abenteurer und Schmarotzer. Schon der Kronprinz hatte auf ihn das Wort geprägt: „divertissant [unterhaltend] beim Essen, nachher einsperren!" Er mußte es sich von Friedrich gefallen lassen, daß bei Trommelschlag das Verbot ausgerufen wurde, ihm künftig noch zu borgen. Als er im Frühjahr 1744 um seine Entlassung bat — er wollte sich durch eine reiche Heirat einrichten, wobei es ihm, wie schon bei anderen „Sanierungen", auf einen Glaubenswechsel nicht ankam — schrieb der König dem fast Fünfzigjährigen auf seinen Wunsch ein „Zeugnis", das zu den entzückendsten Scherzbosheiten gehört, die aus Friedrichs Feder geflossen sind. Wenige Monate später kam Pöllnitz reumütig zurück und wurde erstaunlicherweise auch wieder angenommen. Und gerade dieser Mann sollte fast alle wertvollen Menschen in Friedrichs Lebenskreis überdauern.
⁵ Der König war vom Mittwoch, dem 15. März, bis zum Freitag in Berlin, wo er aufs neue erkrankte.
⁶ Friedrich wünscht einen Ring vom Fuß des Elchhirsches. Dieses edle Wild war damals in Ostpreußen noch sehr stark, in Pommern hier und da vertreten. Immerhin erließ der König 20 Jahre später ein Schutzverbot gegen seinen Abschuß.

37

DER KÖNIG AN FREDERSDORF

D. 18. (März 1747)

Du hast wegen der Massi [Sängerin Masi] *alles guht bestellet, und ist es gantz recht. wegen mihr habe ich einen Husten vom Magen bekomen und einen Ausswurf von sehr tzegen* [zähigem = zähem] *Schleim, doch ohne brechen, aber mit Kopfsmertzen verknüpfet. heüte abendt ist es besser, darum habe ich So Späth geschrieben. gehe beileibe nicht zu tzeitig aus, wegen deiner brust. es Kömt noch auf 14 tage oder högstens 3 wochen an. gottbewahre Dihr!*

Friech

38
DER KÖNIG AN FREDERSDORF

D. 19. (März 1747)

Daß Du dem Menschen [d. i. dem Kundschafter] *100 Thaler gegeben hast, ist gantz recht. die briwe werde ich Dihr Morgen wiedergeben; ich bin noch So tzimlich, habe aber wieder eine Schlechte Nacht gehabt.*

Es wundert mihr, daß der Loria noch nicht in berlin ist, nuhn wirdt die hure[1] auch zu Spähte Kommen. gottbewahre Dihr!

Fch

Darget[2] gib d. 24. Sein geldt nuhr!

---

[1] Den Loria lernten wir im Brief 26 als Agenten zur Gewinnung von italienischen Opernkräften kennen. Der, mehr als derbe, Kraftausdruck „Hure" ist in den vertrauten Briefen an Fredersdorf des Königs gewöhnliche Bezeichnung für die Damen vom Theater. Unmittelbar darauf trifft das Ehepaar Loria ein, wie die folgenden Briefe zeigen.

[2] Etienne D a r g e t zog im Herbst 1745 im Felde des Königs Aufmerksamkeit durch folgendes Ereignis auf sich: Marquis Valory, der in Berlin beglaubigte französische Gesandte, war mit ins Feld gerückt. Als seine Zelte von Panduren überfallen wurden, gab sich Darget, damals sein Sekretär, geistesgegenwärtig für Valory aus und ließ sich an seiner Stelle gefangen nehmen. Friedrich gefiel das so, daß er den jungen Mann in seine Dienste zog und ihn 1746 zu seinem „Vorleser" machte. Dieses Amt, in dem er Jordans Nachfolger wurde, und das er bis 1753 versah, war um jene Zeiten noch mehr das eines literarischen Beirats, als das eines „Vorlesers" im eigentlichen Sinne. Darget führte oder überprüfte, da er das Französische als seine Muttersprache natürlich vollkommen beherrschte, des König persönlichen Briefwechsel, namentlich den literarischen. Er wurde auch Mitglied der Akademie der Wissenschaften, wo er des öfteren Friedrichs Beiträge vorlas. Er kommt in unseren Briefen noch mehrfach vor.

DER KÖNIG AN FREDERSDORF

D. 19. (März 1747)

Mein Husten und fiber lässet nach und befinde ich mihr schon besser. Mit Deine Dike füßen [dicken Füßen] *Kan es guht seindt, wann Sie das üble von der Brust abführen; und wünsche ich Dihr, daß die Natur Solches alles reine heraus-Schmeisen möge.*

ich wehre Curios [neugierig], *zu Wissen, wie dann die Masi Singt. grauen*[1] *mus Sie hören, ob es in der that die Mühe wert ist, oder ob es eine Schlechte Sängerin ist.*

gottbewahre Dihr! wenn ich nuhr etwas Kan, So Komme ich Sonnabendt [d. 25. III.] *nach berlin.*

Fch

[1] „grauen" ist Carl Heinrich Graun, ein zu seiner Zeit berühmter Musiker und Tondichter, den wir schon beim Brief 7 erwähnten. Bereits 1735 trat er als Kammersänger in des Kronprinzen Dienste und wurde nachmals der erste Kapellmeister der neuerrichteten Oper in Berlin. Er hat auch zahlreiche Flötenstücke für Friedrich gesetzt. Jetzt soll er die Masi kritisch beurteilen.

DER KÖNIG AN FREDERSDORF

den. 20. (März 1747)

Ich wolte wünschen, daß du Schon so gesundt wie ich wehrest[1]. *Leser* [Lesser] *Saget, es häte Keine geffar mehr mit Dihr, in wenich Tagen würde auch das fiber wek-bleiben.*

wegen der Massi [Masi], *so wolte ich erstl.* [erstlich] *den Castraten*[2] *hören, den die Loria mit-gebracht hat, umb zu judiciren, ob sie es verstehet* [Sänger zu beurteilen] *oder nicht, denn man saget, die Masi ist 2. dona* [Zweite Donna] *in einen Kleinen Teatre und hat Keine Reputation nicht. in-dessen in 2 tage werde ich darauf antworten; und Können 2 tage disses gahr wenich aufhalten. in der astrua*[3] *ihr Contract mus man Setzen, daß sie den Carneval 7. 8. und 9. 40* [1747, 48 und 49] *Singet. jedoch wer weis, wer es erlebet!*[4]

gott bewahre Dihr! nehme Dihr wohl in acht!

Fh

¹ Hier haben wir ein Beispiel dafür, daß der König in seinen Briefen an Fredersdorf seine eigenen Leiden gern als gering schildert, die Krankheit seines Dieners aber wichtig nimmt. In Wirklichkeit nämlich ging es Friedrich, wie die folgenden Briefe zeigen, noch gar nicht gut.
² Vergleiche hierzu die Anm. 1 zum nächsten Brief.
³ Die berühmte Sängerin Astrua ist also von dem eben heimgekehrten Ehepaar Loria für Berlin verpflichtet worden. Ihre Ankunft zögerte sich indessen bis zum Mai hinaus. „7. 8. und 9. 40" ist zu lesen „47, 48 und 49", ein besonders kennzeichnendes Beispiel dafür, wie der König oft rein „nach dem Ohr" schreibt.

Der „Karneval" hieß die nach bestimmter Ordnung abgewickelte Folge der winterlichen Hoffestlichkeiten in Berlin, die den Adel des Landes und fremde Fürstlichkeiten von nah und fern alljährlich herbeizogen. Den Anfang machte stets der große Empfang bei der Königin-Mutter, erst später folgte ein Fest bei der „regierenden" Königin. Dort erschien auch Friedrich, aber man ging sofort nach seiner Ankunft zu Tisch; und nach der Mahlzeit zog sich der König alsbald zur Arbeit zurück. Prunkopern, schauspielerische Aufführungen, Bälle mit und ohne Mummenschanz und dergleichen Lustbarkeiten mehr wechselten miteinander ab.

Der König betrachtete die Teilnahme als Pflicht, mag auch in jungen Jahren eine gewisse Freude daran gehabt haben; aber schon im mittleren Mannesalter zog er sich mehr und mehr und ohne Rücksicht auf Repräsentation von diesem lauten Trubel zurück; und jedesmal freute er sich sehr auf die Heimkehr in sein stilles Potsdam, wo er nach eigenen Neigungen leben konnte. Der „Karneval" begann regelmäßig Anfang bis Mitte Dezember.

⁴ „Jedoch wer weiß, wer es erlebt!?" Solche Worte können nicht wunder nehmen nach der kaum überstandenen schweren Krankheit. Vielleicht klingt auch der Gedanke an die verschiedenen früh vollendeten Freunde mit an. Aber nicht nur jetzt, sondern auch früher und später sprach Friedrich oft von der Ahnung eines baldigen Todes. Schon als Kronprinz glaubte er zeitweise, er werde seinen Vater nicht überleben. In seinem herrlichen „Politischen Testament" vom Jahre 1752 finden sich die Worte: „Da das Leben kurz und meine Gesundheit schlecht ist, so nehme ich nicht an, daß ich irgend einen meiner Entwürfe zur Vollendung bringen kann; aber ich glaube der Nachwelt darüber Auskunft geben zu müssen, denn ich habe alle diese verschiedenen Dinge prüfen lassen, und mit der Kenntnis, die ich davon habe, denke

ich die Nachwelt auf den richtigen Weg zu leiten und ihr die Mittel in die Hand zu geben, aus diesem Lande einen der volkreichsten und blühendsten Staaten zu machen." Der Gedanke an einen Tod auf der Höhe des Lebens war ihm nicht nur Sorge, sondern in gewissem Sinne auch Hoffnung; er wollte nicht gebrechlich werden. (Wir mögen dabei auch an seinen oftmals zitierten Wunsch nach dem „stante pede morire" denken, dessen nicht eben einwandfreies Latein von jeher der Trost der Schulbuben war. Möchten diese nur nicht auf den Gedanken kommen, sich auch in der deutschen Rechtschreibung auf den großen König zu berufen! —)

41

DER KÖNIG AN FREDERSDORF

d. 21. (März 1747)

Ich habe die Loria ihren Castraten[1] gehöret; die Stime ist Schön, hat aber nicht vihl vom triler [Triller] *abgekrigt. ich habe Sie wegen der Massi* [Masi] *gesprochen, und Könstu* [kannst Du] *Sie nuhr* [auf Probe] *Kommen lassen. gefällt sie nicht, So wirdt man Sie baldt wieder los; und mus doch eine Sängerin noch Seindt.*

ich wünsche, daß Du Dihr bessern Mögst. gestern habe ich ein leichtes fiber gehabt, es ist nuhr 3 tägigt, in anfang wahr es Continuihrlich[2]; es ist aber Schon Schwach und denke ich mit Ende dieser woche aus der Supen zu Sein. gott bewahre Dihr!

Frch

[1] Die Loria hat aus Italien einen „Castraten" mitgebracht. Dazu mag folgendes angemerkt werden. Wie das Wort „opera" italienisch ist, so stammte diese Kunstgattung auch der Sache nach aus diesem Lande des Südens. Die Künstler wie die Musik waren durchaus italienisch, überall, wo Operntheater errichtet wurden. (Nur in Frankreich zeigten sich Ansätze zu völkischer Eigenkunst). Auch die beherrschenden deutschen Tondichter, die wir in unsern Briefen schon kennen lernten, Hasse und Graun, waren eigentlich nur italienische Musiker mit nordischen Namen, und selbst der wirklich große Händel ist bezüglich seiner Opern hiervon nicht auszunehmen. Die „opera" beruhte auf dem „bel canto", einer unnatürlich überfeinerten, auf bestimmte „Technik" abgestellten Gesangsart. Daraus ist auch die vielfältige Verwendung von „Kastraten" zu erklären, d. h. von Sängern, die als Knaben

entmannt wurden, um den Stimmbruch zu vermeiden und später den Silberklang des Knabensoprans mit männlicher Tonfülle zu vereinen. Auch der in den Briefen schon vorgekommene weltberühmte Sänger Salimbeni war ein solcher Kastrat. Dies Entmannen war eigentlich kirchenrechtlich verboten, wiederholt haben päpstliche Bullen es mit der Strafe des Kirchenbannes bedroht. Gleichwohl gab es gerade in Italien, und besonders im Kirchenstaat, zahllose kastrierte Sänger hoher Stimmlage, nicht nur für die Oper, sondern auch für den Kirchengesang. Man schätzte noch im 18. Jahrhundert die Zahl der in Italien zu diesem Zwecke verstümmelten Knaben auf jährlich über 4000.

Wir werden in unseren Briefen von dieser Unsitte noch häufig hören.

42

DER KÖNIG AN FREDERSDORF

(22. März 1747)

ich habe das fiber von 2 uhr die nacht bis ½ ölwe [½11] *gehabt, Drei Stunden frost und hitze, die Sich geschwinde in Schweis Resolviret* [aufgelöst] *hat; es ist ein Kaltes fiber und mögte wohl 3-tägig werden; nuhn ist mihr Wohl, gestern aber habe ich Starken Cranpf im unterleibe gehabt.*

Das Seindt Narren-Posten [Narrenpossen], *Die Der Mensch* [der Spitzel] *berichtet. So-lange er Keine Schifers* [Chiffren] *Schafet* [herbeischafft], *So ist* [es] *nichts! got bewahre Dihr!* *Fch*

43

DER KÖNIG AN FREDERSDORF

(23. März 1747)

ich bin noch Sehr ungewiß, ob ich werde Können nacher Berlin Kommen, oder nicht. heute nacht habe ich Kein fieber gehabt; und Krige ich es nuhn wieder, So würdt es eine art von quartan-fiber[1], *dahr ich mihr wohl eine weile mit Schlepen* [schleppen] *Dörfte.*

got bewahre Dihr! *Frich*

[1] Quartanfieber ist ein Wechselfieber (Malaria) und zwar die Art, bei der die Anfälle sich an jedem vierten Tage wiederholen. Schon im

vorigen Briefe sprach der König von „Kaltem Fieber", worunter man ebenfalls Malaria versteht. Dort erwartete er eine dreitägige Wiederkehr. Auch die erwähnten Nebenerscheinungen sprechen für Malaria, eine Krankheit, die noch heutzutage in Potsdam verhältnismäßig häufig vorkommt.

44

DER KÖNIG AN FREDERSDORF

(23. März 1747)

ich Schike Dihr — 3000 Thaler auf unssere aussgaberechnungen
2000 Thaler vohr den Monbijou-bau, dar mus der Sckreter von der Königin [Königin-Mutter, vgl. Brief 27] *quitiren, die quitung Schike mihr*
2000 Thaler vohr der Decoration, Representation und Kleider der opera
7000 Thaler

darüber ich mihr eine quitung aus-bitte.

wohr [falls] *mein fieber lenger ausbleibt, So bin ich gewisse den Sonnabent in berlin.*

es ist hier ein gehuste in das Schlos, als wann 1000 Mertz-Schafe [Märzschafe] *weren herein-getrieben worden. gott bewahre Dihr!*

Fch

45

DER KÖNIG AN FREDERSDORF

(24. März 1747)

lasse mihr doch von Elert [Leibarzt Eller] *aufsetzen, ob es Mit der Königin was zu Sagen hat*[1]. *Die Dosen* [Tabaksdosen] *Seindt arabisch Deuer! Die 2 schlechten* [schlichten sind] *250 Thaler, und die mit Diamanten 350 bis 400 Thaler wehrt. ich wil mit dem Juden*[2] *nicht mehr handeln, es ist ein unmenschlicher Betriger.*

Du Könst ihm Darbei Sagen, daß die Dossen nichts-Nutze gemacht Seindt, in-dehm sie von Schlechtem goldt undt zu dünn gearbeitet Seindt. Schike mihr von anderen Kaufleuten Was.

Diesse tzeitungen [Meldungen] *von dem menschen* [dem Spitzel] *Seindt was besser, wie die vohrigten; aber doch Kömt nicht viel damit heraus.*

ich bin das fiber loss. in 14 tagen mus Du Dihr noch nicht ausmachen. Mein gantzer zufal Kömt von die Nihren. nuhn Kenen sie ihm erstlich, und haben mihr 4 wochen [lang] *wie eine Canaile mit dem Colon gekuelet*³ [gequält]!

gott bewahre Dihr!

Fch

¹ Es ist (vgl. Brief 2, Anm. 14) kennzeichnend für das innerlich fremde Verhältnis zwischen Friedrich und seiner Gemahlin, daß er sich nach ihrem Befinden nicht unmittelbar erkundigt, sondern sich durch Vermittlung Fredersdorfs einen Bericht des Leibarztes Eller geben läßt. Näheres über des Königs leere Ehe werden wir im Anschluß an Brief 78 hören.

² Vermutlich ist der Juwelier Ephraim gemeint. Friedrich war den Juden, bei aller Duldsamkeit auch für die mosaische Religion, aus sozialpolitischen Erwägungen abhold und hielt sie durchweg unter Fremdenrecht. Er sträubte sich dagegen, ihre „Schutzbriefe" zu vermehren und dadurch ein weiteres Vordringen jüdischen Einflusses in Großhandel und Gewerbe zu befördern. Gegen die Einwanderung des „kleinen" Ostjuden traf er strenge Maßnahmen, freilich ohne vollen Erfolg. Daß er sich andererseits gelegentlich — sowohl zu handels- und gewerbepolitischen Zwecken, wie namentlich in der Zeit der aus höchster Geldnot geborenen „Münzverschlechterungen" — jüdischer Geschäftstüchtigkeit (insbesondere auch des hier so hart angelassenen Ephraim) b e d i e n t e, werden wir noch hören.

Als zeitgeschichtlich bemerkenswert sei erwähnt, daß 1742 ein jüdischer Großkaufmann aus Amsterdam — der wohl wußte, wie erwünscht dem König grundsätzlich die Einwanderung tüchtiger ausländischer Unternehmer war — es nicht für aussichtslos hielt, wenn er als Bedingung seiner Übersiedlung die Verleihung des Adels forderte. Der Kaiser Karl VI. hatte solche Bedingung tatsächlich einmal erfüllt.

³ Lies: „Nun kennen die Ärzte meinen Zustand (die Nierenerkrankung) erst richtig, und dabei haben sie mich 4 Wochen lang wie ein Stück Vieh mit dem Darm gequält!"

46
DER KÖNIG AN FREDERSDORF

D. 24. (März 1747)

Deine binde Drage Du Man allein! Meine Pferde im Stal lasse ich gürten, mihr aber nicht![1]

Ellert [der Leibarzt] hat immer Recht! wenn die leute gesundt werden, So hat er es gethan, wenn sie Sterben, so ist es ihre Schuldt[2].

ich hoffe Morgen in berlin zu Seindt. Die opera wirdt wohl bis nach dem fest an-stehen Müssen. [Ostern war am 2. April]

Fch

[1] Fredersdorf hat dem Könige offenbar eine wollene Leibbinde geschickt mit der Bitte, sie zur Schonung der kranken Nieren zu tragen, und dem Hinweis, daß sie ihm selbst gute Dienste getan habe.

[2] Mit seinem Leibarzt Eller ist der König nicht ganz zufrieden. So ist es auch zu erklären, daß er im Dezember 1747 als Nachfolger den Doktor Cothenius nach Berlin berief.

47
DER KÖNIG AN FREDERSDORF

d. 25. (März 1747)

Es ist mihr Sehr lieb, daß Du wieder Besser Wirst. nuhr mustu Dihr noch Sehr menagiren [schonen] und mus Ellert [Leibarzt Eller] vohr allen dingen das Schleichende fiber nicht ein-Nistellen [sich einnisten] Lassen und allerhandt Medecin geben, die die verstopfungen auf-lössen.

ich werde nuhn alle Tage besser. sie haben wie die Turquen [Türken] mit meinem Cörper gewirtschaftet; ich bin geduldig und lasse sie Machen, so Närsch wie es ihnen auch einfelt. es ist mihr lieb, daß Sich die asstrua [Sängerin Astrua] engagiret hat; und die Masi wirdt nichts verderben.

die Zeichnung von den Wagen werde ich Endren [ändern] lassen und sie dann zurüke-schiken; der Rohte mus Magnific werden, der grüne ist vohr hier [für Potsdam] und Kan ein teil Simpler Seindt.

gottbewahre Dihr, nehme Dihr wohl inacht; Du Solt [sollst] beleibe nicht aus der Camer Kommen!

Fch

48

DER KÖNIG AN FREDERSDORF

d. 27. (März 1747)

ich kan die Zeichnung von die Wagens noch nicht Schiken, Sie ist nicht vertich [fertig]; *morgen aber oder übermorgen gehet es an. die dosse* [Tabaksdose] *Sol nicht mehr als 500 Thaler Kosten; ich glaube nicht, daß man Sie davohr mit brillanten haben Kan.*

ich bin noch Sehr mat und Kan noch nicht recht zu Kräften Komen; und das Wetter verhindert, in der luft zu gehen. gestern wahr ich ein augenblik draußen, ich wurde aber gantz schwinnlich [schwindlig].

nim Dihr nuhr Sehr in acht und mach Dihr nicht zu tzeitig auf die beine! ich Kan noch nicht So fort, als ich gerne Wolte. gottbewahre Dihr!

Fch

49

DER KÖNIG AN FREDERSDORF

(Ende März 1747)

wegen den gewissen Menschen [Spitzel] *werde ich alles aufsetzen lassen und bringe es mit, wenn ich nach berlin Kome.*

Fch

50

DER KÖNIG AN FREDERSDORF

D. 3. (April 1747)

ich Kome Mitwoch [d. 5. IV.] *nach berlin; dann ist Comedie, Donnerstach opera, und abendts Table Ronde*[1].

Dem Menschen [Spitzel] *werde* [ich] *3000 Thaler geben und bin Wohl mit ihm zufriden. meine gesundtheit ist passabel. Lustig ist Feifer geworden, er hat sich an Adamsdorf*[2] *fergrifen und ihn geschlagen; das Ende häte ich lange Profetzeien wollen. gottbewahre!*

Fch

---

[1] Es handelt sich um Veranstaltungen zur diesmal nachträglichen Feier des Geburtstages der Königin-Mutter, der alljährlich festlich begangen wurde. Die Mutter hatte den Hofrang vor der „regierenden" Königin.

² Feifer und Adamsdorf, von deren Prügelei der König berichtet, um Fredersdorf zu erheitern, dürften Mitglieder der Dienerschaft sein.

51

FREDERSDORF AN DEN KÖNIG

8. April 1747

Ewr. Königl. Majest. Uberschike in Aller Untherthänigkeit Ein-Liegendes, welches ich eben von dem Menschen [dem Spitzel] *erhalten und welches sein G.* [Graf Bernes, der österreichische Gesandte] *Mit Heutiger Post von dem Uhlf* [dem Wiener Kanzler Ulfeld] *Bekomen. den Chiffre Habe Nicht Bekomen können, weil Erst auf die Heut An-Komende Post nach Wien geantwortet wirdt, welches, wie der Mensch Mir er-Zehlet, darin Bestehet, daß S. Königl. Maj. Der König v. Preuß. D. 7ten in den Prächtigen Charlottenb.* [Charlottenburger Schloß] *ein Magnifiques Tractement* [Festessen] *An alle Ausländische Ministre* [Gesandten] *gegeben, wo-Bey viehle vom Ersten rang nebst die Printzen von Geblüthe wahren Zu-gegen gewesen. insonder-Heit Muß Er rühmen die Besondere grace und distinction* [Gnade und Auszeichnung], *so S. K. Maj. dem Ber* [Grafen Bernes] *er-wiesen, indehm Der König seine gesundtheit zum Ersten getrunken, Nachdehm Der Uebrig. Ministre* [übrigen Gesandten] *Mit ein-Mahl.*

Er Konte ferner Nicht genug rühmen, wie Freundlich und Angenehm Der König Währ, und Auch Ihm, dem B. [Bernes] *Befohlen* [hätte], *den Keyser Zu danken vor den Florentiner Wein; und es freuet Ihr* [Seine] *Majeste Den König, daß der Keyser die alte Freundschaft, so Sie Beyderseits in der jugendt gemacht, Nicht vergessen*¹.

*Ferner sagt Er, daß der Fürst Lichtenstein*² *geschrieben.*

sonst sagt Er, währ Sein G [Bernes] *gantz eingenom* [eingenommen] *von Ew. Königl. Maj. Hohen Persohn und Eigenschafften, Er hätte von das Delicate Essen und insonderheit vom Wein, so Er getrunken, nicht Könen Aufhören Zu rühmen.*

Diesses ist, waß Er in der geschwindigkeit Er-Zehlt Hatt. ich ersterbe

Ew. Königl. Majeste
Untherthänigster treuer Knecht
Fredersdorf

Das Papier Bittet Er [der Spitzel] *nebst Noch 2 Andere retour, welches* [ich] *Ihm auch Versprach*

Bel. d. 8. Appril 1747

Wegen dieses, die Tätigkeit des politischen Spitzels behandelnden Schreibens darf zunächst im allgemeinen auf die Anmerkung zu Brief 32 verwiesen werden.

[1] Die Höflichkeiten des Königs entsprechen natürlich nicht seiner wahren Gesinnung, sind vielmehr nur politische Zweckhandlungen. In Wirklichkeit brannte der Haß zwischen Maria Theresia und Friedrich unter der Asche in unverminderter Glut weiter. Daß Kaiser Franz eine Zeitlang ernstlich einen Ausgleich zu suchen schien — daher des Königs zur Schau getragene Freundlichkeiten — war ohne Belang, denn es fehlte ihm an Einfluß. Die Bemerkung von der „alten Freundschaft, so sie beiderseits in der Jugend gemacht", bezieht sich auf einen Besuch, den der junge Herzog Franz von Lothringen im Frühjahr 1732 dem Berliner Hof abstattete. Damals hatte der Kronprinz, um seinem Vater zu Willen zu sein, den Gast geflissentlich freundlich behandelt.

[2] Vom Fürsten Liechtenstein kaufte Friedrich in diesem Jahre das berühmte antike Bronzestandbild des „Adoranten" (betenden Knaben) für 5000 Taler. Wie sehr der König dieses Kunstwerk liebte, ist daraus zu ermessen, wie er es in Sanssouci aufstellen ließ. Wenn er von seinem Schreibtisch aufblickte, traf sein Auge durch das Fenster unmittelbar darauf.

52

DER KÖNIG AN FREDERSDORF

(8. April 1747)

[Kabinettsrat] *Eichel schiket Dihr den Brif zurüke. schaffe mihr 2 creützer ordre Merite* [zwei Kreuze vom Orden „Pour le Mérite"][1] *und Schike sie mihr; der alte Dessauer ist verreket*[2]. *nim Dihr wohl in acht, gott bewahre Dihr!*

Fch

[1] Den hohen Orden „Pour le Mérite" hatte Friedrich kurz nach seiner Thronbesteigung gestiftet. Er nannte ihn gelegentlich eine „Münze, die die menschliche Eitelkeit in Kurs gesetzt hat" und zeigte

Einmal schicket ihr den brief zurücke. Schaffen
nicht 2 creützer order Marita und bescheit ihn nicht,
der alte Desauer ist gewesen hat. wenn dich Gott
in auch gott erhalten ließ

damit, wie er selbst über solche wohlfeilen Machtmittel in der Hand der Landesherren dachte.

ᵃ Fürst Leopold, der „Alte Dessauer", war am 5. April 1747 gestorben. Der hier gebrauchte, trotz seiner bestechenden Drolligkeit peinlich wirkende Kraftausdruck beleuchtet grell, wie Friedrich in Wahrheit zum hingeschiedenen Feldmarschall stand — und zugleich, wie unbedingt er auf Fredersdorfs Verschwiegenheit baute. Schon in den Anmerkungen zu den Briefen vor und nach der Schlacht von Kesselsdorf (Nr. 19 und 20) hatten wir uns mit dem Verhältnis zwischen Friedrich und Leopold zu befassen. Der alte Fürst war im Laufe langer Jahre zu einer sagenumwobenen Gestalt geworden; im Zeitraum eines halben Jahrhunderts hatte er an 22 Schlachten und 27 Belagerungen teilgenommen, in denen er nur einen einzigen Streifschuß erhielt. Kein Wunder, daß der Soldatenglaube ihm die „Kugelfestigkeit" andichtete. Auch seine Heirat mit der „Anneliese", der Apothekerstochter Föse, konnte seine Volkstümlichkeit nur fördern. Seine letzte Ruhmestat, zu der ihn der König freilich, wie wir sahen, geradezu gezwungen hatte, war die Schlacht von Kesselsdorf gewesen.

Unter dem Soldatenkönig Friedrich Wilhelm 1. hatte Leopold, der bereits seit dem Geburtsjahr Friedrichs II. Feldmarschall war, eine völlig überragende Stellung im preußischen Heereswesen gewonnen und sich unbestreitbare Verdienste um die Ausbildung der Fußtruppen erworben. (Gleichschritt, eiserner Ladestock.) Daß aber zwischen diesem, auf seinen altbefestigten Ruhm stolzen, durch Friedrich-Wilhelms Verehrung verwöhnten, in seiner Art tüchtigen, aber ungeistigen und grobschlächtigen Kriegsmann und einem so eigenwilligen und genialen Menschen und geborenen Feldherrn, wie es Friedrich II. war, kein innerer Gleichklang herrschen konnte, wäre auch ohne den störenden Altersunterschied erklärlich gewesen. Zeitgenössische Geschichtschreiber wissen zu berichten, Leopold habe den jungen König 1740 tränenden Auges um Belassung in seinen Würden gebeten. Mag das auch erdichtet sein, jedenfalls bestand von vornherein eine Spannung. Friedrich hielt den Dessauer für einen Mann „von großen, aber nicht von guten Eigenschaften", dessen Ehrgeiz zu den Taten eines Sulla (so nannte ihn Friedrich schon als Kronprinz) oder Marius fähig gewesen wäre, wenn sich ihm die Gelegenheit dazu geboten hätte. Die Versöhnung nach Kesselsdorf hielt, mindestens von Friedrichs Seite, nicht vor. Bereits 1746 gab es wieder einen offenen Zwist wegen einer an sich unbedeutenden dienstlichen Angelegenheit, die den König zu den brieflichen Worten veranlaßte: „... und mögen Ew. Liebden mich nicht vor einen Fürsten von Zerbst oder Coethen nehmen, sondern meinen Ordres einen Genügen tun, sonsten es nicht anders wie Verdruss machen kann." In Leopolds letztem Lebensjahr wurden wieder freundlich klingende Briefe gewechselt, ein noch geplant gewesener Besuch des Fürsten kam infolge seines plötzlichen, durch Schlagfluß erfolgenden Todes nicht mehr zur Ausführung.

53

FREDERSDORF AN DEN KÖNIG

9. April 1747

Ew. Königl. Majeste Allergnädigsten Befehl nach erfolgen Die 2 l'ordre pour le merite.

der [Kabinettsrat] *Eichel Hatt Mir 2 Stück von dem Menschen* [dem Spitzel] *retour gesandt, einer aber fehlet noch; ich Besinne Mir, daß es daßjenige ist, wo-rinnen Er sein Engagement* [Ergebenheit] *Ew. Königl. Maj. Versicherte. Ew Königl Majesté Halten es Mir Zu-gnaden, daß* [ich] *es so promt Fordere. ich thue es Nur,* [um] *den Menschen Kein Mißtrauen* [fühlen zu lassen] *und Ihn Bey guten humor zu Behalten. denn Biß dato* [bis jetzt] *Kan* [ich] *Ihn Nicht anders Be-Urtheilen, als sehr attachant* [beflissen] *vor Ew. Königl. Maj. Dienste.*

Der Alte Fürst wirdt sich recht freuen, wann Er Bey alle die Teuffel Komen wirdt, die Er immer so fleißig geruffen [hat]; *und Niemand wirdt Ihm eine glückliche reise wünschen, als der Geheimtrath Deutsch*[1].

Zwey Schachtel Mit Kiwitz-Eyer erfolgen in aller untherthänigkeit Hir Mit Bey.

Der alte Hertzog v. Holstein[2] *hatt sich Heute Nach Ew. Königl. Maj. wohlsein er-Kundigen lassen; ich hab Ihm versichern lassen, daß Ew. Königl. Majest. Gottlob so passable* [leidlich] *sich Befinden, welches ich Auch hoffe.*

sein Cammer-Diener sagt Mir, Er währ sehr Matt und Bekähm fast alle 2 Tag Einen Starken Durchfall, welcher Ihm soll übele idee Machen und sehr Matt.

Mein Befinden ist leidtlich, Mein Fieber Bleibt Meist weg, Meine Schmertzen von der Brust cessiren [lassen nach]. *Mir verlangt Nur, wann Ew. Königl. Maj. retourniren, die gnade Zu haben Mit-zu-gehen* [nach Potsdam]. *sonst werde ich ein rechtes Camer-Luder* [Stubenhocker] *werden. ich Küß Ew. Königl. Maj. die Füße und Ersterbe*

Ew. Königl. Maj.
Untherthänigster treuer Knecht
Fredersdorf

Bel d 9 Apl 1747

[1] Dies ist die einzige Stelle in unseren Briefen, wo Fredersdorf sich dem König gegenüber einen etwas gewagten Scherz erlaubt; aber er weiß eben zu gut, daß er sich das gestatten darf, weil es sich um den Alten Dessauer handelt. Des Königs Ausdruck „verreket" gibt Fredersdorf ja auch wirklich einen Freibrief zu dieser Anspielung auf des Dessauers Neigung zum Fluchen und vermutliche Höllenfahrt.

Der Geheimrat Deutsch war ein unter Fürst Leopold hochgedienter Beamter im Heeresverpflegungswesen.

[2] Über den Feldmarschall Herzog von Holstein-Beck hörten wir schon im Brief 12, Anm. 2.

54

DER KÖNIG AN FREDERSDORF

10. April 1747

Mache doch, daß Elert und Liberquin [die Ärzte Eller und Lieberkühn] *zum Holsteiner* [Herzog v. H.] *gehen, und daß man ihm zu helfen Suche. ich bin Besser, als wie ich in berlin wahr. lasse doch mein bette und Nachtstuhl vohr dem Weinberg*[1] *machen und Sorge doch auch vohr die andern betten vohr die apartemens, So-wohl* [für die] *Herren, als Domestiquen. gott bewahre!*

Fch

[1] Der „Weinberg" ist, wie schon früher erwähnt, die ursprüngliche Bezeichnung für das Schloß „Sanssouci", dessen Einweihung jetzt für den 1. Mai bevorstand.

FREDERSDORF AN DEN KÖNIG

10. April 1747

Ewr. Königl. Majesté Berichte [ich] *aller-Untherthänigst, daß die 200 Anthale*[1] *Ungarische Weine sein An-gekomen; Morgen Früh werden Sie Ausgeladen werden und Zur Kellerey gebracht.*

Die wein-reben, welche Drey Kasten voll sein, Habe Heute gleich abgeschiket Mit einen Expressen Wagen und Mit den Küper Müller, welcher Mit [dem Kellermeister] *Alberdahl in Ungarn gewesen, welcher dort von die Wein-Meister ordentlich informiret ist, Auf waß arth die reben Müssen gesetzet werden. so Bin* [ich] *versichert, daß Ewr. Königl. Majesté werden guten Wein Bekomen*[2].

Die Betten, als alles übrige [für „Sanssouci"], *waß Mir Ew. Königl. Maj. heute allergnädigst Befohlen, werde Auf das promste* [genaueste] *suchen aus-Zu-richten.*

Der Hertzog von Holstein ist ganz Surprenirt [überrascht] *gewesen, da Eller* [der Leibarzt] *Zu Ihm Kompt, über die gnädige vorsorge von Ew. Königl. Majesté.*

Daß Ew. Königl. Majesté sich wohl Befinden, Freuet Mich in der Seehle. die Diät[3], *so Ew. Königl. Majesté itzo führen, Kan Nicht Anders, als die gesundtheit vollen-Komen Machen. ich Ersterbe*

Ew Königl Majesté
Untherthänigster Knecht
Fredersdorf

Belin. d. 10. Appril 1747

[1] Ein „Antal" war ein oberungarisches Weinmaß, es sollte eigentlich rund 75 (neuzeitliche) Liter umfassen, doch war ein Inhalt von nur etwa 55 Litern üblich. 200 Antal sind also etwa 11 000 Liter! Der König legte großen Wert auf gute Weine, zu denen er aber die vom Rhein ganz und gar nicht rechnete. Er meinte, der Rheinwein schaffe einem einen „Vorschmack vom Gehenktwerden", und er hatte ihn auch in dem bösen Verdacht, Gicht und Podagra zu verursachen.

[2] Hier sehen wir den König bei dem Versuch, Tokaierwein in der Mark Brandenburg anzubauen! Schon 1744 hatte er bei Bornstedt, unweit Potsdam, einen königlichen Weinberg angelegt, wovon, wie wir hörten, der ursprüngliche Name von „Sanssouci" stammt. Dem jetzt

gemachten Probeversuch, Ungarwein zu bauen, lagen wohl, neben persönlicher Liebhaberei, volkswirtschaftliche Erwägungen zugrunde, ebenso wie Friedrichs großzügigen Versuchen zur Einbürgerung des Maulbeerbaumes für die Seidenraupenzucht. Es sollte eben möglichst nichts aus dem Auslande bezogen werden, was im Inlande hergestellt werden konnte. Auch dachte Friedrich bezüglich des Ungarweins vielleicht schon an die Möglichkeit eines Zollkrieges mit Österreich, dessen Anfänge sich jetzt bereits zeigten. 1754 hat der König dann tatsächlich, um bessere Ausfuhrmöglichkeiten für die schlesischen Gewerbeerzeugnisse zu erzwingen, die Weine Österreichs und Ungarns mit schweren Kampfzöllen belegt.

³ Die „Diät" war im allgemeinen ein schwacher Punkt beim König. Wir werden später häufig lesen, wie er seinen kranken Fredersdorf unermüdlich und eindringlichst warnt vor „hitzigen Speisen". Er selbst aber liebte, wie bekannt, gar sehr die scharfen Gewürze und schweren Gerichte, wofür er denn oft genug mit Magen- und Darmbeschwerden büßen mußte. Auch für sein Hämorrhoidalleiden kann diese Gewohnheit nur unzuträglich gewesen sein. Es ist die alte menschliche Erscheinung: Eiserner Wille in großen Dingen kann gepaart sein mit kläglicher Schwäche in den kleinen Dingen des Alltags!

56

FREDERSDORF AN DEN KÖNIG

10. April 1747

Die Ein-Lage von dem Menschen [dem Spitzel], *welche ich eben von Ihm bekome, überschike aller-Untherthänigst. ich habe Ihm wegen des letzteren chifres* [Geheimschrift-Schlüssel] *er-inirrt* [erinnert], *worüber Er Mir Antwortet, daß es Ihm Biß dato* [bis heute] *die wahre Un-Möglichkeit währe gewesen, weilen sein G.* [Gesandter Bernes] *fast täglich* [den Schlüssel] *Brauchte. ich Merke wohl, daß Ihm dieser Chiffre der Brauchbahreste sein Muß und Am Meisten Ans Hertze und gewissen Liegt. ich Habe Mich aber Nichts Merken lassen, sondern Ihm Mit viehler Freundtlichkeit alles geglaubt. Künftig aber, Bringt Ern Mir Nicht Mit, so werde* [ich] *Ihm andere vor-Schläge thun, die Er mir Nicht refusiren* [verweigern] *Kan; doch werde Ihm Kein Mißtrauen suchen zu Machen*[1].

Berlin. d. 10. Appl. 1747. *Fred.*

[1] Dieser Satz wird zu lesen sein: „In Zukunft werde ich ihm (dem „Menschen"), falls er mir den Geheimschlüssel nicht mitbringt, andere Vorschläge machen, die er mir nicht verweigern kann, doch werde ich zu vermeiden trachten, ihm Mißtrauen zu erregen."

57

DER KÖNIG AN FREDERSDORF

(11. April 1747)

ich glaube, wie Du Sagest, daß der letzte Schiffre dem Menschen am meisten ans Hertze ligt. wihr werden ihm doch Krigen, nuhr wirdt mehr vohrsicht Dartzu gehören, damit es nicht aus-Kömt [herauskommt].

frage an [Kellermeister] *alberdahl, ob ich noch 200 anthäl guhten ungarischen* [Wein] *Krigen Kan vohr den Herbst?*

gottbewahre Dihr!   *Fch*

58

FREDERSDORF AN DEN KÖNIG

12. April 1747

Heüte Er-warte [ich] *Abendts den Bewusten Menschen* [den Spitzel]. *ich werde Mit aller Behutsahmkeit suchen daßjenige* [den richtigen Schlüssel]. *Zu bekom̄en, waß Ihm so Schwer abgehet. und solte es Auch Nicht in einen Tag sein Können, so werde, so offt Er Kan da-Mit* [nämlich mit den Chiffren] *ab-Kom̄en, im̄er etwaß Schreiben, Bis es fertig* [ist].

Heute Früh seindt die 24 Kähne Mit die Lerchen- und Tannen-Bäume[1] *hir abgefahren; der Ober-Förster Heller, welcher Sie Transportiret, sagt, es währen an 4000 Stück und lauter gesunde und Starke Bäume. waß wird das vor Ein Aus-Erlesener Schöner wald werden! Rehdentz* [ein hoher Forstbeamter] *Hatt Mit heutiger post 2 auer-hähne geschickt, welche in aller Unther-thänigkeit hir Mit Bey Kommen*

Die Betten, Madratzen, Deken, Kopf-Küssen, vor Herrn als Domestiquen, habe an viehle leute in arbeit gegeben, Da-Mit, Ew. Königl. Maj. allergnädigsten

Befehl Nach, Aus-gang dieses Monaths [zur Einweihung von „Sanssouci"] *alles in Potsdam sein Kan. ich Ersterbe*

Ewr. Königl. Majesté
Unther-thänigster treuer Knecht
Fredersdorf

Bel. d. 12. Appl. 1747

Randbemerkung des Königs:

accepi [empfangen] *d. 12. Apl.*

bestelle die Matrazen und betten nuhr nicht Dobelt [doppelt]. *des Redantz* [Oberforstmeister Rehdentz] *seine baüme erwahrte ich. wegen der* [Sängerin] *Masi schike mihr nuhr die Rechnung wegen der Reise und ihr engagement.*

Gott bewahre Dihr!   *Fch*

---

[1] Die Tannen und Lärchen stammen aus den schlesischen Bergwäldern und gehen auf dem Wasserwege durch den Friedrich-Wilhelm-Kanal über Berlin nach Potsdam, wo sie wohl für die Umgebung von „Sanssouci" bestimmt sind.

59

FREDERSDORF AN DEN KÖNIG

12. April 1747

Ewr. Königl. Majesté Habe aller-Untherthänigst des Bohmenschen [böhmischen] *Fasahn-Meister seinen Sohn die gnade Zu überschiken. ich habe ihm vorgestellt, wie gut und artig Er dort* [als Soldat] *gehalten wird*[1], *wann Er sich gut Auf-führet. Es Scheinet ein guht gemüth Zu sein, weil Er sich gleich accomodirte* [fügte] *und sich Ewr. Königl. Majesté Gnade Zu-Füßen legte. Der arme Mensch ist von weiß-Zeug und gelde gantz arm, Er hatt versprochen, gutes zu thun. Sein Vater wahr außer sich vor Freüden, daß Ew. Königl. Majesté vor Ihm gesorget Haben und sich sciner armuth gnädigst angenomen.*

Die ungarische 200 Anthäl seindt ohne Schaden im Keller gebracht und Kompt die rechnung hir von [Kellermeister] *Alberdahl Bey. Von die annoch* [außerdem] *bestellte 200 Anthäl Hatt Er Heute Nachricht, daß Ew. Königl. Maj. selbige im Herbst Haben Können.*

wegen des Fasahn-Mstr. habe den Geheimtrath Eichell geschrieben [Vgl. Brief 33f.]. *ich Ersterbe*

Ewr. Königl. Majesté
Untherthänigster treuer Knecht
Fredersdorf

Berlin. d. 12. Appl. 1747

Randbemerkung des Königs:

200 anthähl sol er [so] *bestellen, Daß sie im october betzahlet werden; und Kan man von nuhn an seine Rechnung richtig Darauf machen. Wegen das patent* [Anstellungsurkunde für den Spitzel], *so werde ich Solches bestellen, aber es mus erst besiegelt und Mundiret* [in amtlicher Form geschrieben] *werden; also kan ich wohl nicht gewisse sagen, ob es Morgen wirdt fertig Seindt.*

gott bewahre Dihr!

Fricch

[1] Fredersdorf hat, wie er es im Brief 33 in Aussicht stellt, den Sohn des Fasanenmeisters glücklich überredet, Soldat zu werden, und ihm von der guten Behandlung, die er zu erwarten habe, erzählt. Hierzu folgende Bemerkungen:

Die Dienstzeit betrug 20 Jahre, doch waren die Landeskinder, die „Kantonisten", während des Friedens meistens zu bürgerlicher Berufstätigkeit beurlaubt. Unterbringung und Verpflegung — im Frieden in Bürgerhäusern — waren im allgemeinen gut; das wöchentliche Pfund Rindfleisch, das es im Felde gab, zog sogar viele Überläufer herbei. Die persönliche Behandlung des gemeinen Mannes war fraglos gegen die frühere Zeit besser geworden, gleichwohl spielten der Stock und gelegentlich grausame Strafen noch eine bedauerlich große Rolle. Mit Verlusten durch Fahnenflucht hatten die Preußen etwas weniger zu kämpfen als andere Heere, immerhin schloß man Staatsverträge zur gegenseitigen Auslieferung von Flüchtigen. Grundsätzlich war der Übergang von einem Kriegsherrn zum andern, für Offiziere wie Mannschaften, nichts Unerhörtes; auch Friedrich hat wiederholt große Scharen kriegsgefangener Feinde zum Eintritt in sein Heer „persuadieren" lassen. (Wegen des Mannschaftsersatzes vgl. Anm. 2 zu Brief 33.)

FREDERSDORF AN DEN KÖNIG

14. April 1747

[Nach einer längeren Ausführung über die Bezahlung des Ungarweines fährt Fredersdorf folgendermaßen fort:]
Diese 200 Anthal Kosten Ewr. Königl. Maj. allso alles in allen Mit Fracht Biß [bis] *in der Kellerey 12598 Thaler 16 gr* [Groschen] *und ist Nichts drauf Schuldig* [Ein Liter kostet also etwas mehr als einen Taler, ein recht teurer Wein!]
Fredersdorf
Berlin d. 14. Apl. 1747.

Randbemerkung des Königs:

Den Wein habe ich probiret; ich Wolte aber bei den Künftigen „Etzens" haben, welcher nach fetter wie dießer ist. das Mus Alberdahl [der Kellermeister] *bestellen vohr october.*
Fch

61

FREDERSDORF AN DEN KÖNIG

14. April 1747

Ewr. Konigl. Majesté habe in aller Untherthänigkeit den rechten Gebrauch-Chiffre des G. B. [Gesandten General Bernes] *die gnade Zu Uberschiken. dem Menschen Habe sein patent* [Vertrag] *Noch Nicht gegeben. da Er Miß-Trauen Merken läßt, so steht es Mir Auch Nicht Zu verdenken, es gegen Ihn Zu thun. ich Bitte also untherthänigst, daß Ewr. Königl. Maj. so gnädig sein und den Chiffre erst probiren lassen, ob er Auch der rechte ist. als-dann werde* [ich] *Ihm das patent geben. ich hab Ihm Heute Mit den Besten humor gehn lassen und Ihn alles Miß-Trauen Benomen.*

Die rechnung von der Masy [Masi] *Kompt hie-Mit untherthänigst Bey. Sie hatt weiter Kein Engagement* [keine Zusage erhalten], *als, wann Sie Ew. Königl. Maj.* [ohne Anstellung] *retour-Schiken, daß Sie 100 Ducaten reise-Geldt und ein präsent, wie Ihr versprochen, aus Ew. Königl. Maj. gnade BeKompt.*

Sie bittet um resolution [Entscheidung], *da-Mit Sie in Italien sich Ihre* opern verschreipt, wo Sie drin singet. Campo longo ist Nebst Salembeni sehr vor Sie portiret [eingenommen]. unter 1700 Taler wil Sie sich Nicht Engagiren, worüber ich Ew. Königl. Majesté Allergnädigste resolution erwarte. und wünsche von Hertzen, Ange-Nehme Nachricht von Ew. Königl. Maj. Kost-Bahre gesundtheit zu hören, da-Bey ich ersterbe

Ew. Königl. Majesté
Untherthänigster treuer Knecht
Fredersdorf

Bel. d 14 Apprl 1747

Randbemerkung des Königs:

wegen den chiffre ist guht; und wird Eichel die probe machen und Dihr So-fort Schreiben, ob er richtig ist oder nicht.

F.

62

FREDERSDORF AN DEN KÖNIG

14. April 1747

Der Geheimtrath Eichell hatt Mir wegen des Chiffres alles umständlich geschrieben. Der Mensch Hatt Mir Mit den größten Eydt-Schwüren versichert, daß dieses Der rechte währ, welchen Sie post-täglich [an jedem Posttag] *Brauchten. allein ich ver-Muthe, daß Er den rechten Nicht wirdt Bekomen Könen, oder daß Er Ihm* [ihn] *Noch Zu-rück-Hält. vor Sontag Bekom* [ich] *Ihm Nicht Zu Sprechen. ich werde Ihm Erstlich Mit aller güte über diesen Chiffre Sprechen und Ihm alle douceur* [Freundlichkeit] *Machen, um Zu sehn, ob Nicht Noch Mehr von Ihm Zu Bekomen ist. Er mag Auch seine Cujonorie* [Spitzbüberei] *so künstlich machen, wie Er wil und waß Er drunter sucht* [damit bezweckt], [so] *soll Er doch Ew. Königl. Maj. Nicht Betriegen und das Patent* [seine Anstellung] *Nicht Bekomen, Be-vohr Er Nicht reelle proben Mit dem Chiffre abgelegt* [hat].

Ew. Königl. Majesté
untherthänigster treuer Knecht
Fredersdorf

Bel. d. 14. t. Apl. 1747

FREDERSDORF AN DEN KÖNIG
(14. April 1747)

Ewr. Königl. Majesté habe Aller-untherthänigst Melden sollen, wie die [Sängerin] Gasparini Bey Mir gewesen [ist] und viehlerley Sorten von Klagen führte: wie man Sie üble Dienste Bey Ewr. Königl Majesté gethan, welches [ich] Ihr dann habe alles aus-geredet und welches Sie Nun auch würklich glaubt, Zu-Mahlen Sie den wein Bekommen, welchen Ewr. Königl. Maj. gnädigst erlaubt Haben, [ihr] Zu schiken. Sie iß so vergnügt von Mir weg-gegangen, daß Sie sich auch offerirte, [sich] Zeit-lehbens zu Engagiren Bey Ew. Königl. Maj., so-ferne Sie Nur eine Kleine augmentation [Gehaltszulage] Bekähme. ich Habe Ihr vor-gehalten, daß Sie ihre meubles verkaufte, wo-rauf Sie Mir offen-Hertzig gestand, Sie Hätte geglaubt, da die astrua [die Primadonna Astrua] *Kahm* [verpflichtet worden ist], *Ew. Königl. Majeste würden Ihr demittiren* [entlassen]. *und dieser-halb wolte Sie sich Ihre Meubles vor-her vom Halse Schaffen, aber nun wolte Sie es Nicht Mehr thun.*

um 6 Monath Bittet Sie Urlaub, Ihre tochter Nach Italien Zu bringen, auch um das Tractement [auch bittet sie darum, das Gehalt] *auf die 6 Monath [ihr] vor-Zu-Schießen. Sie wolte als ein Ehrliche Frau wieder-Komen, Auch sich Schrifftlich reversiren* [verpflichten]. *wan Man die leüte* [von der Oper] *Nun so eins nach dem Andern Spricht, es iß rechte Kessel-Flicker-Bagage!*

Randbemerkung des Königs:
wann die Casparini auf 5 Mohnaht urlaub Krigt, Kan sie zufriden Seindt; Sie mus Sich aber erst reversiren! [schriftlich verpflichten, nämlich zur Rückkehr].

Fch.

Ein kleines Geschichtchen „hinter den Kulissen", wie es sich ebensogut noch heute abspielen könnte. Die „Donna" Gasparini glaubt bei ihrem hohen Herrn durch heimliche Machenschaften und Ränke geschädigt zu sein. Warum hätte er wohl sonst die Astrua nach Berlin berufen! Die Nachricht, daß diese gefährliche Nebenbuhlerin kommt, ist ihr in die Glieder gefahren. Sie will nicht „zweite Klasse" werden und bereitet durch heimlichen Verkauf ihres Hausrats ihr Verschwinden vor. Ebenso schnell aber, wie sie in Zorn geraten, ist sie nun auch wieder versöhnt. Daß der König ihr Wein geschenkt hat, kitzelt ihren Ehrgeiz. Nun will sie gern zeitlebens bleiben — wenn sie eine „kleine Zulage" erhält! Der erbetene Halbjahresurlaub unter Vorauszahlung des Gehaltes bleibt allerdings verdächtig; wie leicht kann ihr erregbares Künstlerblut zu neuem Zorn aufflammen und sie die Rückkehr vergessen machen! Daher die Verpflichtungsurkunde. Man versteht Fredersdorfs Stoßseufzer: „Es ist rechte Kesselflickerbagage!" Reizend ist auch, daß diese große Staatsfrage die Aufmerksamkeit des Königs von Preußen soweit in Anspruch nimmt, daß er allerhöchst-selbst der Dame Caspar-ini einen Monat Urlaub abzwackt!

64

FREDERSDORF AN DEN KÖNIG

15. April 1747

Ewr. Konigl. Majesté Berichte unterthanigst, daß ich die Gasparini gesprochen [habe]. *Sie Hatt ein-Liegenden revers von sich gegeben, daß Sie wil wieder-Kommen, da-gegen Sie sich einen gegen-revers auß-Bittet, wann Sie retour Kompt, eine Augmentation zu haben* [eine Zulage zu erhalten].

wann Ew. Konigl. Maj. allergnädigst resolvirten, Ihr eine augmentation zu geben, so dächte [ich], *daß es sicherer Mit Ihr währ, ein Engagement* [festen Vertrag] *Mit Ihr zu Machen, ehe Sie weg-gieng. so währ Sie gewiß gebunden und* [es] *würde von Ew. Konigl. Maj. Befehl dependiren* [abhängen], *auf wie-viel jahr. so wie ich von Ihr ge-Merckt, so geht Sie* [aus] *Auf eben dem Engagement, wie* [das] *des* [Sängers] *Romani, welchen Ew. Konigl. Maj. 200 Thaler Zu-Lage gemacht haben. Sie fordert aber 300 Thaler. ich erwarte Ewr Konigl. Maj. allergnädigste ordre und Ersterbe*

Ew. Konigl. Majesté
Unterthänigster treuer Knecht
Berlin, d. 15. Apl. 1747   *Fredersdorf*

Randbemerkung des Königs:

ich kan die Huren nicht alle ogmentation [Zulage] *geben, man mus das unruhige Volk mit einer weit-ansehenden hoffnung Schmeicheln.*   *F.*

FREDERSDORF AN DEN KÖNIG

16. April 1747

Ewr. Konigl. Majesté habe die Gnade, ein-Liegendes Untherthänigst Zu übersenden. ich habe gestern Abendt um 9 Uhr einen Knecht Mit ein Untherthänigstes Schreiben nebst einer Einlage von eben-dem Menschen [dem Spitzel] *wegen des Chiffre überschicket. und da Ew. Königl. Maj um 11 Uhr mir gnädigst geantwortet und Nichts davon er-Wehnung* [Erwähnung] *gethan* [haben]*, so Bin* [ich] *in Ungewißheit, ob der Knecht auch die Brieffe abgegeben. ich Freue Mich, daß ich Morgen die gnade haben soll, Ew. Königl. Maj. den rock Zu Küssen. ich ersterbe*

Ew. Konigl. Majest
Untherthänigster Treuer Knecht

Berl. 16. Apl. 1747
Fredersdorf

Randbemerkung des Königs:

Du Schreibest mihr 20 briwe [Briefe] *alledage; ich Kan ohnmöglich auf aldas tzeuch* [alle das Zeug] *antworten! ich habe alles EmPfangen und werde Mitwoch in berlin Seint.*
Fch

Bei der außerordentlichen Wichtigkeit, die der König selber der Geheimhaltung der Kundschaftersachen beimißt, hat der gute Fredersdorf diesen Anpfiff wirklich nicht verdient. Freilich die Behauptung Friedrichs von den „20 briwe alledage" enthält keine allzugroße Übertreibung; 5 Briefe Fredersdorfs aus den beiden letztvergangenen Tagen liegen uns vor! Und wir werden später erleben, daß es Zeiten gab, wo seine Briefe noch dichter auf seinen Herrn einhagelten, ohne daß wir Friedrich je wieder „nervös" werden sehen. Und wie grob und wie ungerecht konnte er in der Erregung gegen andere Briefschreiber werden!

FREDERSDORF AN DEN KÖNIG

21. April 1747

Ewr. Konigl. Majesté Allergnädigsten Befehl Nach habe die 1000 Thaler vor der Kleinen Keyserling an den Ministre v. Marschal so gegeben, wie es Ew.

Konigl. Maj. allergnädigst Befohlen. die Mutter wahr gantz charmiret [entzückt, gerührt] *vor das Besonders gnädige Andenken. das Kleine eben-Bildt geht der Mund, wie eine Klapper-Büchse, und ist das veritable original, artig und Munter*[1].
Die Masy [Masi] *ist Engagiret vor 1500 Thaler*[2]. *Sie wolte erst ohne Ihren Man Nicht Engagiret sein; ich habe Ihr gesagt: wann Mahl einer abgieng aus der Capelle und Sie Ew. Königl. Maj. drum Bethe* [bäte], *so würde es viehleicht Angehen. Weil Sie doch vor Ihr* [Probe-] *Singen Kein präsent Bekomen Kan, so Bittet Sie Untherthänigst, daß Ihr Tractm.* [Gehalt] *vom Appril angienge.*
Der Geheimtrath Eichell hatt Mir heüte den chiffre-Brieff geschickt, welchen jordan [ein Sekretär] *abgeschrieben. auf die arth, so wie der jordan* [es] *abgeschrieben* [hat], *ist es Nicht* [möglich] *gewesen, Nach des Menschen sein Chiffre es zu de-Chiffriren* [entziffern].
ich habe heute so viel Drüber studiret, daß ich doch etwaß hab raus-Bekomen; ich sehe doch, daß der Mensch es Ehrlich Meinet. und hätte jordan es ordentlich abgeschrieben, so hätte es gar keine Schwierigkeit. Den aus-Schlag [die Entscheidung] *von der gantzen Sache Muß der Sonntag geben, da Mir der Geheimtrath Eichel versprach ein original zu Schaffen, welches nicht triegen* [trügen] *Kan. und da Mir ein-Liegendes Schon über-Zeugt, so Kan das Andere Nicht fehlen.*
ich wünsche nur Zu hören, daß Ew. Konigl. Maj. Mögen vergnügt und gesund sein, da-Bey ich Ersterbe

Ew. Königl. Maj.
Untherthänigster Treuer Knecht
Brl. 21. Apl. 1747   *Fredersdorf*

---

[1] Das hier Erzählte führt unsere Gedanken zurück in das Kriegslager von 1745, in die Zeit zwischen den Schlachten von Hohenfriedberg und Soor. Damals traf den König mit furchtbarer Schwere die Nachricht vom Hinscheiden seines geliebten Freundes Graf Dietrich von Keyserlingk (vgl. Brief 7, Anm. 5). Das einzige der Ehe Keyserlingks mit seiner Gemahlin, einer geborenen Gräfin Schlieben, entsprossene Kind, das der König am 14. Juli 1744 selbst über die Taufe gehalten und dem er den Namen Adelaide bestimmt hatte, betrachtete er nun als teures Vermächtnis seines Freundes. Am 10. September 45 hatte er an seine (uns schon bekannte) mütterliche Freundin, die Gräfin Camas geschrieben:

„Sie wissen, daß ich einen Freund verloren habe, den ich wie mich selbst liebte. ... Ich bitte Sie, bei der Achtung, die ich für Sie habe, in Gemeinschaft mit Knobelsdorff [dem der König damals noch nahestand] der armen Adelaide von Keyserlingk als Vormund zu dienen und sowohl für ihre Gesundheit und zartes Alter Sorge zu tragen, als auch, wenn es Zeit sein wird, für ihre Erziehung ..." Treueren Menschenhänden, als denen dieser ehrwürdigen Frau, konnte der König das Kind nicht befehlen, um es, soweit Erziehung das vollbringen kann, dereinst seines edlen Vaters wert zu machen. Wie er auch äußerlich für seinen Schützling sorgte, beweist unsere Briefstelle.

Fredersdorf weiß, welche Freude er seinem Herrn macht, wenn er zweimal betont, daß Adelaide das „veritable Original" und das „kleine Ebenbild" ist, nämlich vom V a t e r ! (Man kann wohl als gewiß annehmen, daß es s o gemeint ist.)

Die Fürsorge des Königs für die Tochter seines Freundes hat nie aufgehört. Er machte Adelaide, als sie herangewachsen war, zum Hoffräulein der Königin und nahm 1760 selbst an ihrer in Magdeburg stattfindenden Hochzeit teil. Diese Ehe mit einem Herrn von Alvensleben gestaltete sich unglücklich und wurde getrennt. Als eine Frau von Edelsheim ist Adelaide 1818 in Baden gestorben.

² Die Masi hat nun „Probe" gesungen und ist angestellt worden. Fredersdorf hat vom Gehalt 200 Taler heruntergehandelt; denn früher hieß es, unter 1700 Talern würde sie sich nicht binden! Die Art, wie er sie wegen einer späteren Anstellung auch ihres Mannes vertröstet, ist ganz nach dem Rezept des Königs: „man mus das unruhige Volk mit einer weit-ansehenden hoffnung Schmeicheln"! (Vgl. Brief 64.)

67

DER KÖNIG AN FREDERSDORF

(21. April 1747)

nun Seindt wier auf den rechten Weg mit die Chifren und ist alle apparance [Wahrscheinlichkeit], *daß man gewisse mehr damit herausbringen wirdt, als was der gewisse Mensch* [der Spitzel] *vohr Sich hat in Erfahrung bringen Können. der Künftige posttag wirdt in viehlen Stücken in dießer Sache licht geben*[1].

Fch.

¹ Man will also, wie es in Wien, Petersburg usw. mit der preußischen diplomatischen Post längst geschah, auch die an die österreichische Gesandtschaft bestimmten Briefschaften in Berlin durchsuchen. Bekanntlich besaß Preußen seit dem Großen Kurfürsten ein eigenes staatliches Postwesen, war also von „Thurn und Taxis" unabhängig.

68

FREDERSDORF AN DEN KÖNIG

22. April 1747

Der Mensch [der Spitzel] *ist den Augen-Blick ge-Komen und* [hat] *2 Bogen Mir ge-Zeiget, welche, wie Er saget, Mit der Aller-Ersten abgehenden post als eine relation* [Bericht] *An der Kayserin abgehn soll. den einen hab ich Ihn ersucht ab-Zu-schreiben; und den Zweiten, da Er sehr eihlte, habe* [ich selbst] *abgeschrieben. Er sagt, daß Er hoffen wolte, daß Ew. Königl. Maj. von seiner Treue würden Content* [befriedigt] *sein, da Er die relationes Noch ehender* [eher] *gebe, als Sie sein G.* [Gesandter Graf Bernes] *absendete. Man wirdt Nun sehn, ob* [es chiffriert ist] *und in welchen Chiffre, oder ob es so* [d. h. in offener Sprache] *abgehet, in-dehm Er sagt, daß Sein G.* [Bernes] *solche wichtige Sachen noch nicht abgeschickt hätte, so-lange Er hir Währ. und* [er] *Müste das Noch Ew. Konigl. Maj. Melden, daß sein G. sehr aufgebracht Wahr. Er* [der Gesandte] *hatte gestern Früh 2 Stund Mit dem Menschen* [dem Spitzel] *und sein Bruder Conferense gehalten. so wie ich Merke von dem Menschen, so muß der Dänische Leg.-Secrt.* [Legationssekretär] *Schneider Ihr stärkster Spion sein, von dehm Sie alles erfahren. so viehl habe* [ich] *von Ihm raus, daß Er Nicht glaubt, daß der Schneider Mehr* [für Preußen] *zu gewinnen währ, in-dehm Er durch-Aus Ostereichs* [durchaus österreichisch gesinnt] *ist, und, wie er Mir deutlich sagt, von Ihnen* [nämlich der österreichischen Gesandtschaft] *Unter-halten würde. so viehl, wie Er* [der „Mensch"] *merkt, so glaubt Er, daß Dannemark Mit Rusland eine allianz* [Bündnis] *Schließen wirdt*¹. *Dieses ist alles, so Er Mir gesagt.*
  ich ersterbe

Ew. Konigl. Majest.
Untherthanigster Treuer Knecht
Fredersdorf

Brl. d. 22. Apl. 1747

Randbemerkung des Königs:

diesses ist recht guht! nun Seindt wiehr auf dem Wege, hinder der leute ihr Thun und lassen zu Kommen! und bin ich gewisse, daß wier in kürtzerm mehr erfahren werden. nuhn hat er das patent meritiret [verdient], *und Kan ihm Solches mit guhter art nicht refusiret* [vorenthalten] *werden.*

Fch

Der Satz: „so viehl wie Er merckt, so glaubt Er, daß Dannemark Mit Rusland eine allianz Schließen wirdt," ist die einzige Stelle in unseren „Spitzel-Briefen", in denen etwas über den Inhalt der durch die Hilfe des „Menschen" erkundeten politischen Geheimverhältnisse mit klaren Worten gesagt wird. Die früheren Äußerungen des Befriedigtseins über die Tätigkeit des „Menschen" machen es aber fast gewiß, daß der König schon sehr viel mehr herausbekommen hat. Es scheint uns daher erforderlich, an dieser Stelle einiges über die tatsächlichen Vorgänge am russischen Hofe in dieser Zeit mitzuteilen. (Die Quellen über die politische Geheimgeschichte des Jahrzehnts von 1746 bis 56 fließen sehr spärlich.) Wir knüpfen an unsere Bemerkungen über die politischen Ereignisse von 1746 auf Seite 91 f. an.

Friedrich war sich der Gefahren bewußt, die ihm in der Person des jeder Falschheit fähigen, selbstsüchtigen, bestechlichen Großkanzlers Bestushew drohten, dessen unheimlichem Einfluß es gelang, die Zarin Elisabeth langsam aber sicher in ihrem politischen Lieben und Hassen vollständig gegen früher umzustellen. Einst war Elisabeth, für die rein persönliches Empfinden stets eine große Rolle spielte, zugetan gewesen dem Preußenkönig Friedrich und dessen Schwager, dem Thronfolger von Schweden; sie haßte dagegen vormals Wien und den dänischen Hof, und sie verabscheute es, Hilfsgelder von England und Holland anzunehmen. Jetzt war in alledem durch Bestushews Überredungskunst das volle Gegenteil eingetreten. Also war Friedrichs Annahme, daß die russische Gefahr mit der Person des Kanzlers stehe und falle, nicht mehr zutreffend. Elisabeth selbst war seine erbitterte Feindin geworden. Zudem hatte sich seine Hoffnung, Bestushew werde bald gestürzt werden, keineswegs erfüllt. Auch hiervon war das gerade Gegenteil eingetreten, und zwar auf eine Weise, die ganz Elisabeths Wesensart entsprach. Der sittenlosen und üppigen Zarin geheimer Gemahl war seit längerer Zeit ein schöner Bauernsohn aus der Ukraine, den sie — man nannte ihn den „Kaiser der Nacht" — zum Grafen Rasumowski erhoben hatte. Die Tochter, die sie ihm gebar, die aber als „Nichte" des Grafen gelten mußte, gewann nun eben in diesem Jahre 1747 der Großkanzler Bestushew für seinen Sohn zur Ehe. Die Folge war, daß seine Macht am Hofe jetzt zum Gipfel stieg. „Die Zarin behandelt ihn schon mehr als ihren Schwager, denn als ihren Kanzler", so jubelte der englische Gesandte Lord Hyndford, Friedrichs persönlicher Feind. Alle Widersacher Bestushews verschwanden von der Bildfläche oder wurden einflußlos.

Der gefährliche Mann hatte nun freies Feld; und sein Ziel war, die Voraussetzungen für einen Krieg gegen Friedrich auf Grund der Geheimbestimmungen des „Petersburger Vertrages" von 1746 mit Österreich (vgl. Seite 92) zu schaffen. Die folgende Frage sollte ihm hierbei zum Anlaß dienen: Eben in diesen Wochen (Frühjahr 1747) hatte Schweden ein Verteidigungsbündnis mit Preußen geschlossen und gleichzeitig mit Frankreich das schon bestehende Abkommen über Hilfsgelder erneuert. Der frühere Plan eines Dreibundes zwischen Berlin, Stockholm und Petersburg war ja durch Rußlands Schwenkung unmöglich geworden und das nunmehr geschlossene Bündnis sollte vielmehr Schweden gegen Rußland Rückhalt bieten. Der Vertrag war das Werk des schwedischen Thronfolgers Adolf Friedrich, der von seiner Gattin Ulrike, Friedrichs wesensähnlicher Schwester, stark beherrscht wurde. Ulrikes und ihres Gatten Streben war es, die in Schweden bestehende, in sich zerklüftete Adelsherrschaft der „Hüte" und „Mützen" demnächst zugunsten eines wirklichen Königtums zu beseitigen. Demgegenüber ging Bestushews Absicht dahin, Adolf Friedrich zu stürzen und an seine Stelle einen ihm mehr genehmen Thronbewerber, den Erbprinzen von Hessen-Kassel, zu setzen. Dieser Plan sollte durchgeführt werden durch einen Krieg, den Rußland gegen Schweden führen wollte mit Hilfe von Österreich, England und Dänemark, dem Nachbarn Schwedens. Das ist der Sinn der in unserem Brief erwähnten „Allianz mit Dänemark"! Preußen, so rechnete Bestushew, werde dann das verbündete Schweden Ulrikes nicht im Stich lassen, und der ersehnte Anlaß, Friedrich von allen Seiten mit Krieg zu überziehen, wäre damit gegeben. Soviel ist bis zu diesem Zeitpunkt zu sagen. Wirklich brennend wurde die sich hier entwickelnde Gefahr erst im Frühjahr 1749. Die Frage, wie es Friedrich gelang, sie friedlich zu überwinden, gehört also einer späteren Zeit an. (Vgl. Anm. 1 zu Brief 89.)

69

FREDERSDORF AN DEN KÖNIG

23. April 1747

Ew. Konigl. Majesté habe Untherthänigst ein-Liegende 2 Brieffe die gnade Zu Schicken. die Feigen-Stöckel habe heute so-gleich An den gärtner Krutisch [in Potsdam] *abgeschickt und Ihm gemeldet, daß Sie vom Cardinal Sintzendorff*[1] *sein.*

Die Gaspariny iß so-weit fertig Zur [Urlaubs-] *reise, Biß* [bis] *auf einen paß, worum Sie untertänigst Bittet. ich habe Ihr eine Versicherung gegeben, wann Sie retourniret, daß Sie Mit der Zeit mahl eine Zu-Lage beKomen Könte, aber Nichts gewisses.*

Den Augen-Blick erhalte Ew. Königl. Maj. gnädiges Be-Zeigendes [Gnade bezeigendes] *Ant-Wort-Schreiben über dehn Menschen. ich werde Ihm also sein patent, wann Er Mittwoch, wie Er versprochen, wieder Bey mir Komen* [wird], *Zu-Stellen. Er iß heute abendt in aller Finsterniß wieder Bey Mir gewesen und Mercke ich wirklich ein aufrichtiges attachement vor Ew. Königl. Maj.; ich habe Ihm soviehl gutes gesagt, wie Mir in der Welt Möglich gewesen.*

ein-Liegendes ist von der Maitreß v. Bern [von der Maitresse des österr. Gesandten Bernes].

ich Ersterbe

Berl. 23. Apl. 1747

Ew. Konigl. Maj.
Untherthänigster Treuer Knecht
Fredersdorf.

Der Geheimtrath Eichell hatt Mir heute Nach-Mittag die Versprochene Chiffre geschickt. ich habe Nach sein Verlangen aus Nr. 4 übersetzet, daß Er sehn Kan, daß ·der Mensch Kein Lügner ist. den Anfang da-von hab [ich] *Ihm deutlich marquiret, da-Mit derjenige, so ins Künftige de-Chiffiret* [entziffert], *Nicht fehlen Kan. dem Menschen habe heute sein 100 gulden pro apprilli* [April] *Bezahlt.*

[1] Der König erhält Feigenstöcke für den Garten oder die Warmhäuser von Sanssouci geschenkt. Schon 1744 hatte er sich durch seinen Freund Jordan für den neuen Weinberg zahlreiche Rebstöcke und

Feigenbäume aus Frankreich schicken lassen. Die jetzt angekommenen Feigenstöcke waren eine Gegengabe des vom König oftmals mit kleinen Geschenken begnadeten Fürstbischofs von Breslau, des Kardinals Grafen Philipp von Sinzendorff. Die Eroberung des beinahe zur Hälfte von Katholiken bewohnten Schlesiens stellte den König, dessen Land bisher fast rein protestantisch gewesen war, zum erstenmal vor schwierige kirchenpolitische Fragen. Ein tieferes Eindringen in diese Dinge ist überaus reizvoll. Hier dürfen wir nur einige Ereignisse ganz kurz erwähnen, die des psychologischen Zusammenhangs wegen in dieses Buch hineingehören und geeignet sind, unsere Anschauung vom menschlichen Wesen Friedrichs zu bereichern.

Zwischen der Kurie und Preußen bestand grundsätzlich Spannung. Der Königstitel, der auf der Wegnahme des Ordenslandes Preußen, also eines „Kirchengutes", beruhte, wurde nicht anerkannt; für Rom blieb der Herrscher in Berlin der „Markgraf von Brandenburg", wofür Preußen dann den Papst als „Bischof von Rom" bezeichnete. Der Kardinal Sinzendorff hatte sich, nachdem er zunächst eine Weile gefangen gesetzt und des Landes verwiesen gewesen, darauf aber in Breslau und als Gast in Berlin aufs beste behandelt worden war, im ganzen als gefügiges Werkzeug bewährt. Da er aber alt und gebrechlich war, wollte Friedrich sich auch einen ebenso genehmen Nachfolger im schlesischen Bistum sichern. Der zunächst durch Justizminister Cocceji — ungeschickt, weil ohne Kenntnis der römischen Gedankenwelt — unternommene Versuch, die Kirchenfragen grundsätzlich zu regeln, versandete. Nun faßte Friedrich selbst die Angelegenheit der Nachfolge für den Bischofsstuhl in Breslau an, und zwar als Einzelfrage und von rein persönlichem Gesichtspunkt aus. Sinzendorff sollte, so plante der König, einen „Koadjutor" und damit einen „designierten Nachfolger" erhalten. Kirchenrechtlich gehörte dazu unzweifelhaft die Wahl durch das Domkapitel und die Bestätigung durch Rom. Beide Stellen leisteten Widerstand, zumal der König zum „Koadjutor" einen jungen Mann gemacht haben wollte, der noch nicht das „kanonische" Alter von 30 Jahren erreicht hatte und dessen Lebenswandel keineswegs als geistlich gelten konnte. Es war dies der Graf Schaffgotsch, ein Sprößling besten schlesischen Adels. Als Sechsundzwanzigjährigen lernte ihn Friedrich 1743 in Berlin kennen und fand in ihm einen jungen Mann, den die Natur mit vielen bestechenden Eigenschaften ausgestattet hatte: Überredende Schönheit, sprudelnde Lebenskraft, liebenswürdig wirkender Leichtsinn, geistreiche, witzige und schlagfertige Beredsamkeit, französische Bildung, glattes, gewandtes Auftreten, das waren die Mittel, durch die Schaffgotsch wirkte. Für die Wahl dieses etwas ungewöhnlichen jungen Kirchenmannes setzte sich Friedrich nun mit dem denkbar größten persönlichen Nachdruck ein, selbstverständlich nicht nur, weil Schaffgotsch ihm persönlich gefiel, sondern weil er sich in ihm einen unbedingt sicheren Anhänger der Krone auf dem schlesischen Bischofsstuhl für die Zukunft heranzuziehen glaubte. Gegen diesen Plan gab es für den König k e i n e n Widerstand. An seine zur Vorsicht mahnenden Minister schrieb er: „Messieurs, ich w e r d e Schaffgotsch zum Koadjutor machen ungeachtet all Ihrer umsichtigen Ratschläge" und an seinen Schützling selbst: „Entweder Sie werden Koadjutor, oder man soll sagen, daß ich nicht Herr im Hause bin." Mit dem Domkapitel sprang der König in seiner leidenschaftlichen, starrsinnigen Entschlossenheit aufs gröblichste um; er drohte ihm schließlich mit offener Gewalt. Endlich teilte er dem Kapitel die „Ernennung" des Grafen einfach mit, und die Domherren mußten wohl oder übel an dem Festmahl zu Ehren des neuen Koadjutors als Gäste des Königs teilnehmen. Rom stellte sich, als wisse es von diesen Vorgängen nichts. Aber nach dem Tode Sinzendorffs (im September 1747) ist dann doch die Anerkennung des vom König inzwischen gefürsteten Schaffgotsch als Bischof seitens der Kirchenleitung erfolgt, wobei die vorhergegangene, von Friedrich eigenmächtig vorgenommene „Nomination" klüglich unerwähnt blieb. (Dies geschah im März 1748.) Später sollte der König an „seinem" Bischof, dessen Erhebung er mit solchem Feuereifer erkämpft hatte, bittere, herzkränkende Enttäuschungen erleben.

Friedrichs Verhältnis zur römischen Kirche aber haben diese Geschehnisse keinen Abbruch getan. Durch seine grundsatzstrenge Toleranz wurden die Katholiken Schlesiens aufs peinlichste in ihren Rechten und Vorrechten geschützt. (Es blieb beispielsweise sogar der Zustand bestehen, daß die Protestanten in solchen Gemeinden, wo der Priester in seiner leeren Kirche der einzige Katholik war, gleichwohl für Taufen, Begräbnisse usw., die ein auswärtiger evangelischer Geistlicher vornahm, die Stolgebühren an den katholischen Ortspfarrer entrichten mußten.) Solche Dinge und der Umstand, daß mit des Königs geldlicher Unterstützung in Berlin an bevorzugter Stelle die erste große katholische Kirche, der Hedwigsdom, errichtet wurde, ließen das Gerücht aufkommen und weiten Kreisen glaubwürdig erscheinen, er selbst wolle katholisch werden. Der Papst war so zufrieden mit Friedrich, daß er im Scherz meinte, in Wien hielte man ihn (Benedikt) für einen Preußen.

70

DER KÖNIG AN FREDERSDORF

(24. April 1747)

Nuhn Seindt wihr auf der rechten Spuhre von denen Wiener Sachen, der Mensch mus nuhr zu Erfahren suchen, was dann den Bernessen [Gesandten Bernes] *so aufgebracht hat* [vgl. Brief 68], *umb daß man den zusamenhang darvon besser begreiffe.*

Frch

71

DER KÖNIG AN FREDERSDORF

(25. April 1747)

[Kabinettsrat] *Eichel wirdt Dihr alle die Sachen* [vom Spitzel] *zurükeschicken; nuhn Seindt wihr auf den rechten wehg! und Wan der Mensche so fortfähret, So werde ich ohngemein große Dinste von ihm haben.*

ich habe noch öfters Crampf, und Kömt es vom Nahbel und Mesenterio [Gekröse]. *ich glaube, Italspillen solten mihr helfen, denn die bringen die Hemeroiden im gange. spreche ein-mahl mit Elerten und Lesseren* [den Ärzten Eller und Lesser] *davon. gott bewahre Dihr*

Fch

72

FREDERSDORF AN DEN KÖNIG

27. April 1747

Aus Ewr. Königl. Majeste Allergnädigsten schreiben ersehe Mit Betrübniß, daß die Krampfichten Zufälle im Unter-leibe sich wieder einstellen, welches Mich wahrhaftig recht Nahe gehet. ich habe Eller und Lesser [die Ärzte], *einen Nach den Andern, gesprochen. alle Beyde finden bei den itzigen Umständen* [folgendes] *vor guht: da Sie Urtheilen, daß die Krampftigen Zufälle von Nichts als eine unordentliche Circulation des geblüthes und Hämoroiden Komen — und da Mir Lesser im Vertrauen sagte, daß alle Medicin, welche Ew. Königl. Maj. auf die incomoditeten, so Bishero von denen Haemoroiden enstanden, Mehrentheils Italische Medicin Bekome* [italienische Medizin gewesen sei] — *so würde es Ew. Konigl Maj. Ungemein Soulagiren* [erleichtern], *Wann heüte Abendt eine Stunde vor Schlaffen-gehn von Bey-Komende* [neuen] *pulvern eins genomen würde und Beym Zu-Bette-gehn 16 Stück pillen, und Morgen Früh wieder ein Pulver. Ew. Konigl. Maj. werde* [ich] *die Füße Küssen, wann die Pulver so genomen werden. Eller und Lesser sein Versichert, es wirdt helffen.*

Und [ferner raten die Ärzte], *so lange der Kalte Wind noch ist, die Lufft so viel Möglich Zu enthalten* [zu meiden], *wie Auch Blähende Sachen*[1].

Der Geheimtr [Geheimrat] *Eichell hatt Mir alles* [die Kundschaftersachen Betreffende] *retour-geschickt. Morgen hoffe ich den Menschen* [den Spitzel] *Zu sehn. ich Bin recht Curiose* [neugierig], *Meine reflectiones* [Beobachtungen] *Ueber Ihm Zu Machen, ob Er so Bleiben wirdt, Nun* [da] *Er das Patent hatt, wo-rauf ich sehr Acht geben werde.*

Ew. Königl. Maj. wahren so gnädig Bey der Abreise und Befohlen Mir, hir [in Berlin] *Zu Bleiben, Biß* [bis] *ich* [anders lautende] *ordre bekähm. ich Lasse Mir Ew. Königl. Maj. allergnädigste disposition gerne in allen Stücken gefallen*[2], *Zu-Mahlen Mich Ew. Konigl. Maj. glücklich gemacht, welches* [Glück ich mir] *durch wahrhaftigen Fleiß und Treuen gehorsahm werde suchen, so lang ich lehbe, zu er-halten. also Verlasse ich Mich lehdig* [lediglich] *auf Ew Königl Maj. Befehl, Da-Bey ich ersterbe*

Ew. Königl Majesté
Untherthänigster Treuer Knecht
Fredersdorf

Bel 27 App 1747

Randbemerkung des Königs:

bleibe Du nuhr in berlin! Mitwochen [d. 4. Mai] *bin ich dahr.*

Fch

[1] Die beiden ersten Abschnitte dieses Briefes sind — obschon wir die geradezu fürchterliche Urschrift diesmal stärker (durch Umstellungen) überarbeitet haben — recht schwer zu lesen. Der Inhalt aber ist sehr erfreulich, da wir sehen, mit welchem Eifer und mit welcher Beteiligung des Herzens Fredersdorf den ihm im vorigen Briefe zuteil gewordenen Auftrag, mit den Ärzten zu verhandeln, erfüllt.

² Trotz des „gerne gefallen lassens" merkt man, wie schwer es Fredersdorf wird, an der am 1. Mai stattfindenden Einweihung von Sanssouci nicht teilnehmen zu dürfen.

73

FREDERSDORF AN DEN KÖNIG

29. (April) 1747

Ewr. Königl Majesté Melde aller-Untherthänigst, daß der Mensch [der Spitzel] *heüte abendt um 9 Uhr noch Bey mir gekomen* [ist] *und ein-Liegendes von einen original-Brieff vom Uehlefeldt* [dem Wiener Kanzler Ulfeld] *in Meiner gegen-Wart abgeschrieben* [hat] *Mit dem Chiffrirten post-Script. das Unterste hatt sein Bruder Aus Dresden*¹ *erhalten.*

Morgen [Sonntag] *Nach-Mittag unter die* [während der] *Predigt er-Warte Ihm Mit die heüte abendt abgegange depeche-Copy* [Depeschenabschrift] *an der Keyserin und Uhlfdt* [Ulfeld], *wie Auch an den Bathiany*². *solte Er, Unser abrede Nach, Nicht Morgen unter der Predigt Komen, so empfängt Mein jude über-Morgen um 5 Uhr alles in sein Quartier. Bekome ich es Morgen unter der Predigt, so ist es um 8 Uhr abendts in Potsdam. Bekome ich es aber über-Morgen Früh, so haben es Ew. Königl. Maj. Montag Um 11 Uhr allergnädigst zu empfangen.*

sein Genral [Bernes] *ist wieder vom Besten humor seit letzteren*³, *Nur Währ sein Chagrin Zu-Weihlen, daß Er Keinen Menschen hir* [d. h. keinen Spitzel gegen Preußen] *gewinnen Könte, welches* [wovon] *Er fürchtet, daß es Ihm Bey seinen Hoffe* [in Wien] *Mit der Zeit miscreditiren würde*⁴. *sonst hatt Er* [der „Mensch"] *wegen Kürtze der Zeit Nichts Mehr er-Zehlet. ich ersterbe*

Ewr Königl Majesté
Unterthänigster Treuer Knecht.
Fredersdorf.

Bel. d. 29. t 1747

¹ Man sieht, die Spionage erreicht auch die Dresdener politischen Geheimnisse.

² Der General Graf Batthyany war einst der Glückwunschgesandte des Wiener Hofes zu Friedrichs Thronbesteigung gewesen.

³ Die Stelle bezieht sich auf Brief 68, wo Bernes „sehr aufgebracht" war. Vgl. auch des Königs Bemerkung in Brief 70.
⁴ Darin, daß sich kein preußischer Beamter zu Spionagediensten hergab, dürfen wir wohl mehr als einen Zufall sehen! —

74
DER KÖNIG AN FREDERSDORF

(30. April 1747)

nehme Dihr mit den Juhden [dem Zwischenträger des „Menschen"] *inacht und Schike ihm nicht So offte. es ist mihr viel daran gelegen, daß wihr unseren Menschen Conserviren* [uns erhalten]. *und mus man mit großer behutsamkeit meiden, was ihn Decouvriren* [bloßstellen] *Kan.*

Mittwoch umb 11 uhr Kome [ich] *Nach Charlotenburg, ich habe dar unterschidenes zu reguliren.*

Fh

Damit schließt die uns aus dem Jahre 1747 erhaltene Briefreihe.

*

75

DER KÖNIG AN FREDERSDORF

(Juni 1748)

Den Wagen vohr der [für die] *verwittwete königin werde* [ich] *d 24. betzahlen Solches Sage dann den Wagen-macher, daß er also Kein geldt weiter darvohr nimt*[1]. *und Schwertzen* [Baron Sweerts] *Sage, er Sol nuhr mit der Barberin* [der Tänzerin Barbarina] *Den acordt* [Vertrag] *Schlissen und mihr zur unterschrift Schiken*[2].

an Ellert [den Arzt Eller]: *wann Kaiserling*[3] *Podagra im leibe hat, Sol er ihm doch Cataplasma von Mostert* [Mostrich] *an die Füße thun, umb das üble aus dem leibe nach die untern theile zu tzihen.*

Fch

[1] Hier haben wir wieder ein Beispiel der stets gleichbleibenden fürsorglichen Aufmerksamkeit des Königs für seine Mutter. E r will den Wagen am 24. (dem gewöhnlichen Zahltag für die persönlichen Rechnungen) vergüten, der Wagenmacher soll von einer anderen Seite, d. h. von der Kasse der Königin-Mutter, kein Geld annehmen.

[2] „Schwertzen": Das ist der, auch wieder in den verschiedensten Schreibweisen auftauchende, Name des Schauspieldirektors Baron Sweerts. Es handelt sich um einen großen Urlaub der Tänzerin Barbarina (vgl. Anm. 1 zu Brief 7) nach England, der vom 5. Juli 1748 bis zum 18. Juli 1749 dauerte. Wären die Gerüchte über des Königs angebliche „zarte Beziehungen" zur Barbarina berechtigt gewesen, hätte er einer so langen Abwesenheit gewiß nicht zugestimmt.

[3] Hier spielt Friedrich einmal wieder den „Arzt": Der Doktor Eller soll den Grafen Keyserlingk so und so behandeln! Dieser Keyserlingk ist der russische Gesandte in Berlin, ein Mann von vornehmer,

aufrechter Gesinnung, in dem der ränkevolle Großkanzler Bestushew nicht einen ohne weiteres gefügigen Mitspieler besaß. (Vgl. Brief 68.) Wir werden von ihm noch hören.

76

FREDERSDORF AN DEN KÖNIG

28. Juli 1748

Ewr. Königl. Majest. berichte aller-untherthänigst, daß Splittgerber[1] mir versichert, daß, so-ferne ihm in Italien gleich Schwedische oder Dänische Schiffe Parath-Liegen [bereitliegen] *Zur Ladung, die verlangte antiquen[2] nebst die Statuen und Grouppen aus-gangs Novembr Können in Hambourg sein. die Behörigen gelder da-Zu wirdt Er an seinen Correspondenten assigniren* [anweisen].

den Kauffmann Michlett seine rechnung Habe ich Examiniret. ich finde daß sich die rechnung von 1746 an-gesamlet [hat] *und Bestehet meistens in Bahren vor-Schuß vor Büchrn[3], Transport-Kosten, Brief-porto. unter andern hat Er unter diese rechnung das Stück Etoff* [Stoff] *mit auf-geführet, welches Ewr. Königl. Maj. der Princesse v. Preußen* [Prinzessin August Wilhelm] *allergnädigst geschenkt haben,* [für] *welches Er allein 1000 Thaler an-rechnet. Er ist sehr betrübt, daß Ewr. Königl. Maj. Ihm Nichts Mehr wollen adressiren* [bestellen] *lassen aus Franckreich.*

Mit Meiner Gesundheit gehet es so, daß ich denke mit ausgang dieser woche wieder in Stande Zu sein, Mich Ewr. Königl. Majest Zu-füßen Zu legen. ich Ersterbe

Ewr. Konigl. Majest
untherthänigster treuer Knecht
Fredersdorf

Bel. d. 28. July 1748

[1] „Splitgerber und Daum" war damals das bedeutendste Handelshaus in Berlin; es betrieb Bankgeschäfte, Ein- und Ausfuhr von Waren und gewerbliche Unternehmungen verschiedener Art. Der König bediente sich dieser Geschäftsleute bei vielen Gelegenheiten; der Name Splitgerber wird deshalb noch recht häufig in unseren Briefen wiederkehren. Nicht immer war Friedrich mit ihm zufrieden, was wir teils

in klaren Worten lesen werden, teils aber daraus schließen können, daß er seinen Scherz mit dem Namen treibt, indem er ihn auf alle mögliche Weise verballhornt. „Spisgerber" oder „Spitzegerber" ist noch gar nichts, dagegen läßt die Bezeichnung als „Spitbube" oder gar „Spitzbube" nichts an Deutlichkeit zu wünschen übrig. Auch in diesem Falle aber dürfen wir aus Friedrichs Neigung zu „bösen" Bemerkungen keine zu weitgehenden Schlüsse ziehen. Wie groß im Grunde sein Vertrauen zur Firma Splitgerber war, können wir z. B. aus folgendem entnehmen: Um das Klein-Eisengewerbe (zur Herstellung von Scheren, Messern, Werkzeugen, Ketten usw.) in Preußen einzubürgern, hatte Friedrich entsprechende Handwerker ins Land gezogen und siedelte sie — ihren Waren Schutz gegen fremden Wettbewerb verleihend — in Eberswalde an, wo er für sie die sogenannte Neustadt errichtete. Diese Siedlung erhielt Splitgerber 1753 auf 20 Jahre ohne Pacht in Verwaltung und 11 Jahre später geschenkweise zum Eigentum. Ferner errichtete Splitgerber, vom König durch Verkaufsvorrechte unterstützt, seit 1749 eine Reihe von Zuckersiedereien, damit das Geld für die Darstellung des gebrauchsfertigen Zuckers nicht mehr, wie bisher, nach Hamburg ginge. Es handelte sich natürlich um Rohrzucker, also ausländische Rohstoffe. An der 1747 durch den Chemiker Marggraf entdeckten und der Akademie mitgeteilten Tatsache, daß auch die heimische Runkelrübe zuckerhaltig sei, ging der sonst so weitsichtige und unternehmende König merkwürdigerweise achtlos vorüber.

[2] Friedrich betrieb in erster Linie für „Sanssouci", dann aber auch für die anderen Schlösser eine großartige Sammlertätigkeit, die sich auf Kunstgegenstände aller Art erstreckte. Von seinen Gemäldesammlungen werden wir später noch hören. Hier einige Bemerkungen über die bildhauerischen Werke. (Vgl. auch Brief 226.) In seinem Gedicht auf „Sanssouci" heißt es (in deutscher Übertragung):

> „Der Nymphen Schar, das neckisch junge Blut,
> Sprüht aus dem Dunkel silberreine Flut
> Auf Marmorbilder von nicht schlechtrem Werte
> Als sie dereinst uns Phidias bescherte."

Den Grundstock seiner Sammlung legte Friedrich, indem er 1742 den größten Teil des Kunstnachlasses des Kardinals Polignac erwarb. Vom „Adoranten" haben wir bereits gehört. Weiter suchte er — davon spricht unser Brief — Urstücke und Nachbildungen von Werken des Altertums anzukaufen, wo und wie ihm das immer möglich war. Außerdem berief er eine Reihe von Bildhauern nach Berlin und Potsdam, von denen uns einige in unserer Briefsammlung noch begegnen werden.

³ Die Bücher waren des Königs unzertrennliche Freunde. Er unterschied zwei Gruppen, diejenigen, deren einmaliges Kennenlernen ihm genügte, und die anderen, die er durch stets erneutes Lesen sich vollkommen zu eigen zu machen wünschte. Dazu gehörten Homer, Platon, Xenophon und eine Reihe anderer griechischer und römischer Klassiker (natürlich in französischen Übersetzungen, denn die alten Sprachen hatte der König nicht gelernt), ferner viele neuere Franzosen, vor allem Voltaire.

Seine Lieblingsbücher waren in fünf gleichen Sammlungen vorhanden in den Schlössern von Berlin, Potsdam (Stadtschloß), Sanssouci, Charlottenburg und endlich in Breslau, wo er ja alljährlich mindestens einmal einige Tage weilte. Er konnte also bei einem Ortswechsel sogleich dort weiterlesen, wo er zuvor stehengeblieben war. Später kam noch eine „Bibliothèque portative" für Reise und Feld und eine solche für das „Neue Palais" hinzu. Jede Büchersammlung trug ihr Zeichen, die von Sanssouci z. B. ein „V" = Vigne („Weinberg"). Die bekannte Tatsache, daß Friedrich seine Bücher meist aus Frankreich bezog, finden wir durch unseren Brief bestätigt.

Anläßlich eines späteren Schreibens (Nr. 220) werden wir von der vor dem Vater ängstlich geheim gehaltenen umfangreichen Büchersammlung hören, die der Kronprinz bereits in seinen Knaben- und ersten Jünglingsjahren zusammengebracht hatte. Man darf sich durch solche Dinge aber nicht zu der Meinung verführen lassen, als sei Friedrich ein „frühreifer" Mensch gewesen, wenigstens darf man dabei die Betonung nicht auf den Wortteil „reif" legen. Nach unserer Überzeugung ist eher das Gegenteil der Fall. Natürlich machte sich die ihm angeborene Begabung und Genialität schon zeitig bemerkbar, aber doch eigentlich nur in „blendenden" Einzelerscheinungen. Die Wesenszüge, die nachmals den „großen" Friedrich kennzeichnen, kommen erst viel später zur Entwicklung. Soweit sich dieses, bei Friedrich auf allen Lebensgebieten zu beobachtende, nur langsame innerliche Reifwerden in seinem Verhältnis zu den Büchern, das will sagen zur geistigen Arbeit, spiegelt, erhalten wir folgendes Bild. Der mißtrauisch bewachte Knabe und Jüngling kam schon aus Zeitmangel nur selten zur Benutzung seiner Büchersammlung, und dann beschränkte er sich auf das Verschlingen der darin enthaltenen französischen Romane und im übrigen auf ein „Herumfrühstücken" auf den verschiedensten Gebieten der Wissenschaft und Literatur. Auch nach der Befreiung von dem ihm in Küstrin auferlegten gänzlichen Bücherfasten wurde sein Lesen nur sehr allmählich verständiger und ertragreicher.

Erst in Rheinsberg begann für den damals Vierundzwanzigjährigen recht eigentlich derjenige Entwicklungsabschnitt, der bei anderen Jünglingen, in denen etwas steckt, schon etwa mit dem achtzehnten Lebensjahre einzusetzen pflegt. Ein wahrhaft leidenschaftlicher Hunger nach umfassender Bildung und nach dem Aufbau eines von eigener Kritik überprüften gedankenklaren Weltbildes nahm nun von seiner Seele Besitz, und planmäßige ernste Arbeit war die Folge. Gleichzeitig gelangte er auf anderen Gebieten — so auf dem der „Liebe" (vgl. Brief 78) — zur Erkenntnis seines eigentlichen Wesens. Auch die innere Umwandlung vom Standpunkt des „Privatmenschen", dem sein eigenes Leben der Neigungen das wichtigste ist, zu dem des „Staatsmenschen", dem die Pflicht gegen die Gemeinschaft über allem steht, lag nicht eben lange zurück, denn den Anstoß zum Nachdenken über seine künftigen Königspflichten, ein Nachdenken, das sich dann bald zu kühnstem Adlerflug erheben sollte, gab eigentlich erst die schwere, anscheinend zu baldiger Auflösung führende Krankheit des Vaters im Herbst 1734.

Man nimmt im allgemeinen an, daß die Küstriner Zwangszeit nach der mißglückten Flucht den eigentlichen Wendepunkt in Friedrichs Leben darstelle. Gewiß hat seine damalige Tätigkeit ihm die Augen geöffnet für das, was an der landesväterlichen Arbeit Friedrich Wilhelms groß war. Wir möchten aber doch die Bedeutung von „Küstrin" nicht überschätzt wissen, glauben vielmehr, daß Friedrichs Reifwerden und Sichselbstfinden überhaupt nicht ausschlaggebend von außen her beeinflußt worden ist, sondern sich als natürliches inneres Wachstum kennzeichnet. Was von außen kam, konnte nur fördernd wirken, sobald „die Zeit erfüllet" war. Das gilt von der Krankheit des Vaters, das auch von dem großen befruchtenden Einfluß, den der lebendige Meinungsaustausch mit seinen Rheinsberger Freunden auf die Intensität und Tiefe seiner geistigen Arbeit, also, um zu unserm Ausgangspunkt zurückzukehren, auch auf den rechten Gebrauch der Bücher gewann. Daß übrigens dieser selbstgewählte Freundeskreis von Rheinsberg durchweg aus Männern bestand, die 12—14 Jahre älter waren als der Kronprinz, ist eine Tatsache, die nicht übersehen werden darf, wenn man vom späten, dann aber auch sogleich tiefen und herrlichen Reifwerden Friedrichs spricht. Diese charakterlich grundvornehmen, klugen und seelisch beschwingten Männer — wie Keyserlingk, Jordan, Fouqué,

Stille — waren mit ihren etwa vierzig Lebensjahren einerseits noch jung genug, um freudig kraftvolle Bergsteiger zu ferneren geistigen Höhen zu sein, andererseits aber schon alt genug, um bereits auf einer bedeutenden Höhe der Reife zu st eh en. Und zudem hatte ihnen ihre längere Erfahrung eine wirkliche Kenntnis des Lebens verschafft, in dem sie sich mit hellen Augen umgesehen hatten und durch das mehrere von ihnen in eine harte Schicksalsschule genommen waren. Daß Friedrich, statt selbst als der Überlegene glänzen zu wollen, sich so eng an Menschen anschloß, die ihm in gewisser Hinsicht ein Stück Weges voraus waren, ehrt ihn und ist eine Bestätigung dafür, wie ernst sein Streben nach aufwärts in diesem Lebensabschnitt, den er selbst als die Geburtsstunde seines eigentlichen Selbst empfand, geworden war.

77

DER KÖNIG AN FREDERSDORF

(29. Juli 1748)

ich habe Keine antique [antiken] *Statuen bestellet, nuhr Copien von antiquen. Das ist ein großer unterscheidt im Preis!*

gehestu [Gehst Du] *zu frühe aus, So ligstu* [liegst Du] *wieder 2 Mohnaht über den haufen!*

Fch

78

FREDERSDORF AN DEN KÖNIG

2. August 1748.

Ewr. Königl. Majesté Werden Nicht ungnädig Nehmen, daß [ich] *hir-Bey 4 Stück Persianische Melonen untherthänigst übersende, weil es so-waß rahres sein soll. der Man, von dehn* [ich] *Sie habe, offeriret Ewr Königl. Maj. von den Saamen, so-ferne Sie allergnädigste approbation* [Billigung] *finden*[1]*.*

die gesampte rechnungen von denen Sängers und tänzter-Comedianten [für Aufführungen in Potsdam] *Habe durch-gesehen, einige sein impertinent; die Gasparini ist mit 5 Persohn da-gewesen und* [hat] *Auf Ewr. Königl. Maj. depense* [Kosten] *gelebet. Romani Auch, mit Frau und Kindt! ich habe Sie aber a 12 gr* [Groschen] *den tag gesetzt. Nun frag* [ich] *untherthänigst an, ob* [ich] *die astrua* [Astrua] *auch so setzen soll. Sie ist sehr Schwierig und Hatt alles, so sie mit*

Ihren Bruder und Domestiqen dort ver-Zehret, Be-Zahlet, in-gleichen Salembeni. auch wollen [sie] *die 12 gr* [Groschen] *Nicht nehmen* [sondern mehr haben].

[Es folgt ein Bericht Fredersdorfs, daß 3000 Taler auf dem „Livrey-Etat" gespart seien. Dann fährt er fort:]

Von Bey-Kommenden Tapeten Hatt der Französische Gesandte Zu Zwey Zimmer Bestelt, um sie nach Frangr. [Frankreich] *Mit-Zu-Nehmen, weil Er nach seiner Meinung so-waß in Paris Nicht findet.*

Auf dem Stück weiser Leinwand, die der Man erst erfunden Hatt, Können Ewr. Königl. Maj. Mit Tinte [und] *creyon* [Stift] *Schreiben und läst sich alles wieder abwischen, welches sehr Comode* [bequem] *Zu Zeichnungen ist*[2].

Zu den Festeins in Charlottenb. [Festlichkeiten in Charlottenburg v. 7. bis 12. September] *Habe* [ich] *nach Hambourg geschrieben, wo-möglich austers* [Austern] *und andre See-delicatessen Zu haben, wo es sonst vor der witterung sich Conserviret* [frisch hält]. *An junge rephüner, junge Fasanen und Perlhüner soll es auch Nicht fehlen; und waß man Schönes haben Kan, werde suchen Zu Schaffen.*

Der Suiten-Zettel [Gefolge-Anmeldung für das Charlottenburger Fest] *von Ihr Maj. der Königin-Frau-Mutter und Princessin Amalie, Königl Hoheit, Beläuft sich auf 45 Persohn. ich Habe den Castellan nach Charlottenb. selbige geschickt, da-mit ein jeder von denen Bedienten weiß, wo Er seinen Platz finden soll, wann Er Hin-Kompt. Ihr Majest. die Königin lassen untherthänigst Anfragen, ob Ewr. Königl. Maj. gnädigst er-Laubten, daß Sie auch Könte raus Kommen. Ihre Suite Besteht in 5 Persohn*[3].

Lesser [der Arzt] *Hatt Mich Nuhmehro er-Laubt, aus dem Bette Zu sein. ich finde auch Merklich, daß ich wieder Kräfte bekommen, daß ich also Kein recitif* [recidive, Rückfall] *Zu Befürchten Habe. Nur Bitte* [ich] *Ewr. Königl. Maj. Unterthänigst, Keine ungnade wegen Meines öftern Kranksein Auf Mich Zu werffen. Mein intention* [Vorsatz] *ist gut, allein ich merke doch, daß Meine Lehber Nichts taugt, wo-vor ich itzo alles brauchen werde, waß ich Kan, um gesund Zu werden. ich ersterbe*

Ewr. Königl. Majesté
Untherthänigster Knecht
Fredersdorf

Berlin d. 2. Aug: 1748

¹ Der König war ein großer Freund von Obst jeder Art; stets mußten Schüsseln davon in seinen Zimmern stehen. Und in seinen Gärten und Warmhäusern von Sanssouci suchte er möglichst alles selbst zu ziehen. Daher das Angebot von Samen. Friedrichs Antwort auf die Zusendung der „Persianischen Melonen" im nächsten Brief ist „echt fritzisch" im Ausdruck, aber herzlich gut gemeint.

² Fredersdorf weiß, daß er mit diesen Mitteilungen über Leistungen der preußischen „Manufakturen", die sogar dem Franzosen Eindruck gemacht haben, dem König eine große Freude bereitet. Eine Werkstatt für gestickte Tapeten hatte der Schutzjude Joel errichtet, dem Friedrich später zu diesem Zweck das Schloß Glienicke bei Potsdam schenkte. (Das jetzige Schloß ist ein späterer Schinkelbau.) Die merkwürdige „Leinwand" wird eine Art Wachstuch gewesen sein.

³ Die Königin-Mutter und die Prinzessin Amalie, Friedrichs unverehelichte Schwester, sind zu den Charlottenburger Hoffestlichkeiten geladen und melden 45 Personen Gefolge und Dienerschaft an, die regierende Königin dagegen ist **nicht** eingeladen* und fragt — durch Vermittlung Fredersdorfs! — „unterthänig" an, ob sie nicht auch kommen dürfe — mit 5 Personen „Suite"!! —

Diese Briefstelle wirft in einer geradezu erschütternden Weise ein grelles Schlaglicht auf die unwürdige Stellung, die die Königin-Gemahlin innehat. Schon mehrmals hatten wir bei der Betrachtung unserer Briefe Gelegenheit darauf hinzuweisen (vgl. Nr. 2 und 45), aber eine so deutliche Sprache der Tatsachen, wie hier, haben wir noch nirgends gefunden.

Es scheint uns deshalb nunmehr der Zeitpunkt gekommen, Antwort auf die Frage zu suchen, wie so etwas möglich sein konnte.

Wir werden die Begründung in drei Richtungen finden. Einmal erklärt sich vieles aus der **Vorgeschichte** dieser Ehe, die ja dem Kronprinzen gegen seinen leidenschaftlichen Widerstand aufgezwungen worden war, sodann aus der Tatsache des menschlichen Nichtzueinanderpassens gerade **dieser** Ehegatten, endlich aus der grundsätzlichen Einstellung Friedrichs zur Frau überhaupt.

---

* In seinem Antwortschreiben — Nr. 79 — geht der König auf diesen Punkt nicht ein; wir wissen aber aus anderen Quellen, daß Elisabeth an dem Fest dann doch teilgenommen hat. Nach Sanssouci aber — von Schwester Wilhelmine das „Kloster" genannt — ist die Königin, trotz ihres brennenden Wunsches, nie gekommen.

I. Gewiß gehörte die Erzwingung dieser ehelichen Verbindung der Vergangenheit an, und vielleicht wäre die Wunde von damals längst vernarbt gewesen, wenn diese beiden Menschen freundschaftlich zueinander gepaßt hätten, und wenn Friedrich an und für sich zum Ehemann geboren gewesen wäre. Da aber, wie wir sehen werden, diese beiden Voraussetzungen nicht zutrafen, saß die fressende Empörung über die ihm angetane seelische Vergewaltigung noch tief in den Winkeln seines Herzens und mußte fortdauernd dazu beitragen, die schon aus anderen Gründen vorhandene Entfremdung gegenüber seiner Gemahlin zu verschärfen.

Um die ganze Verzweiflung seines Aufbäumens gegen die ihm drohende Zwangsehe möglichst unmittelbar zu empfinden, wollen wir einige seiner damaligen Briefe (an Grumbkow und Wilhelmine) reden lassen:

(An General Grumbkow:) „Ich soll durchaus verliebt werden, wenn es auch durch Prügel erreicht wird!"... „Nur kein Weiberregiment in irgend etwas auf Erden! Ich glaube, daß ein Mann, der sich von Weibern regieren läßt, der größte Waschlappen ist, den man sich denken kann, und überhaupt nicht verdient, ein Mann genannt zu werden. Deshalb verheirate ich mich zwar als anständiger Mann, aber so: Ich lasse meine Frau machen, was sie will, und tue meinerseits, was mir gefällt. Es lebe die Freiheit!"

„Ich habe die Frauen gern, aber meine Neigungen sind sehr unbeständig. Ich will nur Vergnügen haben, und auf das Vergnügen folgt die Verachtung".

„solange man mich Junggeselle bleiben läßt, werde ich Gott danken, es zu sein; und wenn ich mich verheirate, werde ich gewiß ein sehr schlechter Ehemann sein; denn ich fühle in mir weder genug Beständigkeit noch genug Liebe zum weiblichen Geschlecht, um glauben zu können, ich würde sie in der Ehe in mich aufnehmen. Und der bloße Gedanke an meine Frau ist mir eine so verhaßte Sache, daß ich nicht ohne Abneigung daran denken kann. Trotzdem würde ich immer alles aus Gehorsamkeit tun, aber niemals in guter Ehe leben..."

„Ich bin wütend, ein Ehemann werden zu müssen und mache nur aus der Not eine Tugend. Mein [dem Vater gegebenes] Wort halte ich: ich heirate. Aber nachher, wenn die Hochzeit vorbei ist: Guten Morgen, gnädige Frau, glückliche Reise!"

(An Schwester Wilhelmine:) „Der König verfolgt mich mit unserer Verheiratung. Ich liebe die Prinzessin nicht; im Gegenteil, ich habe vielmehr Abneigung gegen sie, und unsere Ehe wird nicht viel wert sein, da sie weder Freundschaft noch innige Vereinigung zwischen uns herstellen wird." ... „und ich würde mich glücklich fühlen, wenn es mir vergönnt wäre, S i e [die Schwester] täglich zu sehen und mich niemals zu verheiraten" ...

„Mein Herz läßt sich nicht zwingen. Wenn es liebt, liebt es aufrichtig, und wenn es nicht liebt, läßt es sich nicht zwingen. —"

Diese leidenschaftlichen Ausbrüche sind zum größten Teil gewiß recht unerfreulich durch ihre Maßlosigkeit und den — dem Kronprinzen in diesen Jahren noch auf vielen Gebieten anhaftenden — Mangel an Reife, aber sie zeigen doch die ganze Glut der Empörung und der zornigen Abwehr seines vergewaltigten Jünglingsherzens und machen es verständlich, daß solche Wunden so leicht nicht vernarbten. (Über die scheinbaren Widersprüche der Briefstellen sprechen wir weiter unten.)

II. Zudem paßten Friedrich und Elisabeth in ihren menschlichen Wesenszügen nicht zueinander, das will sagen, sie würden auch dann zu keinem guten Verhältnis gelangt sein, wenn sie, statt Ehegatten, Geschwister gewesen wären.

Dies meinen wir aussprechen zu dürfen, obschon das Zusammenleben der jungen Eheleute sich in den Rheinsberger Jahren wesentlich freundlicher oder doch reibungsloser gestaltete, als zu erhoffen gewesen war. Die vom Glück über das innige Verbundensein mit seinen Herzensfreunden, von innerer Befriedigung über seine erstmalig ernsthafte geistige Arbeit und daneben von heiterer Lebensfreude getragene allgemeine Hochstimmung des Kronprinzen in Rheinsberg trug sicher wesentlich dazu bei, auch die Gemahlin freundlich zu „tolerieren", wie er in jener Zeit sogar die fröhliche Schar der jungen (übrigens meist verheirateten) Hofdamen als unentbehrliche und erfreuliche Mitglieder des Rokokoidylls von „Remusberg" gelten ließ. (Verse hat er allerdings nur auf diese Hofdamen — die er wenige Jahre später eine „anspruchsvolle, stets unzufriedene Spezies des weiblichen Geschlechts" nannte — gemacht, nie auf seine Gemahlin, die auch im Briefwechsel mit seinen Freunden beiderseitig niemals erwähnt wurde.) War also nach allem bisher Gesagten — wie auch nach des Kronprinzen gelegentlichen eigenen Aussprüchen zu Vertrauten — gewiß auf seiner Seite keine Liebe vorhanden, so erkannte er doch die guten Eigenschaften Elisabeths an, die ihren Gatten zeitlebens geliebt hat, oder richtiger, die liebend zu ihm emporgesehen hat. Aber diese guten Eigenschaften waren rein passiver Natur, sie bestanden (um Ausdrücke Friedrichs aus der Frühzeit der Ehe zu gebrauchen) in einem sanften Gemüt, in der Neigung sich belehren zu lassen, in Gefälligkeit bis zum Übermaß und dem Streben, ihrem Gatten jeden Wunsch von den Augen abzulesen. Das war genug, um ihr in der Rheinsberger Freudenzeit Friedrichs achtungsvolle Rücksichtnahme zu gewinnen, aber nicht genug, um sie einem solchen Menschen in ernsteren Zeiten zur wertvollen Lebenskameradin zu machen. Dies um so weniger, als der König kaum ein Jahrzehnt später sich geradezu abgestoßen fühlte durch die bei der Königin inzwischen — gewiß wohl nicht ohne Schuld des Gatten — zum Durchbruch gelangte Wehleidigkeit und in kleinlicher Weise empfindliche Übellaunigkeit. (Wie konnte das auch anders sein bei einer Frau, die von Natur nichts weniger als großzügig war und die der Liebe ihres Gatten ebenso schmerzlich entbehrte, wie der inneren Anerkennung seitens ihrer Umgebung.) So trat, bald nach der Thronbesteigung beginnend, und im Laufe der beiden ersten Kriege ständig wachsend, eine völlige persönliche Entfremdung zwischen den Gatten ein, die für Elisabeth dadurch kaum gemildert werden konnte, daß ihr in den — von Friedrich aber planmäßig immer seltener gemachten — Fällen, wo sie als Königin zur Schau gestellt wurde, alle gebührenden äußeren Ehrenrechte peinlichst gewahrt blieben. (Wobei daran zu erinnern ist, daß sie im Hofrange hinter der Königin-Mutter stand.)

Waren Friedrich und Elisabeth von vornherein sehr verschiedene Charaktere gewesen, so entwickelten sie sich später immer mehr auseinander, sie in der Richtung weiblicher gefühlsmäßiger Passivität, er — durch die Verantwortung als Landesvater und durch die schwere Schule seiner Kriege — in der Richtung einer ausgesprochen aktiven, übersteigert „männlichen" Geistigkeit, deren in die Augen springende Merkmale stahlhartes Wollen und verstandeskaltes Denken waren.

Obschon dem Friedrich, wie er nun geworden war, eine solche Frau keine seelische Helferin und Stütze sein konnte, wäre doch vielleicht eine glückliche oder doch leidliche Ehe auch in dieser Verbindung des „Strengen mit dem Zarten" möglich gewesen, wofern der König grundsätzlich zum Ehemann geboren gewesen wäre, d. h. dem weiblichen Geschlecht gegenüber eine „regelrechte" seelische Einstellung gehabt hätte.

III. Das war aber offenbar nicht der Fall, so offenbar, daß zu allen Zeiten viel darüber nachgedacht, geschrieben und — gemunkelt worden ist. Gerade neuerdings, da die — mit der deutschen Not unserer Tage leicht erklärbare — emporschauende Begeisterung weiter Kreise für den großen König die Gegenkritik erneut auf den Plan gerufen hat, ist auch alle dies alte Gemunkel wieder ans Tageslicht gezogen worden, für das der lebende König nur das Wort hatte: „Man muß das verachten!"

Dieses Buch verfolgt seinem ganzen Wesen nach keinerlei polemische Zwecke. Wir beschränken uns deshalb darauf, dem Leser — unter Vorbehalt einer näheren Begründung in einer anderen Schrift — die Ergebnisse mitzuteilen, zu denen wir auf Grund eingehender Prüfung der Dinge unsererseits gelangt sind. Danach halten wir das alte Gerücht, Friedrich sei um das zwanzigste Jahr herum durch das Versehen eines Arztes entmannt worden, aus psychologischen und urkundlichen Gründen nicht für richtig, so blendend sich auf den ersten Blick die Erklärung darstellt, Friedrich habe dieses Unglück verschweigen wollen und, um nun erst recht zu beweisen, daß er ein „Mann" sei, sich in den Eroberungskrieg gestürzt, auch geflissentlich den Anschein „gleichgeschlechtlicher Veranlagung" erweckt, um so wenigstens den Glauben an seine unversehrte Mannheit in den Augen der Menschen zu retten, die seine spätere Ablehnung des Weibes deutlich vor sich sahen.

Auch der — vornehmlich auf die geheime Schmähschrift des in Ungnaden entlassenen Voltaire zurückgehenden — Meinung derer, die die eben erwähnte „gleichgeschlechtliche Veranlagung" nicht für einen absichtlich erweckten Anschein, sondern für Tatsache halten, vermögen wir nicht beizutreten, solange bestimmte Beweise dafür nicht beigebracht werden können; und das ist bisher nicht geschehen. Wir stehen nicht auf dem Standpunkt, daß ein etwaiges künftiges Gelingen dieses Beweises Friedrichs Charakterbild unter allen Umständen entwerten müßte (siehe die Fußnote*), wohl aber bestreiten wir, mangels

---

* Die Richtung des geschlechtlichen Trieblebens eines Menschen (ob sie hetero-, bi- oder homosexuell ist) besagt an sich noch nichts über die ethische Qualität, die seelische Höhe seines Liebeslebens. Die ganze Mannigfaltigkeit dessen, was man unter dem geduldigen Sammelwort „Liebe" zusammenfaßt, von der tierisch wahllosen Triebbefriedigung bis zu den erhabensten Erscheinungen rein seelischer Hingabe und selbstlosen Opfersinns, kann erfahrungsgemäß bei den Vertretern jeder Triebrichtung vorkommen. Die ethische Wertstufe, auf der im Einzelfalle das Liebesleben steht, hängt ausschließlich davon ab, was der betreffende Mensch (bei der für ihn gegebenen Triebrichtung) seelisch in sich aufbaut, der allgemeine Inhalt und ethische Wert seines Seelenlebens ist also ausschlaggebend. Sowohl der in seinem Triebe „normale", wie der

unwiderleglicher Tatsachen, die Berechtigung des bisher dafür versuchten Indizienbeweises, w e i l wir für diese „Indizien" eine a n d e r e Erklärung zu haben glauben, die wir für weit einfacher und natürlicher halten, obschon sie nicht auf der heute üblichen geistigen Landstraße „sexualpsychologischer" Gedankenreihen einhergeht.

Wie war denn der Tatbestand? Auch wenn man das von der neueren Forschung den „Denkwürdigkeiten" der Wilhelmine von Bayreuth entgegengebrachte Mißtrauen (vgl. Brief 90) soweit ausdehnt, daß man ihren Bericht über die schmähliche Verführung ihres sechzehnjährigen Bruders durch eine hochgestellte Dirne gelegentlich eines Besuches am Dresdner Hofe für gänzlich erfunden hält, steht doch für Friedrichs spätere Jünglingsjahre fest, daß er damals der sinnlichen Weibesliebe verfallen war, also eine „normale Triebrichtung" zeigte. Diese Abenteuer standen durchweg unter dem oben von uns angeführten Wort „Ich habe die Frauen gern, aber meine Neigungen sind sehr unbeständig. Ich will nur Vergnügen haben und auf das Vergnügen folgt

---

„invertierte" Mensch k a n n (durch Schädigung des andern Teils an Leib oder Seele) zum F e i n d, oder (durch innere Bereicherung und Veredelung des anderen Teils) zum F ö r d e r e r werden.

Die gleiche Edelgesinnung und Beseeltheit v o r a u s g e s e t z t, ist also die auf gleichgeschlechtlichem Triebe aufgebaute Liebe derjenigen des „normalen" Menschen nicht ethisch, sondern nur „sozial" unterlegen, insofern als nur die letztgenannte, durch Überleitung in sexuelle Liebesbetätigung, geeignet ist, der Erhaltung der Gattung zu dienen.

Diese Feststellungen sind beim heutigen Stande der Lebenskunde ein Gebot einfacher Gerechtigkeit, wogegen wir nicht erörtern wollen, ob diejenigen richtig beobachtet haben, die da meinen, selbst der edelste gleichgeschlechtlich empfindende Mensch sei regelmäßig auch noch auf anderen Gebieten „seelisch abnorm" und darum unter Umständen sozial bedenklich, o d e r diejenigen, die im Gegenteil glauben, daß der ethisch h o c h s t e h e n d e gleichgeschlechtlich Empfindende der menschlichen Gesellschaft in vielen Fällen gerade auf sozialem Gebiete Wertvolleres leiste, als der „Normale", der sein Denken und Arbeiten zu einem mehr oder weniger großen Teil dem engeren Kreise seiner Familie widme — oder anders ausgedrückt, daß es zum Haushaltsplan der Natur gehöre, neben die Vielzahl derer, die dem Gattungszweck unterworfen sind, auch einige Menschen zu setzen, deren Wirken, vom Gattungszweck befreit, in besonderem Maße dem Dienste an der Gesellschaft bestimmt sei. (Ein Gregor VII. hat durch die Einrichtung des Cölibats diesen Zustand für das soziale Gebilde der Kirche bekanntlich künstlich herzustellen gestrebt.) Aber, wie gesagt, diese „spekulativen" Fragen wollen wir nur erwähnen, nicht beantworten. In Wahrheit wird es auch hier allein auf den a l l g e m e i n e n ethischen Wert der in Frage stehenden E i n z e l p e r s ö n l i c h k e i t ankommen.

die Verachtung." Das heißt, diese Verhältnisse waren lediglich sinnlicher Natur, eine hemmungslose Äußerung seines jugendheißen Blutes, Liebe in höherem, seelischem Sinne war es nicht. Nur einen anders gearteten Fall kennen wir. Das war Friedrichs Schwärmerei für die edle Gattin des Obersten von Wreech in der Küstriner Zeit. Diese Frau wies ihn mit freundlicher Überlegenheit in die Schranken der Freundschaft und lehrte ihn weibliche Würde achten. Aber diese einmalige Annäherung an wirkliche Liebe war nur eine ganz vorübergehende Episode, bald darauf sehen wir Friedrich wieder im alten Fahrwasser rein sinnlicher Einstellung zum Weibe. Dann kam die unglückliche (und bekanntlich kinderlose) Ehe und darauf, insbesondere nach der Thronbesteigung, das immer deutlicher werdende Ablehnen des weiblichen Geschlechts überhaupt und die Alleinherrschaft männlicher Freundschaften.

Ausnahmen von dieser allgemeinen Ablehnung bilden lediglich die — 1746 nach langer Entfremdung wiederhergestellte — geschwisterliche Freundschaft mit Wilhelmine, das dankbar liebevolle Sohnesverhältnis zur Mutter und die hochachtende Verehrung für „Mütterchen" Camas, die edle Greisin. Beziehungen der Leidenschaft zu weiblichen Wesen gab es überhaupt nicht mehr und solche mit tieferer Beteiligung des Gemütes über die genannten Ausnahmen hinaus kaum.

Was lag nun diesem „Tatbestand", dieser unleugbar auffälligen Wandlung in der Einstellung zum weiblichen Geschlecht, zugrunde?

Wir haben gesehen, wie Friedrich sich in der Rheinsberger Zeit zu ernstarbeitendem Streben und dann als König zu eisernem Willen, unerbittlicher Gedankenklarheit und selbstkritischer Innerlichkeit durchgerungen, kurz, wie er sich in seiner geistigen Konstitution zum spezifisch „männlichen" Typ entwickelt hatte.

Wenn wir nun demgegenüber hören, wie er von den Frauen den Eindruck hat, daß sie „niemals Ruhe, niemals Stille, sondern immer Bewegung, immer geräuschvolles Treiben um sich brauchen, um das Nachdenken vom eigenen Ich abzukehren", oder wenn wir lesen, daß er an die „Ausnahme" Gräfin Camas nach sehr bösen Worten über die hohle und anmaßliche Oberflächlichkeit ihrer jüngeren Geschlechtsgenossinnen schreibt:

„Doch unter Ihres [grauen] Haares Tracht entzückt
uns Mannesgeist, so selten, ach, zu finden",

dann spüren wir, was ihn dazu brachte, die Frauenwelt, wie er sie sah, aus seinem Lebenskreise auszuschließen. Der weibliche Mensch war ihm bis auf wenige Ausnahmen geistig wesensfremd.

Warum aber hatte die Frau daneben auch aufgehört, als **Liebespartnerin** eine Rolle in seinem Leben zu spielen? Man könnte sagen, er habe, als er König geworden, mit vollem Bewußtsein den Entschluß gefaßt, sich nicht in die Abhängigkeit von Liebesfesseln zu begeben, in die er ringsum die Träger großer und kleiner Kronen unwürdig verstrickt sah; und man könnte sich bei dieser gedanklichen Erklärung auf mehr als einen seiner eigenen Aussprüche beziehen. Aber wir glauben, daß dies nicht der tiefste Grund seiner nunmehrigen sinnlichen Loslösung vom Weibe war. Erst recht freilich lehnen wir die „Erklärung" ab, daß sein — vordem unleugbar „normaler" — Geschlechtstrieb sich gewandelt habe (ganz abgesehen davon, daß eine solche Wandlung in dem Alter und in **dieser** Reihenfolge eine so überaus seltene Erscheinung wäre, daß sie des zwingendsten Tatsachenbeweises bedürfte, um glaubhaft zu erscheinen.) Wir greifen vielmehr zurück auf die alte Lebenserfahrung, daß ein **edler** Mensch, sobald er charakterlich **gereift** ist, der triebmäßigen Anziehungskraft nur noch **da** innerlich (und erst recht äußerlich) unterworfen ist, wo er zugleich das fragliche Individuum mit der **Seele** liebt. Diese seelische Liebe zum Weibe ist nun Friedrich von Jugend auf eine Unmöglichkeit gewesen. Solange er freilich charakterlich unreif war, verfiel er dennoch **sinnlichen** Begierden. Aber schon gegen Ende der Jünglingsjahre fühlen wir den aufsteigenden Ekel gegen die sinnliche Liebe **ohne** Herzbeteiligung. Das eben sagt uns das Wort des Zwanzigjährigen: „Ich will nur Vergnügen haben, und auf das Vergnügen folgt die **Verachtung**." Vorerst war ihm diese aufkeimende Abneigung gegen sinnliche Liebe ohne Beteiligung der Seele nur ein „dunkler Drang", jetzt aber ist ihm das alles **bewußt** geworden. Er **weiß** jetzt — und die Einsicht in die für ihn vorhandene **geistige** Kluft hat ihm diese Erkenntnis erleichtert — daß er das Weib nicht **seelisch** lieben **kann**. Damit aber scheidet für den inzwischen auch **ethisch** Gereiften (ganz abgesehen von seinem **Entschluß**, sich nicht in Amors Sklaverei zu begeben) die Gefahr, dem Weibe **sinnlich** zu verfallen, von **selber** aus — trotz unverändert „normaler" Triebrichtung.

Denken wir freilich daran, daß sonst auch die geistig „männlichsten" Männer in einer ebenso „weiblichen" Frau ihre ersehnte innere Ergänzung finden, angezogen von einem seelischen Magnetismus, der als ein heiliges Geheimnis der zweckwollenden Natur die gegebene innere

Wesensfremdheit zwischen Mann und Weib überbrückt (einem Magnetismus, von dem hier nur gesagt zu werden braucht, daß er mit dem Geschlechtstrieb nicht „identisch" ist, schon deshalb nicht, weil er im Gegensatz zu diesem rein seelischen und individuellen Charakter trägt), so müssen wir freilich zugeben, daß Friedrich in seiner Unfähigkeit zur „seelischen Weibesliebe" eine Ausnahmeerscheinung darstellt, daß er in dieser Richtung eine tragische, weil um hohe Glücksgüter betrogene Gestalt ist. Dieses Schicksal indessen mit einer Änderung seines Trieblebens erklären zu wollen, erscheint uns aus den oben genannten Gründen abwegig.

Noch weniger aber ist ein Rückgriff auf das Triebleben zulässig oder gar notwendig, um Friedrichs herzenstiefe männliche Freundschaften zu „erklären". Man bedenke doch, daß ihm ein nach Empfinden und Wollen überaus leidenschaftliches Temperament innewohnte, das sich doch nicht nur in Taten und geistigen Schöpfungen ausgeben konnte. Und neben dieser Leidenschaftlichkeit lebte in seiner Brust eine bis an Weichheit grenzende Sehnsucht nach Geben und Nehmen von Herzenswärme. Bedarf es da noch einer künstlichen Erklärung, daß ein solcher Mann für sein seelisches Drängen den Ausweg suchte, der ihm allein übrig blieb, den Weg in die innere Gemeinschaft mit Menschen, von denen er sich nicht (wie bei den Frauen) durch „geistig-seelische Wesensfremdheit" getrennt fühlte, also mit männlichen Freunden? —

Es ist eine Krankheit unserer Zeit, daß sie sich scheut, an „Liebe" zwischen Freunden zu denken oder gar von ihr zu sprechen, aus Furcht, damit sofort eine Erniedrigung in das Reich des Trieblebens anzudeuten. Wieviel unbefangener waren doch darin frühere Zeiten! Wenn z. B. Goethe über seine Ernennung zum Weimarischen Staatsminister mit den Worten berichtet: „Der Herzog, mit dem ich nun schon an die neun Monate in der wahrsten und innigsten Seelenverbindung stehe, hat mich endlich auch an seine Geschäfte gebunden; aus unserer Liebschaft ist eine Ehe entstanden, die Gott segne", so wird kein verständiger Mensch in diesem Wortbild eine Unwahrhaftigkeit des Empfindens sehen, noch weniger aber „auf gewisse Gedanken" kommen. Wenn wir bekennen müssen, daß heute niemand mehr so zu schreiben „wagen" würde, so handelt es sich dabei nicht nur um eine äußerliche Änderung des Zeitgeschmacks — die man gewiß gelten lassen wird — sondern um eine Verseuchung mit „sexualpsychologischem" Denken, die uns innerlich lähmt und feige macht.

Nennen wir also ruhig Friedrichs Verhältnis zu den auserlesenen seiner Freunde „Liebe", denn er empfand es so; und lassen wir gerade auch den Briefwechsel mit Fredersdorf unbefangen in diesem Sinne auf uns wirken, um ehrfurchtsvoll zu fühlen, wie menschlich hochstehend und herzensrein die Freundes-„Liebe" des Königs war.

*

Um gewissermaßen die „Probe aufs Exempel" zu machen, bitten wir den Leser sich der oben angeführten Stellen aus Friedrichs Abwehrbriefen gegen die drohende Zwangsehe zu erinnern:

In den Worten: „Ich habe die Frauen gern, aber meine Neigungen sind sehr unbeständig. Ich will nur das Vergnügen und auf das Vergnügen folgt die Verachtung" meint er mit dem „Gernhaben" die sinnliche „Liebe" ohne Herzbeteiligung.

In der Stelle: „Ich fühle in mir weder genug Beständigkeit, noch genug Liebe zum weiblichen Geschlecht, um glauben zu können, ich würde sie in der Ehe in mich aufnehmen" spricht er von der seelischen Liebe zum Weibe, deren er nicht fähig ist.

Und endlich der Satz: „Mein Herz läßt sich nicht zwingen. Wenn es liebt, liebt es aufrichtig" bezieht sich auf die Freundesliebe, zu der er natürlich auch sein inniges Verhältnis zur Schwester Wilhelmine rechnet, wie überhaupt die Liebe zu solchen Frauengestalten, in denen er aus besonderen Gründen nur den „Menschen" sieht.

So lösen sich völlig zwanglos die scheinbaren Widersprüche dieser Briefe! (Man vergleiche hierzu auch Seite 28 f. und die späteren Briefe 88, 102 und 211.)

79

DER KÖNIG AN FREDERSDORF

(3. August 1745)

Vohr den 14ten[1] *dießes Mohnahts Solstu* [sollst Du] *nicht aus-gehen. ich glaube Du Schikest mihr Pomersche Kürbs* [Kürbisse][2], *stat Spanische Melonen! ich habe sie noch nicht probihret.*

Das gesparte livrei-geldt wirdt zu 2 Dingen Employiret [verwendet]: *2000 Thaler vohr Charlottenburg zum fest (lasse nicht So vihl Sachen aus hamburg Komen, es ist zu Warm!)* [und] *1000 Taler vohr 3 pagen-Mundihrungen*[3] *vor Sidau, Canegiser und Donep mit Neüem Samt.*

*Die astrua und Salimbeni und Cochois mus man nicht zu sehr behandelen*⁴, *in-dessen doch dem Salimbeny Sagen, ich betzahlte ihm, umb ihn Singenn zu hören, Wann es mihr gefihle, und nicht, umb auszureißen, wan ich ihm hören Wolte!*

Friech

¹ Den „14ten" war wahrscheinlich Mondwechsel, also in Friedrichs Augen ein „kritischer Tag" für die Kranken.

² Durch den drolligen Vergleich der übersandten „Persianischen Melonen" mit „Pomersche Kürbs" [pommerschen Kürbissen] will der König Fredersdorf natürlich nur seine freudige Überraschung über die „fabelhafte" Größe der Südfrüchte ausdrücken. Um dem Mißverständnis vorzubeugen, als wolle er sich über den Geschmack abfällig äußern, setzt er vorsichtshalber hinzu: „ich habe sie noch nicht probihret."

³ Auf prächtige Ausstattung seiner Pagen und überhaupt seiner Dienerschaft legte der für seine Person so bescheidene König großen Wert, namentlich bei seinen Potsdamer Leibpagen. Von den genannten Pagen, von Sydow, von Kannegießer und von Donop, hatte er den erstgenannten besonders gern.

⁴ Die Astrua, die berühmte Primadonna, der große Sänger Salimbeni und die Tänzerin Cochois sollen, weil stets die Gefahr besteht, daß sie von anderen Bühnen weggekapert werden (vgl. als Beispiel den nächsten Brief), „mit Handschuhen angefaßt" werden. Das ist der Sinn der Anweisung, sie „nicht zu sehr zu behandeln". Der Rüffel, den Friedrich gleichwohl dem Salimbeni erteilen läßt, ist demnach nicht folgerichtig, die Wirkung davon aber, wie wir bald sehen werden, vortrefflich.

80

FREDERSDORF AN DEN KÖNIG

6. August 1748.

Die astrua [Primadonna Astrua] *Kompt vor-gestern Zu mir und er-Zehlet, wie Sie Brieffe aus Italien hätte, daß man Ihr Person gerne an den Spanischen Hoff haben wolte.* [Vgl. Nr. 79, Anm. 4] *da ich Ihr dießes anfänglich nicht glauben wolte, so Hatt Sie mir ein-Liegendes schreiben geZeiget. ich habe Ihr allens, was Möglich ist, vorgestellet, wie* [ihr] *gewiß an Keinem orth in der welt mit so viehler destinction* [Auszeichnung] *Könte Begegnet werden, wie es hir geschäe* [geschähe], *welches Sie auch vollen-Kommen er-kennet. Endlich, durch langes Hin-und-Her-vorstellen, ist Ihr endt-Schlus gefast; und* [sie] *Bittet Ew. Königl. Maj.* [um] *eine allergnädigste baldige resolution* [Entscheidung], *weilen Sie diesen Antrag in Spanien sonst an-nehmen Müste. Sie wil Ihr Engagement, welches Biß* [bis] *d. Martz-Monath 1749 dauert, aus-denen* [ausdehnen] *vor das itzige Tractment* [Gehalt]. *als-dan bitte Sie Ew. Konigl. Maj. um 600 Thaler Zu-lage und vor Jhren Bruder ein Catholische prabende* [Pfründe], *Zu-mahlen Er so ein geistlicher ist. wann Sie von diesen Beyden* [Bedingungen] *versichert währ, so wolte Sie niehmahlen Mehr waß verlangen und Ew. Königl. Maj. Mit vergnügen Zeit-lehbens dienen.*

Da Ew. Königl. Maj. den Sontag den Ball gnädigst ordiniret [angeordnet] *haben, so habe* [ich] *aller-untherthänigst fragen wollen, ob 100 oder 200 Cavallier und Dames* [außer der Hofgesellschaft] *sollen gebethen werden und ob so viehl Tafeln wieder sein sollen, daß sie alle Können Placiret werden.*

Salimbeni ist würklich recht Chagrin [niedergeschlagen]. *ich hab Ihm Ew. Königl. Maj. allergnädigst willen* [den Rüffel aus dem vorigen Brief] *Bekandt gemacht; und Er wirdt sich ins künftige artiger auff-führen. Nur Bittet Er, Ew. Königl. Maj. möchten Ihm Nicht vor leute* [in Gegenwart anderer Leute] *ungnädig thun. ich ersterbe*

*Ew. Konigl. Majesté
untherthänigster Knecht
Fredersdorf*

Berlin d. 6. Aug. 1748

81

DER KÖNIG AN FREDERSDORF

(6. August 1748)

Was der astrua [die Astrua] *anbelanget, das acordihre* [bewillige] *ich ihr*[1], *und Kan das Engagement darnach gemacht werden.*

wann 50 oder 60 personen [zum Ball] *Komen*[2], *So ist es — mit, was hier ist — tausendt genug, es machet mihr* [sonst] *zu vihl Depense* [Unkosten]*!*

Frch

¹ Der König bewilligt also, um die berühmte Astrua nicht zu verlieren, auch die Pfründe für den Bruder, obschon er dabei auf den guten Willen der Kirche angewiesen ist. Der Versuch, dem Papst das „Benefizienrecht" für den Staat abzutrotzen, war gescheitert.

² Es sieht fast so aus, als sei die Auswahl der Einzuladenden, natürlich im Rahmen einer grundsätzlich genehmigten Liste, Fredersdorf überlassen gewesen. Trifft das zu, so mußte ihm das einen großen tatsächlichen Einfluß in der „Gesellschaft" verschaffen.

82

FREDERSDORF AN DEN KÖNIG

7. Aug. 1748

Ew. Königl. Maj. habe [ich] *in aller untherthänigkeit das Engagement der astrua übersenden sollen Zur gnädig unterschrifft; das von Ihr unterzeichnete werde ich Bey denen andern Engagements legen. Sie iß gantz Extra-ordina Content* [außerordentlich zufrieden] *und wil Niehmahlen sich glücklicher Schätzen, als* [wenn es ihr gelingt] *Ew. Königl. Maj. Gnade durch Ihr Singen Zu er-Halten.*

*Heüte Komt Mr. Hony*¹ *aus Brussel Bey Mir Mit rechten Compl.* [Komplimenten] *und* [erzählt], *wie Er gesonnen währ, ein Etablissement* [für französische Weine] *von einem seiner verwanten Hir* [auf] *zu machen.*

Endlich Kahm Er auf seiner Forderung [an den König für gelieferte Weine]. *ich hab Ihm aber ohne Compl.* [Komplimente] *gesagt, wie Er just In unrechter Zeit Kähm, und auch, daß Ew. Königl. Maj. gar Nicht Content* [befriedigt] *währen von der disjährigen Lieferung und daß Er die dießjährige weine Nicht würde Bezahlt Bekommen. Er wil Heüte all wein probiren, ob Sie um-geschlagen sein, und so er es findet, sich accomodiren* [fügen]. *wann es Ew. Königl. Maj. allergnädigster Wille ist, dem Hony waß zu zahlen, so Bitte* [ich] *allergnädigst* [um] *nach-richt. wo aber Nicht, so wil Ihm schon präpariren* [vorbereiten], *daß Er Ew. Königl. Maj. Nicht inComodiren* [belästigen] *Soll. ich Ersterbe*

Ew. Königl. Majest.
Untherthänigster treuer Knecht
Fredersdorf

Berlin d 7 Aug. 1748.

Randbemerkung des Königs:

Hony werde gegen December was abtzahlen. den wein, So ich nicht guht gefunden, nimt er zurüke. die astrua ihr engagement Komt hierbei zurüke.

Fch.

[1] Monsieur Hony, der Weinhändler aus Brüssel, dessen wechselndes Mienenspiel wir nach Fredersdorfs drolliger Schilderung bildhaft vor uns sehen, will sich durch sein Anerbieten, in Berlin eine Niederlage zu errichten, vielleicht nur beliebt machen, um auf diese Weise desto eher zu seinem Gelde zu kommen; denn er weiß ja, welchen Wert der König darauf legt, fremde Gewerbetreibende und Kaufleute ins Land zu ziehen. Im übrigen: Wie kläglich steht es doch mit des Königs persönlichen Geldverhältnissen!

83

FREDERSDORF AN DEN KÖNIG

7. Aug. 1748.

Ew. Königl. Majesté haben Zu die 3 Livreis [für die Pagen, vgl. Brief 79] *1000 Thaler assigniret* [angewiesen]. *da aber die 3 Livres Nicht Mehr Kosten als 329 Thaler, so Bekomen Ew. Königl. Maj. Zuruck 671 Thaler.*

Ich bitte aller-untherthänigst die Bey-Kommende quittung Zu unter-Schreiben, da-Mit [ich] *selbige an die Casse Kan Zurück-geben.*

Berlin d 7 Aug. 1748.   *Fredersdorf*

84

DER KÖNIG AN FREDERSDORF

(7. August 1748)

ich habe das geldt gekrigt. ich höre gahr Kein Wohrt von Unseren Menschen [dem Spitzel, vgl. Brief 32, Anm. 1.], *ob er lebendig oder thoht Sei. vohr der bareitischen Reiße* [Bayreuther Reise][1] *mus ich 2 Kleider haben, eines blau Samt mit goldt gestikt, Drapdargen-Weste* [drap d'argent, Silberstoff] *und aufschläge eben* [ebenfalls] *mit goldt gestikt,* [das zweite Kleid] *blümurandt* [bleu mourant = zartblau] *ohne geschohrenen Samt mit Gold gestik, eine Citronfarbene* [zitronengelbe] *Weste von reich Stof mit Silber, und aufschläge einthuend* [ebenso]. *wievihl wirdt ein jeder Kosten?*[2]

¹ Die „bareitische Reisse" ist eine (geplante) Reise des Königs nach Bayreuth zu seiner Schwester, der Markgräfin Wilhelmine, und zwar aus Anlaß der am 26. September stattfindenden Vermählung ihrer Tochter mit dem Herzog Karl Eugen von Württemberg. Drei Wochen nach dem vorstehenden Brief mußte der König sein Erscheinen zur Hochzeit wieder absagen, aus gesundheitlichen und besonders aus politischen Gründen, über die wir im Anschluß an den Brief 89 näheres hören werden. Nach Bayreuth schickte er als seine Vertreter die Brüder Heinrich und Ferdinand.

Der junge Württemberger hatte von 1742—44 in Potsdam gelebt. Als der 16jährige Prinz für mündig erklärt wurde, schrieb ihm Friedrich einen wundervollen Brief, in dem sich die Worte finden: „Denken Sie nicht, das Land Württemberg sei für Sie geschaffen, sondern glauben Sie, daß die Vorsehung Sie hat geboren werden lassen, um das Volk darin glücklich zu machen". Wie wenig Karl Eugen, dessen Ehe übrigens später geschieden wurde, diese hohe Mahnung des Königs beherzigte, wissen wir aus der Jugendgeschichte Schillers, als dessen Bedrücker er zu traurigem Ruhm gelangt ist.

² Auf der Hochzeit in Bayreuth muß Friedrich natürlich seiner königlichen Würde gemäß auftreten, also auch entsprechende Kleidung haben. Bis ins kleinste schreibt er selbst alles vor. „Wieviel wird es kosten?" fragt er zum Schluß, er, der soeben für die „Mundierung" seiner Pagen einen dreifach zu hohen Preis angesetzt hatte! Und wie fast ängstlich er besorgt war, daß seine Kleider nur ja nicht zu teuer würden, zeigt in geradezu rührender Weise der nächste, am folgenden Tage nachgesandte Brief.

85

DER KÖNIG AN FREDERSDORF

(8. August 1748)

ein jeder Rok, mit was darzu-gehöret, Sol nicht mehr als 500 Thaler Kosten. Der eine [Bei dem einen], *Dunkel-blau Samt mit Drapd'argent-Weste und aufschläge auf alle Näthe gestikt, mus die Stikerei darnach* [d. h. nach dem Preise] *eingerichtet werden. der blauhe hele* [helle] *ungeschorene wirdt nuhr forne gestikt, die Weste und aufschläge von Gelb-und Silber-Stof; der mus leichte* [wiederum des Preises wegen] *gestiket werden. also vohr die 2 gebe ich 1000 Thaler, und nicht mehr!*

Frch

86

FREDERSDORF AN DEN KÖNIG

10. Aug. 1748.

Ewr. Königl. Majest. allergnädigste ordre wegen der Zwey Kleider habe wohl verstanden und habe die 2 Kleider an den Sticker Pally[1] *veraccordiret* [vergeben] *vor den Gesetzten Preiß. ich hoffe, daßß Ewr. Königl. Maj. werden Content davon sein. Haynischer Kan Sie Nicht vor den Preiß machen.*

Cautemus[2] *hatt mich heüte gesagt, daß ich alle tage Könte ein par Stunden aus-gehn. und da ich Nun so-weit Bin, so bitte Ew. Königl. Maj., daß ich Kan nach Potsdam gehn, wann Ew. Königl. Maj.* [selbst] *hin-gehn. ich Ersterbe*

Ew. Königl. Maj.
treuer Knecht
Fredersdorf

Die Hern und Dames seind alle gebethen auf morgen nach-Mittag. [vgl. Brief 81, Anm. 2.]

Berlin d. 10. Aug. 1748

[1] Es ist das Geschäft von Pailly gemeint, das in der Straße „Unter den Linden" ansässig war.

[2] Hier erscheint zum ersten Male der Name des im Dezember 1747 von Friedrich berufenen neuen Leibarztes, Christian Andreas Cothenius. (Fredersdorf kann den für ihn neuen Namen noch nicht schreiben und nennt ihn „Cautemus".) Cothenius wird weiterhin eine außerordentlich große Rolle in unseren Briefen spielen; denn der König will seinen lieben Fredersdorf von keinem andern Arzt behandeln lassen, als dem, auf den er selbst, wie wir sehen werden, schwört.

87

FREDERSDORF AN DEN KÖNIG

11. Aug. 1748.

die 500 Thaler habe [ich] *an den Splittgerber* [siehe Brief 76] *laut quittung vor dem Girau* [auf Girokonto] *BeZahlet. der Sommer-Zeügene* [leichte] *rock erfolget auch Untherthänigst hir-Bey.*

Berlin d 11. Aug. 1748 *Fredersdorf*

88
DER KÖNIG AN FREDERSDORF

(12. August 1748)

den Rock¹ habe [ich] gekrigt, schike mihr die rechnung davon. von die 2000 Thaler vohr hiesim festin [für die hiesigen Feste] werden wohl 500 Tahler übrig-bleiben; die nim Nuhr auf abschlach deiner Mohnahts-rechnungen. Wann Nuhr die Preusische Pferde Verkauft wehren [wären], so Kähme ich damit reine heraus.

bleibe noch in berlin, bis daß Dihr der Docter gantz und gahr frey-spricht!

Fch.

Als der Kronprinz einst seinen Vater der Hitze wegen um einen leichten „sommerzeugenen" Rock bat, schlug dieser ihm das barsch ab; das sei eine französische Unsitte und Verweichlichung, in Preußen trüge man im Winter und Sommer **denselben Rock!**

Man liest oft, der Vorwurf, den Friedrich Wilhelm I. seinem Sohne Fritz in dessen Knaben- und Jünglingsjahren gemacht hat, er sei ein „effeminierter Kerl", habe der Berechtigung nicht entbehrt. Uns scheint daran nur soviel richtig zu sein, daß der Kronprinz damals tatsächlich Freude hatte an höfisch-stutzerischer Kleidung, an Musik, an — in jener Zeit, wie wir sahen, noch recht oberflächlichem — Bücherlesen, während er z. B. den militärischen Dingen mit verständnisloser Abneigung gegenüber stand.

Aber ist es notwendig, dies mit einer „femininen Charakteranlage" zu erklären? (Vgl. Brief 78.) Gibt nicht der Umstand, daß alle jene Dinge vom Vater streng verboten und schwer verketzert waren, eine voll ausreichende psychologische Begründung? — Jedem jungen Menschen, in dem trotzige Kraft steckt, schmecken bekanntlich „verbotene Früchte" am besten, und nun gar einem Friedrich mit seinem unbändigen und dabei dauernd in verständnisloser und unbarmherziger Weise geknebelten Freiheitsdrang! Die Art, wie er behandelt wurde **mußte** ihn ja zum Aufbäumen gegen den Vater auf schlechthin **jedem** Gebiet führen, auch wenn nicht die eigene Mutter den Knaben von frühauf zur „Opposition" geradezu erzogen hätte.

Wir glauben sogar, daß diese jugendliche Opposition auch auf sehr viel weniger äußerlichen Gebieten, als es die oben genannten sind, lebenslang nachgewirkt hat. Sollte nicht, um ein Beispiel zu nennen, auch Friedrichs religiöse „Toleranz" und seine Neigung, Menschen, die um ihrer Gesinnung willen verfolgt wurden, Zuflucht zu bieten (mochten sie ihm im übrigen gefallen oder nicht), geboren sein in der Kinderstube und Religionsstunde? Sollte das nicht ein Rückschlag sein auf des Vaters starres Christentum, das gewiß ehrlich war, aber gleich den Grenadieren auf dem Schloßplatz im Paradeschritt marschierte? — Natürlich wollen wir damit nicht etwa behaupten, die Jugendeindrücke seien der einzige Grund zu des Königs Weitherzigkeit, wohl aber, daß sie stimmungsmäßig nachgewirkt haben und den Grad der Leidenschaftlichkeit solcher Gesinnung verständlich machen.

89

DER KÖNIG AN FREDERSDORF

(1748)

den menschen [den Spitzel] *Kan ich in berlin Sprechen, nuhr mus mihr* [der Kabinettsrat] *Eichel erinneren. Puebla* [der österreichische Gesandte in Berlin] *ist nicht Klug! ich werde Kein nar* [Narr] *seindt und mihr nicht in posithur Setzen, wann allerwegens die Nachtbahren so vihl lerm* [Lärm] *machen.*

ich wende anjetzo allerwegens Starcke Kosten an und Künftig frühjahr bin ich in Voller postuhr [Positur], [jedem,] *den es gelüstet, den Fus vohr den hindren zu geben*[1].

gottbewahre dihr! und wann du das geringste fühlen soltest, So sage es nuhr gleich an Cothenius. wihr [der König und der Leibarzt] *haben alles abgeredet, so-daß mihr vohr dießen Mohnaht* [für Dich] *garnicht mehr bange ist. und wann du nuhr* [von] *deiner Seiten hülfst und Dihr wie ein Kindt in achte nimst, so wirdt alles guht werden, welches ich gewisse Wünsche.*

Fch

[1] Um die beiden ersten Absätze dieses Briefes zu verstehen, müssen wir sie im Zusammenhang der politischen Ereignisse sehen. Es handelt sich um die Spannung mit Rußland, deren Anfangsentwicklung uns schon von 1747 her bekannt ist. (Die darüber zum Briefe 68 gemachten Bemerkungen setzen wir im folgenden als dem Leser gegenwärtig voraus.)

Im Oktober 1748 war, nach fast neunjähriger Dauer, der Österreichische Erbfolgekrieg durch den Frieden von Aachen beendet worden. Zwar erhielt Friedrich darin die Anerkennung des Dresdener Friedens, also seines schlesischen Besitzes, im übrigen aber wurde seine politische Lage jetzt insofern wesentlich verschlechtert, als er nun nicht mehr von den bisher kriegführenden Mächten „gesucht" wurde; er konnte also fürderhin nicht mehr England und Frankreich diplomatisch gegeneinander ausspielen. Die Folge war eine gefährliche politische Vereinsamung. Dazu stieg der persönliche Haß der Zarin Elisabeth gegen ihn immer mehr. Wir haben gehört, daß der österreichische Gesandte Graf Bernes, gegen den sich die Spitzelei des „Menschen" richtete, im April 1748 von Berlin nach Petersburg versetzt war und dort, ein williges Werkzeug Bestushews, mit seiner angeblichen Kenntnis verletzender Aussprüche des Königs sehr zur weiteren Verhetzung der Zarin beitrug (Brief 32). Bestushew forderte die russischen Auslandsvertreter geradezu auf, ihre amtlichen Berichte in diesem Sinne zu fälschen. Der in unserem Briefe Nr. 75 erwähnte, mit des Königs Fürsorge bedachte Gesandte Graf Keyserlingk war allerdings Ehrenmann genug, diese Zumutung einer bewußten Fälschung abzuweisen, vielleicht weniger Friedrich zuliebe, als aus Pflichtbewußtsein gegenüber seiner Kaiserin. Nunmehr versuchte Bernes, seinen Nachfolger in Berlin, den Grafen Puebla, zu veranlassen, bei Keyserlingk durch Dritte den Verdacht zu erwecken, als werde in Schweden mit Unterstützung Preußens ein Anschlag gegen Thron und Leben der Zarin angezettelt. Diese Machenschaft kam allerdings nicht zustande. Puebla richtete eine Rückfrage an seine Regierung — darauf bezieht sich offenbar unser Brief — und Wien „blies ab" und zwar in der (wie wir wissen, zutreffenden) Vermutung, der König sei im Besitz der österreichischen Geheimschriftschlüssel und werde den sauberen Plan aufdecken. Die Vereitelung dieser Ränke des Grafen Bernes ist also, wenn man so will, mittelbar ein Verdienst unseres Fredersdorf, der ja den Schriftschlüssel herbeigeschafft hatte.

Wir erinnern uns (s. Seite 136), daß Bestushew Krieg gegen Schweden führen wollte und in diesen Krieg Preußen hineinzuziehen gedachte. Das zu erwartende Eintreten Friedrichs zugunsten Schwedens gegen Rußland sollte Maria Theresia gemäß dem Geheimanhang des Petersburger Vertrages von 1746 die Waffen in die Hand drücken; und ferner sollten auch England-Hannover, Dänemark und nunmehr auch Sachsen über Preußen — Schweden war ja für Bestushew nicht viel mehr als Vorwand — herfallen. Im Jahre 1748 nach dem Aachener Frieden spitzte sich die Lage immer mehr zu, nicht ohne Schuld Ulrikes, die die unaufhörlichen Mahnungen ihres königlichen Bruders zur politischen Vorsicht nicht genügend beachtete.

Im März 1749 erhielt der König dann die beunruhigendsten Nachrichten über Truppenzusammenziehungen. Wie er nunmehr die Lage ansah, zeigt schlagend ein Brief an seine schwedische Schwester vom 10. März 1749, in dem es heißt: „Nach allem, was ich an politischen Nachrichten erhalte, muß man sich auf den Krieg gefaßt machen und ihn dieses Jahr für unvermeidlich betrachten. Allem Anschein nach werde ich zu gleicher Zeit wie Schweden angegriffen werden; das ist nach den Vorbereitungen der Russen und Österreicher klar. Der Himmel stehe uns bei; wir müssen uns wehren, so gut es uns möglich ist, und uns auf die schlimmsten Ereignisse vorbereiten."

Und diese „Vorbereitung" — die, wie unser Brief zeigt, schon im Jahre 1748 eingeleitet war — traf der König alsbald mit größter Tatkraft! Das Heer wurde in Marschbereitschaft gesetzt und verstärkt, ein Feldzugsplan aufgestellt (in dem in weiser Beschränkung auf den Schutz der westlichen Landesteile gegen Hannover ebenso verzichtet wurde, wie auf den Ostpreußens gegen die Russen).

Diese absichtlich ganz offen betriebenen Vorbereitungen riefen in Berlin einen wilden Schrecken hervor, machten aber auf das Ausland den heilsamsten Eindruck, der — um es ganz kurz zu sagen — Frankreich wieder stärker auf Preußens Seite zog, England vorsichtig machte und damit auch Österreich bestimmte, Bestushew eine Absage zu geben. Zähneknirschend mußte dieser seine Pläne gegen Preußen zunächst aufgeben, wenn er sie auch in seinem Innern noch keineswegs begrub.

*

Unser nächster Brief gehört bereits dem Jahre 1750 an, ist also nach der Abwickelung der vorgenannten politischen Ereignisse geschrieben.

90

DER KÖNIG AN FREDERSDORF

(August 1750)

Es ist Sehr unangenehm, Krank zu Seindt und zu leiden. aber wenn Kein ander Mitel, als gedult, ist, so mus Man es doch ergreifen! Du wirst gewise beser werden und in erträgchlichere umbstände Komen. allein wenn Du bei Deinem paroxsismus [schweren Anfall] *ein-mahl hitzige medecine ein-nimst, so ist es aus und Kan Dier Keiner helfen. habe nuhr gedult, und nehme mahl 3 mohnaht nichts, als wenn es Cothenius guht findet. ich wette, Du wirst weiter Kommen, als wie mit alle die neue Docters. so wie es ohnmöchlich ist, daß eine Kirsche in einen Tag blühet und reife wirdt, so ohn-möglich Kan man Dihr in 4 Wochen gesundt machen*[1].

besorge nuhr alles wegen Meiner Schwester[2] *und ihre Cameren. wegen Lentulus*[3], *den hätte ich Schon außgesucht. gottbewahre Dihr!*

Fch

[1] Fredersdorf, den wir in unseren Briefen noch niemals völlig gesund gesehen haben, ist nun ganz schwer erkrankt. Des Königs Leibarzt Cothenius behandelt ihn, aber Fredersdorf, in seiner begreiflichen Ungeduld, bald gesund zu werden, wendet sich heimlich auch an andere Ärzte und — Kurpfuscher, und durchkreuzt damit des Königs freundliche Absichten.

Rührend ist die wahrhaft väterliche Liebe, Milde und Fürsorge, mit der der König seinen ungehorsamen Pflegling tröstet und mit freundlichen Worten zur Geduld und Folgsamkeit mahnt, er, der sonst keinen Widerstand verträgt und, wo er ihn findet, aufzubrausen pflegt. Solche Briefe, deren wir noch zahlreiche antreffen werden, dürfen nicht mit dem Verstande und mit der Frage nach ihrem „sachlichen" Inhalt gelesen werden, sondern mit dem Herzen. Tun wir das, so wird uns durch sie eine innere Schönheit und Zartheit in Friedrichs Seele offenbart, die uns zutiefst ergreifen muß, zumal wenn wir bedenken, daß solches Empfinden gegenüber einem, zwar in völliger Treue ergebenen, aber doch recht unbedeutenden und ganz schlichten Menschen in demselben Geiste Platz hat, der dem „Esprit" eines Voltaire schrankenlos huldigt, und der dem vereinigten Europa mit eisenhartem Willen trotzt.

² Die „Schwester" ist Wilhelmine, die Markgräfin von Bayreuth, deren Besuch bevorstand. Es ist allbekannt, wie innig Friedrich gerade mit dieser Schwester in der Jugendzeit verbunden war, wie beide in der Zeit des Zwistes mit dem Vater unverbrüchlich zusammengehalten hatten. (Wir brauchen uns ja nur auf das eine von uns bereits angeführte Briefwort von 1732 zu berufen: „Ich würde mich glücklich fühlen, wenn es mir vergönnt wäre, Sie täglich zu sehen.") Allein die innige geschwisterliche Freundschaft war für eine Reihe von Jahren tiefer Entfremdung gewichen. Diese Abkühlung hing in ihren Anfängen mit Wilhelmines Heirat zusammen. Die politisch eitle Mutter hatte ihre Tochter auf den Thron von England oder Sachsen-Polen bringen wollen — und die Erfüllung beider Pläne hätte im Hinblick auf die persönlichen Eigenschaften der Freier, sowohl des verlebten „starken August" wie des höchst unsympathischen Prinzen von Wales, eine unglückliche Ehe bedeutet — als Friedrich Wilhelm I., dessen schlichte Tüchtigkeit und Geradheit Wilhelmine nie recht gewürdigt hat, sie zur Gemahlin des Erbprinzen Karl von Bayreuth machte. Zeitlebens litt sie nun darunter, „nur" Markgräfin zu sein. Und auch von ihrem Bruder, dessen Verachtung für größenwahnsinnige Kleinstaaten und deren verschwendungssüchtige Höfe sie mit solcher für ihre Person verwechselte, wähnte sie sich nun gering geschätzt. Dazu kam später eine Reihe von bestimmten, sehr scharfen Meinungsverschiedenheiten und Streitigkeiten, über die wir hier nur das eine sagen wollen, daß die Schuld daran fast ausschließlich bei Wilhelmine lag. Ihre „Denkwürdigkeiten" geben allerdings ein wesentlich anderes Bild. Indessen hat die neuere Geschichtsforschung ergeben, daß dieser Schrift, die in der Zeit der größten Entfremdung zwischen den Geschwistern unter seelischer Depression verfaßt ist, fast durchweg die Glaubwürdigkeit abgesprochen werden muß und daß sie vielleicht mehr den Nervenarzt angeht, als den Geschichtschreiber. Jedenfalls bestehen zwischen den Angaben der „Denkwürdigkeiten" und den Briefen der Geschwister aus der jeweils beschriebenen Zeit unlösbare Widersprüche.

Am schwersten bedrückt war Friedrich wohl durch gewisse politische

Taktwidrigkeiten seiner Schwester, die er zugleich als persönliche Lieblosigkeiten empfand. Daß Wilhelmine es z. B. fertig gebracht hatte, in den Tagen der Schlacht von Soor des Bruders Todfeindin Maria Theresia bei deren Durchreise zur Frankfurter Kaiserkrönung ihre Aufwartung zu machen, empfand Friedrich als einen Schlag ins Gesicht; und die Folge war ein volles Zerwürfnis. Welch schneidender — und doch nur seine schmerzlich enttäuschte Liebe verhüllender — Hohn spricht nicht aus dem Briefe des Königs, in dem er der Markgräfin den Abschluß des siegreichen Friedens von Dresden mitteilt! Er lautet: „Teure Schwester, der Anteil, den Sie an allem nehmen, was die Königin von Ungarn betrifft, gibt mir Veranlassung, Ihnen mitzuteilen, daß wir Frieden geschlossen haben. Ich hoffe, liebe Schwester, daß Ihnen dies um so angenehmer sein wird, als sich nun Ihre Vorliebe für die Königin nicht mehr durch ein Überbleibsel der alten Liebe behindert finden wird, die Sie mir vielleicht noch bewahrt haben..."

Einer brieflichen Aussprache im Frühling 1746, die eine gewisse Versöhnung brachte, folgte im nächsten Jahre der erste Besuch Wilhelmines an Friedrichs Hof und die volle Wiederherstellung wärmster geschwisterlicher Liebe. Jetzt, am 18. August 1750, kam sie zum zweiten Male, und zwar in Begleitung ihres Gemahls. Bei dieser Gelegenheit fanden großartige Festlichkeiten in Potsdam und Berlin statt, deren glänzenden Mittelpunkt der soeben — am 10. Juli — am preußischen Hofe erschienene Voltaire bildete.

[3] Robert Scipio von Lentulus war des Königs Flügeladjutant. Schweizer von Geburt, wurde er österreichischer Offizier und erregte als solcher Friedrichs Wohlgefallen durch seinen mannhaften Widerstand gelegentlich der Eroberung von Prag durch die Preußen im September 1744. Nach langen Bemühungen gelang es dem König, den ehemaligen Feind 1746 für seinen Dienst zu gewinnen. Wie nahe ihm der neue Adjutant bald trat — wenn auch nicht als Freund im tieferen Sinne — spiegelt sich in der Tatsache, daß Friedrich, als Lentulus sich mit der Tochter des Oberstallmeisters Grafen Schwerin verheiratete, nicht nur selbst auf der Hochzeit erschien, sondern das Fest auch mit einem heiteren Gedicht besang, wobei er dem schweizerischen Bräutigam einen riesigen Käse aus dessen Heimat überreichen ließ.

Als Kaiser Wilhelm II. im Jahre 1895 in Sanssouci dem Maler Adolf Menzel zu Ehren ein Fest gab, das die Zeiten des Großen Friedrich für einige Stunden zu traumhaftem Leben erweckte, empfing er selbst die „Kleine Exzellenz" in der Maske des Majors Lentulus.

Unsere Briefstelle will vermutlich besagen, daß Lentulus den „persönlichen Dienst" bei der Markgräfin während ihrer Anwesenheit am Berliner Hofe übernehmen soll.

91

DER KÖNIG AN FREDERSDORF

(Breslau) *11.* (September 1750)

Du hast ganz guht gethan, meine Schwester Nach berlin zu bringen[1]. *ich Wil hoffen, daß Keine gefahr dabei ist. vieleicht bleibet sie noch dahr bis zu meiner Rük-Kunft; die Krankheit gefält mihr nicht.*

Man Schreibet mihr, Chaso [Chasot][2] *lege auf den Toht; da ist mihr auch nicht mit* [= „das will mir auch nicht in den Sinn"].

hier ist alles recht guht. ich Schike Dihr den riß von meinen hisigen hauße [Schloßbau]. *lasse den* [Kosten-] *anschlag machen. die fenster* [sollen] *So groß* [sein], *wie in Sansouci*[1].

ich Kan vohr d. 21. [September] *nicht in berlin Sein. gottbewahre!*

Fch

[1] Der König hatte nach Ablauf der glänzenden Hoffestlichkeiten, die zu Ehren des Bayreuther Markgrafenpaares und Voltaires veranstaltet waren, am 1. September seine alljährlich stattfindende große Besichtigungsreise nach Schlesien angetreten. Am 11. September — über der Urschrift des Briefes steht nur die Angabe „11", ohne Hinzufügung von Ort, Monat und Jahr — befand er sich in Breslau, wo er sich unter anderem mit seinem dortigen Schloßbau beschäftigte. Wilhelmine wollte am 3. September die Heimreise von Berlin antreten, gelangte aber nur bis nach Sanssouci. Dort erkrankte sie und ließ sich deshalb am 8. September durch Fredersdorf wieder nach Berlin bringen. Darauf bezieht sich der Anfang unseres Schreibens.

In einem Brief an den Bruder, in dem Wilhelmine hierüber berichtet, sagt sie von der Fürsorge Fredersdorfs nichts. Wir erwähnen das, um die Mitteilung daran zu knüpfen, daß der Name Fredersdorfs in dem gesamten Briefwechsel zwischen Friedrich und Wilhelmine* überhaupt nicht vorkommt.

* Dieser Briefwechsel ist seit kurzem in einer bei K. F. Koehler in Leipzig erschienenen trefflichen Ausgabe durch Professor Dr. Volz veröffentlicht, der

Welche Schlüsse mögen wir aus dieser Tatsache, die angesichts der engen Beziehungen des Königs zu diesen b e i d e n Menschen aufs stärkste auffallen muß, zu ziehen haben? — Daß es der Schwester unbekannt gewesen sein sollte, daß Fredersdorf ihrem Bruder sehr nahe stand, ist nicht anzunehmen. Mißbilligte sie dieses Verhältnis? — Und wenn ja, war ihr Fredersdorf unsympathisch? Oder fand sie — vielleicht gar mit ein klein wenig Eifersucht im Unterbewußtsein — diese Zuneigung ihres Bruders „unpassend" im Hinblick auf des Kämmerers geringen Rang und niedrigen Bildungsstand? —

Wir können diese, Wilhelmines Beweggründe zum Schweigen betreffenden Fragen nur aufwerfen, nicht beantworten. Dagegen scheint es uns ganz sicher, daß es völlig verfehlt wäre, aus der Tatsache, daß Friedrich auch seinerseits der Schwester gegenüber nie von seiner inneren Stellung zu Fredersdorf spricht, den Schluß zu ziehen, daß i h m diese Freundschaft in Wirklichkeit gar nicht so sehr Herzenssache gewesen sei. Gerade die umgekehrte Folgerung halten wir für psychologisch weit eher begründet.

² Franz Isaac Chasot, ein gebürtiger Normanne und vormals französischer, dann österreichischer Offizier, war mit dem Kronprinzen in Berührung gekommen, als dieser im Jahre 1734 beim Prinzen Eugen in dessen Feldlager am Rhein weilte. Später finden wir Chasot unter den Genossen von Rheinsberg, wo er als lustiges junges Blut — er war eben 20 Jahre alt — als großer „Nimrod", Liebesheld und streitbarer Wortfechter galt. Er gehört zu den Menschen, mit denen Friedrich zwar keine wirkliche Herzensfreundschaft verband, die ihn aber doch stark reizten und anzogen durch einen gewissen abenteuerlichen Zug in ihrem Wesen, ein Unterschiedensein vom vielleicht sehr ehrenwerten und brauchbaren, aber „langweiligen" Durchschnittsmenschen. War eine solche „außergewöhnliche" Persönlichkeit dann auch noch mit „Esprit" begabt oder war sie das Opfer der Verfolgung durch irgendwelche engherzigen Mächte, so konnte Friedrich nicht widerstehen, auch dann nicht, wenn er sich — was nicht zu allen Zeiten geschah — ein klares Urteil über ihre menschlichen Mängel bewahrte.

Chasot war ein tapferer Soldat, der sich, als nunmehr preußischer Major, durch sein hervorragendes Verhalten in der Schlacht von Hohenfriedberg seines Königs Dank verdiente. In Sanssouci weilte er noch

dadurch seinen bedeutenden Verdiensten um die Aufhellung der Geschichte Friedrichs ein neues hinzugefügt hat.

zuweilen als Gast; bald aber erkalteten die Beziehungen, was uns auch die nicht eben sehr herzlich klingenden Worte Friedrichs in unserem Brief verraten. Im Jahre 1752 nahm er, der selber die Schuld an den eingetretenen Verärgerungen trug, seinen Abschied aus dem Heeresdienst. Jahrzehnte später taucht Chasot nochmals als Gast des einsamen Greises Friedrich auf; er war willkommen als fast einzig verbliebener Zeuge der glücklichen längst vergangenen Zeit, die die beiden alten Menschen — durch nichts anderes als durch diese gemeinsame Erinnerung noch verbunden — nun in ihren Gesprächen zum Leben zu erwecken suchten.

92

DER KÖNIG AN FREDERSDORF

(Schweidnitz) *17.* (September 1750)

Es ist mihr lib, daß es mit Meiner Schwester [Wilhelmine] *und mit Chasot besser gehet. ich hoffe, mit der Königin* [Mutter] *wirdt es nichts zu sagen haben.*
ich werde d. 21. gegen 10 uhr Mitags in berlin Seindt. wohr [falls] *meine Schwester Wohl ist und es ihr an-stehet, so esse ich wohl bei ihr. wann es ihr incomodiren* [lästig sein] *Solte, So bleibe ich zu-hauße und gehe des Nachmitags bei ihr und nach Monbijou* [zur Königin-Mutter].

gott bewahre Dihr! *Fch*

Der König hat durch Fredersdorf bessere Nachrichten über seine Schwester Wilhelmine und Chasot erhalten, andererseits aber die Meldung, daß nunmehr seine Mutter erkrankt ist.

Als er, planmäßig am 21. September, nach Berlin zurückkehrte, besuchte er sofort die genesende Schwester Wilhelmine und darauf seine Mutter in Schloß Monbijou.

Wilhelmine blieb nun, immer noch kränkelnd, bis Ende November in Berlin, während der König in Potsdam war. Allerdings fuhr Friedrich innerhalb der fraglichen neun Wochen viermal zu kurzem Besuch der Schwester nach Berlin und einmal, am 14. Oktober, war sie ihrerseits in Potsdam.

*

Wieder haben wir etwa 8 Monate zu überspringen, aus denen uns keine Briefe erhalten sind. Die drei nun folgenden Schreiben des Königs sind nach Paris gerichtet; denn dorthin war Fredersdorf anfangs Mai 1751 abgereist, um erst am 31. Oktober desselben Jahres heimzukehren. Soweit man aus dem Inhalt der Briefe Schlüsse ziehen kann, war der Zweck von Fredersdorfs Reise nur der, die Pariser Ärzte zu gebrauchen. Indessen legt der Umstand, daß der König seinen Kämmerer ermahnt, die Post — offenbar doch wegen der Gefahr einer Öffnung der Briefe — nur mit Vorsicht zu benutzen und lieber durch Vermittlung eines Dritten zu schreiben, die Vermutung nahe, daß Fredersdorf gleichzeitig mit irgendeiner amtlichen Aufgabe betraut war. Vielleicht sollte er Herrn von Ammon, der in diesen Jahren in Paris Verhandlungen wegen eines preußisch-französischen Handelsvertrages führte, unterstützen oder auch, als persönlicher Vertrauensmann des Königs, überwachen. Das Ziel dieser Verhandlungen war, dem preußischen Seehandel Gleichberechtigung mit dem der Holländer und der Hamburger zu erkämpfen und so die Einfuhr von Holz und schlesischer Leinwand zu erleichtern. Ammon wurde von der französischen Regierung sehr schlecht behandelt und endlos hingehalten. Möglicherweise wollte sich der König nun durch Fredersdorf überzeugen, ob das nicht Ammons Schuld sei. Es muß aber betont werden, daß das nur Vermutungen des Herausgebers sind.

Wir lassen nun die drei Pariser Briefe folgen, die, neben Worten persönlicher Teilnahme des Königs an Fredersdorfs Ergehen, fast nur Aufträge zur Besorgung von Pariser Gegenständen enthalten, uns aber doch an einer Stelle Gelegenheit bieten zu Mitteilungen über Friedrichs Pläne, seine in Emden gewonnene Stellung an der Nordsee welthandelspolitisch auszunutzen.

DER KÖNIG AN FREDERSDORF

(Etwa Ende Mai 1751)

Ich bin froh, daß Dihr die Pariser Medecine hilft. ich Hoffe, daß die übrige Cur alles wirdt in die richte bringen. Wann Dargens[1] *Kömt, So werde* [ich] *die Docters antworten.*

die fleute [Flöte] *ist angekomen, pomade und puder nicht. guhtes öl vohr der Küche bestele doch auch. ein Cristallenen lüster* [Kronleuchter], *wie der in der EsCamer, 6000 werdt* [6000 Taler wert], *wolte* [ich] *wohl in 1½ Jahren haben vohr die Neüe Camern*[2]. *vieleicht Krigt man ihm wohlfeiler; und der accord* [Vertrag] *Könte allen-fals* [schon] *gemacht werden, in-gleichen vohr eine pendule* [Standuhr]. *gottbewahre Diehr! gib nuhr der Cuhr* [Kur] *tzeit und übereile Dihr nicht zu Sehr, Sonsten Komstu* [kommst Du] *krank zurüke, und ist die Reiße verlohren.*

Fch

[1] Vom Marquis d'Argens haben wir schon in der Anmerkung 5 zu Brief 30 gehört. Hier möchten wir folgendes zur Ergänzung sagen: Nachdem d'Argens im Jahre 1749 die uns ebenfalls schon bekannte Tänzerin Cochois geheiratet hatte, ging er 1750 aus Gesundheitsgründen auf Urlaub in seine französische Heimat. Friedrich zürnte ihm eine Weile, weil er glaubte, das Urlaubsgesuch sei nur ein Vorwand zu dauerndem Fortbleiben. Um so erfreuter war der dem König aufrichtig ergebene Marquis, als er jetzt wieder freundlich behandelt wurde, und er beschloß baldige Rückkehr nach Sanssouci. (Über sein späteres Verhältnis zum Könige vgl. die erwähnte Anmerkung.)

[2] Was mit dem Ausdruck „Neue Camern" gemeint ist, konnten wir nicht zweifelsfrei feststellen. Das bekannte Gebäude im Park von Sanssouci, das die Bezeichnung „Neue Kammern" als amtlichen Namen führt, kommt nicht in Frage, denn dieser Bau wurde erst in den Jahren 1771—74 errichtet.

DER KÖNIG AN FREDERSDORF

(Wesel, d. 19. Juni 1751)

ich habe Dihr auf Deine vohrige briwe [Briefe] *nicht Selber antworten wollen, weillen die posten gantz unsicher Seindt. chambrier*[1] [Preußens

Gesandter in Paris] *ist hier* [in Wesel] *Krang* [krank] *angekomen, aber doch ohne gefahr. wegen Deine umstände So bleibe nuhr in paris bis ende Sept. ich gehe indehm nach Schlesien* [vom 24. VIII. bis 25. IX.]; *und Kan Dihr dorten* [in Paris] *ein Mohnaht mehr helfen, als hier zwei.*

Meine umbstände Seindt ümer [immer] *die-Selben und quälen mihr alle Mohnaht den 10ten die Hemeroiden. ob dorten die Docters was davohr wissen, ist mihr nicht bekandt.*

die pomade und pouder ist admirabel, da bringe mihr nuhr von mit, eine provision [einen Vorrat] *auf ein jahr*[2]. *wenn man 1 Distilateur. der allerhandt dergleichen Sachen macht. Krigen Könte, so solte ich glauben, daß er sich wohl in berlin würde Nähren Können.*

wegen die Rahren brüne [lies: prune = Pflaumen] *und Kirschen, so mache nuhr den handel mit den Münch, daß er es den Winter Schike nach berlin.*

die pluvigné ist admirabel vohr [als] *3te Dänzerin. wohr mein brif nicht zu Späte Kömt, so mache den handel nuhr richtig. Dargans* [D'Argens] *werde ich Schreiben und ich glaube, weilen* [solange] *Kein geldt dar ist, wirdt er guht seindt* [gutstehen = einspringen]. *Durch ihm Könstu mihr Schreiben, was Du Wilst. mit der post aber mus Du Dihr Sehr in acht nehmen.*

ich glaube, daß Spritzen nicht heilen. der balsam wirdt dihr zum meisten helfen. und freüet mihr doch. daß die Docters die gefahr nicht [für] *So nahe halten.*

ich habe Stätte und Länder durchstrichen. und die Comp. [Kompagnie] *in Emden ist zu-Stande* [gekommen][3]. *Dis jahr aber Kan noch nicht so was rechtes daraus werden, aber das Künftige* [Jahr] *wirdt es Sich tzeigen.*

gottbewahre Dihr! halte eine Strikte Diet [scharfe Diät]; *und lasse nichts fehlen, umb Dihr wohr-Möglich recht auf die füße zu bringen!* Fch

wenn du dorten [aus Paris] *wek-gehest, so bringe mihr doch eine Dosse* [Tabaksdose] *mit, von denen besten, die Sie dorten Machen, umb daß man doch sihet, wie es gearbeitet ist.* Fch

---

[1] Der langjährige und hochverdiente preußische Gesandte Baron Chambrier kam von Paris am 18. Juni 1751 in Wesel an, um mit dem König, der dort vom 18. bis 21. Juni weilte (vgl. unten), zusammenzutreffen. (Auf Grund der Erwähnung des Namens Chambrier ist Ort

und Zeit dieses Briefes erschlossen worden. In der Urschrift fehlen, wie so oft beim König, diesbezügliche Angaben völlig. Der Leser verzeihe diesen gelegentlichen Hinweis auf die Schwierigkeiten der „Datierung", von denen wir im allgemeinen in unsern Anmerkungen nicht sprechen.) Der König setzt voraus, daß Fredersdorf von der Reise des Gesandten weiß, was wiederum für einen gewissen amtlichen Auftrag Fredersdorfs in Paris spricht. Die Bemerkung, daß die Krankheit, mit der Chambrier angekommen ist, „ohne gefahr" sei, erwies sich leider als irrig; der treffliche Mann hat Wesel nicht mehr verlassen, sondern ist dort am 26. Juni gestorben.

[2] Wir befinden uns noch im Zeitalter des Zopfes und der „Haartouren"!

[3] Der König hat „Städte und Länder durchstrichen". Damit meint er die große Reise, die den ganzen Juni 1751 ausfüllte. Sie führte ihn über Magdeburg, Braunschweig, Minden und Bielefeld nach Emden und weiter nach Wesel. Von seinem Aufenthalt in Emden berichtet er hocherfreut, daß die „Comp" zustande gekommen sei. Gemeint ist die „Asiatische Handelskompagnie".

Die „Handelskompagnien" des 17. und 18. Jahrhunderts waren — in gewissem Sinne Enkel des Hansa-Gedankens — Gesellschaften von unternehmenden Kaufleuten, die mit Freibriefen und Schutz gegen Wettbewerb, zuweilen sogar mit Staatshoheitsrechten in überseeischen Ländern ausgestattet, dem Fernhandel dienten und die, soweit sie glücklich waren, in der Kolonialgeschichte eine große Rolle gespielt haben. Die bekanntesten Beispiele sind die „Holländisch-Ostindische Kompagnie" und die „Ostindische Kompagnie" in London. Eine solche bevorrechtete Handelsgesellschaft war auch die vom König erwähnte Neugründung in Emden. Da der Unternehmungsgeist des Preußenkönigs bald weithin bekannt wurde, drängten sich ungezählte Abenteurer und „Projektenmacher", wie er sie nannte, an Friedrich heran. Er mußte sich sehr seiner Haut wehren, aber schließlich ließ er sich auf den Plan des schottischen Kaufmanns Stuart ein; und so kam, von deutschem, holländischem und englischem Geld getragen, die „Asiatische Kompagnie" in Emden zustande, nicht ohne daß die ehrbare Schwerfälligkeit der Emdener Kaufleute die Sache recht behindert hätte. Der König selbst erschien bei seinem im Brief erwähnten Aufenthalt zu Emden in einer Gesellschafterversammlung. „Dies Jahr", so schreibt er, „kann noch nicht so was rechtes daraus werden, aber das künftige Jahr wird es sich zeigen." Tatsächlich wurden 1752 zwei Schiffe, zuerst der

„König von Preußen" und später die „Burg von Emden", nach China ausgesandt; es waren mit Kanonen bestückte Segler von etwa 50 Meter Länge. Der Gewinn, den das erste Schiff nach 16 Monaten heimbrachte, deckte einen großen Teil des in die Gesellschaft eingeschossenen Geldes. Die Begeisterung ging in ganz Deutschland in hohen Wogen; ein Dichter sang:

„Aber sieh! Durch ferne Meere ziehn **preußische** Flaggen,
Kehren beladen zurück mit allen Schätzen der Handlung,
Und wehn zu der Ehre der **Deutschen** in jauchzenden Häfen!"

Pläne über Pläne wurden geschmiedet, überschwengliche Hoffnungen laut. Schon forderte man von Friedrich, er solle sich zur See „formidabel" machen, also eine Kriegsflotte gründen; ein berühmter französischer Seemann legte einen fertigen Plan vor. Aber der König behielt seinen ruhigen Scharfblick, sah klar die geldlichen und politischen Gegengründe und lehnte ab. Seine vorsichtige Einschätzung der Dinge sollte recht behalten: Nach kaum zwei Jahrzehnten war es mit der „Asiatischen Kompagnie" zu Ende, ebenso wie mit der zweiten Emdener Kompagnie, der „Bengalischen". Dagegen erwies sich die 1772 in Berlin gegründete und staatlich geleitete „Seehandlungsgesellschaft" als lebensfähig. Sie ist bekanntlich unter allmählicher Veränderung ihrer Aufgaben zur „Preußischen Staatsbank" geworden, die noch heute besteht.

95

DER KÖNIG AN FREDERSDORF

(etwa September 1751)

Es thuht mihr Leidt, daß Es sich mit Dihr verschlimert hat. Brauche doch um gotswilen nicht alle die tzahnärztte[1] und charlatans, die Du antrifst. das ist das beste mitel, umb Dier ums Leben zu bringen. weis der teüfel, was dein Italiener [ein Arzt oder Kurpfuscher] *vohr ein Mensch ist! es ist ohnmöglich, daß er Dihr in 4 wochen gesundt mache. hier* [in Berlin] *ist Dihr gantz wohl gewesen. mein Raht währe, Du Samelst wieder Kräfte, Kämest Langsam nachdem* [von Paris] *Wieder her und hilst Dihr an Cotenius* [des Königs Leibarzt].

gotbewahre Diehr und gebe Dihr So viel gedult, daß du nicht allerhandt Medeeine durcheinander gebrauchst, Die allein Dihr umbs Leben bringen Kan!

Fch

¹ Daß Friedrich das Wort „Zahnärzte" als herabsetzende Bezeichnung benutzt im Sinne von „Kurpfuscher" ist zeitgeschichtlich verständlich. Von einer wissenschaftlichen Zahnchirurgie, wie wir sie heute haben und wie sie nach den gemachten Funden bis zu gewissem Grade schon im ägyptischen und griechisch-römischen Altertum bestanden haben muß, war ja zu Friedrichs Zeiten keine Rede. Der wandernde „Zahnbrecher" auf dem Jahrmarkt ist der „Zahnarzt", der ihm vorschwebt.

96

DER KÖNIG AN FREDERSDORF

(November 1751)

man Kan nuhn Clar aus deine umbstände Sehen, daß, was dihr die heftige zufälle veruhrsachet hat, eintzig von denen Hemeroiden her-rühret. allso mus [Dr.] Cothenius jetzunder Küllende [kühlende] mitel gebrauchen, umb das geblüht zu besenftigen, bis die tzeit vorbei ist. und ist desto ehr zu glauben, daß es von efect [guter Wirkung] seindt wirdt, weillen das aderlasen das geblüht schon besenftiget hat. also mache ich mihr alle hoffnung, daß es dießes-mahl guht vohrüber-gehen wirdt. und ist erst ein Mohnaht ohne Schlime zufälle verflosen, so gewinnen wihr den 2ten auch wohl. besser ein wenig alle mohnaht ader-gelassen und das übel vorgekehrt, als wann [erst] die Krankheit dich tzwinget, aderzulassen. gottbewahre Dihr! nim dir wohl in acht, und lasse den alten Sorgen!

Frh

In diesem Brief macht der König wieder einmal den ärztlichen „Sachverständigen".

Wie der letzte Satz „und lasse den alten Sorgen" zu verstehen ist, möchten wir des Lesers Begabung zum Rätselraten überlassen, ob es nämlich heißen soll „Und unterlasse die alten Sorgen", oder „Laß den Alten für Dich sorgen", wobei dann noch zu entscheiden wäre, wer mit dem „Alten" bezeichnet werden soll. Vielleicht ist der Herrgott gemeint. Dr. Cothenius kommt kaum in Betracht, weil er ein genauer Altersgenosse von Fredersdorf ist, während der König selbst, obschon er sogar vier Jahre jünger ist, für seine „väterliche" Fürsorge wohl den Ehrentitel „der Alte" für sich beanspruchen könnte.

97
DER KÖNIG AN FREDERSDORF

(November 1751)

wenn *Du nuhr dießen Mohnaht mit dießen letzten Fiber und Incomoditéten* [Beschwerden] *durch-Kömst, so ist* [es] *Schon guht. ich wolte, nuhr daß der 29.* [vermutlich Mondwechsel] *erst vorbei wehre* [wäre]. *doch hoffe ich, daß allgemählich die Schlimsten zufälle wekbleiben werden und die Nathur mehr Stärke bekomen wirdt, auch* [daß] *das geblühte sich dehr-mahsen besseren* [wird], *daß die Materie gelinder* [wird] *und also die wunde sich wirdt heillen Können.*

Gott bewahre Dihr! und vohr [wenn] *Dihr meine Wünsche helffen, so wirstu* [wirst Du] *baldt gesundt werden.*   Friech

98
DER KÖNIG AN FREDERSDORF

(Dezember 1751).

nim Dihr nuhr hübsch in acht!) deine übelsten zu-fälle seindt doch nicht mehr So gefährlich, als vordisen [vordem]; *und ist alle hoffnung, daß sie sich nach und nach imer vermindern werden. Der Mohnaht Detzember mus noch mit vieler behutsamkeit zu-gebracht werden. Wann Du den Überstanden hast, dann Könen wier Dreister werden.*

ich bitte Dich nuhr umb [darum], *den Mohnaht so viehl* [wie] *möchlich Tisane* [Tissane, ein Heiltrank] *und dergleichen mitel zu gebrauchen, die das geblüht versüßen; so habe ich alle guhte hoffnung, daß algemählich die übrigen üblen umbstände nach-lassen werden. gottbewahre!*   Fch

99
DER KÖNIG AN FREDERSDORF

(Dezember 1751).

es thuet mihr leidt, daß Du wieder Fiber hast. ich besorge, du hast es Dihr zu-getzogen Durch verkältung. wann du nach berlin Wilst, und Cothenius glaubet, daß es ohne Schaden geschehen Kan, so wirdt es mihr lieb seindt. [Der König ist seit dem 5. XII. zum „Karneval" in Berlin.]

gottbewahre! und nim Dihr Wohl in acht!   Fch

Nachdem für den Augenblick insoweit eine Besserung eingetreten zu sein scheint, daß Fredersdorf an eine Reise von Potsdam nach Berlin denken kann, finden wir im Januar eine neue, offenbar **sehr ernste** Verschlimmerung seines Zustandes, die bis gegen den Frühling 1752 anhielt.

100

DER KÖNIG AN FREDERSDORF

(etwa 24. Januar 1752).

wenn ein Mitel in der welt währe, Dihr in zwei minuten zu helffen, so wolte ich es Kaufen; es Mögte auch So theuer seindt, wie es imer Wolte. allein nun, lieber fredersdorf, du hast 30 Docters probiret! sie haben Dihr ehr verschlimert, als Deinen tzustandt verbessert. es wundert mihr nicht, daß Dihr die Krankheit überdrüssich ist. wenn es von Mihr Dependihrte [abhinge], *so wehre nichts, das ich nicht thäte, umb Dihr gleich zu helfen. lasse doch, wann* [Dr.] *Cothenius nicht Dahr* [da] *ist, an ihm schreiben, dann ich habe nicht gewust,* [daß] *es sich mit Dihr verschlimert gehabt hatt.*

Cothenius hat mihr noch, wie er ist nach Potzdam gegangen, versichert, daß er alle hoffnung hätte, Dihr durch-zu-bringen. wüste ich einen besseren Docter, ich wolten [wollte ihn] *Dihr gleich schiken, alleine einen charlatan nehmen, das werde ich nicht thun, und würde es mihr Ewich reprochiren* [zum Vorwurf machen].

ich versichre Dihr, daß mihr Dein tzustandt genung betrübet, allein was Kan ich dabei Thun, alles [als] *wünschen, daß du baldt eine rechte besserung haben Mögest.*

Gottbewahre! *Fch*

Mittwoch [26. I. 1752] *werde ich nach Potzdam Komen; und Wirdt mihr nichts angenehmer Seindt, als guhte nachricht von Dihr zu haben*

Fch

Wenn wir, wie schon bei dem letzten, so noch mehr bei diesem und den folgenden Briefen das Gefühl haben werden, daß sie von ganz besonderer Sorge und Herzenswärme diktiert sind, so mag sich das nicht nur aus Fredersdorfs ernstem Zustande, sondern auch daraus erklären, daß Friedrich unter dem Eindruck der Krankheit und des am 29. Dezember erfolgten Todes seines ihm sehr lieben Freundes Rothenburg stand. (Vgl. Nr. 102.)

101

DER KÖNIG AN FREDERSDORF

(Anfang Februar 1752)

gottlop, daß wihr Dihr So weit wieder haben! nuhn aber Kömt es Sehr auf Dihr Selber an! Deine umbstände seindt So schlecht, daß ohne eine große Diete Dihr ohnmöglich Kan geholffen werden. Das vornehmste ist, des Morgens den Schweis abzuwarten und Solchen zu beföhrderen, darnach Keine unverthauliche oder Saltzige speisen zu Essen, nicht zu Schreiben noch zu arbeitten, bis die Kräfte datzu volkomen wieder dahr-seindt, Keine fremde Medecin noch injections [Einspritzungen] *oder bougis* [Sonden], *sie mögen nahmen* [Namen] *haben wie sie wollen, zu gebrauchen.*

es wirdt gewisse alles Möchliche angewendet werden, Dihr zu helffen. Du siehest, daß dießes bis dahto [bis jetzt] *guht angeschlagen hat. nuhn unterwirf Dihr nuhr* [dem], *was die nothwendigkeit Deiner genesung erfordert. ich meine es gewisse guht mit Dihr, aber glaube mihr, auf einen anderen Fus* [Grundlage], *als es nun angefangen wirdt, ist es ohnmöglich; und noch mus Deine nathuhr und die ordentliche lebens-arht das beste thun. was einen anderen Menschen Keinen Schaden thähte, Kan Deinen abgemateten Cörper glatt über den haufen werfen. man mus wie mit einen Kindt mit Dihr umgehen! und wirdt mihr eine große freude seindt, wann man Dich doch auf solche ahrt wieder auf die beine bringet. Gott bewahre!*

Fch

102

DER KÖNIG AN FREDERSDORF

d. 22ten (Februar 1752)

ich habe mihr So vihl mühe gegeben, Deine krankheit aus-zu-Studiren, und [ich] *glaube, daß ich sie nuhn recht guht Kene* [kenne]. *ich habe mit* [Dr.] *Cothenius alles abgeredet, was gebraucht wirdt. aber es Kan nicht Nathührlich zugehen, daß das fiber solange anhält. also Kome ich auf die gedanken, daß du dihr nicht in acht nimst, entweder die Medecin nicht ordentlich gebrauchst, oder Sonsten auch exsesse* [Ausschreitungen] *in* [der] *Diet machest.*

ich habe gemeinet, du häst [hättest] *mihr lieb und wirst mihr nicht den chagrin* [Kummer] *machen, Diehr umbs leben zu bringen. nun weis ich nicht, was ich davon glauben sol! glaube* [Du nur], *daß ich es recht guht mit dihr meine, und daß dir in der Diet und gebrauch der Mitel nichts vorhgeschrieben wirdt, als was zu erlangung deiner gesundtheit nothwendich ist. ich bite* [bitte] *Dihr, folge doch hübsch und erinnre Dihr, daß du mihr* [das] *heilich versprochen hast. besine Dihr* [auf] *Rohtenburg*[1], *der Sich Selbst umb das leben brachte und Sich das podagra mit ungerschen* [ungarischem] *Wein und einer hitzigen Suppe ins leib jak* [jagte]. *es ist nicht zu Schertzen mit deiner Krankheit! und wohr du uns nicht mit einer ordentlichen Diet und einer accuraten folge* [Befolgung] *des gebrauchs der artzenei folgest, so gehestu drauf!*

Denke, was es mihr chagriniren [betrüben] *würde! und wohr du mihr lib hast, so folge doch hübsch exsact* [genau]*! gottbewahre! antworte mihr nuhr nicht!*

Fch.

Graf Rothenburgs Tod (am 29. Dezember 1751) war nach Friedrichs Meinung die Folge eigener Unvorsichtigkeit gewesen, weshalb er ihn Fredersdorf als warnendes Beispiel vorhält.

Mit Friedrich Rothenburg (vgl. Brief 1 Anm. 4) war dem König der letzte der drei Freunde durch den Tod entrissen, die er — wenigstens unter den mit ihm geistig auf einer Stufe stehenden Menschen — am innigsten und tiefsten geliebt hat. Furchtbar traf ihn dieser Schicksalsschlag. An Wilhelmine schreibt er darüber: „Gestern ist Rothenburg in meinen Armen gestorben. Ich bin unfähig, auf deinen Brief zu antworten. Ich sehe nichts, als meinen Schmerz, alle meine Gedanken haften an dem Verlust eines Freundes, mit dem ich zwölf Jahre in einer vollendeten Freundschaft gelebt habe". Und noch erschütternder wirkt das, etwas später, ebenfalls an seine vertraute Schwester gerichtete Wort: „Ich glaube, nur die sind glücklich auf der Welt, die niemand lieben." —

Die beiden anderen zutiefst geliebten Freunde waren bekanntlich Etienne Jordan und vor allem Dietrich von Keyserlingk gewesen. In den Briefen 7 (Anm. 5), 66 und 76 haben wir schon einiges über sie gehört, möchten aber hier ihr Bild wenigstens mit einigen Strichen ergänzen.

Keyserlingk und Jordan gehörten — im Gegensatz zu Rothenburg, der erst 1741 in Friedrichs Dienste trat — schon dem Rheinsberger Freundeskreise an und zwar dem allerengsten Kreise, dem man außer ihnen, aber mit ziemlichen Abstand, vielleicht noch Fouqué und Stille zurechnen darf (von denen der letztgenannte inzwischen auch bereits zu den Toten entboten war).

Lassen wir diese vier Gestalten an unserem geistigen Auge vorüberziehen und fragen wir, um zu ergründen, was für Menschen Friedrich sich damals zu Freunden erkor, nach gemeinsamen Merkmalen, so lautet die Antwort: Es waren durchweg wahrhaft vornehme, zuverlässige Charaktere, Menschen von künstlerischer Begabung oder wenigstens künstlerischem Verständnis, romantische Schöngeister, aber von gediegener (der Zeit gemäß französisch gefärbter) Bildung und von echtem Hunger nach Wahrheit. Aber neben der stillen Glut ernsten wissenschaftlichen Strebens erwartete und fand Friedrich bei diesen Freunden das sprühende geistige Feuerwerk dessen, was der Franzose „Esprit" nennt: Glänzende Einkleidung der Gelehrsamkeit, Schlagfertigkeit im Redekampf, geistreiche Satire und witzige Einfälle in der „Konversation". Sicheres, weltmännisch-gewandtes Auftreten und die Gabe, bei den bunten Festen von „Remusberg" fröhliche Mitspieler, zum mindesten aber nicht Spielverderber zu sein, waren selbstverständliche Voraussetzungen.

Darüber, was diese Freunde für Friedrichs geistig-seelisches Erwachen in seiner Rheinsberger Wiedergeburtszeit durch ihre starke wissenschaftliche und künstlerische Anregung leisteten und welche Bedeutung dem Umstande zukam, daß sie alle den Kronprinzen an Lebensalter um mehr als ein Jahrzehnt überragten, haben wir uns gelegentlich des Briefes 76 ausgesprochen.

Dieser allgemeinen Skizze von den nächsten Rheinsberger Freunden möchten wir noch einige Worte über die beiden allernächsten, Jordan und Keyserlingk, hinzufügen. Etienne Jordan war eine ernste Natur. Der Berliner französischen Kolonie entsprossen, war er Pfarrer geworden, und in diesem Amte hatte ihm sein gütiges Herz unendliche Liebe gewonnen. Der frühe Tod seiner Frau, an der seine ganze Seele hing, hatte ihn bis ins Mark getroffen. Große Reisen durch Frankreich, Holland und England, die weniger dem Besuche von Sehenswürdigkeiten als der Fühlungnahme mit führenden Geistern galten, hatten ihn dann seelisch genesen lassen und ihn auf eine außerordentliche Höhe der Bildung und Weltkenntnis geführt. Ein solcher Mensch schien dem

Kronprinzen eben recht, ihn zu seinem Sekretär und literarischen Berater und zugleich zu seinem Freunde zu machen. Nach dem Regierungsantritt wurde Jordan, der in seinem eigentlichen Wesen immer der stille, aber nichts weniger als „trockene", Gelehrte blieb, zum Oberleiter staatlicher Wohlfahrtseinrichtungen und wissenschaftlicher Anstalten ernannt. Die Maler Knobelsdorff und Pesne haben uns seine edelschönen, eine zugleich tiefe und kindlich-reine Seele spiegelnden Züge in Bildern aufbewahrt, die uns noch heute unmittelbar die Überzeugung geben, daß Friedrichs Freundesherz hier recht gewählt hatte.

Nicht minder liebenswert und innerlich vornehm war Dietrich Keyserlingk, des Königs „Cäsarion", der vollkommene Edelmann und lachende Lebenskünstler, dem wohl gerade der letztgenannten Eigenschaft wegen Friedrichs Herz noch freudiger zuschlug als dem ernsteren Jordan. Zudem waren die Beziehungen mit ihm weit älterer Herkunft und von zusammenschmiedenden gemeinsamen Erlebnissen getragen.

Keyserlingk gehörte (gleich Borcke, von dem wir beim Brief 11 sprachen) zu den „Aufpassern", die Friedrich Wilhelm I. einst seinem Sohne setzte. Der argwöhnische Vater hielt viel von dem damals dreißigjährigen baltischen Edelmann, den er dem siebzehnjährigen Kronprinzen in der Amtsstellung als „Stallmeister" beigab. Daß das Zusammenleben mit dem Prinzen gar bald — zunächst bei Keyserlingk — freundschaftliche Gefühle auslöste, ist leicht zu verstehen, wenn man bedenkt, daß das Mitleid wegen der vom Vater erlittenen schweren Unbill unterstützt wurde durch eine große natürliche Liebenswürdigkeit des königlichen Jünglings, die alle Zeitgenossen übereinstimmend an ihm zu rühmen wissen. (Insbesondere wird der beseelte leuchtende Ausdruck seiner Augen und der eigentümlich einschmeichelnde Klang seiner Stimme schon damals hervorgehoben, also die „Bezauberungsmittel", die dem König bis ins hohe Alter erhalten blieben.)

Als nun im Januar 1730 die Spannung zwischen Vater und Sohn bis ins Unerträgliche gestiegen war, verschärfte der besorgte König, der nun bereits einen Fluchtplan befürchtete, den „polizeilichen" Auftrag Keyserlingks dahin, daß er den Kronprinzen bei Tag und Nacht überhaupt nicht mehr verlassen dürfe. Ein immer herzlicheres, und nun gegenseitiges, Verstehen zwischen Mann und Jüngling war die Folge, ohne daß sich Keyserlingk jedoch des Vertrauens seines Königs unwürdig gemacht und mit seinem Schutzbefohlenen wegen der bevorstehenden Flucht „konspiriert" hätte. Ihm geschah daher nach Eintritt der Katastrophe, die er nicht hatte verhindern können, auch kein äußeres Leid. Aber die Freunde wurden voneinander getrennt, als Strafe für Friedrich, dessen wiederholte Bitten um Rückberufung Keyserlingks aus dessen Garnison Rathenow abgeschlagen wurden. Erst als das Verhältnis zwischen Vater und Sohn soweit gesundet war, daß der Kronprinz zusammen mit seiner jungen Gattin die Hofhaltung in Rheinsberg eröffnen durfte, erhielt er seinen „Cäsarion" wiedergeschenkt, dessen Rückkehr er, so lauten seine Worte, „wie den Durchbruch der Sonne durch den frostigen Winternebel" jubelnd begrüßte.

Einen Maßstab dafür zu finden, wie herzenstief Friedrichs Zuneigung zu seinen nächsten Freunden, insbesondere zu Keyserlingk, Jordan und Rothenburg gewesen ist, wird uns heutigen Menschen einigermaßen erschwert durch die seelische Modetracht der „empfindsamen" Zeit, die mit rührsamen Worten und Superlativen des Gefühls auch da nicht kargte, wo wir zurückhaltender und, wie wir glauben, wahrhaftiger sind. Daß aber diese Freundschaften, ebenso wie die in mancher Hinsicht anders geartete Zuneigung zu Fredersdorf, die Bezeichnung als wirkliche Liebe, im edelsten und tiefsten Sinne dieses vielumfassenden Wortes, verdienen, kann für den, der sich in diese Erlebnisse des Königs vertieft hat, keinem Zweifel unterliegen.

Damit ist es denn auch ohne weiteres verständlich, wie furchtbar die Wunden waren, die Friedrichs Herz zerfleischten, als ein unerbittlicher, allzufrüher Tod diese allerengsten Freundschaften eine nach der anderen zerriß. Einen ähnlich tiefen Schmerz hat der König wohl nur noch empfunden, als er in der Notzeit des großen Krieges die Mutter und die Schwester Wilhelmine hergeben mußte. Gleichwohl mag ihn der Verlust manches anderen, an sich weniger geliebten, Freundes in gewissem Sinne — nämlich durch die damit verbundene Bitterkeit — noch mehr geschmerzt haben als jene tiefe, aber erhabene Trauer um die Verstorbenen. Damit meinen wir das Zerreißen oder Erkalten von herzlichen Beziehungen zu solchen Menschen, die ihm nicht der Tod, sondern das Leben nahm. Die geliebten Toten blieben ihm in der Erinnerung erhalten, die im Leben Verlorenen raubten ihm mit sich selbst auch die Freudigkeit des Gedenkens an das, was einst schön war.

Über den Rahmen dessen hinaus, was uns in dieser Hinsicht die bisher berührten und noch kommenden Einzelbeispiele unserer Briefe sagen, wollen wir diese tragische Seite in Friedrichs Dasein nicht erörtern, sondern nur noch einige kurze Bemerkungen über die Ursachen des so häufigen Verlustes lebender Freunde machen.

Eine dieser Ursachen lag darin, daß Friedrich, der sonst so Klarblickende, sich, sobald sein Herz beteiligt war, die Menschen gern „erdichtete", so wie er sie zu sehen wünschte. („Liebe macht blind", so nennt das alte Volksweisheit.) Da für ihn bei der Wahl seines Umgangs nicht selten die bloße Außergewöhnlichkeit eines Charakters oder Lebensschicksals eine Rolle spielte, so konnte es nicht ausbleiben, daß ihm dann später durch nüchterne Tatsachen die Augen geöffnet wurden und sein erdichtetes Bild in schmerzlichster Weise zerstört wurde. (Das Hauptbeispiel dafür ist Voltaire, von dem wir Seite 204—11 und bei den Briefen 153 und 178 hören werden, sodann kommen Schaffgotsch, Chasot, La Mettrie, Briefe 69, 91 und 105, in Frage.)

Eine zweite Ursache für den öfteren Freundesverlust unter Lebenden war das „Naturgesetz", daß die Krone die geborene Feindin unbefangener, rein menschlicher Vertrautheit ist. Zwar bemühte sich der Hausherr von Sanssouci sehr, es seine Genossen vergessen zu machen, daß sie nicht Seinesgleichen seien, aber gerade weil sie darin so verwöhnt wurden, tat es ihnen doppelt weh, wenn Friedrich, der an das Herrschen und Rechthaben gewöhnte und dabei so überaus stimmungsbewegte Mensch, sie gelegentlich einmal doch, vielleicht ganz wider Willen, fühlen ließ, daß er der „König" sei.

Friedrichs schlimmster „innerer Feind" in der Behandlung seiner Freunde aber war sein unseliger Hang zu verletzendem Spott. Auch das war sicher nicht böse gemeint, ja er war sich im Augenblick der Tat gar nicht bewußt, welches Unheil er anrichtete. Die angeborene Schärfe der Beobachtung, die — gefördert durch die Erlebnisse seiner Kinderstube — natürlich auch alle Schwächen der Menschen schnell herausfand, in Verbindung mit dem Unvermögen, einen blendenden Augenblickseinfall sich zu verbeißen, war die Quelle dieser Begabung und Neigung zur kränkenden Satire, die die Betroffenen, gerade weil sie von Friedrich kam, gar oft wie einen Schlag aufs Herz empfanden.

Von alledem war die Folge, daß ein Freund nach dem andern den König verließ, denn, seit dem Hingang jener Unersetzlichen, trug keiner von ihnen mehr die unbedingte Liebe zu Friedrich im Herzen, für die es keine „Störungen" gibt. Wie muß er darunter gelitten haben! Zwar gab er die Schuld zunächst stets den „Ungetreuen", aber auf die Dauer muß ihm die Wiederholung dieser Geschehnisse doch die Augen darüber geöffnet haben, daß seine eigenen Eigenschaften zu diesen Verlusten wesentlich beitrugen. Was aber kann einen Menschen von Wert tiefer zergrämen, als wenn er fühlt, daß eigene verhältnismäßig äußerliche Wesenszüge, die er selbstkritisch erkennt, die abzulegen aber außerhalb seiner Willensmacht liegt, ihm die Herzen entfremden, die er zu besitzen wünscht! —

Bei relativ glücklichem Verlauf dieser Loslösungsvorgänge trat an die Stelle der verlorenen L e b e n s - Gemeinschaft dann eine Freundschaft, die sich in gelegentlichen Besuchen oder in einem Briefwechsel äußerte. [Ein Beispiel für viele ist Algarotti (Briefe 7, 136, 188, 253); und für einen etwas anders gearteten Fall d'Alembert (Brief 189).] Bei minder glücklichem Verlauf aber war das Ergebnis völlige Trennung.

So wurde des Königs Herz immer einsamer. Eine leuchtende Ausnahme bildet nur sein Verhältnis zum „Lord Marschall", Georg Keith, dem um fast zwei Jahrzehnte älteren, erst verhältnismäßig spät gewonnenen Freunde. Daß diese Verbundenheit allen Wechsel überdauerte, lag an ihrem besonderen Wesen. R u h i g e, respektvolle, gegenseitige Verehrung und gesichertes Vertrauen bildete die Grundlage. (Vgl. Briefe 113, 139, 181, 188 und 228.) Aber auch diesen wirklichen Freund konnte Friedrich nur ziemlich selten bei sich haben, da Keith meistens im Ausland lebte, bis er 1763 endgültig nach Potsdam übersiedelte. Hier verbrachte er, als getreuer „Nachbar Ameise", seinen Lebensabend in dem freundlichen Landhause, das ihm Friedrich am Park von Sanssouci dem Schlosse gegenüber hatte erbauen lassen. 1778 ging er zur ewigen Ruhe ein, auf die sein gekrönter Freund noch acht lange Jahre warten mußte.

Man muß aber, wenn man an das „Einsamwerden" des Königs denkt, nicht meinen, daß dies auch im ä u ß e r l i c h e n Sinne aufzufassen wäre. An anregendem Umgang, insbesondere einem festen Kreise von Tafelgenossen, fehlte es ihm nie, auch Gäste, darunter bisweilen die heranwachsenden Neffen und Nichten, waren keine seltene Erscheinung, aber s e e l i s c h war Friedrich doch von verhältnismäßig frühen Jahren an fast ganz „allein". Indessen hat diese innere Einsamkeit und selbst die immer wachsende körperliche Gebrechlichkeit nicht etwa die Folge gehabt, ihn zum Griesgram, oder gar zum müden, tatenlosen Greise zu machen.

Wenn er auch zu den neu emporkommenden, „modernen" Erzeugnissen in Literatur, Kunst und Wissenschaft — auch den französischen — schließlich keine Fühlung mehr gewinnen konnte, darin den Zoll des Alters zahlend, blieb er doch von gespanntester geistiger Regsamkeit, und seine Studierstube war sein eigentlicher Erholungsort. Im übrigen aber w u c h s a l l e s, was sein M e n s c h e n h e r z v e r l o r e n hatte, seinem Königtum zu! Bis zum letzten Atemzuge war er, in einem Ausmaße, das nicht nur zur Bewunderung, sondern geradezu zu herzerschütternder Ehrfurcht zwingt, der Diener seines Staates.

*

Das so in wenigen Zügen gezeichnete Bild (dem naturgemäß unendlich viele Einzelheiten fehlen, die eigentlich erst Farbe geben würden) und insbesondere die **Tragik**, die sein Schicksal als Freund beschattete, muß man im Gedächtnis bewahren, um klar zu erkennen, welche Rolle sein Verhältnis zu Fredersdorf, dem ebenfalls verhältnismäßig früh Dahingegangenen, in seinem Leben gespielt hat. Wir brauchen ja nur darauf hinzuweisen, daß Fredersdorf ein ganz schlichter, „nur treuer" Mensch war, den Friedrichs **Herz** liebte. Eine geistige Verbindung in höherem Sinne bestand **nicht, darum** aber war dieses Verhältnis auch den **Gefahren** entzogen, die so vielen auf die Fiktion des „inneren Gleichstehens" aufgebauten Beziehungen des Königs zum Verhängnis wurden. Die **problemlose** Freundschaft mit Fredersdorf war ihm **sicherer Besitz, hier konnte seine vielbewegte Seele ausruhen.** —

Und auch das, was wir später in unseren Briefen (Hauptstelle Nr. 211) über des Königs herzliche Freude an seinem Lieblingspagen „Carel", dem frischen, erquickend naiven Jungen, lesen werden, erhält erst im Lichte der obigen Ausführungen über Friedrichs Freundschaftstragik die rechte psychologische Beleuchtung und einen **sehr tiefen** Sinn.

Ja, wir scheuen uns schließlich nicht, selbst an des Königs Liebe zu seinen treuen (und stummen!) **Hunden in diesem Zusammenhange** zu erinnern. Der Leser, der unseren Gedankengängen bis hierher gefolgt ist, wird uns auch darin ohne weiteres verstehen.*

*

---

* Am 29. Dezember 1752 berichtet der König über den Tod seiner Lieblingshündin „Biche" an Wilhelmine mit folgenden Worten: „... ihr Tod hat mir wieder die Erinnerung an den Verlust aller meiner Freunde wachgerufen, besonders dessen, der sie mir geschenkt hatte [wahrscheinlich Rothenburg]. Ich war beschämt, daß der Tod eines Hundes mir so nahe geht, aber das häusliche Leben, das ich führe, und die Treue des armen Tieres hatten es mir ans Herz wachsen lassen."

DER KÖNIG AN FREDERSDORF

(Frühjahr 1752)

Nach einen Neüen Consilium [ärztlicher Beratung] *werden wihr* [der König und Dr. Cothenius] *Dihr anjetzo noch resolvirende* [lösende] *mitel geben, die einen noch prompteren efect* [bessere Wirkung] *wie die vohrigen thun müssen. ich hoffe einen guhten Succeß* [Erfolg] *davon. ıch Sitze* [Dr.] *Cothenium auf den hals und treibe ihm an, so vihl* [wie] *möglich.*

Schlafe nuhr bei Tage und nim alle virtelstunden zu hülfe, so wie es Deine Schmertzen und umbstände erlauben, denn Kräfte müsen gespahret werden und gesamlet, so vihl [wie] *möglich.*

ich bin recht enpeur [en peur = besorgt] *und thue gewisse, was ich Kan, Dihr zu helfen; und hoffe, daß es baldt guht gehen wirdt. Morgen mus Schon Viehl besser seindt, und übermorgen so, daß es zu merken ist.*

Gott bewahre Dihr! lasse Dihr nuhr nicht die gedult bei dehme [dem] *allen vergehen, ein par schlime Nächte müssen noch überstanden werden. Cothenius ist im Grunde der Sellen* [Seele] *böße über alle die fremden Docters*[1]. *er saget, die haben bei Dihr alles verdorben, absonderlich der Strasburger. ich Sage ihm, das ist nun zu Spähte, davon zu sprechen, sondern er Sol nuhr handt anlegen, umb Dihr jetzunder* [jetzt] *zu helfen, und er Sol auch alle Ere* [Ehre] *davon haben. sage Du ihm auch nuhr ein guht Wohrt, dann thuht er mehr, denn er ist Eigensinnich und von Seiner Kunst sehr eingenommen. gottbewahre Dihr tausendt mahl!*

Fch

---

[1] Man übersehe nicht den Zug feinsten Herzenstaktes: Friedrich schreibt, Cothenius sei böse über die vielen fremden Ärzte und Kurpfuscher, die den Erfolg der Kur immer wieder zunichte machen. Natürlich ist der König selbst mindestens ebenso ungehalten über Fredersdorfs Ungehorsam. Aber von sich spricht er nicht, weil er weiß, daß das Bewußtsein, seinen königlichen Herrn und Freund betrübt zu haben, den schwer Kranken zu sehr schmerzen und erregen würde.

104

DER KÖNIG AN FREDERSDORF

(Frühjahr 1752)

Du fängst zu früh wieder an zu arbeiten! Du must nohtwendig erst Kräfte Samlen, sonsten Könstu [könntest Du] *Dihr Mit das Schreiben wieder fiber zu-wege bringen. warte noch einige tage damit und Samle Kräfte, so vihl Du Könst.*

Schlafe des Tages eine halbe oder gantze Stunde, wann du Könst, und lasse Dihr guhte Supen Machen, ohne gewürtz, aber Consomés [Fleischbrühen].

gottbewahre Dihr! ich mus Morgen nach berlin, ich wolte aber gerne von Deinen tzeitungen [von Dir Nachrichten] *haben. d. 22. oder 23. wirstu 2 untzen* [Unzen] *aderlassen müssen.*

Fch

105

DER KÖNIG AN FREDERSDORF

(Frühjahr 1752)

Es freüet mihr Sehr, daß es jetzunder mit Dihr besser gehet. desto mehr uhrsache hatdu [hast Du], *Dihr nuhn in acht zu nehmen, umb die angende* [angehende] *besserung nicht zu verderben, und Dihr allso vohr allen dingen vohr ärgernis zu hühten, Dihr nicht zu verkälten und auch in der Diete gantz Cothenich* [nach Dr. Cothenius] *zu leben.*

ich Kan Lametrie [La Mettrie] *Seiner Witwe nichts geben, ich unterhalte die Cousine hier. wehre* [Wäre] *die Witwe hier ins landt gekomen, hette Sie Was gekrigt. ich habe hier genung arme zu versorgen, der König in Frankreich Kan vohr die* [Leute] *aus St. Malo Sorgen.*

Morgen werde den brief an Mauperthuy [Maupertuis] *Schiken. gottbewahre!*

Fh

Erst jetzt, wo Fredersdorf auf der Besserung ist, beginnt der König wieder, ihm mit dienstlichen Angelegenheiten zu kommen, vorher hat er ihm sogar den kürzesten schriftlichen Dank für seine Briefe geradezu verboten. (Vgl. den Schluß von Brief 102.)

Über Jules Offray de La Mettrie, den Arzt und Naturwissenschaftler, dessen in Frankreich lebende Witwe jetzt eine Unterstützung erbittet, mögen hier einige Angaben am Platze sein, weil Friedrichs Stellungnahme zu diesem Manne sehr kennzeichnend ist. (Vgl. hierzu Nr. 91 über Chasot). La Mettrie vertrat in seinem aufsehenerregenden, noch heute bekannten Buch „L'homme machine" den krassesten Materialismus, indem er alle seelischen und körperlichen Lebenserscheinungen rein „maschinenmäßig" erklären zu können vermeinte. Soweit ging des Königs Ablehnung der kirchlichen Dogmen nicht; er hat sogar, als der auf die Spitze getriebene philosophische Materialismus in Frankreich später Modesache wurde, diese Richtung schriftstellerisch bekämpft. Vorher aber, als La Mettrie wegen seines Buches von den empörten Theologen verfolgt und aus Holland, wo er lebte, vertrieben wurde, genügte diese Tatsache für Friedrich, ihm aus Empörung über solche Unduldsamkeit eine Zufluchtstätte bei sich zu bieten und ihn zum „Vorleser", also zu seinem täglichen Umgang, zu machen. (Maupertuis, der Berliner Akademiepräsident, der, wie jener, aus St. Malo in der Bretagne stammte, hatte die Sache vermittelt.)

La Mettrie war kein erfreulicher Mensch, auch als Gelehrter nicht wertvoll, aber ein unterhaltender Spaßmacher. Er starb am 11. November 1751 zu Berlin — an den Folgen einer Überladung des Magens mit Trüffelpastete. Wie Friedrich über ihn dachte, zeigen seine Worte: „Er wird von allen, die ihn gekannt haben, betrauert; er war lustig, ein guter Teufel, ein guter Arzt und ein sehr schlechter Schriftsteller; aber wenn man seine Bücher ungelesen ließ, konnte man mit ihm zufrieden sein."

Der Witwe will der König dadurch helfen, daß er ihr Gesuch durch Maupertuis an den König von Frankreich leitet, der „vohr die aus St. Malo" sorgen soll.

106

DER KÖNIG AN FREDERSDORF

(Frühjahr 1752)

nuhn, hoffe ich, wirdt Dihr das fiber algemelich [allmählich] *verlassen. wenn dießes vorbei ist, so nim Dihr doch in acht! eine Starke Ergernis Kan Dihr den Thot thun. Du must alles evitiren* [vermeiden], *was Dihr verdrißlich sein Kann, auf-daß die gelegenheit zu Solche alteration* [Aufregung] *Dihr benomen wirdt. das ist das eintzige, was deine besserung Kan zu-wieder* [zuwider] *Seindt. also helfe doch* [Dr.] *Cothenius und mihr, daß wihr Keine Schande ein-legen! gott bewahre!*

Fch

DER KÖNIG AN FREDERSDORF

(April 1752)

wann Deine umbstände guht Seindt, So bin ich wohl zufrieden, daß Cothenius auf 1 tag herüber-Kömt. aber anjetzo wirdt er in Potzdam zum Meisten Nutz, denn nuhn Komen wiehr baldt an der Mohnt-verenderung, und dann mus er zum meisten atention [Aufmerksamkeit] *auf Dihr haben.*[1] *ich wolte So gerne, daß es mit Dihr guht ging, daß ich was rechtes drum geben wolte, es währe die Schlime Zeit gut übergegangen. gottbewahre Dihr! nim Dihr wohl in acht, und gebe zu Keinem übel gelegenheit!*

Fch

[1] Schon früher machten wir darauf aufmerksam, wie zahlreiche Stellen in unseren Briefen uns bestätigen, daß Friedrich daran glaubte, die Stellung der Sonne und des Mondes sei von Einfluß auf den Verlauf von Krankheiten und auf die Wirksamkeit von Heilmitteln. Wir haben es hier offenbar mit dem schwachen Nachklingen einzelner Töne aus dem uralten Accord der „astrologischen" Auffassung des Weltbildes zu tun.

Die merkwürdige Tatsache einerseits, daß Friedrich, der Mann der „Aufklärung", noch solchen Nachwirkungen unterlag und andererseits das noch merkwürdigere Wiederauftauchen entsprechender Gedankengänge in unseren Tagen, da die wissenschaftliche Forschung diese Dinge endgültig überwunden zu haben schien, dürfte es manchem Leser erwünscht machen, das Wesen und geschichtliche Werden des „astrologischen" Denkens sich wenigstens in ganz kurzen Zügen ins Gedächtnis zurückzurufen. (Andere Leser mögen gleich zum Brief 108 übergehen.)

Bekanntlich dachte sich die Astrologie alles Geschehen auf der im Mittelpunkt des Universums ruhenden Erde als abhängig von dem Lauf der „Sieben Planeten"*, die, auf die Töne der „Sphärenmusik" abgestimmt, den Wohnsitz der Menschheit umkreisten und deren Stel-

---

* Von den uns heute bekannten Wandelsternen kannte man damals nur fünf (Merkur, Venus, Mars, Jupiter und Saturn); die heilige Siebenzahl wurde erreicht durch Hinzurechnung von Sonne und Erdmond. Diese „Sieben Planeten" haben der Welt bekanntlich auch den Zeitrhythmus der Woche geschenkt, deren einzelne Tage noch jetzt z. T. die Namen der genannten sieben Gestirne tragen.

lung untereinander, zur Erde und zu den zwölf Zonen des Tierkreishimmels bedeutungsvoll war. Die Abhängigkeit von den genannten Sternen — zu denen als außerordentliche Machthaber die unheimlichen Kometen traten — bezog sich sowohl auf Naturereignisse, wie auf das große geschichtliche Geschehen und vor allen Dingen auch auf den Charakter und das Lebensschicksal der einzelnen Menschen, für die die „Konstellation" zur Zeit ihrer Geburt von schicksalbestimmender Bedeutung war.*

Die Urheimat der „Astrologie" liegt in den weiten Ebenen Mesopotamiens, wo die überaus klare Luft den gestirnten Nachthimmel zu einer Erscheinung von überwältigendem Eindruck macht. Dadurch wird es verständlich, daß dort nicht nur die forschende und rechnende Beobachtung des Sternenlaufs — also in unserm Sprachgebrauch die „Astronomie" — sich den Menschen aufdrängte, sondern auch das Gefühl der organischen Einheit des Universums und der Schicksalsverbundenheit zwischen den Lichtern droben und dem irdischen Leben.

Man nimmt an, daß schon die vorsemitischen Ureinwohner Mesopotamiens, die dort lange vor den Babyloniern und Asyriern saßen, vor vielen Jahrtausenden diese beneidenswert einheitliche Weltvorstellung als ein von ihrer hohen geistigen Begabung empfangenes Geschenk des Landes besessen haben und sie von Geschlecht zu Geschlecht vererbten, schließlich an die „Chaldäer", deren Name dann bei der Weiterverbreitung der Lehre über die ganze antike Kulturwelt mit „Sterndeuter" geradezu gleichgesetzt wurde.

Wie sehr das astrologische Denken — insbesondere nach der gewaltigen geistigen Durchdringung der westlichen und östlichen Kulturen, die sich an des großen Alexanders Taten anschloß und die wir gewöhnlich mit unberechtigter Einseitigkeit „Hellenisierung" nennen — die Gemüter beherrschte, erhellt z. B. aus der folgenden Tatsache. Um 250 v. Chr. nahm der griechische Astronom Aristarch von Samos die Entdeckung des Kopernikus um 18 Jahrhunderte voraus, indem er behauptete, die Erde stehe nicht still, sondern drehe sich um die Sonne. Daß diese Wahrheit damals nicht durchdrang, sondern für noch fast zwei Jahrtausende Ptolemäus siegte, lag nicht zum wenigsten daran, daß die Vorstellung, der Wohnsitz der Menschen sei nicht der Mittelpunkt der Welt, dem astrologischen Denken gefühlsmäßig un-

---

* Man sieht, daß gewisse Parallelen bestehen zwischen dem astrologischen Denken und der christlichen „Prädestinationslehre", wie auch dem islamitischen „Fatalismus".

erträglich war. Später freilich war auch die christliche Kirche auf lange Zeit hinaus Gegnerin des „heliozentrischen Systems", weil dieses mit dem Weltbilde des Alten Testamentes im Widerspruch zu stehen schien. Gleichwohl aber hat die Kirche die doch „geozentrisch" eingestellte Astrologie — freilich mit starken Ausnahmen — bekämpft. Mancher Bannfluch ist gegen sie geschleudert worden; und der christliche oströmische Kaiser Justinian stellte sie sogar unter weltliche Strafe, gleich der Giftmischerei. Aber zur Ausrottung der Sterndeutekunst kam es nicht; auch der oftmals (z. B. von Cicero, Plinius d. Ä. und Tacitus) unternommene verstandesmäßige Nachweis, daß „unter den g l e i c h e n Sternen geborene" Menschen dennoch an Charakter und Schicksal ganz verschieden seien, machte keinen nachhaltigen Eindruck. Im Gegenteil wurden der Lehre neue Kräfte zugeführt, als die von Mohammed aufgewirbelten Araber siegreich nach Westen bis Spanien vordrangen und für das durch die Völkerwanderung zerrüttete und geistig verarmte Europa für lange Zeit die wichtigsten Vermittler antiker Bildung wurden. So war das ganze Mittelalter von der Astrologie mehr oder weniger beeinflußt, und auch die Reformation brach ihre Lebenskraft noch nicht. Erst das Durchdringen der Kopernikanischen Anschauungen über das Weltgebäude tat ihr ernstlich Abbruch. Aber wie a l l m ä h l i c h nur das geschah, zeigt uns das allbekannte Beispiel Wallensteins, und — wieder hundert Jahre später — auch der schwache astrologische Nachklang in unseren Briefen, der uns den Anlaß zu dieser geschichtlichen Skizze gab. Erst im Laufe des 19. Jahrhunderts schien der Gedanke der Schicksalsabhängigkeit von den Gestirnen in höheren Bildungsschichten gänzlich zu verschwinden, zumal inzwischen auch unsere S o n n e aufgehört hatte, als Weltmittelpunkt zu gelten, und sie es sich gefallen lassen mußte, zu einem winzigen Mitglied des Milchstraßensystems herabgedrückt zu werden, das seinerseits nur e i n e von ungezählten Sternprovinzen des Weltalls wurde. —

Und h e u t e, wo nach den in allen Ländern sich zeigenden seelischen Erschütterungen des Weltkrieges als Rückschlag auf die verstandesstolze Vorkriegszeit ein merkwürdiger Hunger nach dem Geheimnisvollen zutage tritt, erscheinen Bücher über Bücher, die das astrologische Weltbild, meist im Zusammenhang mit anderen altorientalischen Vorstellungsreihen, als tiefste und erlösende Weisheit verkünden — und (auf daß das Satyrspiel nicht fehle) unsere Zeitungen stehen voll von Anzeigen geschäftstüchtiger neuer „Astrologen", die ihren Kunden das „Horoskop" stellen wollen.

108
DER KÖNIG AN FREDERSDORF

(April 1752)

ich bin recht froh, daß du wieder besser bis. nim Dihr aber wohl in acht, es ist kein schertz dabei, und Quak-Salbere um goteswillen nicht! gotbewahre diehr! in 3 Wochen, ehr nicht, Könstu [kannst Du] aus der Camer gehen!

Fch

109
DER KÖNIG AN FREDERSDORF

(Ende April 1752)

Es ist mihr lieb, daß es sich nun gantz wieder mit Dihr bessert.

gehe nicht Ehr [eher] aus der Camer, bis Cothenius und unsere gantze [medizinische] facultét es erlauben.

Fch.

110
DER KÖNIG AN FREDERSDORF

(Anfang Mai 1752)

Es freüet mihr Sehr, daß es sich anjetzo so guht mit Dihr an-lässet. [Dr.] Cothenius ist vergnügt, wie ein ohrwurm!

sage du ihm nuhr, Du wirst ihm ein Schön present [Geschenk] machen, wann er dich würde gantz gesundt machen. das animiret ihn [stachelt ihn an], denn ich merke wohl, man mus ihm auf alle arten zu Interesiren suchen.

gottbewahre Dihr, daß ich imer guhte tzeitungen [Nachrichten] von dihr Krigen mach [mag]!

Fh

Nun war Fredersdorf so weit wieder hergestellt, daß er Ende Mai 1752 eine Reise nach Aachen und Spa antreten konnte, um durch den Gebrauch der dortigen Bäder volle Heilung zu suchen. Anfang September kehrte er zurück, leider ohne vollen Erfolg. Briefe aus dieser Zeit sind uns nicht erhalten. Der nächste Brief stammt von Mitte November 1752. Inzwischen hat sich der politische Himmel wieder einmal mit schweren Wolken bezogen. Gleich der Brief 111 wird uns Anlaß geben, davon zu reden.

DER KÖNIG AN FREDERSDORF

(Mitte November 1752)

ich danke Dihr vohr die Trauben. ohne vohrurtheil seindt meine besser. das geldt vohr den Garten Kan ich nicht vohr den 23. betzahlen.

Es thuht mihr leidt, daß du noch [wieder] *leiden Must.* [Dr.] *Cothenius wirdt heute oder Morgen wieder-Komen; und ich hoffe, er Wirdt linderung schaffen. in-dessen, wann nuhr Keine Schlime tzufälle, als starke fibers oder Inflamations* [Entzündungen], *Komen, so werden wier mit den übrigen wohl fertig werden!*

hier ist nichts als Krig und Kriges-geschrei[1], *und ich preparire mihr* [bereite mich vor], *auf allen fällen geschikt zu seindt. gröben*[2] [v. d. Gröben] *Kan Komen, nun es noch tzeit vohr ihm ist.*

ich wünsche vonhertzen, daß es sich mit Dihr bessert!

Fch

[1] „Hier ist nichts als Krieg und Kriegsgeschrei, und ich bereite mich vor, auf alle Fälle gerüstet zu sein!" Um die große politische Spannung zu verstehen, die mit diesen Worten angedeutet wird — Fredersdorf ist natürlich, wenigstens in großen Zügen, im Bilde — greifen wir zurück auf unsere Bemerkungen über die Kriegsgefahr von 1749 bei Brief 89.

Damals war es dem König gelungen, den von Rußland unter Benutzung der schwedischen Frage betriebenen Ausbruch der Feindseligkeiten hintanzuhalten. Friedrichs Mittel zu diesem Erfolg waren gewesen, einmal sein rechtzeitiges Waffenklirren, sodann sein wiedergewonnener Anschluß an Frankreich.

Aus der Zwischenzeit — von 1749 bis zum Zeitpunkt des vorliegenden Briefes — wollen wir des Zusammenhanges wegen folgendes erwähnen: Das erneute Zusammenhalten von Berlin und Paris war die politische Grundtatsache der europäischen Politik dieser Jahre. Diese Rückendeckung ließ es für Friedrich sogar erträglich erscheinen, daß die diplomatischen Fäden sowohl mit Rußland (das unter anderem durch den freundlichen Empfang, der einem Gesandten des Tatarenchans in Berlin zuteil wurde, erneut erzürnt war) wie mit England unter Rückberufung der gegenseitigen Gesandten im Jahre 1750 abrissen. Die Anlässe dazu hier im einzelnen zu erörtern, würde zu weit führen, genug: Friedrich ließ sich, trotz seiner ständigen Friedenspolitik, „nichts gefallen". Beim Kaiser Franz hatte er 1751 die Gewährleistung des Reiches für den Dresdener Frieden durchgesetzt, im übrigen blieb das Verhältnis zu Österreich, trotz gelegentlicher Ansätze zu einem Ausgleich (vgl. Anm. 1 zu Brief 51), feindselig. Das konnte gewiß auch nicht besser werden, als es Friedrich, wiederum im Verein mit Frankreich, gelang, zwei den österreichischen Hof nahe angehende Thronbewerbungen zu Falle zu bringen. (Der erste, von England geförderte, Plan war, den jungen Erzherzog Joseph zum deutschen „König" wählen zu lassen, um ihm dadurch für später die Kaiserkrone zu sichern; und der zweite Plan, zu dem Rußland Pate stand, ging dahin, dem Schwager Maria Theresias, Prinz Karl von Lothringen, nach dem Tode Augusts von Sachsen die polnische Wahlkrone zu gewährleisten.)

Nach glücklicher Beseitigung dieser Reibungsflächen trat nun im Zeitpunkt unseres Briefes, also im November 1752, eine neue, ganz schwere Verdunkelung des politischen Blickfeldes ein, und diesmal lag der Wetterwinkel in England. Zur Vorgeschichte dieser Wirrungen ist folgendes zu bemerken: In dem den Ersten Schlesischen Krieg beendenden Frieden von Breslau hatte Friedrich die Begleichung einer auf das eroberte Land eingetragenen Geldforderung einer englischen Genossenschaft in Höhe von rund 400000 Pfund übernommen. Davon war gegen Ende 1752 noch eine Restschuld von 45 000 Pfund zu decken. Die Aushändigung dieser Summe aber verweigerte der König und legte sie für die englischen Gläubiger beim Kammergericht in Gewahrsam, bis die Erfüllung gewisser jahrelang vergebens geltend gemachter Forderungen preußischer Untertanen durch England erfolgt sei. Mit dieser Gegenforderung hatte es folgende Bewandtnis. In den letzten Zeiten des Österreichischen Erbfolgekrieges hatten englische Kaper neben den Schiffen anderer Neutraler auch zahlreiche preußische Kauffahrer aufgebracht. Friedrich stellte sich auf den Standpunkt, der ein Jahrhundert später als Völkerrecht anerkannt worden ist, daß die neutrale Flagge die Ladung (auch soweit sie feindlichen Untertanen gehört) „deckt", wofern es sich nicht um „Kriegskonterbande" handelt, wobei er dann außerdem den letztgenannten Begriff gegenüber der englischen Anmaßung in vernünftigem Sinne eingeschränkt wissen wollte.

Die Verweigerung der Auszahlung der schlesischen Restschuld rief in England eine ungeheure Aufregung und Empörung hervor; denn diese Sache ging den Briten an ihre heiligsten Gefühle, ihren Seemacht-Stolz und ihren persönlichen Geldbeutel. Eine kriegerische Verwickelung, in die dann natürlich Österreich und Rußland hereingezogen wären, erschien in bedrohlichste Nähe gerückt. Das ist der Stand der Dinge zur Zeit unseres Briefes.

Vorgreifend wollen wir aber gleich an dieser Stelle den weiteren Verlauf der politischen Hochspannung, die den König von nun an bis zur Mitte des Jahres 1754, also fast 2 Jahre lang, dauernd beunruhigte, kurz andeuten. Was England hinderte, sofort zu den Waffen zu greifen, waren neben einer gewissen Sorge vor neuer offener Feindschaft mit Frankreich, wohl folgende Erwägungen: Zur See war Preußen wegen der Kleinheit seiner Kauffahrtei und des Fehlens von Kriegsschiffen nicht sehr verwundbar, England mit seiner großen Handelsflotte dagegen um so mehr. Um dies zu verstehen, muß man daran denken, daß damals noch die Übung bestand, Seefahrer fremder Länder mit Kaperbriefen auszustatten, die dann unter der Flagge ihres Auftraggebers, in diesem Falle also Preußens, „gute Prise" machten. Die Heimatstaaten dieser Kaperschiffe verloren dadurch ihre Neutralität nicht, sondern nur der auftraggebende Staat. Sodann mußte der König Georg sich sagen, daß sein Kurfürstentum Hannover durch Preußen zu Lande stark gefährdet sei. So griff England zu zwei Mitteln, die für diesen Staat jederzeit üblich und kennzeichnend geblieben sind: Einmal setzte es die Zeitungspresse in Bewegung, um Preußen als angriffslustig darzustellen und es als Friedensstörer zu brandmarken, und ferner suchte es die Bundesgenossenschaft von Mächten, die auf dem Festlande seinen Krieg führen sollten. In erster Linie wandte es sich an das geldbedürftige Rußland — vor allem Elisabeth und Bestushew persönlich waren „geldbedürftig" —, um es durch klingende Münze zu gewinnen. Rußlands Forderungen waren aber, zu Friedrichs Glück, so maßlos, daß die Verhandlungen während des Jahres 1753 nicht zum Ziele führten. Für 1754 aber sah der König den Krieg mit Sicherheit voraus. Da kam ihm im Frühjahr ein für ihn günstiger Ministerwechsel in England zu Hilfe, dessen Folge es war, daß er Mitte 1754 die Geldverhandlungen zwischen England und Rußland als gescheitert und damit die dringendste kriegerische Gefahr als gebändigt ansehen konnte. Nochmals war ihm eine Atempause vor dem Losbrechen des großen Gewitters von 1756 vom Schicksal gewährt. Soviel an dieser Stelle über die Wirrungen der Jahre 1752—54. Unsere Briefe werden uns noch des öfteren Anlaß geben, auf diese Geschehnisse zurückzukommen.

² Am 29. November 1752 fand in Potsdam eine Versammlung von Kammerpräsidenten (etwa unserem heutigen Regierungspräsidenten entsprechend) statt. Gröben war ein solcher in Ostpreußen. „nun es

noch tzeit vohr ihm ist" bedeutet: Jetzt, wo der Krieg noch nicht ausgebrochen ist, kann er noch kommen, später wird Ostpreußen den Russen vorübergehend geopfert werden müssen, wie es ja auch schon im Kriegsplan von 1749 vorgesehen gewesen war.

112

DER KÖNIG AN FREDERSDORF

(Ende November 1752)

Der Kleine [ein Page] wirdt Dihr briwe zur gühtigen bestellung bringen. Wegen Deiner gesundtheit so freüet es mihr Sehr, daß es besser gehet. es Kan nicht auf ein-mahl Komen. Solchene zu-fäle, wie der letzte gewesen ist, wirstu [wirst Du] noch einige mahl Krigen, aber sie werden imer Schwächer werden und werden nachdem gantz ausbleiben. alle Dinge haben ihre gewisse ahrt in der Welt, und wieder [wider] ihre Nahtuhr Kan nicht protudiret[1] *werden.*

ich mache lauter Krigrische anstalten[2] *und übergebe mihr dem blinden schiksahl*[3]. *gott bewahre Dihr!*

Fch

---

[1] „protudiren" ist ein Wort, über das auch die großen Wörterbücher der französischen Sprache sich ausschweigen. Ob Friedrich es vielleicht von protuteur, der Vormund, abgeleitet hat? Jedenfalls ist der Sinn: „gegen ihre Natur kann nichts gewaltsam erzwungen werden".

[2] Vergleiche die Anmerkungen zum vorigen Brief.

[3] Das Wort vom „blinden Schicksal" könnte zu einer Abhandlung über Friedrichs Philosophie verführen, die übrigens noch in seinen reiferen Jahren eine Entwicklung durchgemacht hat; allein unser Raum verbietet uns näheres Eingehen auf diesen Gegenstand. Nur wenige Worte seien vergönnt. Die Überzeugung seiner Jugend, daß die Seele nach dem Tode selbständig weiterlebe, hatte er aufgegeben, den Glauben an Gott aber hat er bewahrt. Allerdings war ihm dieser Gott nur der Schöpfer der Welt, deren wunderbare Zweckmäßigkeit Friedrich mit religiöser Andacht empfand, und ihr Gesetzgeber, der aber die Einzelschicksale eben dieser natürlichen Gesetzmäßigkeit überließ. Die Vorstellung von Gott war ihm zu hoch, um ihn sich gewissermaßen als „Parteigänger" zu denken. Er schreibt einmal: „Wenn ich nicht von der Vorsehung spreche, so geschieht es, weil meine Rechte, meine Streitigkeiten, meine Person und der ganze Staat

mir als zu geringfügige Gegenstände erscheinen, um für die Vorsehung wichtig zu sein; der nichtige und kindische Menschenhader ist nicht würdig, sie zu beschäftigen, und ich denke, daß sie kein Wunder tun würde, damit sich Schlesien lieber in der Hand der Preußen als in der Österreichs, der Araber oder Sarmaten befinde; also mißbrauche ich nicht einen so heiligen Namen bei einem so weihelosen Gegenstande."

*

Haben wir eben Gelegenheit gehabt, wenigstens einige andeutende Worte über Friedrichs Stellung zu den großen Rätselfragen der Weltanschauung zu sagen — er nannte sich ja selbst gern den „Philosophen von Sanssouci" — so paßt das aufs Beste zu dem Umstand, daß das nächste Stück unserer Sammlung ein Brief Voltaires (an Fredersdorf) ist, daß wir also Anlaß haben, uns mit des Königs Verhältnis zu diesem berühmtesten Schriftsteller und „Philosophen" der Zeit kurz zu beschäftigen. Obschon dieser Brief Voltaires, den wir zunächst im französischen Wortlaut und dann in der Übersetzung bringen, genau genommen nicht zum Schriftwechsel zwischen Friedrich dem Großen und Fredersdorf gehört, glauben wir ihn dennoch hier veröffentlichen zu sollen, weil er inhaltlich den König betrifft. Außerdem kennzeichnet die Tatsache, daß Voltaire — der in diesem Zeitpunkt nicht unmittelbar an den ihm zürnenden König schreiben konnte — gerade Fredersdorf zur Mittelsperson erwählt, aufs treffendste die öffentliche Meinung über des Kämmerers starke Vertrauensstellung.

*

Friedrichs glühende Verehrung für Voltaire, den geistsprühenden Dichterphilosophen, der die gebildete Welt jener Tage in erstaunlichem Maße in seinen Bann schlug, stammte schon aus der Kronprinzenzeit. Als der junge König sich sogleich nach der Thronbesteigung mit Feuereifer bemühte, bedeutende Männer der Wissenschaft und Kunst an seinen Hof zu ziehen, war es seine herbste Enttäuschung, daß gerade Voltaire, trotz überschwenglicher Bitten, diesem Rufe nicht folgte. (Der Dichter war gefesselt durch seine Liebe zu einer feingeistigen Frau, der Marquise du Châtelet, obschon der sonst so überempfindliche Mann sich in diesem Verhältnis zu der „tragikomischen" Rolle eines Liebhabers verurteilt sah, der neben sich nicht nur den Gatten, sondern auch einen glücklicheren Nebenbuhler dulden muß. Aber vielleicht war er gerade in diesem Punkte, der ihm das Gespött der Mitwelt eintrug, ausnahmsweise menschlich groß, da seine Liebe sich an nur geistig-seelischem Besitz genügen ließ, ohne zu erlahmen.)

Lediglich kurze Besuche Voltaires waren die Frucht von Friedrichs Bitten. Von 1740—43 war er viermal des Königs Gast, dann aber sieben Jahre lang nicht wieder. Bei seiner Reise 1740 hatte Voltaire — wir erwähnen dies als erstes Wetterleuchten künftigen Zwiespaltes — den, mit „Freundschaft" zu Friedrich kaum vereinbaren, Auftrag der französischen Regierung übernommen, den König auszuhorchen, ob seine Kriegsrüstung für oder gegen Maria Theresia gemeint sei. Der Erfolg dieser „Spionage" entsprach nicht der großen Hochschätzung, die der eitle Dichter selbst — in diesem Falle, wie in späteren — seiner eigenen diplomatischen Begabung entgegenbrachte. Er erfuhr natürlich nichts über Friedrichs Absichten; und dieses Ergebnis erinnert uns an jenes Geschichtchen, das, wenn auch altbekannt, hier seiner Köstlichkeit wegen wiederholt sein mag: Die Geheimhaltung der Marschziele bei Beginn des ersten Krieges verführte den General von Kalkreuth zu der, wie er meinte, geschickt geformten Frage: „Majestät, die Deichsel steht wohl nach Schlesien?" Darauf der König sehr ernst: „Kann er schweigen??" „Unbedingt!" erwidert der General, freudige Spannung in den Zügen. „Ich auch!!" war Friedrichs Antwort. —

Im September 1749 war die Marquise du Châtelet gestorben, nun war Voltaire also „frei". Sofort erneuerte Friedrich seine Bitten, ja er wandte auch allerlei kleine Kniffe an, den berühmten Mann für sich zu gewinnen, die teils in harmloser und belustigender Weise dessen Schriftstellereitelkeit und Gewinnsucht zum Vorspann nahmen, teils aber auch wirklich unerfreulich waren. (Der König spielte nämlich einem am Pariser Hofe und der dortigen Akademie vielgeltenden Manne bissige Äußerungen Voltaires in die Hände, um die, allerdings schon ohnehin schiefe, Stellung des Dichters in Frankreich noch mehr zu verschlimmern und ihn so zur Übersiedlung nach Potsdam gefügig zu machen. Wir werden diese Handlungsweise Friedrichs, bei der er — getreu den mütterlichen Lehren seiner Kinderstube — Mittel der „Diplomatie", die im Kampf der Staaten entschuldbar sein mögen, auf menschliche Beziehungen übertrug, gewiß bedauern, aber daraus entnehmen, wie leidenschaftlich sein Verlangen war, diesen Mann in seinen Lebenskreis hineinzuziehen!)

Am 10. Juli 1750 kam Voltaire in Potsdam an. Seine Absicht, auch diesmal nur Gast zu sein, wenn auch jetzt auf mehrere Monate, wurde — unter dem Eindruck der Überfülle der ihm entgegengebrachten Ehrungen, Freundlichkeiten und auch äußeren Vorteile — bald zum Entschluß zu dauerndem Bleiben. Er erhielt den Kammerherrnschlüssel, den heiß erstrebten Orden Pour le Mérite, Wohnung im Schloß, eigenes Fuhrwerk und Dienerschaft und 5000 Taler Gehalt. Gelegentlich der Briefe 90 und 91, die von dem Besuche der Markgräfin Wilhelmine in Berlin im August 1750 handelten, erwähnten wir schon die glänzenden Hoffestlichkeiten, die Voltaires Aufenthalt einleiteten und seiner Eitelkeit volles Genüge taten. Beide, Friedrich und Voltaire, waren nun eine Zeit lang in ihrer Art glücklich miteinander. Der König war, wenn man uns diesen Ausdruck gestatten will, „intellektuell verliebt" in Voltaire, und auch dieser war ehrlich entzückt von der Persönlichkeit Friedrichs. Eine weitgehende innere Verwandtschaft dieser beiden Männer ist nicht zu leugnen, sowohl in der vielfältigen Übereinstimmung ihrer geistigen Ziele, wie in der Gleichheit ihres seelischen Pulsschlages, der Stärke und Beweglichkeit ihrer Stimmungen, zu schweigen von ihrer gemeinsamen Schwäche, der unbezähmbaren Spottlust. Friedrichs schriftstellerischen Arbeiten diente Voltaire als starker Anreger, außerdem besserte und verfeinerte er ihre Sprache. Und auf geselligem Gebiet fand der König, dem eine scharf geschliffene, von „Esprit" und Witz sprühende „Konversation" höchster Genuß war, an Voltaire endlich den lange gesuchten ebenbürtigen Gegner, mit dem er an der täglichen Abendtafel Schlag auf Schlag die Klinge kreuzen konnte.

Aber schon bald trat eine Trübung des Verhältnisses ein, die auf die Dauer naturnotwendig kommen mußte durch die vielen sittlich minderwertigen, ja verächtlichen Züge im menschlichen Wesen Voltaires, die mit seiner überragenden, strahlenden Geistigkeit mißklingend verbunden waren. Wir wollen den König auf diesem Leidenswege mit einigen kurzen Andeutungen begleiten.

Schmutzige Wuchergeschäfte, die selbst außenpolitische Schwierigkeiten (mit Sachsen) zur Folge hatten, und ein peinlichstes Aufsehen erregender Rechtsstreit mit dem Juden Hirschel waren die ersten Geschehnisse, die Voltaires Stellung in der Gesellschaft untergruben und ihm Friedrichs rücksichtslos schroffen Tadel eintrugen. Das Schlimmste aber waren die aus Neid geborenen Angriffe und Machenschaften Voltaires gegen eine Reihe von Persönlichkeiten, die seinen eigenen Glanz vermeintlich zu verdunkeln trachteten. Er, der öffentliche Vorkämpfer der Duldsamkeit und „Humanität", verfolgte solche angeblichen Feinde seines Ruhmes mit giftigstem Haß und gemeiner Heimtücke. Als seinen eigentlichen Todfeind, den literarisch zu vernichten ihm jedes Mittel recht schien, betrachtete er seinen Landsmann Maupertuis, den Präsidenten der Berliner Akademie. Die Einzelheiten auch dieses Streites übergehen wir. Das Ende war, daß eine ebenso scharfzüngig-geistreiche, wie von Bosheit und Gift strotzende Schmähschrift gegen Maupertuis auf den entschiedenen Widerstand des Königs stieß, der mit Recht in seinem Akademiepräsidenten auch sich selbst beleidigt fand. Friedrich zwang den nach anfänglichem Leugnen der Urheberschaft kläglich zusammenknickenden Voltaire zu einem demütigenden Besserungsversprechen. Aber kurz darauf erschien die Schrift (der „Doktor Akakia") aufs neue in Dresden und verbreitete sich wiederum in Berlin. Nun ließ Friedrich, ohne Rücksicht darauf, daß Voltaire leugnete den Neudruck veranlaßt zu haben, das Machwerk am 24. Dezember auf dem Gensdarmenmarkt durch den Henker verbrennen.

Voltaire fühlte nun wohl, daß er sich völlig unmöglich gemacht habe; der Entschluß, Preußen zu verlassen, stand in seinem grollenden Herzen fest, aber er wollte sich einen „guten Abgang" sichern. Am Neujahrstage sandte er dem König zu Fredersdorfs Händen Kammerherrnschlüssel und Verdienstkreuz zurück und vollzog „une démission entière". Die ganze peinlich schauspielerische Aufmachung dieser auf Rührung des Königs berechneten „großen Gebärde" ergibt sich aus den Worten, die Fredersdorf auf der Umhüllung von Schlüssel und Orden geschrieben fand:

> „Je les reçus avec tendresse;
> Je Vous les rends avec douleur,
> C'est ainsi qu'un amant, dans son extrême ardeur
> Rend le portrait de sa maitresse".

Der in unserer Sammlung enthaltene Begleitbrief Voltaires an Fredersdorf aber lautet (in unveränderter Schreibweise) so:

113

VOLTAIRE AN FREDERSDORF

1er janvier (1753)

Monsieur

je vous prie de rendre a Sa majesté la lettre cy jointe par la quelle je mets a ses pieds tout ce que je tiens de ses bontez. je fais une demission entiere. j'ay cru devoir vous envoyer ma clef et ma croix, n'attendant rien que de la pure volonté et de la grace du roy

il doit concevoir l'excez de ma douleur et l'horreur de ma situation. une chose, je vous lavoue, pourait me consoler un peu. Si le Roy qui me doit huit mois d'une pension de trois mille ecus qu'il me stipula en comptant les deux autres mille ecus sur ses caisses puvait avoir assez de bonté pour m'honorer de son portrait une telle faveur serait bien au dessus des huit mois qu'il me doit.

je remets tout a votre envie d'obliger, et a votre prudence. une grande faveur encor cest que tout cecy puisse n'etre pas publie, et que je parte sans éclat. il ny a que Monsieur lenvoyé de france qui soit instruit de ma lettre au Roy; parce qu'il arriva chez moy lorsque je l'ecrivais; je vous prie d'etre persuadé que je serai toujours Monsieur

avec une vive reconnaissance
votre tres humble et
tres obeissant serviteur
Voltaire

Auf deutsch:

Den 1. Januar (1753).

Mein Herr!

Ich bitte Sie, Sr. Majestät den beigefügten Brief zu übergeben, durch den ich zu seinen Füßen alles niederlege, was ich von seiner Güte in Händen halte. Ich vollziehe eine vollständige Abdankung. Ich hielt mich verpflichtet, Ihnen meinen Kammerherrnschlüssel und mein Ordenskreuz zu übersenden, indem ich von nichts anderem mehr etwas erwarte, als von dem lauteren Willen und der Gnade des Königs.

Er muß das Übermaß meines Schmerzes und mein Entsetzen über meine Lage verstehen. Eine Sache, so bekenne ich Ihnen, würde mich ein wenig trösten können. Wenn der König, der mir 8 Monate eines Gehaltes von 3000 Taler schuldet, das er mir zubilligte unter Übernahme der beiden andern tausend Taler auf seine Kassen, noch Güte genug aufbringen könnte, mich mit seinem Bildnis zu beehren, so würde das wohl mehr wert sein, als die 8 Monate Gehalt, die er mir schuldet.

Ich übergebe alles Ihrer Großmut und Ihrer Klugheit. Eine große Gunst würde es noch sein, wenn dies alles der Öffentlichkeit verborgen bleiben und ich ohne peinliches Aufsehen abreisen könnte. Lediglich der Herr Gesandte Frankreichs weiß von meinem Brief an den König, weil er gerade zu mir kam, als ich ihn schrieb. Ich bitte Sie, mein Herr, überzeugt zu sein, daß ich mit lebhafter Dankbarkeit immer bleiben werde

Ihr ganz ergebener
gehorsamster Diener
Voltaire.

Es ist bezeichnend, wie Voltaire in diesem Briefe Fredersdorf umschmeichelt, in der Hoffnung, daß er den König zu seinen Gunsten zu beeinflussen suchen werde, bemerkenswert auch, daß ein so guter Kenner des Hofes dem Kämmerer solchen Einfluß zutraut.

Wie es mit den „geschuldeten" acht Monatsbeträgen des Jahresgehaltes von 5000 Talern (das, wie wir hier sehen, aus verschiedenen Kassen floß) in Wahrheit stand, vermögen wir nicht zu sagen, doch halten wir es für sehr möglich, daß sich die behauptete „Schuld" erst auf die Zukunft bezog, denn auf einen Rückstand, also eine unbestreitbare Forderung, hätte dieser gewinnsüchtige Mann wohl schwerlich verzichtet.

Allerdings spielt er hier den „Idealisten". Ein Bildnis des Königs, so sagt er, sei ihm mehr wert, als das (ihm angeblich zustehende) schnöde Geld. Dabei wird ihm zu glauben sein, daß seine Eitelkeit ein solches Bild dringendst begehrt, in dessen Besitz er der Welt einen „Abschied in Gnaden" würde beweisen können. Im übrigen soll natürlich auch diese Bitte dem König herzliche Anhänglichkeit vortäuschen und ihn weich machen. Die Erwähnung des „zufälligen" Mitwissens des französischen Gesandten dürfte als ein kleines politisches Druckmittel aufzufassen sein, da damit offenbar eine Billigung des Briefes durch den diplomatischen Vertreter des befreundeten Staates angedeutet werden soll. Genug, das Ergebnis aller Bemühungen des Dichters war das erwünschte, nämlich seine nochmalige, wenigstens äußerliche Begnadigung, die er nicht unterließ der Welt in hohen Tönen zu verkünden. Aber in Wahrheit sollte diese „Versöhnung" ja nur den von ihm bereits beschlossenen demnächstigen Abgang der Öffentlichkeit gegenüber als „freiwillig" erscheinen lassen. Am 25. März 1753 verließ Voltaire dann auch tatsächlich Potsdam, vom König nicht im geringsten gehalten. Er verbreitete die Nachricht, daß er aus Gesundheitsrücksichten ein französisches Bad aufsuchen müsse.

Wie wenig „gebessert" er war, sollte sich bald zeigen. Schon auf der Reise stürzte er sich mit neuen Taten des Hasses und der Verunglimpfung auf Maupertuis und Friedrichs Akademie. Und als ihm daraufhin auf Befehl des Königs durch den preußischen „Residenten" Freytag in Frankfurt am Main auf der Durchreise der mitgenommene, in solchen Händen natürlich gefährliche, Abdruck der „Oeuvres du Philosophe de Sanssouci" abgefordert wurde, fiel ihm das Glück in den Schoß, sich durch die ungeschickt grobe Durchführung dieser Maßnahme zum „Märtyrer" gemacht zu sehen.

Seine persönliche Rache an Friedrich aber bestand in einer bald darauf in Paris erscheinenden Schmähschrift von giftigster Niedertracht, die das Privatleben des Königs mit Schmutz bewarf. Friedrich war, obschon jener leugnete, in seinem Innern von Voltaires Verfasserschaft überzeugt, die auch der späteren Forschung aus einer Reihe von Gründen als feststehend erscheint. Mit erstaunlichem, wahrhaft großherzigem Gleichmut nahm der König diese Anwürfe hin. Herrlich ist der Brief, den er darüber an seinen Freund, den Lord-Marschall Keith, seinen damaligen Gesandten in Paris, schreibt, und aus dem einige Sätze wiederzugeben wir uns nicht versagen können: „Ich habe stets die Urteile der Öffentlichkeit verachtet und für mein Verhalten nur die Zustimmung meines Gewissens in Betracht gezogen.... Alle, welche Staaten gelenkt haben, als Minister, Generale, Könige, haben Schmähungen über sich ergehen lassen müssen; es würde mir sehr leid tun, der einzige zu sein, der ein anderes Schicksal hätte. Ich verlange weder Widerlegung des Buches, noch Bestrafung des Verfassers. Ich habe dies Machwerk mit sehr ruhigem Blut gelesen und es sogar einigen Freunden mitgeteilt. Man muß eitler sein als ich, um sich über derartiges Gekläff zu ärgern.... Ich versichere Sie, mein lieber Lord, daß die Anwürfe des seinen Namen tapfer verschweigenden Verfassers nicht die geringsten Wolken über die Heiterkeit meines Lebens verbreitet haben und daß man noch zehn Verunglimpfungen dieses Schlages schreiben könnte, ohne meine Denkart und Handlungsweise irgendwie zu stören."

Das Erstaunlichste aber ist, daß der König einige Jahre später, nachdem die Empfindungen der bitteren Enttäuschung — deren Spuren wir auch in zwei späteren Briefen unserer Sammlung noch finden werden — abgeklungen waren, aufs neue einen Briefwechsel mit Voltaire aufgenommen hat. S e h e n mochte er Voltaire nie wieder, auch kam eine wirkliche innere Wiederannäherung nicht zustande, aber den rein geistigen Verkehr mit ihm wollte er auf die Dauer nicht entbehren; so scharf unterschied er zwischen den schlechten Eigenschaften des

Menschen Voltaire und den in Wahrheit glänzenden des Dichters und Philosophen.

*

Es ist ein merkwürdiges Zusammentreffen schroffster Gegensätze, daß der zuletzt von uns behandelte Brief Friedrichs Verhältnis zu Voltaire betraf, also zu einem der bedeutendsten Wegbahner des Zeitalters der „Aufklärung", während die nun folgende Urkunde ein Stück geistigen Mittelalters verkörpert: Es handelt sich um ein „alchemistisches Rezept" zum Goldmachen, das Fredersdorf dem König übersandt hat, um ihn für diese Kunst, der er selbst gläubig anhängt, zu gewinnen. Das merkwürdige, offenbar an Fredersdorf gerichtete, Schreiben lautet:

114
REZEPT ZUM GOLDMACHEN

(Sommer 1753)

Hir-Bey Habe Ew. Hochwohlgb. Meine Bearbeitung Notificiren wollen; und wird also gemacht:

Rp: [= recipe, die übliche Eingangsformel für Rezepte]

Erstlich wird der Lapidem detribus auß Schweffel Antimonium und Fixer Arsenicum, welcher durch den Grünen Löwen ist fix gemacht, gleiches Gewichtes zum Vitrum gemacht.

2tens den Regulum Martiale et Antimonium Stellarum gemacht, dann wird der Regulum gestoßen und 2 theil Reg: und 1 theil fixer [es folgt ein alchimestisches Zeichen] *zusammen in einen glüenden Thigel nachundnach ein-getragen. und wenn er wohl fliest, so wird Erst ein Klein wenig Nitrium darauf geworffen und dann nach und nach Mehr. und wohl fließen lassen, dann ausgegossen in eine giß* [Gefäß], *so Kombt oben auf eine Rubin-glaß. dann ist er gerecht, auf-zu-Schließen das Gold Radicaliter im Feuer.*

Die Zu-sammen-setzung

von den obigen: Vitrium 16 loth, 8 loth des Reg: mit 1 loth gold, das durch den Regulum auf-geschlossen. dieße Beyde zart gestoßen und in einer Reibschalle und Animirten [es folgt wieder ein alchemistisches Zeichen] *gerieben, so viel es annehmen will. dann in ein Kolben gethan und das Menstrum von den Grünen löwen*, *so den Drachen im Feüer Zerrissen hat, ein wenig darauf gegossen und ein-Kochen lassen, so wird die Materia Schwartz, nachgehens gehet es ordentlich durch die Farben, und zu-letz wird verbrand Blüt. je lenger sie nun im Feuer stehet, je mehr giebt sie Gold im Silber.*

Dießes Hate also Ew. Hochwohlgb. nur Notificiren wollen, da-mit sie sich einen ordentlichen Begriff von der Sache machen Kenten. und Hier-von Kennen Ew. Hochwohlg. auch so-vort den überschlag von den Kosten machen. [Es folgen eine ganze Reihe rätselhafter Zeichen.]

Ob das vorstehende Rezept, das dem guten Fredersdorf „einen ordentlichen Begriff von der Sache" geben soll, von einem gutgläubigen Anhänger der Kunst stammt oder von einem Schwindler, wird sich schwer entscheiden lassen; jedenfalls beansprucht der Mensch eine Reihe kostspieliger „Zutaten", unter anderem, wie man sieht, reines Gold! —

Die Alchemie war von ihren ersten, nicht ganz geklärten aber sicher tief in das Altertum zurückreichenden Anfängen an bis in das 15. Jahrhundert hinein eine durchweg ernst und ehrlich betriebene „Wissenschaft", die sich auf die Lehren des Aristoteles stützte, der ja bekanntlich das Mittelalter geistig beherrschte.

Ursprünglich glaubte man, das Gewinnen der Metalle aus den Erzen geschehe nicht durch Ausscheidung, sondern durch Umwandlung; der Gedanke, auch Gold aus unedlen Stoffen zu „erzeugen", war also ganz folgerichtig und einwandfrei. Geheimnisvoll wurde die Sache erst, als der Glaube an das sogenannte „Magisterium" aufkam (auch als „Stein der Weisen", „Roter Löwe" — in unserem Brief „Grüner Löwe" — oder als das „Große Elixier" bezeichnet). Dieses „Magisterium" sollte die geheimnisvolle Kraft haben, durch seine bloße Anwesenheit unedle Stoffe in Gold zu verwandeln, ja, mit der Zeit wurde ihm sogar die Eigenschaft zugesprochen, ein unfehlbares Heilmittel für alle Krankheiten zu sein, und schließlich gar die Tugend, die ewige Seligkeit zu verbürgen. Natürlich mußte dadurch der Eifer der Alchemisten, unter denen wir Jahrhunderte lang die bedeutendsten Geister ihrer Zeit finden, erst recht ins Fieberhafte steigen. Später allerdings schwand der Glaube an jene Wunderwirkungen des „Steins der Weisen" auf Leib und Seele, und es blieb nur das, freilich noch hinreichend verlockende, Ziel des Goldmachens übrig. Auch nach dem 15. Jahrhundert gab es — neben den nunmehr zahlreich auftauchenden Betrügern — noch viele Männer von ehrlichem, wissenschaftlichem Streben, die sich mit Alchemie befaßten.

Nur so ist es ja auch zu erklären, daß in ihren geheimnisvollen Goldküchen — freilich meist als unbeabsichtigtes Nebenerzeugnis — wichtige Entdeckungen und Erfindungen gemacht wurden. Es sei nur an Böttger erinnert, der in Sachsen das (bis dahin nur den Völkern des fernen Ostens bekannte) Porzellan fand, und an Johann Kunckel, der den Phosphor darstellte und später, in Diensten des Großen Kurfürsten, das Rubinglas. (Dieser Kunckel ist der Alchemist, der auf der damals völlig einsamen „Pfaueninsel" bei Potsdam sein geheimnisvolles Dasein führte.) Um die Mitte des 18. Jahrhunderts, in der wir mit unseren Briefen stehen, war die Zeit der öffentlichen Anerkennung der Alchemie vorbei; „man" glaubte nicht mehr daran, und es wurde als „heutzutage absurd" empfunden, als gegen Ende des Jahrhunderts (1789) der als Verfasser der „Jobsiade" bekannt gewordene Bochumer Arzt Dr. Kortum in einem Buch die Alchemie „theoretisch" zu retten suchte. Daß es aber um 1750 herum noch keineswegs an mehr oder weniger gutgläubigen Leuten fehlte, die die Goldmacherkunst zum nährenden Beruf machten, wird uns aus unseren Briefen sehr deutlich werden; nur handelte es sich nunmehr nur noch um Dunkelmänner, klägliche Nachfahren der einst so stolzen „Wissenschaft".

Hören wir nun, was der König zu Fredersdorfs Zusendung sagt.

115

DER KÖNIG AN FREDERSDORF

(Sommer 1753)

Ich danke Dihr vohr Deine Schöne Sachen; ich Schike Dihr alles zurüke. gesundtheit ist besser, wie alle Schätze der Welt. flege Dihr erst, daß Du besser wirst, dann Könen wihr goldt und Silber Machen. und wann Du ja [schon einmal] *quaksalbern wilst, So Mache* [immerhin] *liber Proben mit goldt und Silber, als wie mit allerhandt verfluchte Medecinen auf deinen leib!*[1] *es ist Kein Schertz damit; und wenn Man einmahl toht ist, so Kömt Keiner, Der einem Wieder auf-Wäket.*

die arme bische [Biche] *mus schon toht bleiben, weil sie 10 Docters hin-curiret haben, mene* [Alkmene] *Sol nichts innehmen, als wie petit lät* [Molken], *und Kein hunde-Docter sol sie nicht angreifen!*

Gotbewahre Dier, Sei Einmahl gescheit und nim Dihr inacht, wie ein Mensch, der nicht Schuldt an seinem Toht Seindt will. Fch

¹ Man sieht, der Brief hat nur spöttische Ablehnung für die Goldmacherei. Aber wie harmlos und liebenswürdig ist dieser Spott des Königs seinem Fredersdorf gegenüber, während seine Feder doch sonst so oft unbarmherzig verletzen konnte, wenn eine menschliche Schwäche seinen Witz reizte. Und sogleich muß ihm der Brief zu einer willkommenen Nutzanwendung dienen, einer erneuten Warnung vor den „fremden Dokters"; Goldmacher und Kurpfuscher seien Leute gleichen Schlages; und wenn nun Fredersdorf schon einmal „quaksalbern" wolle, dann sei es immer noch weniger schlimm, sich mit den Goldmachern einzulassen, als mit den Kurpfuschern!

² „bische" ist Friedrichs Windhündin „Biche", die wir im Zweiten Schlesischen Kriege schon kennen lernten. (Vgl. Briefe 2 und 17.) Ihr im Dezember 1752 erfolgter Tod war dem König außerordentlich nahegegangen (vgl. S. 192), wie das ja bei seinem — an Schopenhauer erinnernden — Verhältnis zu seinen Hunden selbstverständlich ist. Übrigens hat Biche sich auch „literarisch" unsterblich gemacht, durch einen entzückenden Briefwechsel mit dem Lieblingshund Wilhelmines von Bayreuth, für den sie ihr „Herrchen" als Sekretär benutzte.

Auch die in unserem Brief als krank erwähnte Hündin Alkmene hat der König sehr geliebt. Sie wird in den Nummern 262 und 263 noch vorkommen.

116

FREDERSDORF AN DEN KÖNIG

(gegen Ende August 1753)

Ew. Königl. Majesté frage aller-unterthänig an, ob [ich] dem Herzog von Braunschweig² und dem Printzen von Anspach die Campagne¹ über soll einen Koch geben, der Ihnen des abends Essen macht?

Randbemerkung des Königs: „*Das ist gantz recht*"

2.

Ob auch denen gesambte Domestiquen das Kost-geldt in [der] Campagne so soll gezahlt werden, als wann Sie in der Stadt sein?

Der König: „*gantz recht, Sonsten Schreien Sie*"

3.

Ob unsere samptliche feldt-Equipage von hir aus mit soll gehen, als wann wir wirklich zu felde gingen, oder ob ich so [vom Schloß aus] soll alles Hin-Schicken?

Der König: „*Die feldt-Equipage Kan den 31. hin-gehen, So finde ich mein bette und alles, Was ich Nöthig habe. nuhr meinen Wagen behalte ich bei mihr.*"

4.

Ob die Pagen und jäger so bey den Her-Schafften Bleiben sollen, wie hir in der Stadt?

Der König: „*man mus ihnen die leüte alle lassen*".

5.

Ob man allenfals in Berlin auf quartier vor die Suite [Gefolge] *Bedacht ist, da ich doch ver-muthe, daß Sich Bey-der-seits* [beiderseits, d. h. von Braunschweig und Ansbach] *Her-Schafften werden nach dem Campement einige tage in Berlin auf-halten.*

Der König: „*gantz recht*"

6.

ich Bitte unther thänig um Antworth, um das Nöthige zu bestellen. Ach wie gerne gieng ich mit nach dem Campement!

Der König: „*Das Mitgehen im Campament ist ohne-Möglich* [unmöglich] *bei die zufälle. wann man Dihr Könte in baumwolle verwahren, So währe es bei jetzigen umbständen noch nicht genung! ich warte auf* [Dr.] *Cothenius.*
                 Fch"

[1] Der vorstehende Brief Fredersdorfs enthält Fragen an den König betreffend das „Lager" (Campagne oder Campement), das in den Tagen vom 1. bis 12. September 1753 zwischen Potsdam und Spandau stattfand. Es handelt sich hier um ein Ereignis von militärgeschichtlicher Bedeutung, nämlich um das größte „Manöver", das bisher je irgendwo

stattgefunden hatte. Nicht weniger als 44 000 Mann waren da zusammengezogen worden, also ein außerordentlich großer Teil des gesamten preußischen Heeres. Auch in die Politik spielte dieses „Lager" hinein. Wir haben oben (bei Brief 111) gesehen, wie England seit dem Ausbruch des Streites um die schlesische Schuldenzahlung und die Entschädigung für die preußischen Kauffahrer im Spätherbst 1752 als eines seiner Kampfmittel das Lärmschlagen in der Presse gegen den angeblich friedenstörenden Preußenkönig benutzte. Dieses große „Lager" gab den feindlichen Zeitungen nun neuen, hochwillkommenen Stoff zu ihrer Hetze.

Friedrichs Gedanke war es gewesen, den „Paraden" und den Übungen der kleinen Verbände, die dem Drill der Mannschaften dienten, „Manöver" von aus größeren Gebieten zusammengezogenen Heeresteilen hinzuzufügen, um so — in Nachahmung des wirklichen Krieges — die Offiziere für höhere Aufgaben zu schulen. Schon nach dem Frieden von Breslau hatte er damit begonnen, und nun folgte eine Truppenübung, die zum ersten Mal von einem kriegsstarken Heere ausgeführt wurde. Die von England, Rußland und Österreich damals drohende Gefahr wird den König zu diesem unblutigen „Probekrieg" veranlaßt haben. Vielleicht hegte er die Hoffnung, daß auch diesmal — wie 1749 — das Zeigen seiner Machtmittel sich zugunsten der Erhaltung des Friedens diplomatisch auswirken möchte. Jedenfalls sieht man, daß die fremde Zeitungshetze den seit 1745 nichts weniger als angriffslustigen König doch keineswegs zu einer demütigen Verbeugung vor dem Auslande veranlaßte.

² Der Herzog von Braunschweig mit seinem ältesten Sohn und der Erbprinz von Ansbach trafen zur Teilnahme am „Lager" am 28. August 1753 in Potsdam ein. Die Anwesenheit der beiden Erbprinzen wird auch im nächsten Briefe des Königs erwähnt, der sich vielleicht mit dem vorstehenden Schreiben Fredersdorfs gekreuzt hat.

117

*DER KÖNIG AN FREDERSDORF*¹

(28. August 1753)

Macht man Kinder, so hat man Sorgen; macht man keine nicht, so machen einem die Schwesterkinder² gnug. Hier sind deren heute zwei angekommen, die sagen, der alte Onkel ist ein Geizhals; und ledig [ohne Unkosten] kann es nicht ausgehen. Der arme Onkel hat sich mit den Schwestern verblutet und nimmt seinen

Recours [Zuflucht] *an Madame Nothnagel;*³ *sonsten wird es garstig aussehen. Ich denke, dem einen wollte ich einen goldenen Degen mit Diamanten besetzet schenken und dem anderrn eine Uhr mit Diamanten; die Preise müssen aber gleich sein, sonsten mache ich Jalousie* [Eifersucht]*!*

Ich freue mich, daß es sich mit Dir bessert. Wann [Dr.] *Cothenius kommen wird, so wollen wir wieder Consilium* [ärztliche Beratung] *halten; ich habe einen Anschlag* [Plan zur Heilung] *aber auf meine Hörner* [alleinige Verantwortung] *nehme ich ihn nicht. Habe nur so lange Geduld!*
Gott bewahre Dich.   *Fch.*

[1] Für diesen Brief trifft die Anmerkung 1 zu Brief 2 zu.
[2] Es sind die im vorigen Briefe erwähnten Erbprinzen von Braunschweig und Ansbach; ihre Mütter sind des Königs Schwestern Philippine Charlotte und Friederike Luise.
[3] Madame Nothnagel ist eine Goldmacherin, mit der Fredersdorf zu tun hat. Natürlich ist diese Bemerkung des Königs lediglich als Scherz und Neckerei aufzufassen.

118
DER KÖNIG AN FREDERSDORF
(30. August 1753)

hihr Schicke ich 2000 Thaler vohr den Wein vohr das [Spandauer] *Lager. Kothenius und ich haben heute Consilium* [die im vorigen Briefe in Aussicht gestellte ärztliche Beratung] *gehalten; und Wihr haben guht gefunden, Dihr erstlich Casse* [Cassia, ein Abführmittel] *vohr das fiber zu geben und, wenn es sich nicht darnach leget, china-saltz* [Chinin]*, welches ich den Docter heüte gegeben habe. Dann haben wihr Resolviret* [beschlossen]*, Dihr Solche gelinde Diuretica* [harntreibende Mittel] *zu geben, welche den lauf der Materie befördern, ohne zu hitzen noch anzugreifen. und ich hoffe, daß Du Dihr nach unßer Consilium besser befinden Solst. gottbewahredihr!*   *Fch*

119
DER KÖNIG AN FREDERSDORF
(31. August 1753)

der Neue Charlatan [Kurpfuscher] *mus guht sprechen Könen, daß er Dihr So ein-nimt. ich wünsche, daß es guht abgehn möhge! aber um gottes Willen verbihte ihm doch, daß er Dihr Keine Starke sachen eingibt. ich bin Sehr bange, daß ich nicht 2 tage in Spandau* [im „Lager"] *Sein werde, ohne üble nachricht von deiner gesundtheit zu hören. mihr ist gahr nicht guht darbei. daß die leüte dein geldt haben wollen, pardonire* [verzeihe] *ich, aber daß dich einer einmahl umbs leben bringen wirdt, ist gewisse und Kan fast nicht fehlen!* Duhe [Tue Du] *dann, was Du Wilst, gehet es aber Schif, so ist Keiner, als Du alleine, Schuldt daran. gott bewahre Dihr! wann Du noch im Stande, zu Schreiben, bleibest, so Schreibe doch 2 oder drei Mahl die Woche herüber nachs lager, Wie Du Dihr befindest.*

Frch

Man berichtet, daß der König sich den großen Truppenübungen mit der gleichen geistigen Höchstspannung hingab, wie den wirklichen Kriegshandlungen. In besonderem Maße muß das bei diesem, bisher kriegsähnlichsten und größten Manöver der Fall gewesen sein. Das muß man sich gegenwärtig halten, um den Gemütswert dieses Briefes voll würdigen zu können.

120

DER KÖNIG AN FREDERSDORF

(Mitte September 1753)

habe nuhr gedult! deine jetzige zufälle Komen von die Hemeroiden, in ein par tage werden sie vergehen. und wann du nuhr nicht Dihr die gesundtheit mit neue Docters verdirbst, so wirstu [wirst Du] *gewise guht werden. aber Wann alle quaksalbers hervohr-gesuchet werden, so Komt gewisse ein-mahl solche ungeschikte Canaille, die Dihr ums leben bringet. deine Krankheit ist bekandt* [d. h. die „Diagnose" ist klar], *mit der ungedult kan man sie nicht Curiren, aber mit der tzeit!*

ich sehe Wohl, daß ich noch vihl in der Welt zu lernen habe. ich habe mein-Tage nicht von das „blutige lam"[2] *gehöret! wenn es nuhr goldt macht, so ist* [es] *schon recht!*

Der Mensch[3] *in berlin Kan von diesen lerm* [Lärm] *nichts Wisen* [wissen], *schreibe ihm nuhr nicht. ich Weis alles durch einen anderen Dihr bekanten fremden Canal. ich Mus jetzo wieder aufpassen, die bestigen* [Bestien] *machen mihr vihl Sorge. gehet aber unsere sache guht, so lache ich Sie alle aus.*

gottbewahre Dihr, habe nuhr noch ein par tage gedult, setze Dihr auf einen Stuhl und lasse Dihr den Wrrassen [Dampf] *von der warmen Milch an die Hemeroiden an-gehen, das fleget sehr zu helfen. und braf niederschlagende Sachen genomen! gottbewahre Dihr!*

Fch

¹ Immer wieder müssen wir des Königs — seinem leicht aufbrausenden Blut so gar nicht entsprechende — M i l d e bewundern, mit der er Fredersdorfs unselige Neigung bekämpft, die von Dr. Cothenius und dem König selbst angeordneten Kuren durch die Annahme von zweifelhaften Heilkundigen zu durchkreuzen.

² Aus dieser Briefstelle können wir entnehmen, daß Fredersdorf, trotz der im Brief 115 erlittenen „Abfuhr", nicht aufgehört hat, den König mit seinen alchemistischen Plänen zu bedrängen. Aber auch hier wird Friedrich nicht ungeduldig, sondern antwortet in scherzhaftem Ton, er habe noch nie von dem goldmachenden „blutigen lam" gehört. Auch wir nicht! Aber wir vermuten, daß das „blutige Lamm" dasselbe ist, wie der „Rote Löwe", also der „Stein der Weisen". (Vgl. die Anmerkung bei Brief 114 über die Alchemie.) Wir denken uns die Umwandlung so: Aus „Roter Löwe" wird „Blutiger Löwe", daraus „Blutiger Leu" und schon ist — durch einen kleinen Schreib- oder Lesefehler — das „blutige lam" geboren.

³ Der „Mensch" ist vermutlich unser Spitzel von 1747 (vergleiche Brief 32ff.). Der „andere", dem Fredersdorf auch wieder b e k a n n t e „fremde Kanal" ist sehr wahrscheinlich ein Kanzleibeamter des sächsischen Kabinettsministeriums, den der König 1752 als Kundschafter gewonnen hatte, und der ihm im Jahre des vorstehenden Briefes Mitteilung von den gegen Preußen gerichteten Geheimbestimmungen des Petersburger Vertrages (zwischen Rußland und Österreich) von 1746 gemacht hatte. (Vgl. Seite 91f. und die Anm. zu Brief 89.) Die „Bestien", die dem Könige Sorgen machen, sind, wie wir bei Brief 111 sahen, England und die beiden Kaiserstaaten. Mit dem „Gutgehen unserer Sache" meint der König vermutlich die Stockungen, die in den englisch-russischen Verhandlungen über die von London zu zahlenden Unterstützungsgelder eintraten infolge der maßlosen Ansprüche der Zarin und Bestushews. Möglicherweise zielen die Worte aber auch geradezu auf den erhofften Verlauf des Krieges, den Friedrich für das kommende Jahr 1754 erwartet.

DER KÖNIG AN FREDERSDORF
(Mitte September 1753)

Es ist Mihr lieb, daß deine Schlime umbstände endlich nachlassen, und [ich] *hoffe nun, daß Du bei-nahe gantz gesundt werden wirst, wann nuhr* [in] *einer vernünftigen Diet fortgefahren wirdt und keine quaksalbers weiter gefolge noch gehör gegeben* [wird].

hier Krige ich einen Mistiriosen brif [mysteriösen Brief]. *weillen ich mihr aber nicht gahr wohl mit Solchen leüten abgeben mach* [mag], *so schike ich ihn Dihr, umb zu Sehen, ob es die mühe Wehrt ist, Sich mit ihm zuthun zu Machen. Die goltmachers Kommen nuhn von allen Enden! was werden wihr reich werden, ist es nicht in der thaht, So ist es doch in gedanken! mihr deücht, wenn wihr Erwachen Werden, so wirdt der Traum sich von selber verlihren! und wirdt das beste bei der Sache seindt, daß wihr doch nicht noht haben werden, von hunger zu Sterben.*

gottbewahredihr! *Frch*

Der „Mistiriose" Brief, den der König erhielt, stammt, wie wir nach dem Zusammenhang annehmen, von einem Goldmacher, der dem König unmittelbar „Offerte gemacht" hat, wie auch sonst jetzt „die goltmachers von allen Enden" kommen. Auch diesmal hat Friedrich nur liebenswürdigen Spott für diese Dinge, immerhin aber ist zu beachten, daß er den Brief nicht einfach dem Papierkorb überantwortet, sondern ihn zur **Prüfung** an Fredersdorf abgibt, mit der Begründung, daß es **seiner** Stellung nicht zieme, sich unmittelbar mit solchen Leuten zu befassen.

DER KÖNIG AN FREDERSDORF
d 15. (September 1753)

Meine Schwester von Bareit [Bayreuth] *Kömt künftigen Donderstach. zu deren Empfängnis wirstu Wohl alles bessorgen. sie wil keine Complimenten haben, also werden wihr, außer das kostgeldt, Keine Sonderliche ausgaben haben. der kleine ansbacher* [der Erbprinz, vgl. Brief 117] *hat den Degen mit vihlen plaisir angenommen, die uhre werde ich auch baldt an den man* [Mann] *bringen*

[an den Erbprinzen von Braunschweig]. *ich glaube, wann ich eine gantze butique* [Kramladen] *häte, in einer virtelstunde würde ich sie loß.*
ich wil hoffen, daß es mit Dihr besser gehet und es nichts zu Sagen [hat]. *Mohntag mus ich nach berlin und Dinstach kome ich wieder. gottbewahre Dihr!*

Fch

deinen brif habe ich gestern abendt Empfangen. ich bin wie Tomas, lege ich nicht meine finger in Seine Seiten-Mahle, so glaube ich nicht[2]

Fch

[1] Es handelt sich um einen erneuten Besuch der Markgräfin von Bayreuth, der sich indessen, wie wir sehen werden, mehrfach hinauszögert. Daß Wilhelmine „keine Komplimente" haben will, läßt uns aufhorchen; denn daheim ist gerade sie es, die aus Bayreuth ohne Rücksicht auf die Belastung des kleinen Landes ein „Klein-Versailles" machen möchte. Sie wird sich aber inzwischen darüber klar geworden sein, wie ihr königlicher Bruder über diese Dinge dachte. („Wo nehmt Ihr zu allem nur das Geld her?" hatte Friedrich sie einmal ganz offen gefragt.)

[2] Wieder hat Fredersdorf dem König einen das Goldmachen betreffenden Brief geschickt. Vermutlich handelt es sich um ein empfehlendes „Gutachten" zu dem ihm zur Bearbeitung überwiesenen „Mistiriosen brif". (Vgl. Nr. 121). Aber Friedrich ist, wie der „ungläubige Thomas" im Evangelium, der an die Auferstehung Christi nicht glauben will, „es sei denn ... ich lege meine Hand in seine Seite". (Ev. Joh. Kap. 20, Vers 25.) Des Königs Bibelfestigkeit stammt bekanntlich von der diesbezüglichen scharfen Zucht seines frommen Vaters her.

123

DER KÖNIG AN FREDERSDORF

(September 1753)

Es ist mihr lieb, daß du wieder besser bist. nuhr nicht an ausgehen gedacht, bis der Dominé Cotheni [Herr Dr. Cothenius] *es erlaubet. dan* [Alsdann] *Mache goldt und Silber in der größesten Menge! der Mensch* [offenbar der Verfasser des „Mistiriosen" Goldbriefes] *Schreibet vihl von gott, ich habe Keine guhte opinion* [Meinung] *Davon! gottbewahre Dihr!*

Fch

DER KÖNIG AN FREDERSDORF

(Zweite Hälfte September 1753)

Es ist mihr lieb, daß es mit Dihr sich bessert.

ich glaube von der Sache Weniger, wie nihmahlen, ohnegeachtet den brif [trotz des Briefes], *den ich gekriegt habe, un bin gewis, entweder die Person* [Frau Nothnagel] *betriget sich Selber, oder wil uns betrigen. ohnmögliche dinge kan man nicht möglich machen. ich vohr mein part* [für mein Teil] *habe mihr es gantz aus dem Sin geschlagen*[1].

ich Wünsche daß es Sich mit Dihr gantz besseren mach [möge]. *gehe nicht aus, wohr* [wenn] *du Dihr nicht recht Stark fühlest.*

Fch

---

[1] Dieser Brief läßt uns erkennen, daß Fredersdorfs fortgesetztes Werben für die alchemistischen Versuche doch nicht ganz ohne Eindruck auf den König geblieben ist. Zwar lehnt er auch hier die Sache entschieden ab, aber er hat sich, wie wir sehen, doch innerlich mit ihr beschäftigt. Man kann sich nichts „aus dem Sinn schlagen", was man nicht, wenigstens vorübergehend und bedingungsweise, „im Sinne gehabt" hat! Auch der Ausdruck „sie will uns betrügen" verrät eine gewisse Anteilnahme Friedrichs.

Der Leser wird die vorstehende Auslegung vielleicht gekünstelt und keineswegs beweiskräftig finden und uns entgegenhalten, es sei doch offenbar unmöglich, daß Friedrich, dieser „aufgeklärteste" unter den Kronenträgern seines Zeitalters, dieser Freund aller „Skeptiker" und planmäßige Bekämpfer des Aberglaubens im Volk, sich auf solche Dinge irgendwie könne eingelassen haben! Wir müssen uns solch entrüsteten Einspruch des Lesers vorerst gefallen lassen, müssen ihm zugeben, daß er sich damit durchaus auf dem Boden der bisherigen geschichtlichen Auffassung über diesen Punkt befindet, daß er sich auch auf das führende, nicht genug zu bewundernde Werk Reinhold Kosers über Friedrich den Großen berufen kann. Ja, wir müssen sogar auf den herben Vorwurf gefaßt sein, in unserer Auslegung sei eine empörende Herabwürdigung von Friedrichs geistiger Größe enthalten. Auf alle diese Einwände und Vorwürfe schweigen wir an dieser Stelle und erwidern nur: Man lese weiter!

125

DER KÖNIG AN FREDERSDORF

(Zweite Hälfte September 1753)

Es ist mihr lieb, daß es Sich mit Dihr bessert.

ich bin Sehr bange, die gewisse Persson hat uns bettrogen, ich habe mein-Tage kein zutrauen darzu gehabt. Du hasseß [hättest] *mihr baldt ferführet! ich glaube nun nicht ein Wort davon, es wirdt zuletz auf Windt* [Schwindel] *und betrug heraus-laufen und nichts Solides Seindt. Du bist in allen Stüken So leicht-gleubig, mit Docters und etz* [dergleichen]. *ich erwahrte Sontag die nachricht, daß es wieder wird Schif* [schief] *gegangen Seindt; und bleibe bei meinem unglauben.*

gottbewahre Dihr!   *Fch*

Hier erfährt unsere in der Anmerkung zum vorigen Briefe aufgestellte Behauptung, daß der König Fredersdorfs Goldmacheplänen einen gewissen Eingang in seine eigene Gedankenwelt gestattet habe, wie wir meinen, eine kleine, wenn auch noch recht schwache Bestätigung. „Du hättest mich bald verführt", schreibt er, und wenn er auch sich überzeugt erklärt, daß der anzustellende Versuch „wieder schief gehen wird", so „erwartet" er doch immerhin am Sonntag die Nachricht darüber.

126

DER KÖNIG AN FREDERSDORF

(Zweite Hälfte September 1753)

Mihr deucht, es wirdt so gehen, wie ich es gedacht habe: die guhte frau bildet sich mehr von ihrer wisenschaft ein, als es wahr ist. Könte sie goldt machen, so häte sie es längst gemacht. ist es weder golt noch silber, was sie gemacht hat, so mus sie ja eine gantz neue protcedur [ein ganz neues Verfahren] *anfangen. ich glaube nuhnmehro nicht ein Wort daran! wann sie mihr sprechen wil, so kan sie umb 3 uhr in Mans-Kleidren drüben in der Camer Kommen.*

ich beklage Dihr, daß es sich noch nicht mit Dihr bessert. schäme Dihr nuhr nicht über [Mißerfolge in] *der Goldtmacherei, dergleichen Sachen lassen sich nicht Thuen* [tun]. *man hat exsempels ins Kleine, aber nicht im großen, daß es Möglich ist. also kan Man ihr Mit das blutige lam* [dem „Stein der Weisen", vgl. Brief 120] *und hundert andere Narenposten* [Narrenpossen] *ihren Willen lassen, alleine sei nicht so leicht-glaubig und pretendire* [erwarte] *nicht, daß man Dinge, die gegen der Nahtuhr seindt, möchlich machen kan. gottbewahre Dihr, nim Dihr nuhr wohl in acht!*

Fch

Schon wird es deutlicher, daß wir nicht zuviel behauptet haben. Zwar ist der — offenbar „gewollte" — Hauptton auch dieses Briefes noch Ablehnung und Unglauben. Aber: grundsätzlich räumt der König ein, daß die Golderzeugung an und für sich — nämlich in kleinen Mengen — möglich sei. (Die entgegengesetzten Äußerungen, daß sie „unmöglich" sei und „gegen die Natur" ginge, sind also entweder nicht ernst gemeint, oder beschränken diese Naturwidrigkeit — dann ohne scharfe Logik — auf die Herstellung im Großen.) Und ferner ist die Tatsache zu beachten, daß er bereit ist, die Frau selbst zu sprechen! (Sie soll, um jeder Bloßstellung des Königs vorzubeugen, heimlich und verkleidet „drüben in der Camer" kommen.) Der Einwand, Friedrich tue das nur, um solch eine Närrin von Auge zu Auge kennen zu lernen, kann allerdings, so unwahrscheinlich er nach unserer Meinung ist, noch nicht widerlegt werden.

127

DER KÖNIG AN FREDERSDORF

(Zweite Hälfte September 1753)

ich habe die person [die Goldmacherin Nothnagel] *gesprochen. sie Schwehret* [schwört] *leib und Sehle, daß sie alles erfüllen wil, was sie gesaget hat. ich habe ihr gesaget, ich glaubte nicht ein wort davon. sie bleibet darbei, und versichert Mittwoch ein Stük fertig zu haben. sie Wil das Patent* [den Vertrag] *vohr den Man haben. gibs ihr nuhr; und ich Melihre* [mische] *mihr Weiter in nichts mehr.*

sie ist böße auf Dihr, Sie saget, Du gingst zu hart mit ihr um. ich habe sie gesagt, Du wärst krank, und lisest Dihr nicht gerne betrigen. ich habe sie von mihr gesagt, ich hätte mein-tage nicht daran geglaubet; und wehre gewis, daß sie nicht häte betrigen wollen, aber [sie] *hätte sich selber betrogen, in-dem sie sich mehr zugetrauet häte, als sie köntte. sie wil einen abtreiber haben; traktire sie nicht übel, das arme mensch hat die Thorheiten im Kopf, und meint es guht.*

gottbewahre Dihr! denke nuhr an Deiner gesundtheit und kehre Dihr an nichts. ich lebe vergnügt, wann auch kein Goldt in der Welt gemacht wirdt!

Fch

Der König hat die Goldmacherin nun also wirklich gesprochen. Fredersdorf soll ihrem Mann das „Patent", das heißt den Vertrag über das Goldmachen — offenbar doch in des Königs Diensten — ruhig aushändigen, er, Friedrich, will sich dann nicht mehr in die Sache mischen. Schon haben wir den Mut zu der Vermutung, daß dieses „Nichteinmischen" dem Wunsche entspringt, „für alle Fälle" — und noch hält er einen Mißerfolg für den wahrscheinlicheren Ausgang — vor persönlicher Bloßstellung gesichert zu sein.

Im übrigen ist zu diesem Briefe zu sagen: Wieviel Menschenfreundlichkeit und Güte spricht aus der Art, wie Friedrich diese, doch offenbar keineswegs einwandfreie, Frau behandelt, und wieviel Sinn für Humor!

128

DER KÖNIG AN FREDERSDORF

(Zweite Hälfte September 1753)

Das ist Schon ein übler efect [Wirkung] *der medecin, daß die Materie nicht So Stark läufet. wohr* [Wenn] *Sie der charlatan* [Kurpfuscher] *Stopfet, so Wirstu Wieder greulich ausstehen Müssen. ich bin umb den Vertzweifelten Menschen recht besorget und bin bange, er richtet uns hier wieder was neues an. es ist Deine haut, sie ist Dihr neher, wie Keinem anderen! Seie doch nicht zu eingenomen von einem fremden* [Doktor]*! und lasse ihm doch nichts ohne* [Dr.] *Cothenius seinem raht thun!*

wann wohr [Wenn etwa] *die frau goldt Machen Solte, So schike Keine andere posten in der Müntze* [Geldprägeanstalt]*! und darbei* [werde] *geschriben, ich häte das golt vohr mihr Komen lassen. So kan keiner uns in die Carten Kuken!*

gottbewahre Dihr vohr zufälle [Anfälle] *und fremde Docters!*

Fch

Dieser Brief liefert uns den klaren Beweis, daß der König die Frage der Goldmacherei in diesem Zeitpunkt durchaus ernst nimmt. Er rechnet mit der Möglichkeit eines greifbaren Erfolges und trifft für diesen Fall die Anordnung, daß das künstliche Gold — getrennt von etwaigen anderen Posten — in die staatliche Münzpräganstalt geliefert wird, um dort vorurteilslos im gewöhnlichen Untersuchungsverfahren geprüft zu werden. Fredersdorf soll dazuschreiben, sein Herr habe das

Gold für sich persönlich — etwa durch die „Asiatische Kompagnie" —
bezogen und wolle es ausprägen lassen. „So kann uns niemand in die
Karten sehen!" (Wie unbedingt war doch Friedrichs Vertrauen zu
seinem Fredersdorf!)

129

DER KÖNIG AN FREDERSDORF

(Zweite Hälfte September 1753)

ich habe briwe [Briefe] *von bareit* [Bayreuth], *da hat meine Schwester d. 11.*
[September 1753] *die brunn-Cur wieder angefangen. das machet mihr glauben,
daß Sie den Donderstach ohne-möchlich* [unmöglich] *hier Sein kan. Wann
man doch Wissen könte, wann* [Post-] *Pferde bestellet werden, umb daß ich gewisse Sein kan, Wann sie kömt.*

Was du mihr Vergangen [kürzlich] *von der frau* [Nothnagel] *gesaget hast,
gibt mihr würklich hoffnung; und Glaube ich, wann die letzte probe goldt ist, daß
man darauf Staht* [Staat] *machen Kan. ich denke, daß dieße Woche die Sache
Clar werden mus. wann Du was davon hörest, So schreibe mihr doch, denn auf
die grentzen* [d. h. in der auswärtigen Politik] *fangen die umbstände wieder an
verworren zu werden. gott bewahre Dihr!*

Fch

In diesem Briefe, wie schon im vorigen, vergißt es der König in
seinem freudigen Eifer, „vorbeugend" Zweifel und Unglauben zu betonen, ja, er bekennt jetzt ohne Scheu und Versteckenspielen, daß er
nun „wirklich Hoffnung" hat. Schon in dem Maße rechnet er mit der
Möglichkeit eines Erfolges, daß er diesen mit der Außenpolitik in Gedankenverbindung bringt. („... schreibe mir doch, denn...") Mehr
noch als in unseren Tagen bedeutete ja damals Goldreichtum zugleich
kriegerische Macht. Wer Gold besaß, konnte beliebig jenseits der Landesgrenzen werben oder sich Bundesgenossen durch Hilfsgelder schaffen.
Insbesondere die zur Zeit dieser Briefe so drohende englisch-russische
Gefahr wäre ja, was Rußland anging, durchaus mit Gold zu meistern
gewesen. Die „verworrenen Umstände auf den Grenzen" sind verdächtige Truppenzusammenziehungen. Wir erinnern uns nochmals, daß der
König spätestens für das nächste Jahr (1754) den Krieg mit England,
Rußland und Österreich erwartete.

130

DER KÖNIG AN FREDERSDORF

(Zweite Hälfte September 1753)

ich Schike Dihr deine gantze [Akten über die] Goldt-macherei zurüke. ich weis Meiner-Seehlen nicht, ob ich es glauben Sol oder nicht. es ist ein angenehmer Traum, der einen Divertiret [beschäftigt]. wirdt nichts Daraus, so lasse ich es mihr gefallen und preparire mihr Schon hier-auf. ich habe alles unterschriben, die Conditionen [Vertrags-Bedingungen] Seindt sehr billich.

ich Wolte Wohl, daß Du Sonder fiber Währest. ich werde Mit [Dr.] Cothenius Sprechen und Wihr Werden Rahtschlagen, wie Dihr zu helfen sein Kan. gottbewahre Dihr, gehe beleibe nicht ohne Cothenius' erlaubnis aus! stehen mustu auch nicht, das gehet nicht guht.

Fch

Der König hat den Vertrag mit der Goldmacherin unterschrieben! — Wenn sich trotz dieser Tatsache in diesem Briefe, wie in den nächsten, wieder der Ausdruck zweifelnden Abwartens vordrängt, so scheint uns dem nicht mehr die Sorge zugrunde zu liegen, er könne sich durch einen etwaigen „Reinfall" nach außen hin (zunächst Fredersdorf gegenüber) „blamieren", sondern es ist jetzt eine **innere** Schutzmaßnahme gegen die niederdrückenden Wirkungen einer etwaigen Enttäuschung: Ein Erfolg der Goldmacherei, der ihm nun doch mindestens in dem Bereich der Möglichkeit gerückt scheint, würde mit einem Schlage alle politische Not und Sorge tilgen und eine landesväterliche Arbeit zur Hebung der Wohlfahrt und der Staatskraft im größten Ausmaß ermöglichen. Das aber sind für den König Gedanken von so hinreißender, berauschender Schönheit, daß er sich sagt: Hänge Dein Herz nicht zu **sehr** daran, sonst wird nachher die (doch immer noch wahrscheinlichere) Enttäuschung zu hart!

131

DER KÖNIG AN FREDERSDORF

(Zweite Hälfte September 1753)

*Ich bite Dihr, Schreibe mihr doch, ob das stük, was du mihr vergangen [kürzlich] gewisen [gezeigt] hast, würcklich goldt geweßen ist, und ob die frau gewisse meinet, Mohntag einen Centener zu machen. ich Kan mihr es nicht Einbilden, und glaube noch [immer], daß es im **großen** nicht angehen Wirdt.*

Cothenius saget, nuhn wehre [wäre] *die rechte tzeit, Dihr in acht zu nehmen, weillen es in der besserung ist, und wann Du Dihr nur noch 3 wochen mit Essen, Trinken und Üble luft in acht nehmen Wolltest, so würde es mit deiner besserung recht guht gehen. ich bitte Dihr, thue es doch, und wünsche Dihr vihl gelüke* [Glück] *dartzu!*

Fch

Die seelische Einstellung des Königs für den Fall eines Mißlingens ist wohl die gleiche wie im vorigen Brief, seine Hoffnung auf Erfolg aber ist vielleicht noch gewachsen: Er brennt auf Nachricht, ob ein Probestück, das Fredersdorf ihm gezeigt hat, sich bei der Nachprüfung als echtes Gold bewährt hat. Auch ist es ihm wichtig, ob die Frau Nothnagel **selbst** das Zutrauen hat, nunmehr einen Zentner zu machen.

Im übrigen noch eine Bemerkung, die wir füglich **jedem** dieser Briefe hinzufügen könnten: Was auch den König beschäftigt, und wie **stark** ihn auch andere Erlebnisse und Gedanken fesseln mögen, **immer** hat er Zeit und Sinn für einige Worte zarter Teilnahme und warmer Fürsorge für Fredersdorf; und man spürt deutlich, daß es nicht nur „**Worte**" sind!

132

DER KÖNIG AN FREDERSDORF

(Zweite Hälfte September 1753)

Es ist mihr lieb, daß es sich mit Dihr nuhn recht bessert. in Solcher besserung mus man Sich zum Meisten in acht nehmen, Sonsten Kömt man in So schlime umbstände wieder, dar [wo] *man knap heraus ist. deinen noch matten Cörper mustu noch sehr in acht nehmen!*

Mit dem goltmachen, deucht mihr, wirdt der berg eine Maus zur welt bringen. ich habe noch keinen glauben daran. schreibe mihr doch Mohntag, ob der Centener Wahr ist. wohr das ist, so werde alles zur augmentation [Herstellung im Großen] *so veranstalten, daß ich Künftig frühjahr den anfang mit allem machen Kan. wirdt nichts daraus, so mus man sich begnügen und nicht glauben, daß ohnmögliche Dinge Möglich seindt.*

gott bewahre Dihr!

Fh

Dieser Brief zeigt uns mit besonderer Deutlichkeit die zwiespältigen Gedanken und Empfindungen in Friedrichs Seele in Hinsicht auf die

Goldmacherei. Auf der einen Seite steht der Plan, gegebenenfalls schleunigst die Einrichtung eines Großbetriebes in die Wege zu leiten, damit im kommenden (wie er meint, den Krieg bringenden) Frühjahr alles fertig ist, auf der anderen Seite die innerliche Vorbereitung auf eine Enttäuschung, damit ihn diese nicht gar zu schwer treffe.

Mit diesem Brief ist der (erste) Höhepunkt des Zutrauens zur Goldmacherei und der gedanklichen Beschäftigung mit ihr erreicht. (Zwischen diesem und dem nächsten Brief liegt offenbar ein deutlicher Mißerfolg der Frau Nothnagel.)

So scheint uns hier der rechte Ort, die Frage zu erörtern, die wir in der Anmerkung zum Brief 124 dem Leser in den Mund legten: Ob es nicht eine Herabwürdigung von Friedrichs geistiger Größe sei, ihm eine andere als rein ablehnende Stellungnahme zu diesen Dingen zuzutrauen. Nun, mit der Tatsache, daß der König Fredersdorfs alchemistische Pläne mitgemacht hat, mußten wir uns inzwischen abfinden. Die Frage aber, ob dadurch des Königs strahlendes Bild einen Flecken erhält, meinen wir in durchaus günstigem Sinne beantworten zu dürfen. Man gestatte uns dazu folgende Ausführungen: Friedrich wußte, daß es zu seiner Zeit nicht mehr als „gebildet" galt, an die Alchemie zu glauben, geschweige denn, sich mit ihr zu beschäftigen, er wußte auch, daß ein Bekanntwerden seines Verhaltens geeignet wäre, ihn, wie er in einem späteren Brief schreibt, „vohr der gantzen Welt ridicul" zu machen. Eine stärkere Hemmung aber, als den Gedanken, sich lächerlich zu machen, konnte es für Friedrich, seinem ganzen Wesen nach, gar nicht geben. (Seine großherzige Gleichgültigkeit gegen Verleumdungen und Anwürfe, von der wir gelegentlich der Voltaireschen Schmähschrift sprachen, liegt psychologisch auf ganz anderem Gebiet.)

Die Sorge, sich „ridicul" zu machen, spiegelt sich, wie wir sahen, denn auch darin, daß er sogar seinem Fredersdorf gegenüber, dem er doch grenzenlos vertraute, zunächst seinen Unglauben und Zweifel, als Vorbeugung vor einer Bloßstellung, stärker betont, als es seinen tatsächlichen Handlungen entspricht. (Daß die Äußerungen des Zweifels in den weiteren Briefen nicht mehr diesen Sinn haben, sondern den einer inneren Rüstung gegen eine allzu herbe Enttäuschung im Falle des Mißerfolges, haben wir ebenfalls gesehen.)

Was konnte nun aber den König, trotz der Sorge vor dem Lächerlichwerden, veranlassen, sich mit den alchemistischen Versuchen zu befassen? War es ein Überwältigtwerden des klaren Denkens durch berauschende Hoffnungen? — Wir meinen: Nein! In Wahrheit „dachte"

Friedrich klarer, als seine Zeitgenossen, die das Goldmachen damals bereits als „unmöglich" ablehnten. Wenn wir uns nämlich fragen, ob die „öffentliche Meinung der Gebildeten" vom Standpunkt der damals herrschenden Chemie aus — es war die sogenannte „Phlogistonchemie" — logische Gründe hatte, die Metallverwandlung für „unmöglich" zu halten, so ist das zu verneinen! Nur die Erfahrung, daß auf diesem Gebiete viel Schwindel getrieben war, und im übrigen das zu allen Zeiten üblich gewesene „Nachsprechen", die geistige „Mode", war die Stütze dieser „öffentlichen Meinung". Gründe wissenschaftlichen Denkens konnten gegen die Alchemie erst geltend gemacht werden lange nach den Jahren, in denen unsere Briefe geschrieben wurden, nämlich erst nach dem Aufkommen der neuzeitlichen Chemie, die durch Priestleys Entdeckung des Sauerstoffs im Jahre 1774 eingeleitet wurde. Erst die damit auftretende und bis vor kurzem unbedingt herrschende Lehre von der Unteilbarkeit der chemischen „Elemente" grub der Alchemie wissenschaftlich das Grab. (Davon, daß es jüngst in unseren Tagen wieder anders geworden ist, sprechen wir an späterer Stelle.)

Also nicht die ablehnende „öffentliche Meinung", sondern der König dachte klar, wenn er die Goldbereitung im Jahre 1753 für „möglich" hielt. (Daß seine Unterscheidung zwischen der „Möglichkeit" der Goldherstellung in kleinen und in großen Mengen logisch nur dann haltbar ist, wenn er den Begriff „möglich" nur im Sinne von „tatsächlich durchführbar" auffaßt, haben wir in früheren Anmerkungen erörtert und zugleich die vermutlichen — auf anderem Gebiet liegenden — Beweggründe aufgewiesen, die den König hier zu einer gedanklichen Unschärfe veranlaßt haben mögen.)

Also: Friedrich hatte recht, wenn er das Goldmachen für nicht „unmöglich" hielt, er sah ferner klar, von wie überragender Bedeutung ein etwaiger Erfolg für sein Land sein würde — und zugleich, wie verderblich es sein müßte, wenn nicht ihm, sondern einem anderen Fürsten die Entdeckung gelänge. Von der Plattform dieser Gedanken aus faßt er nun — trotz der entsetzlichen Sorge, sich lächerlich zu machen — den Entschluß dazu, die Sache, mag sie auch wenig aussichtsreich erscheinen, zu versuchen, um, des Staates wegen, jedenfalls nichts zu versäumen! Wir sehen in diesem Entschluß, den Friedrich seiner eigenen Neigung zu Skepsis und Mißtrauen und seiner Angst vor dem „Lächerlichwerden" abringen muß, geradezu eine große sittliche Tat! Wenn je, so war er hier der „erste Diener seines Staates"!

Damit scheint uns die Frage, ob Friedrichs Beschäftigung mit der

Goldmacherei geeignet sei, ihn „herabzuwürdigen", in unbedingt erfreulichem Sinne beantwortet.

Die Grundgedanken seines Entschlusses glauben wir hier aufgewiesen zu haben, die feineren seelischen Schwankungen im Steigen und Fallen seiner Hoffnungen, wie wir sie in den bisherigen und späteren „Goldmacherbriefen" verfolgen können, gehen dann auf Rechnung seines heißen und leicht beweglichen Stimmungslebens.

133
DER KÖNIG AN FREDERSDORF

(Gegen Ende September 1753)

Die bareiter [Bayreuther] *werden nicht vohr d. 1ten* [Oktober 1753] *Komen Können*[1].

nim Dihr wohl in acht! nun Sihestu [siehst Du] *Selber, daß Deine zufälle nichts als größten-theils von denen Hemeroiden Komen. das lässet sich so wenig zwingen und in 8 tage Cuhriren, als wie goldt zu machen. gedult und tzeit werden Dihr curihren, Charlatans und goldtmachers umbs leben bringen*[2]*! gott bewahre Dihr!*   *Fch*

[1] Die Markgräfin Wilhelmine kam tatsächlich erst am 4. Oktober an und blieb bis Mitte November.

[2] Zwischen dem letzten Briefe und diesem liegen, wie schon erwähnt, offensichtlich schwere Mißerfolge der Goldmacherin Frau Nothnagel. Plötzlich ist dem König alle Hoffnung entschwunden. Erst rund zwei Monate später kommt, wie wir sehen werden, ein neuer, dann allerdings sehr starker Anstieg der Zuversicht.

Dieser Brief ist wieder ganz der Teilnahme an Fredersdorfs Krankheit gewidmet; und nur im Zusammenhang damit wird das Goldmachen berührt, als eine einerseits sachlich abgetane, andererseits durch die damit verbundene Aufregung gesundheitsschädliche Angelegenheit.

134
DER KÖNIG AN FREDERSDORF

(26. September 1753)

Mihr Komen jetzunder ein hauffen Sorgen auf den hals. ich Krige briwe [Briefe] *aus Breslau, daß Munchau*[1] [von Münchow] *thot ist. ich bin in viehlen verlegenheiten! gottbewahre Dihr!*   *Fch*

[1] „Munchau" ist der Minister Graf Ludwig Wilhelm von Münchow, der am 23. September 1753 starb. (Der König schreibt die Endung „ow", gesprochen „o", auf französische Art „au".) Münchow, ein Sohn des Kammerpräsidenten gleichen Namens, der dem Kronprinzen in seiner Küstriner Zeit so manche Wohltat und Freundlichkeit erwiesen hatte, stand an der Spitze der schlesischen Verwaltung. Während sonst die „Kammerpräsidenten" (die nach ihrem Rang und der Größe ihres Amtsbereichs etwa unseren heutigen Regierungspräsidenten entsprechen) dem Berliner „Generaldirektorium" (d. h. dem Gesamtrat der untereinander gleichberechtigten Verwaltungsminister) unterstanden, hatte Graf Münchow in zwiefacher Richtung eine Sonderstellung, indem er erstens der Kammerpräsident für die ganze Provinz war und zweitens, mit dem Titel und Rang eines Staatsministers bekleidet, unmittelbar und ausschließlich vom König abhing. Die dadurch gekennzeichnete selbständige Stellung Schlesiens, durch die der von Friedrich Wilhelm I. errichtete einheitliche Bau des preußischen Verwaltungswesens eine Durchbrechung erfuhr, war für König Friedrich eines der Mittel, deren er sich bediente, um die mit den Waffen eroberte Provinz nun auch „innerlich" zu gewinnen. Wie Friedrich diese schwere Aufgabe der Eingliederung des neuen Landes in den Blutkreislauf des Stammlandes, eine Aufgabe, an der so mancher Eroberer in ähnlichen Fällen gescheitert ist, im Laufe nur weniger Jahre löste, muß jeden, der sich mit diesen Dingen genauer beschäftigt, mit wahrer Bewunderung erfüllen, zumal, wenn man bedenkt, daß das Land etwa zur Hälfte von Katholiken bewohnt war, die dem protestantischen König mißtrauten und deren niedere Geistlichkeit durchweg der alten Regierung anhing, daß ferner der vielvermögende Adel durch Überlieferung und Gesinnungstreue, durch Familienbeziehungen und Gütergemenge stark mit Österreich verbunden blieb, daß in steuerlicher Hinsicht zum mindesten die Entlastung nicht eintrat, die die Schlesier von Preußen erwartet hatten, und daß endlich die gegen früher außerordentlich gesteigerte Aushebung für das Heer als eine ganz schwere, kaum erträgliche Belastung empfunden wurde. Wenn es dem König trotz alledem in kurzer Zeit gelang, Schlesien in jedem Sinne zu seinem Lande zu machen, so hatte er dabei zwei starke Helfer. Der eine Bundesgenosse war der Zauber seiner Persönlichkeit, den er auf alljährlichen Reisen durch das Land wirken ließ und der zur Folge hatte, daß gerade in Schlesien bald ungezählte Geschichten und Schnurren von Mund zu Mund gingen, die alle im Kern dieses märchenhaften Königs Leutseligkeit, seine allum-

fassende und alles kennende landesväterliche Fürsorge oder die Tugenden an ihm priesen, die einen großen Kriegshelden volkstümlich machen. Der andere wichtige Helfer aber war ihm sein Minister Graf Münchow, der durch seine außerordentliche Gewandtheit und die, mit unbeugsamem Willen und sozialer Gerechtigkeit gepaarte, gewinnende Liebenswürdigkeit seines Wesens überall ausgleichend und fördernd wirkte. Kein Wunder, daß der Tod dieses trefflichen, unersetzlich scheinenden Mannes, der ihm auch freundschaftlich nahegestanden hatte, den König sehr hart traf.

135

FREDERSDORF AN DEN KÖNIG

1. Oktober 1753

Ewr. Königl. Maj. habe unterthänigst melden sollen, daß der Täntzer Vestris aus Turin retourniret [ist] *und Ewr. Königl. Maj. seine Dienste unthertänig offeriret* [anbietet]. *Er Verlanget Nichts, als reise-geldt, und wil sich ein Gantz jahr in Berlin auf-halten, auch Tantzen, wann es Ewr. Königl. Maj. Befehlen, wo-vor Er Nichts als Ew. K. Maj. gnade verlanget. Findet Er nach einem jahr approbation* [Billigung], *so wil Er seine Conditions* [Bedingungen] *machen.*

Randbemerkung des Königs: „*Das ist guht vohrdis* [für den diesjährigen] *Carnaval*"[1] [Vgl. Brief 40.].

M. Petit [ein Kunsthändler in Paris] *offeriret Ein Cabinet von 271 Stück Tablaux* [Gemälden] *von denen Berümten Meistern*[2] *vor 273000 Liv.* [Franken], *darunter viehle von Rubens und Vandeick* [van Dyck] *sich befinden. wann Ew. K. Maj. allergnädigst befehlen, wil Er ein Catalogum davon Schiken.*

Der König: „*63000 Thaler ist fil gelt! ich mus den Catalogen sehen*".

in-gleichen [bietet Petit] *auch eine Pendul* [Standuhr] *Mit einen Kost-Bahren Kasten Mit Bronce-arbeit* [an]. *die Fuß stellete einen Palm-Baum vor. wo-von Er auch ein Dessein* [Zeichnung] *Schiken Könte, wann es ver-langet würde.*

Der König: „*ich mus Sehn den Dessin*".

Meine umstände sindt so, daß ich gehn kan, aber noch Nicht treppen Steigen.

ich Hoffe aber, daß ich Balde in Stande sein werde, Mich Ewr Königl. Maj. unterthänigst Zu Füßen Zu legen.
Fredersdorf

P. den 1. Octbr. 1753

Der König: „*ein Wenig gedult, und Weder Mercurium*³ *noch Docters, dann wirstu gesundt werden!*
Fch"

Dieser Brief Fredersdorfs hat, abgesehen vom persönlich gehaltenen Schluß, rein „dienstlichen" Inhalt. Gleichwohl haben wir ihn vollständig abgedruckt, um dem Leser nochmals ein Bild von der Art zu geben, wie der König seine Randbemerkungen machte. (Vgl. Nr. 116.)

[1] In der Anmerkung 3 zu Brief 40 haben wir schon über den „Karneval", dieses große gesellschaftliche Stelldichein gelegentlich der winterlichen Hoffestlichkeiten, gesprochen, auch davon, daß der König diesem lauten Trubel mehr und mehr abhold wurde. In diesem Jahre begann der „Karneval" in Berlin erst später als sonst. Statt dessen fanden in Potsdam von Mitte November bis Mitte Dezember eine Reihe von Bühnenaufführungen nach des Königs Geschmack statt, der sogenannte „Karneval von Potsdam".

[2] Über den König als Gemäldesammler werden wir später noch hören gelegentlich eines Briefes, in dem er seinem Kunstgeschmack in sehr „gemeinverständlicher" und drolliger Art Ausdruck gibt.

[3] „weder Merkurium noch Dokters"! Der Ausdruck „Merkurium" bezieht sich entweder auf ein Heilverfahren oder, was uns wahrscheinlicher dünkt, auf das Goldmachen. Stimmt die letztgenannte Annahme, so werden wir hier daran erinnert, daß der König sich hinsichtlich des Glaubens an alchemistische Erfolge zur Zeit noch in dem bei Brief 133 erwähnten „Wellental" befindet, also der Meinung ist, die Goldmacherei sei nichts nutz und zudem, wegen der damit verbundenen Aufregungen, gesundheitsschädlich, wie die (fremden) „Dokters"! —

Inwiefern aber, so wird der Leser fragen, hängt das Wort „Merkurium" mit der Goldmacherei zusammen? Es verlohnt sich, einen Augenblick bei dieser Frage zu verweilen. Wir sehen zwei Wege, den genannten Zusammenhang herzustellen.

Der erste wäre dieser: Ein berühmtes alchemistisches Rezept stammte von einem in Ägypten hundert Jahre nach Christus lebenden Priester Hermon. Davon hieß die Alchemie auch „hermetische" Kunst. Später mag man — das alles sind aber nur Vermutungen des Herausgebers —

das Wort „hermetisch" rückwärts vom griechischen Gott „Hermes" abgeleitet haben, statt vom inzwischen vergessenen Priester „Hermon". Das lateinische Gegenstück zum griechischen „Hermes" aber ist bekanntlich der Gott „Merkur"! —
Zu weit merkwürdigeren Vermutungen aber könnte uns ein anderer Versuch, den „Merkurius" mit der Alchemie in Verbindung zu bringen, verleiten: „Mercurius communis" hieß nämlich in der Alchemistensprache das Quecksilber! — Ist es nun nicht ein recht eigenartiges Zusammentreffen, daß es in der jüngsten Vergangenheit (nachdem der so lange herrschende Lehrsatz von der Unteilbarkeit der Elemente infolge der Beobachtung des Atomzerfalls bei Radium umgestoßen und damit die Alchemie theoretisch wieder „möglich" geworden ist) dem Professor Miethe gelungen ist, gerade aus Quecksilber Gold darzustellen? — Sollte auch den alten Alchemisten gerade dieser Ausgangsstoff schon besonders erfolgversprechend erschienen sein? In der Tat ist es beglaubigt, daß die Goldmacher als umzuwandelnden Grundstoff außer Blei gern Quecksilber wählten. — (Die Mietheschen Versuche werden bekanntlich gegenwärtig von den Chemikern aller Erdteile eifrig nachgeprüft, mit Erfolg, und sogar mit dem Ergebnis, daß binnen Jahresfrist die Goldausbeute aus derselben Menge Quecksilber auf das zehntausendfache gesteigert wurde, ohne allerdings bisher auch nur entfernt die Grenze der Wirtschaftlichkeit zu erreichen.)

136
DER KÖNIG AN FREDERSDORF

(25. Oktober 1753)

Ich habe die gantze Post [Summe] *meiner Mohnaths-Schulden betzahlet, jetzunder werde ich die Schulden auf die Neüe Kamern an* [Geheimrat] *Köpen betzahlen, der sie die leute in Silbergeldt geben wirdt*[1].

Es thuhet mihr recht leit, daß das Fiber Dihr noch nicht verlassen wil. ich wolte es Dihr gerne ab-nehmen! ich Sitze dem [Dr.] *Cothenius So viel auf den hals, als Möchlich, allein die blasen-zufälle seindt Sehr Schlim! und wann Du nuhr wieder an Kräften zu-nehmest, so Kan ein Fihles* [vieles] *geschehen, aber jetzo ist das Fornehmste, daß Wieder Kräfte gesamlet werden. geschihet das, so werde ich wieder lustich, sonsten glaube ich, daß ich alle meine besten bekanten und freünde zu verlihren bestimet bin*[2]. *ich bitte Dihr recht Sehr, lasse doch von*

Deiner Seitten nichts fehlen, umb Deine besserung zu befödleren. wenn Du es nicht um-Deinet-wegen thuest, so Due es doch um mihr! ich werde den Docter [Cothenius (s. folgenden Brief)] heute noch hollen lassen³ umb zu sehen, was er Dihr Noch Soulagiren [an Erleichterungen schaffen] *Kan. ich mus* [morgen, am 26. nach Berlin und übermorgen] *Sonabendt nach Schlesien hin. ich werde gewis recht in Sorgen bei Meinem reißen seindt umb-Deinet-wegen. ich habe den Docter so aufgebunden, vohr Dihr zu Sorgen; alleine, blib ich hier und es Stiße Dihr* [dann] *was zu, so were ich Scherfer dahinter, daß zum wenigsten Keine Nachlässigkeit dabei vohrgieng. gott bewahre Dihr, ich mach* [mag] *nicht weiter davon Sagen!* Fch

¹ Wegen der „Neuen Kammern" vgl. Anm. 2 zu Brief 93. Zu beachten ist, daß Geheimrat Köppen die Leute in Silbergeld bezahlen soll. Ähnliche Anordnungen, die den Zweck haben, das Gold in den öffentlichen Kassen zurückzuhalten und Silber in den Verkehr zu geben, treffen wir häufiger an; wir werden später eine überraschende Erklärung für diese Maßnahme finden.

² Friedrich klagt, wenn ihm auch Fredersdorf stürbe, so müsse er glauben, er sei dazu bestimmt, alle seine besten Bekannten und Freunde zu verlieren. In der Tat war es sehr einsam um den doch erst 41 Jahre alten König geworden. (Vgl. Brief 102.) Den Tod Jordans, Keyserlingks, Duhans, Rothenburgs, Borckes, La Mettries und jetzt eben Münchows haben wir in unsern Briefen erlebt. (Vgl. 7, 11, 25, 105, 134.) Fast gleichzeitig mit Münchow war auch Knobelsdorff gestorben. Freilich konnte sein Hingang den König insofern weniger treffen, als er ihn schon vorher innerlich verloren hatte. Aber dies war nicht der einzige Verlust unter den Lebenden: Vor allem entbehrte Friedrich den Umgang mit Voltaire, trotz seiner Verachtung für dessen menschliche Mängel. Maupertuis war, infolge von Voltaires gehässigen Angriffen, ein gebrochener Mann, Georg Keith weilte in Paris. Chasot hatte seinen Abschied genommen, ebenso Darget, und auch der Graf Algarotti trug sich bereits mit ähnlichen Gedanken.

³ Rührend ist es, zu sehen, wie der König in den bedrängten Stunden vor seiner Abreise nach Schlesien — wo er die durch Münchows Tod eingetretenen Schwierigkeiten zu ordnen hat — darauf bedacht ist, während der doch nur kurzen Zeit seiner Abwesenheit für Fredersdorfs Pflege alle nur denkbare Vorsorge zu treffen; und geradezu ergreifend

klingen die Schlußworte: „Gott bewahre Dich! Ich mag nicht mehr davon sagen!"

So spricht das Herz des einsam werdenden Königs, der sich nun, da ihm seine hochgeistigen Freunde durch den Tod oder durch Lebensschicksale geraubt werden, um so inniger an diesen schlichten treuen Menschen klammert.

137
DER KÖNIG AN FREDERSDORF

(25. Oktober 1753)

Ich habe [Dr.] Cotenius in der lenge und der breite nach deinen Umbständen Consultiret, und er verspricht mihr heilich und gewisse, in 4 Wochen solstu [sollest Du] besser Seindt. er verlanget aber, daß du seine Medecin nach seiner vorschrift Strikte [genau] ein-nehmen Solst, und daß du dihr in deiner Diet in allen stüken nach seinem Willen reguliren [richten] must, auch Keine fremde Mitel, sie mögen nahmen haben, wie sie Wollen, gebrauchen solst.

ich hoffe, daß du Mihr das versprechen Wirst, und daß du es acurat halten wirst. er verspricht mihr in d e m fal alles guhtes. ich bitte dihr, folge ihm doch auf der Kurtzen tzeit in allen stüken. hält er nicht wohrt, so Könstu [kannst Du] nach 4 Wochen thun, Was Du wilst, aber findestu dann besserung, so Könstu fortfahren.

ich wolte, daß dein goldtmacher zum teüfel wehre! du versprichst dich viel guhtes davon; und wann es sich finden wirdt, daß es nichts ist, so wirstu dihr nuhr darüber ergern. und das Geschihet gewis! ich verlange weder goldt noch Silber von dihr, aber [sondern] nuhr alleine, daß du den Docter folgest. sonsten Kan leicht ein unglük geschehen! und wann du mihr nicht betrüben Wilst, so Wirstu es thun. gottbewahre!   *Fh*

ich gehe morgen nach berlin, Sonnabendt [d. 27. X.] nach Schlesien, Montag über 8 tage werde ich gegen Mittag in berlin Seindt. bleibe ja hier [in Potsdam]; und denke an Keine reisen, bis daß die 4 Wochen Cuhr, die ich dich So sehr recomandihre [empfehle] und dihr darum bitte, vorbei seindt.

Der Brief ist am gleichen Tage geschrieben wie der vorige, kurz vor des Königs Abreise nach Berlin und, am nächsten Tage, nach Schlesien.

Die angekündigte Beratung mit Dr. Cothenius hat stattgefunden und Friedrich berichtet nun darüber.

Die Bemerkungen über die Goldmacherei spiegeln die uns bekannte, gegenwärtig ablehnende, Haltung des Königs wider.

138

DER KÖNIG AN FREDERSDORF

(Anfang November 1753)

Ich Wundere mihr, Was Du Dihr vohr guhte vohrstellungen machen Kanst! sei doch nicht so leicht-gläubig! du Sehest ja selber, wie es mit der guhten frau [der Goldmacherin Nothnagel] *gehet: stat 3 millionen, so sie machen Wolte, Kömt ein stück silber von 3 oder 4 thaler heraus! du wirst mit solchen leüten das Deinige alles durch-bringen. und wan ein charlatan zum lügner gemacht ist, So Kömt gleich ein anderer, dem Du glauben gibst. deine Intentzion* [Absicht] *ist recht guht, aber auf der Weiße Kömstu* [kommst Du] *dein Tage nicht zum tzwek. von alle denen Narrenposten* [Narrenpossen] *ist noch zimerman seine diejenige, Wohr ich zum ersten Glauben gebe. aber doch Wolte ich nicht davohr Schwehren. nim Dihr nuhr in acht und Tuhe doch* [Dr.] *Cothenius folgen, er ist der beste von allen denen narrens!*

Munchau [v. Münchow] *sein Thoht* [vgl. Brief 134] *machet mihr ein hauffen zu Schaffen; und Sonsten gehet es Mihr auch nicht nach dem Sin.*

gott bewahre Dihr! *Fh*

Dieser Brief ist während der schlesischen Reise des Königs, die vom 27. Oktober bis 5. November 1753 dauerte, geschrieben. Fredersdorf hat berichtet, daß die Frau Nothnagel etwas Gold gemacht hat, aber Friedrich will nichts davon wissen. Er bezweifelt diesen grundsätzlichen Erfolg nicht, aber er meint: Was nützen uns so lächerlich kleine Mengen! —

Im übrigen wirft er auch hier wieder die Goldmacher und die Heilkundigen in einen Topf. Alle sind „Narren", selbst sein hochgeschätzter Dr. Cothenius muß sich in diesem Zusammenhange die wenig schmeichelhafte Bezeichnung gefallen lassen. Wir erinnern uns an Friedrichs früheres Wort: „Alle Dokters seindt Idioters!"

DER KÖNIG AN FREDERSDORF

(Anfang November 1753)

ich Schike Dihr die antwort an Milord Marechal[1] zurük. den brif an Darget wirdt der abé[2] bantworten. und wegen Cothenius mus ich mihr erstlich wegen denen umbständen erkundigen, doch Könstu ihm Sagen, die survivance [Anwartschaft][3] *habe ich ihm acordihrt* [bewilligt]. *ich Wünsche nuhr, das er jetzunder in Seiner Cuhr* [Kur] *guht reüsiren* [Erfolg haben] *Möhge. es ist So guht darauf angefangen, wie Möchlich, und wier Wollen auf den guhten efect davon hoffen. ich versichre Dihr, daß ich mihr recht freuen werde, wann ich Sehe, daß deine besserung guht von-Staten gehet, und daß ein gantzer Mohnaht ohne Schlime tzufälle vorübergehet. und* [glaube], *daß Dihr Keiner mehr guhtes Wünschet, als ich! gottbewahre!*

Fch

[1] Der „Milord Marechal" ist Georg von Keith, Erbmarschall von Schottland, der Bruder von Friedrichs Feldmarschall James Keith. Im Jahre 1748, schon 56 Jahre alt, war Georg Keith an Friedrichs Hof gekommen und mit dem um 19 Jahre jüngeren König in ein Verhältnis gegenseitiger verehrungsvoller Zuneigung getreten, das drei Jahrzehnte in ruhiger Treue überdauern sollte. Mitten zwischen den beweglichen Franzosen, bei denen es vom „Esprit" zur „Médisance" nur ein kurzer Schritt war, stellte dieser äußerlich etwas schwerfällige, aber grundvornehme, aufrechte Mann eine wohltuende Ausnahmeerscheinung dar. Er konnte von sich sagen, daß er niemals eine Tugend zum Gegenstande der Spöttelei gemacht habe. (Vgl. des Königs Brief an ihn über Voltaires Schmähschrift, S. 210, und die Bemerkungen zu Brief 102.)

Als der Lord im August 1751 in Nachfolge des alten Chambrier (vgl. Brief 94) als preußischer Gesandter nach Paris geschickt wurde, versuchte Friedrichs Oheim, der König Georg von England-Hannover, dies durch seinen Einspruch bei der französischen Regierung zu verhindern, denn Keith war ein Anhänger der Stuarts und wegen Teilnahme an den Jakobitenaufständen als Hochverräter geächtet und zum Tode verurteilt worden. Der Einspruch hatte keine Wirkung. So sehr waren Frankreich und Preußen damals politisch aufeinander eingestellt, daß man jede andere Rücksicht für überflüssig hielt. Natürlich wurde dadurch das Verhältnis zwischen dem Neffen und dem Oheim — wer denkt dabei nicht an Wilhelm II. und Eduard VII.! — nur noch gespannter. Aber

das war Friedrich gleichgültig, denn damals ahnte er ja noch nicht, daß im kommenden großen Kriege Frankreich zu seinen Gegnern zählen, England aber sein einziger Verbündeter sein sollte! —
Der Brief an den Gesandten Keith, den kennzeichnenderweise nicht das Kabinettsministerium, sondern Fredersdorf befördern soll, mag wichtigen Inhalt gehabt haben; denn der König hielt die französische Regierung über jede einzelne Entdeckung auf dem Laufenden, die er bezüglich der drohenden Gefahr eines Krieges mit England, Rußland und Österreich machte. (Vgl. Brief 111.)

² Darget, der uns bekannte „Vorleser" des Königs (vgl. Brief 38 und 136) war in seine Heimat zurückgekehrt, blieb aber mit Friedrich in Verbindung. Der Abbé, der ihm antworten soll, ist ein neuer „Vorleser" namens de Prades. Freude hat der König an diesem Menschen, den er aufnahm, weil er von der Sorbonne in Paris geächtet war, nicht erlebt. (Ein Vergleich mit La Mettrie, Brf. 105, drängt sich auf.)

³ Die „Anwartschaft", die dem Dr. Cothenius hier eröffnet wird, scheint sich auf ein Einkommen zu beziehen, das ihm aus irgend einer dem König zur Verfügung stehenden Pfründe geistlicher oder weltlicher Art zufließen sollte. Im Brief 152 wird der Betrag auf 200 Taler beziffert.

140

DER KÖNIG AN FREDERSDORF

(Etwa Anfang November 1753)

lasse Dihr lieber heüte wie Morgen Trauen, wann Das zu Deiner flege [Pflege] *helfen kan; und wilstu* [willst Du] *einen Kleinen lakeien und einen Jäger bei Dihr nehmen, so könstu* [kannst Du] *es nuhr thun. wohr* [Wenn] *es Möglich* [ist]*, so gehe alles aus den wege, was Dihr Ergern Kan, denn es Kan Dihr Den Thoht Thun.*

es Thuth mihr Sehr leidt, daß der gestrige Zufal [Anfall] *gekomen ist, der uns wieder zurüke-setzet. wenn es Dihr Möglich* [ist]*, So coutinuire doch* [fahre doch fort] *mit der Tissane* [einem übelschmeckenden Heiltrank]*. wenn du sie einen Mohnaht recht hinter-einander Drinken Könst* [könntest]*, so würde es gewisse einen guthen efect* [Wirkung] *thun, das bluht versüßen, die Materie ihren acreté* [Schärfe] *benehmen, Dihr die Schmertzen lindren und Dihr die heillung des geschwihrs befördern. nim Dihr doch in acht, ich bitte Dihr recht Sehr darum. gottbewahre!* *Fried*

Fredersdorfs Heirat — er vermählte sich, laut dem Kirchenbuch der Potsdamer Garnisonkirche, am 30. Dezember 1753 mit der Tochter des wohlhabenden Kaufmanns Daum — sieht der König wesentlich unter dem Gesichtswinkel der Zweckmäßigkeit für die Krankenpflege an. Fast klingt der zweite Satz unseres Briefes so, als ob Friedrich seinem Patienten nahelegen wolle, statt eines Eheweibes Bediente zur Pflege zu nehmen! Und ob vielleicht gar die Warnung vor lebensgefährlichem Ärger in schalkhafter Absicht unmittelbar daran angeschlossen ist? Zuzutrauen wäre solch bissiger Witz dem gekrönten Ehefeinde schon! Allerdings richtet er auch in anderen, zweifellos unverfänglichen, Zusammenhängen häufig die Mahnung an Fredersdorf, sich nicht zu ärgern, weil das gefährlich für seine Gesundheit sei.

(Auf Seite 18f. und 20f. haben wir ausgeführt, warum wir uns mit gewissen abweichenden Behauptungen über Fredersdorfs Familienstand, die neuerdings aufgetreten sind, nicht zu befassen wünschen und auch keinen Anlaß haben, es zu tun.)

141

DER KÖNIG AN FREDERSDORF

(Anfang November 1753)

Es tuht mihr leidt, daß es mit Dihr noch nicht fort [vorangehen] *Wil. gedult und tzeit ist die beste Medecin!*

Wegen der fr. [Frau (Nothnagel)] *so lasse nuhr von jederer Schmelte* [Schmelze] *ein Stük durch einen guhten goldtschmit probiren, der wirdt Sehen, ob es Mesink, Kupfer oder Goldt ist. und das Kan man heute Nachmitag wissen, wann es geschmoltzen wirdt.*

ist es dann richtig, So Schreibe nuhr an finken [Finck, Rendant der Berliner Münze]*, ich häte vohr mein Conto goldt komen lassen und Solte er es pregen* [prägen]*. aber ich bin fast gewis und übertzeüget, daß es wieder Windt* [Schwindel] *Sein Wirdt. Dießen nachmitag Schreibe mihr es nuhr. es gehet im großen nicht an; und Kan Vihleicht ins Kleine, Ducaten-Weiße, reusiren,* [glücken]*. gottbewahre Dihr!*

Frch

Man sieht, daß die Frage des Goldmachens den König wieder stark zu beschäftigen beginnt, wenn er sich auch auf eine zweite Enttäuschung, mindestens bezüglich der Massenherstellung, gefaßt macht. Immerhin aber ordnet er an, daß das künstlich gewonnene Metall durch einen Goldschmied geprüft werden und bei günstigem Ergebnis — unter der Angabe, es handle sich um des Königs Eigenbesitz — in die staatliche Münze gegeben werden soll.

142

DER KÖNIG AN FREDERSDORF

(Anfang November 1753)

[Dr.] *Cothenius hat mihr gesagt, daß deine Coliquen sich baldt legen werden, und daß in ein par tage alles wird Stile in Deinem leibe werden. ich freue mihr darauf!*

hier-bei Kömt ein brif nach bareit [Bayreuth] *zu bestellen.*

Wegen der [Goldmacher-] *Sache wundert mihr, daß noch Keine antwort aus der großen Müntze* [da] *ist, die häten doch lange schon Seit Sontag mit ein par Marc goldt Können fertig werden! und wenn auch hier* [durch den Goldschmied] *alles gemacht ist, So kan man doch nicht Juditciren* [endgültig urteilen], *ehr als man die Nachricht aus berlin* [aus der Münze] *zurüke hat.*

ich bin [um] *So Mehr darum verlegen, daß* [weil] *lauter Stürmische aspecten* [Anzeichen] *sich hervohr thun, und* [deshalb] *das, was Man thun wil, baldt geschehen Mus, oder es Mögte zu Späht werden!*

gott bewahre Dihr! Schreibe mihr nuhr, ob von finken [dem Münz-Rendanten] *antwort gekomen.*

Frch

Der König erwartet, nachdem offenbar die Prüfung durch den Goldschmied günstig ausgefallen ist, mit Ungeduld die Stellungnahme der Münze. („Gedrängt" werden darf die Münze aber natürlich nicht, damit sie nicht Verdacht schöpft.) Wie sehr den König die Sache bereits wieder innerlich beschäftigt, ja erregt, zeigt die Gedankenverbindung mit den „stürmischen Aspekten" in der Außenpolitik. Die Kriegsgefahr wird immer drohender. Und wenn die Goldherstellung im Großen nicht bald in die Wege geleitet werden kann, wird es zu spät sein, um den Krieg zu verhindern oder seinen Verlauf günstig zu beeinflussen! —

Eoffmanus hat mihr gesagt, das deine Coliquen sich baldt
legen werden, und das in nie par tagn alles verith
thun im deinem Leibe werden, ich freue mich
darauf. hier die Könt ein brif noch darniet
zu bestellen. Wegen der Sachn wundert
mich das noch Eine Antwort aus der großen
München ist die färten doch langs schon mit Dontag
mit ein par Marc Gold können fertig werden,
und wann aus hier alles gemacht ist so kan man
doch nicht Juditcieren eher als wenn die Nachricht
aus berlin zurücke hat, ich bin de Mehr darum
verlegner das lauter Ötrichisch aspecten sich
hervehr thun, und das was Man ihnen
Weil baldt geschehen mus oder nt Mögen
zu Täht werden. Gott bewahren Euch.
Schreibe mich nehr ob von Euchen antwort gekomn

143

DER KÖNIG AN FREDERSDORF[1]

(7. November 1753)

Es freutt mich sehr, daß es sich mit Dir bessert; nun nimm Dich nur gut in Acht mit Essen und Trinken und ordentlichem Gebrauch der Medicin, so hoffe ich und glaube, Du wirst mit der Zeit ganz gut werden.

Ich schicke Dir Deine Berichte mit Antwort zurück. Ich strecke mich nach meiner Decke: zwei tausend acht hundert Thaler kann ich nicht zu Präsenten machen [Der König tat es dann aber doch! Vgl. Brief 150]; *so hoch gehen meine Activa nicht. Die* [Primadonna] *Astrua und* [der Sänger] *Carestini haben nun Händel* [miteinander] *und fordern den Abschied; es ist Teufels-Krop, ich wollte, daß sie der Teufel alle holte! die Canaillen bezahlet man zum Pläsir, und nicht,* [um] *Vexirerei von ihnen zu haben!*

ich gehe morgen weg [nach Berlin], *komme aber Montag wieder; alsdann kriegt mich kein Teufel aus Potsdam, oder der König von England muß mit seinen Russen*[2] *her, mich hier zu belagern.*

Den 20. gehet das Carneval in Berlin an und den 25. komme ich erst hin[3], *verstehet sich im December. Gehe bei Leibe nicht aus! ich bin ganz zufrieden, wenn ich nur höre, daß es sich mit Dir bessert. und Du mußt nicht vor März aus dem Hause gehen!*

Hier schicke ich Dir einen Paß; man muß darin meine Hand nachgemacht haben. Erkundige Dich doch, wo das Siegel hergenommen ist. Es ist ein Bursche vom Bredowschen Regiment, der ausgetreten gewesen ist, und nun zum Regiment ist eingezogen worden. Gott bewahre!

Frch

---

[1] Vgl. die Anmerkung 1 zum Brief 2. Es handelt sich um einen der acht uns nur mittelbar erhaltenen Briefe der Bassewitzschen Sammlung.

[2] Der Kernpunkt bei der schwebenden politischen Spannung war ja, wie wir wissen (vgl. Brief 111), daß England für „seinen" Krieg gegen Preußen die Russen durch Hilfsgelder gewinnen wollte, um dann durch Petersburg auch Wien in den Kampf hineinzuziehen.

Wenn nicht plötzliche Verwicklungen eintreten, „kriegt kein Teufel" den König aus seinem geliebten Potsdam heraus, wo er „nach seiner Fasson" leben kann.

³ Dazu paßt auch, daß Friedrich zu dem diesjährigen Trubel des Berliner „Karnevals" erst am 25. Dezember eintreffen will. In Wirklichkeit kam er sogar erst am 27. XII. an. (Vgl. Brief 135, Anm. 1.)

144

DER KÖNIG AN FREDERSDORF

(November 1753)

1689 Thaler bleibe ich auf Künftigen Mohnaht Schuldig. was Caristini[1] *angehet, So mus er Seinen Contract aus-Dinen, was aber zulagen angehen, dar werden Keine passiren! jetzunder Sihet es nicht in der Welt opren-mäßich vohr uns aus und Kan ich Kein geldt daran wenden. aber vohr* [den Sänger] *Pasqualino mus ich einen haben, dar wolte ich gerne einen burschen von 18 jahr haben, der eine Schöne Clare und reine Stime häte, den man hier Dressiren* [ausbilden] *Könte. der wirdt 800 Thaler Kosten; und das Tractement* [Gehalt] *ist dahr* [im Etat vorhanden].

Was deine umbstände angehet, So freüet es mihr, daß es guht gehet. seie man mit dießem [jetzigen Zustand] *vergnügt, denn es fif* [pfiff] *mit Dihr außem letzten* [Loch]; *und jetzunder bistu aus aller gefahr, aber ausgehen mustu nicht! die geringste verkältung Könte dihr die gefährlichsten zufälle zu-wege bringen. also halte dießen Winter nuhr geduldig aus, desto besser wirdt das frühjahr und der Künftige Somer Seindt. die Schmertzen werden von Mohnaht zu mohnaht geringer werden; aber glauben Mustu nicht, daß ein So Sehr iritirtes* [gereiztes] *geschwihr in 4 Wochen geheilet werden Kan. wann es äußerlich wehre* [wäre], *ja; aber wohr* [wo] *es ist, Kan man nicht Zu-Komen.*

Gottbewahre!   *Frch*

[1] Vom Sänger Carestini hörten wir im vorigen Briefe, daß er sich mit der Primadonna Astrua verzankt und daraufhin, gleich jener, den Abschied gefordert habe. Der König will ihn aber festhalten. Auf die Dauer gelang das allerdings nicht, denn im Juni des nächsten Jahres ging der Sänger an die russische Hofoper über.

[2] Das Wort, es sähe gegenwärtig für Preußen „nicht opernmäßig in der Welt aus", bezieht sich natürlich auf die kriegdrohende Spannung mit England.

145
DER KÖNIG AN FREDERSDORF

(November 1753)

Wohr [Wenn] *Dihr das uriniren des Nachts Stärker quelet* [quält], *So lasse Dihr nuhr erweichende milch-bäder machen, die aber beleibe nicht zu Warm seindt!*

Fch

146
DER KÖNIG AN FREDERSDORF

(November 1753)

ich habe heüte deine beide brieve [Briefe] *gekrigt. es freüet mihr, daß es sich mit Dihr bessert und daß die Milch geholfen hat.*

wegen der Sache [Goldmacherei], *so Wundert mihr zum meisten, daß noch* [immer] *Keine antwort von Finken* [dem Rendanten der Berliner Münze] *dar ist, denn der Kan der sachen den ausschlach geben. und wenn auch gleich die materie Spröde ist, so Kan er doch Sagen, was es ist. ich bin zwischen der ungewisheit und den Zweivel. gehet es guht, so mus man es recht pro Dignitaté* [Sinn: zur politischen Stärkung] *nutzen, ist es* [aber] *nichts, so habe ich mihr es wohl vorgestellet. ist es aber goldt, so mag es Spröd sein oder nicht, so ist es eben guht!*

ich bin schon im handel wegen Regimenter, doch ohne mihr zu vergalopiren [übereilen]. *so-baldt ich Clar Sehe, So gehe ich ferme* [fest] *darauf loß. und Sol der Teufel den hollen, der an Preusen* [Ostpreußen] *oder Frisland mit der Nasen an-Kömt! gottbewahre Dihr! ich bin Curios* [gespannt], *morgen zu hören, was* [in der Gold-Sache] *pasiret ist.*

Schreibe den bekanten menschen [dem Spitzel von 1747, vgl. Brief 32]. *nuhr nichts, ich Weis alles* [über die Feinde], *und mehr, wie mihr lieb ist.*

Fch

Immer höher steigt des Königs Unruhe und Nervenspannung wegen der Kriegsgefahr. (Er weiß über die Machenschaften der Feinde „mehr als ihm lieb ist".) Und darum klammert er sich nun auch immer stärker an die Hoffnung, durch Goldmachen alle Gefahren abzuwenden. Warum nur immer noch keine Antwort aus der Münze da sein mag!? Die Verhältnisse drängen! Schon ist er „im Handel wegen Regimentern", die er mit Hilfe des erhofften künstlichen Goldes aufstellen will. Freilich, er will mit der Heeresvermehrung nicht voreilig sein; es bleibt ja eine zweifelhafte Sache mit dem Goldmachen. Aber wenn sie gelingt, dann ist er der starke Mann, dann soll der Teufel den holen, der an Friesland oder Ostpreußen zu rühren wagt! Beide Länder waren ja gefährdet. Friesland zu erobern war das Ziel England-Hannovers, und auf Ostpreußen hatten es die Russen abgesehen. Mindestens aber mußten diese Gebiete, wenn der erwartete Krieg ausbrach und Friedrich nicht mit sehr verstärkter Heeresmacht auftreten konnte, dem Feinde vorübergehend preisgegeben werden.

147

DER KÖNIG AN FREDERSDORF

(November 1753)

ich wünsche von hertzen, daß es mit Dihr baldt gantz guht werden mach [möge]. *gehe ja nicht aus, bis du wieder was Krefte Samlest, sonsten verdirbstu soviehl, daß man* [es] *vieleicht Sobaldt nicht wieder guht machen Kan.*

hiehr [in der Anlage] *ist die Nothdurft von der armeé. ich wil Wünschen, daß die Sache Möchlich werde. mihr Scheinet es Was Weitläuftig zu Sein. wann* [wenn] *es* [aber] *Möglich wirdt, So ist nichts darühber!*

das goldt und Silber habe ich gesehen, ich weis aber nicht, wohr es Möchlich ist! ich habe von Meiner jugent an schweigen gelernt, und werde gewisse nicht von einer Sache Sprechen, die, Wann sie Wahr ist, Mihr Schahden thuen Könte, wenn man sie wüste, oder, wann sie nicht wahr ist, mihr ridicul vohr der gantzen Welt machen würde. gottbewahredihr! **Fh**

148

Eigenhändige Anlage des Königs zum Brief Nr. 147.

4 Regm. [Regimenter] *Infantrie in Schlesien Kosten,*
 à *76000 Thaler das Regiment*, ... *304000 Thaler*
3 Inf.-regmenter in berlin Kosten mit Servis. . . . . *300000 Thaler*
zum Wutgenauschen bataillon 1 batl. zurichten . . . . *50000 Thaler*
Die Curasirer mit 150 Man per Regiment zu ogmentiren [verstärken] *Kostet, vohr 12 regimenter und garducorps,* *260000 Thaler*
Die 8 huzahren-regm. jedes mit 300 man zu ogmentiren [verstärken] *machet*
                     240000 Thaler
                     1154000 Thaler

*eine Million hundert und vihr und funtzig taussend Thaler summiert.
und an Manschaft tuhnt* [macht] *dießes*
    16850 man
    150 garducorps
    100 huzaren vohr mihr
    ―――
    17000 man [richtig: 17100 Mann].

Der Brief zeigt eine neue Steigerung in des Königs seelischer Spannung. Den Plan zur zunächst in Aussicht genommenen Heeresvermehrung, deren Durchführung ihm das Goldbereiten ermöglichen soll, hat er mit eigener Hand aufgeschrieben. Es ist ein ergreifendes Schriftstück; denn man sieht den Federzügen an, in welcher Erregung sie geschrieben sind. „Wenn es möglich wird, so ist **nichts darüber**!" —
Er versichert seinem Fredersdorf, daß er über die alchemistischen Versuche unverbrüchlich schweigen werde, das gebiete ihm ja auch schon sein eigener Vorteil. Denn, wenn die Sache glücke, dann dürfe natürlich niemand sonst von dem Verfahren Kenntnis erlangen, damit Nachahmung vermieden würde. Sei es aber ein Mißerfolg, dann hätte er deshalb alle Ursache zum Geheimhalten, weil er sich vor aller Welt der Lächerlichkeit preisgeben würde, falls die Öffentlichkeit erführe, der „aufgeklärte" König habe sich auf solche Hirngespinste eingelassen.
Des Königs **Glaube an den Erfolg** aber ist gegenwärtig stärker denn je. Er hat das Gold und Silber mit eigenen Augen gesehen und weiß nur nicht, „wie das möglich" ist!
Die herbste und nunmehr **endgültige Enttäuschung** muß unmittelbar auf diese Hochspannung gefolgt sein. Der nächste, wohl einige Tage später liegende, Brief beweist es uns.

149
DER KÖNIG AN FREDERSDORF
              (November 1753)

ich Sehe Wohl, mein lieber fredersdorf, Du würst Dein Tage nicht Klug werden! Kaum ist ein goltmacher ad absurdum gebracht [als Nichtskönner entlarvt], *So hastu schon einen anderen wieder. glaube doch die leüte alle nicht! gebe nuhr die frau* [Nothnagel] *ihr Silber wieder und Sage sie nuhr, ich Wünschte sie mögte* [möchte] *s i c h einen guhten forraht* [Vorrat] *davon machen.* [Bei] *dergleichen chimeren* [Hirngespinsten] *da Komt nichts mit heraus. der neüe goldt-macher wirdt vieleicht gahr mit betrug heraus-gehen und Dihr noch umb Deine bakenberen* [Bickbeeren = Vermögen] *bringen.*

ich habe alle meine plans [Pläne] *verbrennet; und werde in die erste 10 jahr Keine Neüen machen! gedenke an Deiner gesundtheit, das ist besser, als an solche narenposten* [Narrenpossen], *da gewisse nichts mit heraus-Kömt. gott bewahre Dihr!*

Fch

Nun ist der König, offenbar durch einen inzwischen zutage getretenen unzweifelhaften Mißerfolg, gründlich von der Goldmacherei geheilt. Wie schwer muß die Enttäuschung für ihn gewesen sein, nachdem er sich so in den Gedanken hineingelebt hatte, wie es unsere letzten Briefe zeigten! (Anscheinend sind zwischen der vorigen und dieser Nummer unserer Sammlung Briefe verloren gegangen.)

Nun hat er alle seine Pläne „verbrannt"; aber wie wenig läßt er sich die Enttäuschung anmerken! Schon vermag er die Dinge wieder mit Humor zu behandeln. Wie großherzig und vornehm diese Denkart des Königs ist, wenn man sie nämlich mit zeitgeschichtlichem Maßstab mißt, werden wir bald an einem Gegenbeispiel uns klar machen können (vgl. Brief 155).

150

DER KÖNIG AN FREDERSDORF

(Potsdam, Mitte November 1753)[2]

ich schike Dihr 5000 Thaler an Goldt. davon mus Köpen [Geheimrat Köppen], *an Silber*[1], *tzahlen: eine uhre, So ich meine Schwester von Bareit* [Bayreuth] *geschenkt habe,*   *440 Thaler*

eine Dose, so ich vohr der verwitlb. [verwitweten] *Königin gekauft habe,*   *420 Thaler*

vohr ein brillant, den Du Kaufen Könst vohr die Hendrigen [Prinzessin Heinrich],   *500 Thaler*

vohr Silbertzeuch vor [Prinz] *Ferdinand, welches noch mus gekaufet werden, und Du besorgen Wirst,*   *500 Thaler*

eben-des-gleichen vohr [den Markgrafen oder den Erbprinzen von] *Ansbach eine Tabatiere zu Kaufen*   *500 Thaler*

und Silber zu Kaufen vohr [die Herzogin von] *Braunschwich*   *500 Thaler*

4 Stück Stoff   *2000 Thaler*

was zu bestellen ist, Wirstu [wirst Du] *besorgen!*
ich freue mihr, daß es mit Deiner gesundtheit sich bessert. aus-gehen Mus Du nicht, denn die Kälte ist zu groß. lasse Dihr die Zeit nicht lange werden; und halte Du nuhr jetzunder geduldig aus, auf-daß es Künftig jahr mit Dihr nichts zu Sagen habe.

nuhn Solte Dein Projet[3] *vom Krıg projetzeıen,* [so wird er schon recht haben, denn] *ich Glaube, Künftig jahr umb diese Zeit haben wihr uns gewisse schon ein par mahlen bei die ohren gehabt! laß gehn, wie es gehet! ich bin in-dessen froh, wieder hier zu Seindt, und Kan doch zum wenigsten 6 Wochen nach meiner fasson in fride und Ruhe leben. gott bewahre Dihr!* Fch

[1] Hier haben wir wieder ein Beispiel für die Gepflogenheit, das Goldgeld zurückzuhalten und dem Publikum Silber zu geben. (Vgl. Brief 136.)

[2] Auf genaue Angaben über die Persönlichkeiten der zu Beschenkenden glauben wir verzichten zu dürfen; der Leser weiß ja, daß mit der „verwittibten" Königin Friedrichs Mutter gemeint ist, daß die Prinzen Heinrich und Ferdinand Brüder, die Markgräfin von Bayreuth (die soeben für sechs Wochen in Berlin und Potsdam gewesen war) und die Herzogin von Braunschweig Schwestern des Königs sind, und der Markgraf von Ansbach sein Schwager.

Dagegen möchten wir am Beispiel dieses — in der Urschrift, wie die meisten, „undatierten" — Briefes dem Leser einmal zeigen, auf welche Art man Ort und Zeit eines Schreibens unter Umständen aus dem Inhalt erschließen kann:

Als Ort kommt nur Potsdam in Frage, denn anderswo hielt sich Friedrich niemals „6 Wochen" lang auf, außer allenfalls in Berlin. Das letztgenannte aber kommt nicht in Betracht, denn „nach seiner Fasson in Frieden und Ruhe leben" konnte der König nur in Potsdam.

Die Jahreszeit muß der Frühwinter gewesen sein. Die vorzubereitenden Geschenke an die Verwandten können in dieser Fülle nach der damaligen Sitte nur Neujahrsgeschenke sein; es ist „kalt", ferner wird zweimal vom „künftigen Jahr" gesprochen. Ob es sich um den November oder aber um den Dezember handelt, was nach vorstehendem wahrscheinlicher wäre, können wir erst sehen, nachdem wir über die Jahreszahl schlüssig geworden sein werden. Die Vermutung des Königs, daß im kommenden Jahre um die gleiche Zeit schon verschiedene Schlachten geschlagen sein würden, könnte den politischen Ereignissen nach zutreffen für die Jahre 1743, 49, 52, 53 und 55. Die Jahre 1743 und 49 scheiden aus, weil die Gattin des Prinzen Heinrich, „die Hendrigen", erwähnt wird und dieser erst am 25. Juni 1752 geheiratet hat. Die Entscheidung zwischen den demnach übrig bleibenden Jahren 52, 53 und 55 wird uns dadurch ermöglicht, daß der König erwähnt, es stünden ihm „mindestens 6 Wochen" Ruhe in Potsdam bevor. Das aber trifft für den Spätherbst bezw. Frühwinter in den zur Wahl stehenden Jahren nur 1753 zu, wo Friedrich vom 11. November bis 27. Dezember, also sechseinhalb Wochen lang ununterbrochen in Potsdam weilte. Der Brief ist also zu überschreiben: „Potsdam, Mitte November 1753".

[3] Fredersdorfs „Profet" mag irgend ein Wahrsager oder Kartenleger sein. Seine Hinneigung zu „Quacksalbern" und Geheimwissenschaftlern jeder Art macht es durchaus glaubwürdig, daß er sich auch mit einem solchen Zukunftsdeuter abgegeben und dessen Mitteilung „Im nächsten Jahr gibt es Krieg!" an den König weitergegeben hat, in der kindlichen Annahme, diesem damit einen Dienst zu erweisen.

*

Außerordentlich kennzeichnend für Friedrichs Wesen ist der Schluß des Briefes: „Künftig jahr umb diese Zeit haben wihr uns gewisse schon ein par mahlen bei die ohren gehabt! lass gehen, wie es gehet! ich bin indessen froh, wieder hier zu Seindt, und Kan doch zum wenigsten 6 Wochen nach meiner Fasson in fride und Ruhe leben." Wir können es uns nicht versagen, einen Augenblick bei diesen Worten, in denen die Welten des Krieges und des Friedens aufeinanderstoßen, betrachtend zu verweilen.

Man kann Friedrich überhaupt nicht recht verstehen und zutreffend beurteilen, wenn man nicht darin klar sieht, daß eine ganze Reihe von tiefen Rissen durch sein Wesen gingen, die seinem Leben einen tragischen Einschlag gaben.

Von einer dieser Zwiespältigkeiten haben wir bereits in der Anmerkung zum Brief 102 gesprochen, nämlich von der feindlichen Durchkreuzung stärkster persönlicher Anziehungs- und Abstoßungskräfte. Wir wissen, wieviel bitteres Leid ihm diese Unausgeglichenheit bereitet hat auf dem Gebiete der Freundschaftspflege — und dieses Gebiet war ja für ihn das einzige, wo er den Hunger seines sich nach Liebe sehnenden Herzens stillen konnte.

Ein anderer tiefer Riß ergab sich aus dem Zusammentreffen der soeben berührten Sehnsüchtigkeit und tiefen seelischen Empfindsamkeit mit einem stählernen Heroismus des Willens und der Tat. Innerlich verbunden waren diese gegensätzlichen Eigenschaften nur durch den gemeinsamen Zug leidenschaftlicher Intensität.

Ein großer Teil dieser Leidenschaftlichkeit gestaltete und läuterte sich allmählich von unreifer Oppositionssucht, über ein ruhmsüchtiges Draufgängertum, zu den ungeheuren reifen Energien, die im Laufe der Jahre mehr und mehr die Augen der ganzen Welt — sei es in zujauchzender, sei es in hassender Bewunderung — auf diesen in Krieg und Frieden einzigartigen König hinbannten. Am allermeisten wohl erschien der Feldherr Friedrich der Welt als ein Wunder: Wie er auch in den verzweifeltsten Lagen immer wieder die Initiative an sich riß und durch seinen, jeder Wahrscheinlichkeitsrechnung spottenden, Schlachtenwagemut unter den vielfältig übermächtigen Gegnern blassen Schrecken verbreitete. Und kein Unglück, mochte das Verderben Preußens auch noch so unabwendbar scheinen, konnte ihn dauernd lähmen. Wir betonen das Wort „dauernd", denn Friedrich war keine stierhafte Kraftnatur; vorübergehend kannte seine Seele — die eben eine deutsche war — wohl die erschütterndsten Depressionen, erlebte sie wahre „Stunden von Gethsemane". Aber immer — und eben darin lag seine sittliche Größe — rang er sich aus solchem Zagen wieder empor zum Entschluß zähesten Durchhaltens. In der Tasche trug er heimlich das Gift, das ihn, wenn alles verloren wäre, der Schmach entziehen sollte. Und so innerlich auf jedes Schicksal gefaßt, strömte er nach außen hin unendliche Kräfte zuversichtlichen Trutzwillens aus.

Und dieser wahrhafte Held, dieser Mann von Stahl im Wollen und Denken, war derselbe, in dessen Brust zu Zeiten das Gefühl, die Sehnsucht nach Liebe und Geliebtwerden, lebendig wurde und sogar die Alleinherrschaft erstrebte, in dem die zartesten, ja zärtlichsten Empfindungen Wohnung hatten, und dessen Augen leicht im feuchten Glanz der Rührung schimmerten, sowie ihm Menschliches ans Herz griff. Selbst dem alten, scheinbar ganz hart, ganz despotisch, ganz unheimlich gewordenen Greise widerfuhr dies noch zuweilen — obschon er es sich selber, als eine „Schwäche", übelnahm.

Ein dritter Riß, der durch Friedrichs ganzes Leben ging, ist der, den die obige Briefstelle andeutend berührt, nämlich der Gegensatz zwischen Neigung und Pflicht. Ganz bleibt ein solcher Gegensatz freilich nur wenigen, begnadeten Menschen erspart. In den meisten Fällen des bürgerlichen Lebens ist indessen dieser Zwiespalt deswegen nicht gar zu schwer, weil einerseits die Pflichtarbeit von wirtschaftlicher Notwendigkeit erzwungen, also nicht Sache des freien Willens ist, und weil andererseits die durch den Beruf verdrängten Beschäftigungen der Neigung zumeist nur „Erholung" bedeuten und nur ausnahmsweise innerstem Lebensdrange entspringen.

Bei Friedrich lagen die Dinge so, daß man von einer wirklich tragischen inneren Zerrissenheit sprechen muß, deren Überwindung wiederum als hohe sittliche Tat zu werten ist. Von Natur war er ja ein, nach Empfinden und Schöpferdrang, durchaus künstlerisch veranlagter Mensch, ein Freund der stillen, der Welt des Alltags entrückten, Studierstube und daneben des träumerischen Idylls eines geistig verfeinerten Genußlebens. Was hätte ihn, den „absoluten" Herrscher gehindert, sein Leben von vornherein in diese Bahnen zu lenken? Vor seinem ersten Ausmarsch nach Schlesien hätte ihm die Wahl dazu freigestanden. Statt dessen führte ihn seine königliche Pflichtauffassung (zu der auch sein anfängliches Streben nach Ruhm gehörte) hinein in ein Leben voll unerhörtester Unruhe und Gefahren. Aber nicht, daß er seine Neigungen als Denker, Dichter und Träumer entschlossen zurücktreten ließ hinter der Politik, dieser Kunst des verstandeskalten Rechnens mit Menschen und Dingen, und hinter den harten Taten des Krieges, nicht das war das sittlich Größte. (Denn Politik und Krieg sind wenigstens etwas in sich Bedeutendes, sind Schicksalsfragen.) Aber daß der „Philosoph von Sanssouci" sich in einem Maße, wie es sonst kein Fürst tat, tagtäglich viele Stunden in die nüchternste landesväterliche Kleinarbeit stürzte, das war ein wahrer Triumph eines freien Pflichtbewußtseins über tiefwurzelnde, schnurstracks entgegengesetzte Neigungen seiner Natur.

Es wird von Friedrich eine Geschichte erzählt, die den — gerade für ihn oft so besonders schweren — Zwiespalt zwischen Pflicht und Neigung (die letztgenannte in diesem Falle ins Persönliche gewandt) überaus lebendig werden läßt:

Es war nach einem Gefecht des Zweiten Schlesischen Krieges. Man meldete dem König, der Husarenleutnant von Wedell sei schwer verwundet, wenn nicht tot. Wie ein Blitzschlag traf Friedrich die Nachricht — denn dieser Jüngling war seinem Herzen wert. Sofort bestieg er sein Pferd und ritt aufs Schlachtfeld. Nichts sah er ringsum von den Opfern des Kampfes, nur den Einen suchten seine Augen, und er rief: „Wo ist Wedell, wo ist Wedell?" — Da richtete sich einer der verwundeten Offiziere neben ihm auf: „Majestät! — Hier liegen lauter Wedells! —" Friedrich verstummte. — Ein tiefes Erschrecken über sich selbst mag sich auf seinen Zügen gemalt haben. Und dann hatte der „König" über den „Menschen" gesiegt und aus seinem Munde kamen die Worte: „Er hat mir eine gute Lehre gegeben — ich danke ihm davor!" —

*

Hat man so erst erkannt, wie vielfach zerrissen Friedrichs Seele war, dann empfindet man es als etwas menschlich ganz Großes, daß er daran nicht zerbrochen ist, sondern aus den Werksteinen so unstimmiger, ja feindseliger Wesenszüge dennoch — wir sagen es nochmal: durch seinen sittlichen Willen — einen Lebensbau aufgeführt hat von einer staunenswert einheitlichen, großlinigen Architektur, deren Gesamteindruck durch kleine Stilunreinheiten nicht ernstlich gestört wird. (Es sei denn, daß man, wie es manche seiner Verkleinerer tun, nur diese Unreinheiten sieht.) Diese erstaunliche Charakterleistung sollte, so meinen wir, auch von denen ehrfurchtsvoll anerkannt werden, denen die Stil-Gattung von Friedrichs Lebensbau aus irgendwelchen Gründen nicht gefällt.

151

FREDERSDORF AN DEN KÖNIG

(Anfang Dezember 1753)

[In diesem Briefe berichtet Fredersdorf zunächst unter Ziffer 1 bis 6 über ein aus Mailand gekommenes Schreiben eines Theateragenten, der auf der Suche nach Gesangs- und Tanzkräften für Berlin ist. Dann heißt es weiter:]

Wegen der 8000 Thaler vor Drop [Name] *Schaffe* [ich] *viehleicht in eingen* [einigen] *tagen rath. ich habe was auf der Spicher* [Sinn: „Ich habe etwas im Auge"], *so noch von des Hoch-Seligen Königs Fred.* [Friedrich] *des Ersten gemahlin herrühret, welches viehleicht so viel aus-träget.*[1]

Randbemerkung des Königs: „*das wehre* [wäre] *Sehr Schön, denn ich mus noch viehl an bomben, Kuglen und den teüfel und Seiner großmuter wenden!*"

ich befinde Mich heüte ohne Fieber und habe gleich Courage, allein [ich bin noch] *Matt.*

Randbemerkung des Königs: „*braf Tisane, gedult und tzeit, damit wirstu gewisse gesundt werden! glaube Man gewisse, daß Du dießes jahr So Schlim geweßen bist, daß* [Dr.] *Cothenius Seine gantze Kunst wirdt gebrauchen Müssen, umb Dier gesundt zu Machen. tzeit und gedult aber wirdt dartzu erfordert, und Du wirst Sehen, daß deine tzufälle von Mohnaht zu mohnaht werden abnehmen.*"

*

Extract [Auszug von Fredersdorfs Hand] *aus einem Schreiben von den Kauffman Schmidt, welcher itzo in Embden* [Emden]:

Da unsere asiatische Compagnie [Vgl. Brief 94, Anm. 3] *alhier von Zeit zu Zeit aller-Hand feine Silber-Müntze Bekompt, so habe des-wegen Bereits vor einen Monath an Herr Grauman* [den General-Münzdirektor] *geschrieben, ob wir diese Materie Nicht recta* [unmittelbar]*, und zu waß vor Preise, an die Königl Müntze in aurich* [Aurich] *liefern Könten. allein Er antwortet mir Nicht. es gelanget also an Sr. Königl. Maj. unser Gehorsamstes ansuchen, ein ordre an der auricher Müntze ergehn zu lassen, daß Sie unser überflüssiges Silber in* [zum] *Höchsten Preiß, der anderen Königl. Müntz-Liveranten* [bewilligt wird]*, an-nimbt.* [Schluß des Auszugs.]

wann Ewr Königl Maj. Befehlen, so will [ich] *mit Eichelen* [Kabinettsrat Eichel] *Sprechen, daß Er ein ordre ausfertiget. Ew Königl Maj. profitiren doch den Schlager-Schatz* [Schlagschatz]*; und von Grauman is es Nachlässig, daß Er solche Sachen Nicht Mehr à Coeur nimbt*[2].

Bemerkung des Königs: „*gantz guht!*"

[1] Mit den 8000 Talern, die der König dem Drop (in anderen Briefen auch geschrieben Droop oder Trop) schuldet, hat es eine eigentümliche Bewandtnis. Drop ist ein Goldmacher, denn in einem späteren Brief schreibt Friedrich „ich habe noch 2 sachen abzuthun, dahr mir die erste Viele Sorge Macht. Die gehet Herren Trop, Deinen Goldtmacher, an. Die pension der 8000 Thaler, die ich ihm sehr unbesonnen versprochen habe, Kan ich ihm ohnmöglich geben ....." Und in einem anderen, ebenfalls später liegenden Schreiben heißt es: „Deine vertzweifelten Goldtmachers quelen mihr umb geldt, schicke herren trop seine brif nuhr mit meiner Marginalia [Randbemerkung] zurüke. ich weis nicht, was mihr vohr ein theufel geplaget hat, Seinen Närschen Accord [Vertrag] zu unterschreiben. Nun Sitze ich und Kan ihm nicht

betzahlen." Also steht fest erstens, daß Drop ein Goldmacher ist. (Darin kann uns auch der Umstand nicht irremachen, daß Fredersdorf ihn gelegentlich als „Geheimtrat" bezeichnet. Ein Geheimrat dieses Namens in Friedrich II. Dienst ist uns nicht bekannt, und es erscheint durchaus möglich, daß Fredersdorf sich an dieser Stelle einen kleinen Witz leistet, auf das Geheim-nisvolle der Goldmacherei hindeutend.) Und zweitens steht fest, daß der König mit diesem Alchemisten ebenfalls einen Vertrag eingegangen ist, der auf die überaus hohe Jahreszahlung von 8000 Talern lautete. Wann aber dieser Vertrag geschlossen ist, wissen wir nicht, doch machen die ablehnenden Urteile des Königs über die Goldmacherei, wie wir sie vor Mitte September 1753 und nach Mitte November desselben Jahres in voller Gleichmäßigkeit finden, die Annahme wahrscheinlich, daß der Vertrag mit Drop, ebenso wie der mit der Frau Nothnagel, in diese zwei Monate fällt, und zwar vermutlich in die Zeit der zweiten großen Zuversicht, als Friedrich den Plan für die Heeresvermehrung aufstellt. An einen späteren „Rückfall" des Königs zu glauben, sind wir also nicht geneigt. Darüber, wie Friedrich sich unter diesen Schulden an Drop, die ihn innerlich und äußerlich bedrückten, geradezu wand, und wie er versuchte, sie auf alle Weise zu vermindern (durch Herabsetzung des Schuldbetrages selbst und durch Abzahlungen), werden wir in späteren Briefen Näheres hören. Hier genügt es, zu wissen, daß er — da dieser Betrag ja unmöglich auf öffentliche Kassen abgeladen werden konnte, und die bescheidenen Eigeneinkünfte des Königs (vgl. Brief 6, Anm. 2) anderweitig benötigt wurden — dringendst nach irgendwelchen „Extraordinarien" zur Abdeckung suchte. Einen solchen außerordentlichen Einnahmeposten glaubt Fredersdorf, den wir auch hier wieder im Vollbesitz des königlichen Vertrauens sehen, „von der Gemahlin des Königs Friedrichs I. her" entdeckt zu haben. (Wir vermuten übrigens, daß der Kämmerer, was bei seiner geringen Bildung durchaus möglich wäre, die Gemahlin Friedrichs I. — der bekanntlich zweimal verheiratet war — verwechselt mit der ersten Gattin des Großen Kurfürsten, Luise Henriette. Dann würde es sich um irgend einen Restposten aus der „Oranischen Erbschaft" handeln. Das ist insofern nicht unwahrscheinlich, als auf Grund eines wenige Wochen nach unserem Brief, am 11. Januar 1754, geschlossenen Vertrages einige in Holland gelegene Domänen usw., die aus jener Erbschaft stammten, veräußert wurden. Diese Nachricht entnahmen wir dem 1832 erschienenen Buch von Preuss „Friedrich der Große", einer allerdings nicht immer fehlerfreien Quelle.)

² Daß die, gelegentlich des Briefes 94 näher behandelte „Asiatische Kompagnie" um diese Zeit zu den glänzendsten Hoffnungen berechtigte und große Überschüsse lieferte, haben wir dort gesehen. Kennzeichnend ist, daß auch der hier beschwerdeführende Kaufmann es für zweckmäßig hält, sich durch Fredersdorf unmittelbar an den König zu wenden. Aurich war der Sitz der „Kammer" (Regierung) für Ostfriesland, wie der kleine Ort ja auch heute noch einen Regierungspräsidenten beherbergt.

Vom „Generalmünzdirektor" Graumann, dem Fredersdorf hier eins auswischt, werden wir später noch hören. Er war ein im allgemeinen sehr tüchtiger Beamter, der des Königs Vertrauen in hohem Maße besaß.

152

DER KÖNIG AN FREDERSDORF

d 8ten (Dezember 1753) *abens*

Es ist ein sehr guht tzeichen, daß du linderung nach dem aderlassen Empfindest. nuhn dauert der Mohntwechsel, an Welchem alle Hemeroidari Empfindung haben, bis den 15ten. wenn der überstanden ist, So wirdt [Dr.] *Cothenius alles anwenden, umb Dihr das fibrichte wesen gantz zu benehmen. mit dem öfteren uriniren mit Schmertzen werden die Incomoditeten* [Beschwerden] *geringer werden, wie das fiber gantz wek bleibet und das geblühte mehr und mehr gebessert wirdt. Sage du Cotenius nuhr, ich habe mihr nach die 200 Thaler* [Sondergehalt] *erkundiget; und weillen nichts die Sache gehindert, so habe sie ihm auch gegeben* [Vgl. Brief 139]. *aber nuhn mus er sich* [auch] *recht angreifen* [bemühen], *und, wie* [sowie] *die Hemeroiden-tzeit vorbei ist, das fiber gantz wek-Schaffen. gottbewahre Dihr!*

Fch

Dein Pfafe ist nicht Klug, er hat so offte gelogen, daß in [ihm] *Kein mensch glauben Kan.* [Der Anlaß zu dieser Bemerkung ist uns nicht bekannt.]

153

DER KÖNIG AN FREDERSDORF

(Mitte Dezember 1753)

ich Schike Dihr Deine gantze Corespondentz zurüke. Schreibe nuhr den ademar [d. h. an den anfragenden Hofbeamten in Bayreuth], *daß Meine Schwester Meister wäre, bei Sich zu thun, was Sie Wolle. wann sie Volteren*

[Voltaire] *haben wolte, So Wünschte ich ihr mehr gelük dartzu, als ich Mit ihm gehabt hätte. allein rathen würde ich ihr niehmahlen dartzu, weillen der Mensch ein heßlich und Infamen Caracter häte*[1].

mit denen opren-proben ist gewisse Liderlich ausgehalten worden, denn die Comparse [Gesellschaft der stummen Personen] *wahr Sehr Klein; und weis ich nicht, worin die ausgaben bestehen Können. indessen mus es nuhn betzahlet werden.*

ich Wundre mihr, daß Vos[2] *das geldt von Köpen* [Geheimrat Köppen] *noch nicht gekrigt hat, ich werde darum Schreiben.*

es freüet mihr wegen Deiner gesundtheit, daß es guht gehet. nuhr nim Dihr noch wohl in acht, denn durch verkältung Könstu alles verderben, welches ich nicht hoffe! gottbewahre!   Fch

[1] Der in unserem Brief vom König „ademar" genannte Mann war der Marquis d'Adhémar, ein französischer Offizier, der Voltaire zu Dank verpflichtet war, weil er durch dessen Vermittelung die Stellung eines Kammerherrn in Bayreuth erlangt hatte. Der Marquis hat nun offenbar an Fredersdorf geschrieben, um zu „sondieren", wie Friedrich sich zu dem Plan eines Besuches Voltaires in Bayreuth oder gar einer Übersiedelung dorthin stellen werde. Friedrich antwortet ihm nicht persönlich darauf — auch nicht seiner Schwester Wilhelmine, die in einem ungefähr gleichzeitigen Brief dieselbe Frage berührt — sondern läßt die Angelegenheit durch Fredersdorf erledigen. Diese Art der Sachbehandlung, wie die Tonart der dem Kämmerer gegebenen Anweisung läßt einen gewissen Mißmut des Königs erkennen. Das ist auch nicht verwunderlich, wenn man erwägt, daß Wilhelmine (die durch zahlreiche Briefe Friedrichs darüber ins Bild gesetzt war, wie verächtlich ihr Bruder über Voltaire zu denken gelernt, und was er an schmählichen Kränkungen durch jenen erlitten hatte) es trotzdem immer wieder — bald offen, bald versteckt — versuchte, den Dichter in Schutz zu nehmen und ihn zu begünstigen. Der sich darin zeigende Mangel an Vertrauen in die Urteilskraft des Bruders und an schuldiger Rücksicht auf seine Gefühle mußte dem König wehe tun und ihn schmerzlich an gewisse Dinge erinnern, die früher eine jahrelange Entfremdung zwischen den Geschwistern herbeigeführt hatten. (Vgl. Brief 90.)

Wir wollen Wilhelmine nicht abstreiten, daß das Streben, auch gegen

die Meinung ihres Bruders Voltaire Gerechtigkeit widerfahren zu lassen, bei ihrem Benehmen mitgesprochen haben mag, und vielleicht auch der Gedanke, es sei für Friedrich gut, wenn er sich mit dem Dichter versöhnte und aufs neue seinen anregenden Umgang genießen könnte. Immerhin aber waren das wohl nur Gründe, mit denen sie sich selbst täuschte. Die wirkliche Triebkraft ihres Handelns sehen wir darin, daß sie selbst dem Dichter, namentlich seit dem Zusammentreffen mit ihm während der glanzvollen Festtage von Berlin und Potsdam im August 1750, gänzlich verfallen war und sich in ihrem überspannten Ehrgeiz nicht wenig geschmeichelt fühlte durch ihre persönlichen Beziehungen mit dem „Einzigst Alleinigen der Geister", der „Zukunft des Menschengeschlechts", wie sie ihn gelegentlich in ihren Briefen genannt hat.

Bezeichnend ist es auch, daß, als während des Siebenjährigen Krieges wieder ein Briefwechsel zwischen Voltaire und Friedrich aufgenommen wurde, diese Korrespondenz regelmäßig durch Bayreuth vermittelt wurde. Eine i n n e r e Wiederannäherung führte dieser Gedankenaustausch übrigens n i c h t herbei. Wilhelmines Wunsch nach einer wirklichen Versöhnung zwischen ihrem Bruder und dem von ihr angeschwärmten Dichter wurde weder zu ihren Lebzeiten noch nach ihrem Tode erfüllt, wie auch dem Streben Voltaires, sich für den verlorenen Glanz seiner Hofstellung in Sanssouci irgendwo und irgendwie einen E r s a t z zu schaffen, der Erfolg versagt blieb.

Über diese Versuche Voltaires können wir uns am besten unterrichten durch einen Brief, den Friedrich am 13. Juli 1753 an seinen Freund und Gesandten in Paris, den Lord Marschall Keith, richtete. Dort heißt es:

„Der Dichter verlangte von der Königin von Ungarn, ihn in ihren Dienst zu nehmen. Sie ließ ihm aber in geistvoller Weise antworten, ein Voltaire habe seine Stelle nur auf dem Parnaß, in Wien sei aber kein Parnaß: man könne ihn also dort nicht in würdiger Weise aufnehmen.

Darauf wandte er sich an meinen Oheim, den König von England, und bat [obschon es ihm geldlich recht gut ging (Zusatz des Herausgebers)] um ein jährliches Gehalt von 800 Pfund Sterling, was ungefähr ebenso ist, als wenn jemand einem Romanhelden seine Geliebte abverlangt. Der König von England schnitt bei dieser Bitte ein fürchterliches Gesicht und schwur, niemals mehr eine Zeile von einem Dichter zu lesen, der England geldlich zugrunde richten wolle. Endlich soll Voltaire nach Frankreich geschrieben haben, um die Erlaubnis zur

Rückkehr zu erhalten, aber der Kriegsminister von Argenson erwiderte ihm, er würde besser tun, den Fuß nicht über die Grenze zu setzen. Was diesen letzten Umstand angeht, so werden Sie darüber besser unterrichtet sein, als wir hier, und ich teile ihn Ihnen nur als Gerücht mit ....." Soweit der König. Das letztgesagte war wirklich nicht ganz richtig, nur Paris blieb Voltaire verschlossen, dagegen wohnte er eine Zeitlang in Kolmar und Lyon, zog dann aber endgültig in die Schweiz, wo er auf seinen stolzen Besitzungen das Leben eines großen Herrn führte.

² Welche Persönlichkeit hier mit dem Namen „Vos" gemeint ist, ließ sich nicht feststellen. Es könnte in Betracht kommen ein Steuerrat Voß in Potsdam, der mit des Königs Baurechnungen zu tun hatte, oder zweitens der Berliner Buchhändler Voß, bei dem Friedrich später (1760) eine Ausgabe seiner „Oeuvres du Philosophe de Sanssouci" erscheinen ließ, oder drittens ein Legationsrat und späterer Gesandter von Voß.

Da im ersten Teil unseres vorliegenden Briefes von Voltaire die Rede ist, lädt uns ein innerer Zusammenhang dazu ein, einige Worte über den sehr merkwürdigen Anlaß zu jener angeblichen „Neuauflage" beim Buchhändler Voß zu sagen. Wie wir schon andeuteten, hatte der König in dem 1750 nur für einen engen Freundeskreis gedruckten „Werken des Philosophen von Sanssouci" seiner Neigung zu ätzendem Spott — insbesondere auch gegen gekrönte oder sonst mächtige Persönlichkeiten des Auslandes — stark die Zügel schießen lassen. (Deshalb ließ er auch dem zürnend abreisenden Voltaire das mitgenommene Buch unterwegs in Frankfurt am Main abfordern Vgl. S. 210.) Zehn Jahre später (1760) erschien nun — in einer Zeit, da das für Friedrich geradezu vernichtende politische Wirkungen befürchten ließ — ein Nachdruck der Schrift in Lyon, wie man vermutete auf Veranlassung des immer noch rachsüchtigen Voltaire, der sich irgendwie ein Exemplar verschafft haben mochte. Der König wußte diesen Schlag nicht anders abzuwehren, als dadurch, daß er die Lyoner Ausgabe für gefälscht erklärte und einen — zur Beruhigung des Auslandes künstlich zurechtgemachten, angeblich „echten" — Neudruck beim Buchhändler Voß erscheinen ließ.

Als dritte der Persönlichkeiten, die in unserer Briefstelle unter dem Namen „Vos" gemeint sein könnten, nannten wir den Legationsrat von Voß. Wenn wir auch bei ihm einen Augenblick verweilen, so ist das ebenfalls durch einen gewissen inneren Zusammenhang mit dem sonstigen Briefinhalt gerechtfertigt: Wir sehen, wie das Verhältnis des Königs zu seiner Schwester Wilhelmine, die ihm doch von trüben Jugendtagen her die liebste war, nach glücklicher Überwindung einer jahrelangen Störung (s. Brief 90) wieder einmal einen kleinen Stoß erleidet. Das erinnert uns daran, wieviel Spannungen Friedrich mit seinen Geschwistern überhaupt, mindestens mit seinen Brüdern, erleben mußte. **Männliche Freundschaft** hat der König nur **außerhalb** des Kreises seiner Familie gefunden, darüber darf uns auch der herzlich klingende Ton mancher Briefe an die Brüder nicht hinwegtäuschen, der gar oft nur „schickliche Form" war. (Ein feineres Ohr vermag ja auch eine „Herzlichkeit", die nur auf dem Papier steht, ohne weiteres zu unterscheiden vom seelisch Echten und Ursprünglichen. Des Königs Briefe an Fredersdorf sind ein gutes Beispiel dafür.)

Bei Friedrichs Beziehungen zu seinen beiden **jüngeren** Brüdern, Heinrich und Ferdinand, können wir nur kurz verweilen. Zwei Dinge wirkten hier innerlich entfremdend: Einmal die, aus dem an sich unnatürlichen Rangabstand sich ergebende Spannung, wie sie zwischen dem Träger der Krone und nachgeborenen Prinzen ein seelisches Naturgesetz zu sein scheint, sodann der besondere Umstand, daß Friedrich den Genannten, die bei seiner Thronbesteigung erst 14 und 10 Jahre alt waren, lange Zeit im Verhältnis des pflichtbewußt-strengen stellvertretenden **Vaters** und Erziehers gegenübergestanden hatte. Daß dies insbesondere bei Heinrich, dessen hohe militärische Begabung der König anerkannte und im Kriege der sieben Jahre nutzte, lebenslang nachgewirkt hat in immer erneutem „Frondieren" gegen den gekrönten Bruder, kann hier nur angedeutet werden.

Im ganzen besser, zeitweise sogar aufrichtig gut, waren Friedrichs persönliche Beziehungen zu seinem ältesten, immerhin aber auch um zehn Jahre jüngeren Bruder August Wilhelm, dessen Thronfolgerecht infolge seines bekanntlich schon 1758 erfolgten Todes auf seinen Sohn Friedrich Wilhelm (II.) überging. Doch auch mit August Wilhelm kam es zeitweise zu sehr starken Spannungen. Nicht die geringste war diejenige, mit der der Legationsrat von Voß in Beziehung geriet: Der Prinz war seit 1742 mit Luise Amalie von Braunschweig, der Schwester von Friedrichs Gemahlin, ehelich verbunden. Dessenungeachtet wurde er im Jahre 1746 von einer so heißen und hemmungslosen Liebe zu einem Hoffräulein, der siebzehnjährigen Sophie Marie von Pannewitz, erfaßt, daß er sich scheiden lassen und die Geliebte heiraten wollte. Friedrich leistete, wie nur natürlich, den entschiedensten Widerstand, sowohl weil ihm durch dieses Vorhaben des Thronfolgers das Staatswohl gefährdet schien, wie aus seiner ganzen persönlichen Einstellung heraus. Um der Sache ein Ende zu machen, griff er zu dem Mittel, im Frühjahr 1751 Sophie von Pannewitz — die sich übrigens, obschon ihr Herz die Liebe des Prinzen erwiderte, in der ganzen Angelegenheit sehr taktvoll und würdig benahm — mit ihrem Vetter, dem Legationsrat von Voß, zu verheiraten und das junge Paar aus dem Gesichtskreis des Prinzen zu entfernen.

Allgemeiner bekannt geworden ist Sophie von Voß, spätere Gräfin Voß, als Oberhofmeisterin der Königin Luise und als Verfasserin ihres „Tagebuches".

154
DER KÖNIG AN FREDERSDORF

(Dezember 1753)

ich werde Morgen das geldt Schiken vohr opren und Redouten [während des „Karnevals"]. *ich wünschete nuhr, daß es mit Deiner gesundtheit besser ging. in* [Dr.] *Cothenius Seine abwesenheit bin ich Docter und Mus mihr Deiner annehmen!*

Was deine goldtmacherei angehet, hatte ich gehoffet, daß du das alles vergesen hätest. dar Komt nichts mit heraus; und ich beklage Dihr würklich, daß du gewis [sicheres] *geldt vohr solche vergebene hoffnung ausgibst. du hast mit der Frau* [Nothnagel] *gesehen, daß die Kunst nichts als Windt ist, nuhn Sihestu es auch mit Zimerman. der neüe wirdt Dihr eben desgleichen betrügen und wirstu zum bettler darüber werden.*

ich denke nuhn nichts als am Krig, der mihr vorstehet, und mache meine anstalten darauf. lasse du nuhr deine Reichtums-grilen fahren, und alle goldtmachers zum teüfel gehn!

gedenke nuhr alleine, [des Dr.] *Cothenius seine Medecin durch eine gestrenge Diet und vergnügtes gemüht zu Secondiren* [unterstützen]. *gottbewahre!*

Fch

Fredersdorf ist von seinem Glauben an die Goldmacherei immer noch nicht geheilt, so daß der König nochmals Gelegenheit nimmt, ihm seine nunmehr feststehende gegenteilige Ansicht mit aller Entschiedenheit darzulegen. Daß Friedrich auch damit nicht viel erreicht hat, beweist sein nächster Brief, in dem er — offenbar als Antwort auf neue

Einwände Fredersdorfs — jenen nochmals eindringlich warnt und auf die schlechten Erfahrungen hinweist, die gleich ihm auch andere Leute mit Alchemisten gemacht haben.

Der dritte Absatz des Briefes zeigt uns nochmals, wie bestimmt der König auf den Ausbruch des Krieges im kommenden Frühjahr 1754 rechnete.

155

DER KÖNIG AN FREDERSDORF

(Dezember 1753)

Du must beleibe nicht aus-gehen! es ist tzwahr guht Wetter, aber wenn Dihr das uriniren an-käme und Du hilst [hieltest] es Dihr auf, so Könete [könnte] es schlimer werden. nuhr jetzunder gedult, [bis] daß der 24. und 26te überstanden ist; dann kanstu schon was dreister werden.

ich glaube an keine goldtmachers mehr in mein leben! den Hertzog zu Brunschweich ist es wie mihr gegangen, er hat es mihr vertzehlet. er hat über 10 [Goldmacher] in seine vestung. ich bin nicht so schlim, ich lasse sie laufen. man mus solchen leüten Keinen glauben geben! aus 3 millons hat Mad. Nothnaglin 3 thaler gemacht, und weis der himel, ob es nicht ordinair geschmoltzen Silber ist. du wirst wieder betrogen werden; und zu-letzt werden Dich die leüte um das Deinige bringen. erinnere Dihr der Docters, die Dihr in 4 Wochen Curiren wolten! das goldt-machen ist das Selbige.

ich habe alle meine Närrsche projecter [Pläne] verbrennet; ich habe mihr Sehr geschämet und mihr alle die Narenpossen aus dem Kopf geschlagen. [So] wie man leicht-gläubig ist, so mus man Sich betrigen lassen; und mit Kleine proben ist der leüte ihre arhrt [Art], andere zu verführen.

ich habe heüte ader-lassen wollen, aber wegen einen Starken Durchfal bin ich davon abgehalten worden. gottbewahredihr!   *Fch*

nun ist tzeit an die [Besorgung der] Neüjahrs-presenten zu Denken, mein bruder Ferdinandt, die von Schwet [Markgräfin von Brandenburg-Schwedt], Pr Hendrich, die verwitwete Königin! die anderen Krigen Stof [Vgl. Brief 150].

                   Fch

Dieser Brief enthält in Gestalt der Tatsache, daß der Herzog von Braunschweig zehn Goldmacher, die ihn enttäuschten, ins Gefängnis gesetzt hat — andere Fürsten schritten sogar zu Hinrichtungen — das „Gegenbeispiel", das wir in unserer Anmerkung zu Nr. 149 in Aussicht stellten. Welch durchgreifenden Unterschied im Denken und Handeln sehen wir da zwischen Friedrich und seinem herzoglichen Schwager! Friedrich muß die Beschäftigung mit der Alchemie — von der er seinerseits übrigens dem Herzog gewiß nichts erzählt haben wird — seiner natürlichen Neigung zum Zweifel a b r i n g e n und tut dies nur, um dem bedrohten L a n d e zu helfen! Der Braunschweiger dagegen hat weder gedankliche Hemmungen, noch sieht er eine Gefahr des Lächerlichwerdens, sonst spräche er ja nicht davon. Und seine Beweggründe sind nur Sucht nach Reichtum und Glanz; denn s e i n Land ist ja zu klein, um für Machtpolitik überhaupt in Betracht zu kommen. Der Herzog ist ferner, nachdem er Mißerfolge erlebt hat, auf die „Betrüger" erbost und steckt sie zornentbrannt in die Festung, während König Friedrich die Leute laufen läßt und sich selbst Vorwürfe macht. Er schämt sich seiner Leichtgläubigkeit und sagt sich, daß ihm eigentlich ganz recht geschehen sei mit dem Zusammenbruch seiner „närrschen Projekter". Die Goldmacher dagegen nimmt er auch jetzt noch fast in Schutz; er möchte sie für gutgläubige „betrogene Betrüger" halten und spricht von ihnen — wie von Fredersdorfs fortdauerndem Glauben an sie — durchaus im Tone überlegenen und darum versöhnlichen Humors! —

156
DER KÖNIG AN FREDERSDORF[1]

(Dezember 1753)

Du hast diesmals keinen Weihnachten verdient[2]*; Deine unartige Krankheit hat mir viel zu schaffen gemacht. Nun studire ich mit [Dr.] Cothenius, um zu sehen, ob es nicht möglich wäre, Dir bald zu helfen; aber noch sind wir nicht recht eins [einig]. Ich wünsche von Hertzen, daß die Besserung von Tage zu Tage zunehmen möge, und daß Du wieder Kräfte sammeln mögest. Ich gehe Donnerstag [d. 27. XII.] nach Berlin [zum „Karneval"]. Lasse doch durch [Dr.] Cothenius schreiben, wie es mit Dir ist, daß ich a l l e T a g e Nachricht habe. Hüte Dich vor Allem, was Dir schaden kann, vor Ärgerniß hauptsächlivh; und warte nur mit Geduld, bis man Dir was Positives sagen kann. Gott bewahre!*

Antworte mir nicht [selbst]; Du bist zu matt und würdest Dir nur Schaden thun.
Frch.

¹ Vgl. Anmerkung 1 zu Brief 2, betreffend die nur mittelbar erhaltenen Briefe.

² Man darf wohl sicher sein, daß Fredersdorf trotzdem einen — nun eben „unverdienten" — „Weihnachten" bekommen hat! Im allgemeinen waren in jener Zeit weniger Christgeschenke üblich, als vielmehr Gaben zu Neujahr, wie sie z. B. die Mitglieder der königlichen Familie regelmäßig erhielten. Das Christfest war am Berliner Hofe zur Zeit unserer Briefe regelmäßig von den Veranstaltungen des „Karnevals" (vgl. Brief 40) umrahmt, woraus schon erhellt, daß es nicht in unserm heutigen Sinne gefeiert wurde.

Und während dieses Karnevaltrubels will der König alle Tage Nachricht haben über Fredersdorfs Ergehen! Aber nicht der Kranke soll schreiben — das könnte ihm schaden — sondern der Arzt.

157

DER KÖNIG AN FREDERSDORF

(Jahreswende 1753/54)

du hast mihr einen guhten Neüjahrs-Wunsch gemacht, weillen [dadurch daß] *Du Dihr besser befindest. ich Wünsche Dihr, daß du dem Dockter in allen Stüken accurat folgen mögest, denn alsdan Kan ich mit grundt hoffen, Dihr wieder gesundt zu sehen. glaube mihr auf meiner Ehren, daß der Man* [Mann] *den rechten Wek folget* [Weg geht], *und daß es eine pure ohnmöglichkeit ist, daß Du anderst gesundt wirst, als auf der ahrt* [Art]. *also bitte ich Dihr, lasse Dihr die tzeit nicht lang werden und folge mit der-Selben accuratesse* [Genauigkeit] *das vohrgeschriebene regim* [Lebensweise] *und den gebrauch der Medecin. wann Du gesundt bist, Könstu hernach thun, was du Wilst. und wann es Dihr Schwehr vohr-Kömt, so bedenke die Schmertzen, die du auß-gestanden hast; und bedeüte dir selber, daß dießes das eintzige Mitel ist, Dihr recht aus den Grundt zu Curiren. Du hast einen guhten Cörper; und folgestu jetzunder recht ordentlich, So könstu* [kannst Du] *lange leben und alles einholen, was etwa in 6 mohnahte verseümet wirdt* [= worden ist]¹. *nun must du beweisen, daß du vernünftig und Standthaftig bist, und daß du, was du dihr vohrnimst, halten Könst. Sonst wünsche ich Dihr im übrigen 1000 glük, und hoffe, daß du keine Schlime zufälle noch übles Künftig jahr, noch nachfolgende, haben wirst.*

ich bin arm und so abgebrandt, daß ich vohr jetzo nicht im Stande bin, Dropen [dem Goldmacher Drop] *einen Pfennig zu geben. lasse mihr nuhr erst* [geldlich] *etwas zu Kräften Komen, dann Sol er alles Krigen* [Vgl. Brief 151].

Fch.

[1] Aus dem Brief Fredersdorfs vom 23. Februar 1754 (Nr. 162) wissen wir, daß er damals seit acht Monaten schwer litt. Jetzt zum Jahresschluß 1753 sind es also sechs Monate.

Im übrigen gehört dieser Brief des Königs zu den vielen, bei denen eine ins einzelne gehende Erläuterung nur den unmittelbar lebendigen Eindruck der ihm entströmenden Herzenswärme stören könnte.

158
DER KÖNIG AN FREDERSDORF

d. 11. (Januar 1754)

es ist mihr Sehr lieb, daß es mit Dihr So guht gehet. nun Sei nuhr hübsch from, und Mache, daß der Neu-mohnt [Neumond] *auch so guht übergehe* [Vgl. Nr. 107]; *und Schreibe doch, wie vihl Stunden du des Nachts Schläfst, und ob das Fiber noch nicht gantz wek ist, und* [ob] *die Materie weißer wirdt.*

Du must Dihr recht vohrnehmen, gesundt zu werden, dann hilfft sich die Nahtuhr auch. absonderlich hüte [verhüte] *alles, was im geringsten die Hemeroiden Kan in bewegung bringen, wohrtzu ich Dihr meinen Segen gebe. gott bewahre!*

Fch

ich Küsse den Docter, wann er Dihr gesundt macht!

159
FREDERSDORF AN DEN KÖNIG

Fredersdorf berichtet dem König über Anstellungsfragen der Hofbühne und über eine geldliche Meinungsverschiedenheit zwischen dem Schauspieldirektor Baron Sweerts und einem Tänzer. Der Streit dreht sich um wenige Taler, trotzdem wird die Entscheidung der allerhöchsten Stelle angerufen! Dermaßen war der Schauspieldirektor eigener Entscheidungen entwöhnt! Dazu paßt es auch, daß Friedrich die Sache nunmehr dem Kämmerer, also nicht dem an sich zuständigen Baron Sweerts, überläßt! Nur ein kleines Bild ist das, und doch von kennzeichnender Bedeutung für Friedrichs Regierungsart überhaupt!

Fredersdorfs Brief lautet:

5. Februar 1754.

[Zunächst kommen die erwähnten Bühnenangelegenheiten, dann heißt es weiter:]

ich nehme mihr in Acht, alles waß [in allem, was] *ein Mensch thun Kan. Könte ich von dem öftern Aufstehn des Nachts befreiet werden, ich glaubte in 14 tagen gesundt zu sein. so aber Schlaff* [schlafe] *ich Nicht ½ Stunde, so Muß* [ich] *immer raus. doch hoffe ich alles gute.*

P. d. 5. Feb. 1754 *untherth. treuer Knecht*
Fredersd.

160

DER KÖNIG AN FREDERSDORF

(6. Februar 1754).

bestelle [wegen der Theaterfragen] *nuhr alles nach der billigkeit! Mit deinen Schlaf, den Mustu des tages nehmen. es ist guht, daß die Materie ihren freien ablauf hat. So-lange wie das nicht im Stocken geratet, so haben wier Keinen parochismum* [Paroxismus = Anfall] *zu befürchten. gottbewahre!*

Frch

161

DER KÖNIG AN FREDERSDORF

(Mitte Februar 1754)

Mein guhter Fredersdorf! Caristini [der Sänger Carestini], *die astrua* [Primadonna Astrua] *und die gantze bagage ist Schelm-pak! ich habe einige 30 jahr ohne Caristini gelebet und werde ohne ihm noch wohl lenger leben Könen! im Mohnaht april, wohr seine tzeit aus ist, Kan er reißen*[1].

was deine gesundtheit anlanget, bitte ich Dihr recht Sehr, dihr in acht zu nehmen und alles zu Meiden, was dihr Schaden Könte. [Dr.] *Cothenius gibt mihr hoffnung, da das geschwihr nun ausgelaufen ist, daß es sich besseren wirdt. wann der Urin wieder gantz frei gehen wirdt, dann wirstu essen Könen und die Kräfte werden sich dann auch baldt einfinden. wann du nuhr resolviren Könst* [dich entschließen könntest], *Dekokte* [gewisse Heilgetränke] *zu trinken! Cothenius hat d. gr. Ludritz* [den Grafen Lüderitz] *solche mit großem nutzen Trinken lassen. ich*

*bite Dihr, tuhe doch dartzu, was dihr Möglich ist, denn ich wolte Dihr gerne
wieder auf die Beine Sehn, wohrnicht gantz guht,* [so] *doch erträglich! gottbewahre Dihr!*

Fh

¹ Es ist kein Wunder, daß dem König die Galle überläuft über das
„Schelmpack" von der Oper. Wir sahen früher, wie Carestini und die
Astrua in Streit lagen und beide ihre Entlassung forderten — um den
anderen Teil zu verdrängen. (Vgl. Brief 143f.) Sodann erlebten wir,
wie Carestini eine Gehaltszulage erzwingen wollte durch die erneute
Drohung, fortzugehen. Jetzt nimmt ihn Friedrich beim Wort. Im
Grunde wäre sein Abgang aber sowohl dem König wie Fredersdorf sehr
unerwünscht. Zwei Monate später werden wir nochmals von dieser
Sache hören (Brief 183).

162

FREDERSDORF AN DEN KÖNIG

Dieses Schreiben Fredersdorfs an den König ist in sechs mit Ziffern
überschriebene Abteilungen zerlegt. Im ersten bis fünften Absatz ist
von folgenden Dingen die Rede: Ziffer „1" betrifft Künstleranwerbungen in Italien, „2" die Monatsabrechnung der königlichen Schatulle,
„3" den Bühnenmaler und Baumeister „Bibiene" (Josef Galli Bibiena,
den Sproß eines alten Künstlergeschlechtes, der in Berlin, Bayreuth,
Dresden und Wien entzückende Gebilde der Rokokokunst schuf), „4"
die Versorgung der königlichen Kellerei mit französischen Weinen (seit
Februar dieses Jahres waren im handelspolitischen Kampf mit Wien
wegen des schlesischen Webereigewerbes Kampfzölle auf die österreichischen und ungarischen Weine gelegt worden), „5" die Vertragserneuerung mit dem Künstlerpaare Denis (wobei wir einen Blick tun in das
Verfahren des gegenseitigen „Wegkaperns" durch die verschiedenen
Hofbühnen).

Dann fährt Fredersdorf, unter Ziffer „6", folgendermaßen fort:

23. Februar 1754

6.

So wie mir diese itzige Kranckheit angegriffen [hat], *hab* [ich] *die gantze
8 Monath, daß* [die] *ich leide, so Nichts empfunden. ich weiß jar Nicht, wie es
mit mir is, ob ich Zum unglück so leiden Mus, oder ob ich behext Bin. itzo finde*

[ich] *mir wieder Soulagiret* [erleichtert], *aber wie ein Kindt so mat. Gott gebe Ew. K. M. tausend million gutes vor alle Wollthatt, so Sie mir bey Meinen Elenden Umständen er-Zeigen! ich Ersterbe*

Ew. K. Maj.
untherthänigster treuer Knecht
Pots. d. 23. Febr. 1754. *Fredersdorf*

163

DER KÖNIG AN FREDERSDORF

(24. Februar 1754)

ich habe recht viehl mitleiden mit Dihr gehabt. behekset bistu nicht, aber 2 Kranckheiten, die bei Dihr zusamen Komen, die machen uns vihl Cumer. indessen ist es guht, daß es vorbei ist. nuhn halte Nuhr Künftigen mohnaht die ohren Steif! wenn wihr den überstanden haben, So hat es mit des Himels hülfe Keine Noht. ich versichere Dihr, daß wann es in meinen vermögen wehre, du morgen Gantz gesundt seindt Solst. aber was Mit Medecin Kan gemacht werden, das geschihet. nuhn ist die gantze sache, daß wihr nuhr die Tzeit gewinnen, das bluht zu Corigiren. wann wihr die tzeit haben, so hoffe ich Dihr noch lustig und gesundt zu sehen. gottbewahre! Fch

Randschrift Fredersdorfs: „*Die Husaren-Camisohler stehen mit auf der Schneiderrechnung. ich habe Sie dieser-Wegen mit bey-gelegt.*"

Bemerkung des Königs: „*lasse sie* [nämlich die Schneider] *man warten!*"

164

DER KÖNIG AN FREDERSDORF

(Ende Februar 1754)

Eine Canaille hier-her Komen zu lassen, die fukst aber nicht Sinhkt, ist nicht Die Mühe werht! die alte hure Casparini sinkt noch Quasi. also wenn nicht eine ist, die was Kann, So wil ich sie nicht haben; ob sie Canaille oder Racaille heiset, ist mihr ein Thunt [gleichgültig], *sie mus aber Singen Könen. also nuhr gewartet und eine guhte ausgesuchet; und lieber Solche* [gute] *vohr Künftigen Winter* [geworben], *als eine Schlechte vohrs frühjahr!*
 Fch

Ein sehr drolliger Brief! Die freundlichen Kosenamen „Canaille" und „Hure" bezeichnen natürlich den Stand der Opernsängerinnen. Das Wort „fukst" dürfte — bei milderer Auslegung — mit dem französischen „fougueux" (= jähzornig, wild) zusammen zu bringen sein. Die Schreibart „Sinhkt" für „singt" ist selbst für Friedrich eine besondere Leistung!

Die „alte Hure Casparini" singt noch „quasi", das heißt „so so" oder „einigermaßen". Wir werden denn auch sehen, daß die Gasparini — denn so lautet ja ihr Name in Wirklichkeit — einen Monat später, als ihr Vertrag abgelaufen ist, auf weitere zwei Jahre verpflichtet wird.

Der Ausdruck „ein Thunt", im Sinne von „gleichgültig", findet sich heute noch in der Volkssprache Niedersachsens.

Was für ein „Skandal" möchte wohl unter der Künstlerschaft entstanden sein, wenn Fredersdorf das Vertrauen seines Königs mißbraucht und nur einen einzigen Brief solcher Art fremden Augen „unter dem Siegel der Verschwiegenheit" gezeigt hätte!?

165
DER KÖNIG AN FREDERSDORF (Ende Februar 1754).

Deine vertzweifelten Goldtmachers quelen mihr umb geldt; schicke den [dem] herren trop [Drop] seinen brif nuhr mit meine Marginalia [Randbemerkungen] zurüke. ich weis nicht, was mihr vohr ein theüfel geplaget hat, Seinen Närschen Accordt zu unterschreiben; Nun Sitze ich und Kan ihm nicht betzahlen[1]: *ich freüe mihr, daß deine gesundtheit noch soleitlich [so leidlich] ist, man mus mit wenig vorlib nehmen, wann man nicht alles Krigen Kan. bleibe nuhr bei Deiner Diét und guhter ordnung; und Schlafe, wann Du Kanst. Dinstag [den 26. II. 54] gehe ich wieder nach dem betrübten berlin.*

gottbewahredihr! *Fch*

[1] Vom Goldmacher Drop hörten wir schon in den Briefen 151 und 157. Wir erinnern uns, daß der König in der Zeit, da er alchemistische Erfolge für möglich hielt, auch mit diesem Menschen einen auf eine Jahreszahlung von 8000 Talern lautenden Vertrag abgeschlossen hatte, der ihm nachträglich zur Quelle schamvollen Ärgers und geldlicher Verlegenheiten wurde. Offenbar hat Drop jetzt wieder um Zahlung gemahnt, und Friedrich hat ihn, wie das oft so bei seinen privaten Gläubigern vorkommt, — vertröstet.

Ein klägliches, peinliches Bild! Und doch entspricht auch diesem Schatten im Alltagsleben Friedrichs ein helles Licht. Man braucht, um dies zu erkennen, sich nur vorzustellen, wie wenig Kopfzerbrechen eine ähnliche Lage am Hofe von Versailles verursacht haben würde! Dort würden zur Deckung persönlicher Schulden des Königs ohne weiteres öffentliche Gelder herangezogen worden sein. Der ebenso „absolute" König von Preußen dagegen unterscheidet strengstens zwischen staatlichen und persönlichen Mitteln, mag er durch die Aufrechterhaltung dieses Grundsatzes auch in noch so unangenehme Lagen kommen! —

Gewiß kann man einwenden, das Beispiel Drop sei nicht unbedingt beweiskräftig, weil Friedrich in diesem Falle auch andere Beweggründe hatte, auf die Heranziehung öffentlicher Gelder zu verzichten, denn sonst hätte sich ja der Vertrag mit dem Goldmacher, dessen er sich schämte, nicht geheim halten lassen. Wir möchten deshalb noch auf ein anderes Geschehnis hinweisen, das uns aufs deutlichste zeigt, wie unbedingt ernst es dem König in jeder Lebenslage mit seiner mehrfach feierlich ausgesprochenen Theorie von der Trennung zwischen Staats- und Privatvermögen war. Ein Jahr zuvor war seine Schwester Wilhelmine durch die auf Brandstiftung beruhende Zerstörung des Bayreuther Residenzschlosses in schwere Bedrängnis geraten. Ihre damaligen Briefe beschreiben dem Bruder, wie sie in dürftigster Weise in einem Bürgerhause untergebracht ist; sie klagt über ihre vielfältigen Verluste, noch mehr aber über das jämmerliche Verhalten der Untertanen, die sich den Rettungsarbeiten entzogen haben. In Friedrichs erstem tröstendem Antwortschreiben auf diese Nachricht (vom 2. II. 1753) finden sich die Worte: „... seine Freunde beklagen, ist wenig, man muß ihnen helfen. Sage mir also offen, worin ich Dir nützlich sein kann; ich werde mein Bestes tun, um Dein Los zu erleichtern..." Wilhelmines Entgegnung darauf (vom 17. II. 1753) lautet: „... Der Markgraf ist von Deiner Güte durchdrungen. Deine Flöte ist gegenwärtig seine einzige Erholung*;... Da Du mir erlaubst, offen und vertrauensvoll zu reden, mache ich Gebrauch davon und suche allein bei Dir Hilfe... Wir müssen nun [des Schloßneubaues wegen] entweder die Untertanen bedrücken oder das Land durch Verpfändung von Gütern zugrunde richten, und selbst das wäre aus Kreditmangel nicht möglich. Oder wir müssen in unserer jetzigen kläglichen Lage bleiben. Nur durch

---

* Bisher hatte der König lediglich seinem Schwager eine Flöte und Noten, als Ersatz für die verbrannten, geschickt, „den Kummer zu lindern".

eine Anleihe können wir wieder hochkommen. Ich kenne Deine Verhältnisse zu gut, um irgend etwas von Dir zu fordern... Mein Herz ist Dir zu ergeben, um das Mindeste zu beanspruchen, was gegen Deine Interessen ist. Als einzige Gnade bitte ich, daß Du in eine Anleihe willigst..."

Dieses „Willigen" in eine Anleihe, das Wilhelmine hier erbittet, bedeutet nun nicht etwa die leihweise Hergabe von Geld, sondern nur die Zustimmung zum Borgen an dritter Stelle. (Eine solche Genehmigung war erforderlich seitens der Fürsten, die im Falle des Aussterbens des Bayreuther Herrscherhauses erbberechtigt waren, also des Markgrafen von Ansbach und des Königs von Preußen.) So jedenfalls faßt Friedrich die Bitte seiner Schwester auf, wenn er in seinem Brief vom 23. Februar 1753, nach Erteilung guter Ratschläge für ein sparsames und zweckmäßiges Vorgehen beim künftigen Schloßneubau, folgendermaßen fortfährt:

„In die Anleihe, die der Markgraf aufnehmen will, willige ich gern und bin überzeugt, daß der Markgraf von Ansbach sich nicht widersetzen wird. Wie Du sehr richtig sagst, darf ich nicht an den Staatsschatz rühren. Seit meines Vaters Tode habe ich nie einen Heller aus Staatsbesitz für mich verwendet. Aber das, worüber ich verfüge, steht auch zu Deiner Verfügung, und ich warte Euren Plan ab, um das meine dazu beizutragen. Wenn ich Euer Opernpersonal kleiden soll, brauchst Du nur ein Wort zu sagen; ich habe eine so große Theatergarderobe, daß ich Dir leicht das Nötige für eine Oper liefern kann; Du brauchst nur zu sagen, was Du haben möchtest... Sprich bitte, und Du wirst pünktlichen Gehorsam finden..."

Wir kehren zu unserm Ausgangspunkt zurück und müssen auf Grund der vorstehenden Briefauszüge sagen: Entweder war — und das ist unsere Auffassung (vgl. auch Nr. 220) — Friedrichs Überzeugung, daß zwischen öffentlichen und privaten Geldern unbedingt zu scheiden sei, dermaßen stark, daß auch der gewichtigste Widerspruch des Herzens sie nicht erschüttern konnte, oder aber man müßte sich entschließen, über den wirklichen Gehalt der Liebe des Königs zu seiner Schwester und einzigen Freundin — trotz aller stets erneuten Gefühlsbeteuerungen und trotz des ihrem Andenken später im Park von Sanssouci errichteten „Freundschaftstempels", dieses Sinnbildes der „empfindsamen" Zeit — sehr viel zurückhaltender zu denken, als es einem liebgewordene Gewohnheit ist.

Im übrigen werden wir den feinhörigen Leser zu einem Vergleich zwischen den hier gegebenen Proben von Briefen an Wilhelmine und denjenigen an Fredersdorf nicht besonders aufzufordern brauchen. Ein „Kommentar" dazu scheint uns überflüssig.

² Der Ausdruck vom „betrübten Berlin" erinnert uns daran, wie wenig Friedrich die in der Hauptstadt unvermeidliche „Repräsentation" schätzte, und wie sehr er dagegen das Leben „nach seiner Fasson" in der Stille von Sanssouci liebte, obschon sich, wie wir sahen, um diese Zeit sein dortiger Freundeskreis schon in schmerzlicher Weise gelichtet hatte.

166
DER KÖNIG AN FREDERSDORF

(Ende Februar 1754)

ich habe noch 2 sachen abzuthun, dahr mihr die 1te Viele Sorge Macht; die gehet den Herren Trop, Deinen goldtmacher, an. die pension [Zahlung] *der 8000 Thaler, die ich ihm Sehr unbesonnen versprochen habe, Kan ich ihm ohnmöglich geben, also, umb mit ihm aus-einander zu Komen, Wil ich Sie ihm ein-Vohrallemahl zahlen, aber nach-dehm nicht mehr. Sehe mahl zu, wie wihr das in die richte bringen!*[1]

das 2te ist, ich wolte gerne wissen, was ich quantzen [dem Musiker Quantz, vgl. Brief 3] *Schuldig bin.*

es freüet mihr, daß es sich mit Dihr bessert; ich hoffe, daß in Mohnaht mertz [März] *alle Schlime zu-fälle gäntzlich aufhören werden!*

gottbewahre! *Fch*

Wie Fredersdorf den Auftrag, mit Drop einen Vergleich über eine einmalige Abfindungssumme zu schließen, erfüllt, wird uns der Brief 170 zeigen.

167—169
DER KÖNIG AN FREDERSDORF

(Ende Februar 1754).

hier Schike ich nun 475 Thaler vohr quantz [siehe vorigen Brief]. *das goldt bitte bei* [Geheimrat] *Köppen mit Silber um-zu-Setzen*[1].

es wirdt mihr Sehr freüen, wann dein tzufal [Anfall] *wieder gantz wird übergegangen Seindt; und* [ich] *hoffe nun, daß es sich von Tage zu tage merklich besseren Sol. gottbewahre!* *Fch*

¹ Die schon früher beobachtete Gepflogenheit, das Gold in den königlichen Kassen zurückzubehalten und durch Vermittelung des Geheimrat Köppen Silbergeld auszuzahlen, finden wir auch in den beiden folgenden Briefen des Königs, die im übrigen bedeutungslos sind, abgesehen von der auch bei dieser Gelegenheit zutage tretenden, stets gleichbleibenden Fürsorge für Fredersdorf.

Aus Brief 167:

„*hierbei 2000 Thaler vohr die Reparations in garten* [Arbeiten in den Gärten], *welche Köpen* [Köppen] *mit Silbergeldt vertauschen wird.*" und

Aus Brief 168:

„*6660 Thaler Schike* [ich] *Dihr zum foraus. Köpen* [Geheimrat Köppen] *Kan das goldt gegen Silber-Müntze umb-Setzen; und So bin ich in-So-Weit bis auf einige presenter* [Geschenke] *richtig. gottbewahre Dihr! nimb Dihr Wohl in acht und Kehre aus den Weg, was die hemeroidal-umbstände* [würde] *versterken Könen!*"

Warum der König so großen Wert auf die Zurückhaltung der Goldmünzen und die Auszahlung in Silber legt, werden wir später bei der zusammenhängenden Erörterung seiner Münzpolitik erkennen.

170

DER KÖNIG AN FREDERSDORF (Anfang März 1754)

Es ist Mihr Sehr lieb, daß ich Mit dem Hr. Trop [Drop] *auf eine guhte Manihr aus-einander bin* [vgl. Briefe 151, 165, 166]. *ohngeachtet, daß es mihr Schwehr fället, die 8000 Thaler zu betzahlen, So tuhe ich es mit plaisir, umb mit ihm aus-einander zu Kommen; ich denke das geldt gegen d 15ten oder 20ten* [März] *zu Kriegen und Dihr alsdan zu Schiken.*

nehme Dihr nuhr guht in acht! [Dr.] *Cothenius hat mihr gesagt, er Wolte Dihr Schröpen* [schröpfen] *lassen; ich glaube, gegen d 20ten wirt es tzeit seindt. ich freüe mihr recht, daß du nuhn doch die nacht 4 Stunden Schlafen Könst. die Schmertzen Könen nicht Ehr Weck* [eher weg] *bleiben, bis daß das geschwihr mehr wirdt gereiniget und das geblühte versüßet seindt. dartzu gehöret Tisane* [Tissane, ein bitterer Heiltrank]. *lasse es Dihr nuhr nicht verdrisen! umb gesundt zu werden, mus man Schon was ausstehn! du sihest doch Schon einen guhten anfang Deiner besserung; und Mus die Diet und Tisane das übrige befö̈rderen. ich befehle Dihr dem himel weiter! gottbewahre!*   *Fch*

171
DER KÖNIG AN FREDERSDORF
(22. März 1754)

[In Bezug auf] *Das geldt, was* [von der Schatullrechnung für März] *übrig ist, wolte ich, daß die representation* [Aufführung] *und proben von Semiramide davon betzahlet würden; und Mihr Bitte vom übrigen 210 Thaler aus. gottbewahre!*

Frch

Die Oper „Semiramide" war das neueste Werk des Hofkapellmeisters Karl Heinrich G r a u n, dem wir schon in den Briefen 7 und 39 begegnet sind. Er und der Dresdener H a s s e (vgl. Brief 21) beherrschten mit ihren, ganz von italienischer Auffassung getragenen Tonschöpfungen den Spielplan der Berliner Bühne durchaus. Der König hat zu mehreren dieser Opern musikalische Beiträge geliefert, auch verfaßte er zu Grauns vorjährigem Werk „Silla" den Text. Die Erstaufführung der „Semiramide" fand am 27. März 1754 zur Feier des Geburtstages der Königin-Mutter statt.

Friedrich war stark auf die italienische Musik eingestellt, die Franzosen wollte er in dieser Hinsicht nicht gelten lassen. Gegen die „neue Musik" erhob sich, damals wie zu allen Zeiten, allgemeiner Widerspruch. Immerhin werden wir Heutigen schwer verstehen, daß man die Musik eines Mozart, dessen Name für uns mit der Vorstellung lieblichsten Wohllautes verknüpft ist, zunächst als „Höllenlärm" empfand, in dem „nur noch Kanonenschüsse" fehlten! Für Prinz Heinrich, den Bruder des Königs, ist dieses Urteil bezeugt. Unwillkürlich muß man dabei an Richard Wagners Kampf um Anerkennung seiner „Zukunftsmusik" denken — von Neueren zu schweigen!

172
FREDERSDORF AN DEN KÖNIG
31. März 1754.

Der [Sängerin] *Gasparini Ihr Engagement is aus. Sie is anhero gekomen, von Neuen zu Contrahiren. ich frage Ewr. Königl. Maj. untherthänigst an, wie ich mich hierin ver-halten soll.* [Vergl. Brief 164.]

P. d. 31. Mert. 1754   *Fredersdorf*

173
DER KÖNIG AN FREDERSDORF

(31. März 1754)

mit der Casparini volenwihr [wollen wir] *auf 2 jahr Capituliren* [Vertrag schließen]. *vieleicht thuet sie es auch wohlfeiller. wir müssen sie wohl behalten, denn eine bessere ist jetzunder nicht* [zu bekommen][1].

Carel[2] *hat heute einen jungen hasen gebracht. er Saget, man hette ihm ins Nest gefunden.*

nehme Dihr hübsch in acht! gottbewahre! *Frch*

[1] Der Vertrag mit der Gasparini, der „hure, die noch Quasi sinhkt", wird nun also wirklich auf zwei Jahre verlängert (vgl. Brief 164).

[2] Auf diesen „Carel" (Karl) werden wir künftig zu achten haben. Näheres wollen wir aber erst sagen, wenn wir mehr von ihm gehört haben.

174
DER KÖNIG AN FREDERSDORF

Auf einen französisch geschriebenen Bericht des Schauspieldirektors Baron Sweerts an den König antwortet dieser mit folgender Verfügung, nicht an Sweerts unmittelbar, sondern an Fredersdorf:

(9. April 1754)

an Schwertz [Baron Sweerts] *antworte nuhr, daß er mihr Mögte mit Seiner Bag.* [Bagage] *zu-friden lassen!*[1]

Der Kleine [wohl ein Page] *hat alles unrecht bestellet. ich wolte ein-Mahl eine Comedie von denen Intermetzo* [Intermezzo-Schauspielern] *Spillen lassen — und die Molteni ihre Schwester drin Singen lassen und ihr ein present davohr machen — aber nicht eine bande formiren!* [Schauspielergesellschaft bilden][2].

Fh

[1] Wie grob ist diese Antwort an den Baron Sweerts (dem der König keineswegs, wie es hiernach scheinen könnte, „ungnädig" gesinnt ist). In welchem Gegensatz steht sie zu der stets freundlichen Tonart Fredersdorf gegenüber! Verschießt Friedrich in seinen Briefen und Verfügungen an diesen die Pfeile seines ätzenden Spottes, so sind immer nur Dritte die Zielscheibe.

² Dieser Absatz ist folgendermaßen zu verstehen: Der Musiker Johann Friedrich Agricola (eigentlich Ackermann), ein Schüler von Johann Sebastian Bach und Quantz, war Hofkomponist und wurde später (1759) der Nachfolger Grauns als Leiter der königlichen Kapelle. Er war verheiratet mit der Opernsängerin Molteni. Deren Schwester wollte der König, da er offenbar Gefallen an ihr gefunden hatte, gelegentlich spielen lassen, aber nur gegen ein Geschenk, nicht auf Vertrag. Es ist nun das Mißverständnis entstanden, als solle diese Schwester als Schauspielerin vertraglich verpflichtet werden. Darob herrscht große Aufregung bei Herrn und Frau Agricola. Sweerts weiß sich nicht zu helfen und bittet, unter Bezugnahme auf den Grafen Gotter, um königlichen Befehl, wie er die Leute „beruhigen" solle.

Der ebengenannte Graf Gotter, ein alter Freund Friedrichs, war der „Löwe" der Hofgesellschaft, eine in jeder Hinsicht glänzende Erscheinung von gebietendem Wesen. Bei der Einleitung des Ersten Schlesischen Krieges hatte er als außerordentlicher Gesandter in Wien eine beträchtliche Rolle gespielt. 1745 zog er sich aber, zu des Königs großem Bedauern, nach Thüringen auf seine Besitzungen zurück; und erst auf viele dringende Einladungen hin übernahm er 1750 wieder die Stelle des Oberhofmarschalls, die, wie wir wissen, dank Fredersdorfs Vielseitigkeit, mehr eine Würde als eine Bürde bedeutete. Von Amts wegen hatte er aber die Oberleitung des Bühnenwesens, weshalb sich Sweerts auf ihn berufen konnte. Auf Adolf Menzels berühmtem Gemälde „Das Konzert" steht Graf Gotter links im Vordergrunde, als stattlichste Gestalt des Bildes.

Der Ausdruck von der „Formierung einer Bande" lag dem König insofern gerade eben jetzt nahe, weil um diese Zeit die „Schuchsche Schauspielertruppe" in Potsdam und Berlin eine Reihe von Vorstellungen gab. Wenn Friedrich von „denen Intermetzo" spricht, so denkt er dabei vermutlich an die gerade neuangestellten „Intermezzo-Schauspieler" Sidotti und Croce und das Ehepaar Paganini.

175

DER KÖNIG AN FREDERSDORF[1]

(April 1754)

Ich habe gestern Weißzeug[2] *gekriegt; da mache nur die gewöhnlichen Präsente drum* [Geschenke davon]. *Du wirst schmälen, ich glaube, daß gestern für* *hundert-achtzig Thaler Kirschen gegessen worden; ich werde mir eine liederliche Reputation machen*³.

Es freuet mich recht sehr, daß es mit Dihr gut gehet; und hoffe ich nun, daß es von Dauer sein wird.

*Man saget in Berlin, die Astrua wäre wieder rappelköppisch*⁴; *sie hat aber ihren Accord* [Vertrag] *und den muß sie einmal halten. Gott bewahre!*

Frch.

Die Opern-Leute sind solche Canaillen-Bagage, daß ich sie tausendmal müde bin.

¹ Hier ist wieder einer der acht Briefe, die aus der Bassewitzschen Sammlung nach 1834 abhanden gekommen, uns aber auf dem Umweg über Burchardt, der sie vorher abschrieb, inhaltlich erhalten sind (vgl. Brief 2, Anm. 1).

² Das „Weisszeug" ist natürlich Leinwand. Wir dürfen vielleicht vermuten, daß es sich um ihm übersandte Leistungsproben handelt, die der haushälterische König nun zu Geschenken verwendet.

Wir erinnern uns, daß Friedrich volkswirtschaftlichen Fragen eine Anteilnahme widmete, die einen großen Teil seiner schier unermeßlichen landesväterlichen Tätigkeit ausmachte, auch, daß er die Oberleitung des von ihm gegründeten Handelsministeriums sehr bald selbst, als unmittelbarer Vorgesetzter des Geheimrats Fäsch, übernommen hatte (vgl. Brief 26, Anm. 2).

Sein bevorzugter Pflegling und sein persönlicher Stolz war das Leinwandgewerbe, das seit alters besonders in dem nunmehr preußischen Schlesien ansässig gewesen war. „Die Leinwand bringt Schlesien im Verhältnis ebensoviel ein, als dem König von Spanien sein Peru", sagte er einmal. Mancherlei gab es zum Schutze dieses Gewerbes und zur Veredelung seiner Erzeugnisse zu tun, zumal anfangs viele Leinweber aus Angst vor Einstellung in das preußische Heer (vgl. Brief 134) das Land verlassen hatten. Vor allem aber galt es, dem Großhandel in Leinwand neue Absatzmöglichkeiten zu schaffen. Auch in dem 1753 ausgebrochenen Zollkrieg mit Österreich (den wir gelegentlich von Friedrichs Weinkäufen erwähnten) und in den Pariser Handelsvertragsverhandlungen (bei denen wir 1751 unsern Fredersdorf als beteiligt vermuteten. Vgl. die Einleitung zu Brief 93), spielte gerade die Förderung der Leinwandausfuhr eine große Rolle.

³ Wie uns schon mehrere Briefstellen zeigten, hatte der König eine große Vorliebe für frisches Obst, das er ohne Rücksicht auf die Jahreszeit in seinen Gemächern vorzufinden wünschte. Die hochberühmten Treibhäuser von Sanssouci dienten nicht zuletzt der Erzeugung von Frühobst; aber auch von auswärts bezog der König solches, namentlich Kirschen. Zeitgenössische Schriftsteller wissen zu berichten, daß die Hofküche die ersten Kirschen im Dezember bis Mitte Januar das Stück mit zwei Talern bezahlt habe. Mag das auch wohl übertrieben sein, jedenfalls leistete sich der sonst so sparsame König auf diesem Gebiete einen gewissen Luxus; und wenn der Leser zunächst den Gedanken gehabt haben mag, die Zeitangabe „April" über dem vorstehenden Brief wolle zu dem großen Kirschenverbrauch nicht passen, so ist dieser Einwand nicht zutreffend.

Im nächsten Schreiben werden wir lesen, wie Fredersdorf seinen Herrn wegen des Selbstvorwurfs der „liederlichen Reputation" zu trösten weiß.

⁴ Das letzte Mal sahen wir die Primadonna Astrua „rappelköpfisch", als sie sich im November 1753 mit ihrem Berufsgenossen Carestini in den Haaren lag und als Drohmittel ihren Abschied forderte (Brief 143). Man kann den Stoßseufzer des Königs in der Nachschrift des Briefes gar wohl verstehen! — Aber das „Müdesein" ist doch nur eine vorübergehende Stimmung; denn wir werden noch oft erleben, daß er sich um die „Canaillen-Bagage" eifrigst bekümmert.

176

FREDERSDORF AN DEN KÖNIG

Fredersdorf berichtet zunächst, daß er für Marmorlieferungen aus Holland eine wesentlich billigere Bezugsquelle entdeckt habe, und empfiehlt dem König, den bisherigen Vertrag einfach „umzustoßen".

Sodann folgt — nach einer Bemerkung über die ihren Abschied fordernde Sängerin Loria, die auch im nächsten Brief vorkommt — Fredersdorfs Trost wegen des Königs Besorgnis, er könne sich durch seine großen Ausgaben für Kirschen (s. Brief 174) eine „liederliche Reputation" machen, mit folgenden Worten:

„*Ew. Königl Maj. seindt nicht Liederlich, dieses dient zu Ew. Königl. Maj. Kost-Bahren* [kostbarer] *Gesundtheit.*"

Endlich berichtet Fredersdorf über sein Befinden. Er bezeichnet — ein Beweis, wie sehr der arme Mensch an körperliche Leiden gewöhnt war — seinen Zustand als „recht gut", trotz dickgeschwollener Füße! Der Schluß seines Briefes lautet:

10. April 1754.

... *Mit mihr gehet es recht gut; und ob mir gleich die Füße wie Butter-Fässer sein, so hoffe [ich], wie auch [Dr.] Cothenius saget, daß es ein Nach-Laß von der langen Krankheit is, welches Nichts zu sagen hatt. ich bin gantz vergnügt und ruhig; und warte Nur Auf den May, ausgehen zu Könen, um Meine demüthige Danksagung Ew. K. Maj. zu machen. Unser Her-Gott Vergelt Ew. K. Maj. alle Wohlthaten, so Sie mir er-Zeiget, und [daß Sie mir] Mein Lehben er-halten haben!*
ich Ersterbe

Ewr. Königl. Majesté

Untherthänigster treuer Knecht

Fredersdorf

P. d 10 Aprl 1754, den tag von der Molvitzer Battallé [Schlacht bei Mollwitz am 10. April 1741, Friedrichs erster Sieg]

Randbemerkungen des Königs:

was ich vohr 3 tahler haben Kan [nämlich den Marmor], *werde ich nicht mit 6 betzahlen, also lasse nuhr einen anderen accord* [Vertrag] *gleich machen*[1]. *Wann Madam Loria den abscheit* [Abschied] *haben wil, So stehet es ihr frei; und Mus man nuhr richtigkeit mit Ihr machen. Wohr* [Falls] *Was über bleibet von unßere Schuldt, So mus Man Tropen* [Drop] *seine 8000 Thaler*[2] *damit Completiren* [auffüllen]. *im übrigens freüe ich mihr über deine gesundtheit; und mit die Fühse wollen wier Wohl fertig werden!* *Fch*

[1] Wie sich dieses „Umstoßen" eines bestehenden Vertrages mit einer geordneten Rechtspflege verträgt, ist ohne nähere Unterlagen nicht ersichtlich.

[2] Wegen der 8000 Taler für den Goldmacher Drop vergleiche die Briefe 151, 165, 170.

177

FREDERSDORF AN DEN KÖNIG

Fredersdorf berichtet über „die Molteni Ihre Schwester" (vgl. Brief 174), die des Königs Wünsche erfüllen will, ferner über die uns von früher her bekannte Sängerin Masi, deren Vertrag am 31. März abgelaufen war.

Die Loria, von der wir im vorigen Brief hörten, sie habe ihren Abschied gefordert, hat nun harmloserweise noch 100 Taler Reisegeld für ihre Heimkehr verlangt, worüber Fredersdorf entrüstet schreibt:

12. April 1754

„ich habe Ihr gesagt, da Sie Ihren ab-Schied genomen, so Bekahm [bekäme] Sie Nichts, allein Sie is Böse und wolt den Baron Suerts [den Schauspieldirektor Baron Sweerts] und mich Ver-Klagen!"

Nach Berührung geldlicher Angelegenheiten fährt Fredersdorf dann fort:

Ewr. Königl. Maj. Gratulire [ich] von hertzen zu den heütigen Aderlaß. gott gebe Ihnen Vergnügen und gesundheit! ich werde Zeit-Lebens den größesten Antheil daran nehmen. mit Mir gehet es Guth, ich gehe den Künfftigen Monath aus!

Po. d 12 Ap 1754   *Fredersdorf.*

Bemerkung des Königs:

„ich Weis nicht, Was die Loria wil; wann sie den abscheit haben wil, so Kan sie ihn Krigen, ich verlihre nichts dabei!   *Fch"*

178

DER KÖNIG AN FREDERSDORF

(Zweite Hälfte April 1754).

antworte nuhr Volteren [an Voltaire], daß man ihm hier nichts beschuldiget hat, und daß Du mihr Seinen Brif gewisen hast.

nuhn Krige ich guhte Courage, nuhn daß wihr d. 16. vohrüber haben; noch müssen wihr d. 20.ten absehen. und gehet es **dann** *Noch guht, So mustu einmahl übertzeüget werden, daß man mehr mit gedult, als mit precipitation [Übereilung], Kan zu-Wege bringen, und daß ich Ehrlich an Dihr gehandelt habe, Dihr aus der Charlatans hände zu tzihen. wann dießer mohnaht guht über ist, So müssen wihr denken, dießen Sommer eine volkomenere Cur vohrzunehmen, umb nach dem* **grundt** *Vom übel zu gehen: das vohrnehmste aber ist, daß du anjetzo außer lebensgefahr bis, was mihr recht freüet! gottbewahre!*

Fch

„Volter" soll natürlich heißen „Voltaire" — ein klassisches Beispiel für Friedrichs Schreibweise nur nach dem Ohr! Der Dichter [vgl. Briefe 113 und 153] hat wieder an Fredersdorf einen Brief geschrieben, der inhaltlich natürlich für den König bestimmt war. Und dieser läßt das Schreiben, ebenfalls durch Fredersdorf, kurz abweisen. Das Original des Briefes besitzen wir leider nicht, haben aber Gründe zu der Vermutung, daß es früher der Bassewitzschen Sammlung zugehört hat und daraus auf unbekannte Weise abhanden gekommen ist. Der Graf Schlitz spricht nämlich in seiner Urkunde von 1819 (s. Seite 9f.) von zwei Briefen Voltaires an Fredersdorf, einem französischen — den wir unter Nr. 113 abgedruckt haben — und einem deutschen, in dem wir den hier erwähnten vermuten. Der Verlust dieses Briefes ist, namentlich auch vom Standpunkt des Sammlers, schwer zu bedauern, eben weil er deutsch geschrieben ist. Welch eine kriechende Demut vor Fredersdorf drückt sich darin aus, daß der „Fürst" der französischen Literatur sich, um seine Zwecke zu erreichen, zur Benutzung der von ihm so verachteten deutschen Sprache „herabläßt"! —

Mit der Zeitbestimmung für den Brief 178 sind wir auf Mutmaßungen angewiesen. Wir schwanken zwischen März und April 1754. Daß Voltaire in diesem Frühjahr einen Annäherungsversuch gemacht hat, und daß Friedrich ihm darauf eine „lakonische Antwort" hat geben lassen, ist uns aus anderen Quellen bekannt. Ferner sind die Frühlingsmonate 1754 dadurch sehr wahrscheinlich, daß einerseits der König von einer „vollkommeneren Kur für den Sommer" für seinen Pflegling spricht, daß andererseits Fredersdorf später selbst erwähnt, er h a b e im Juni 1754 „den Brunnen getrunken".

179
DER KÖNIG AN FREDERSDORF (Zweite Hälfte April 1754)

wohr [Wenn] heüte gegen Mittag die Sone Scheint, So werde ich aus-reiten. Kome doch am fenster! ich wolte Dihr gerne Sehen; aber das fenster mus feste zu bleiben und in der Camer mus Stark [starkes] feüer Seindt!

ich Wünsche von hertzen, daß es sich von tage zu tage mit Dihr besseren Möhge.

gestren habe ich Deine besserung Celebrirt [gefeiert] mit 2 butteillen ungerschen wein [2 Flaschen Ungarwein]. Carel hat vohr Kitzelln gequipt [vor Kitzeln gequietscht]; und nach dießer Schönen harmoni hat Matschenco Seinen bären-Dantz verrichtet. gottbewahre! Fch

Diesen herzerfreulichen Brief, den wir oben (Seite 32) schon abdruckten, wiederholen wir hier des zeitlichen Zusammenhanges wegen. Eine „Erläuterung" des Inhaltes könnte die Wirkung nur abschwächen! Nur auf „Carel" machen wir vorbereitend aufmerksam, denselben, der neulich (Brief 173) den „jungen hasen gebracht" hat. Aber Näheres über ihn zu sagen, wollen wir uns noch aufsparen. Wer „Matschenco" gewesen ist, der den Bärentanz aufgeführt hat, ist uns nicht bekannt. Zum Verständnis der übermütigen Stimmung dieser Stunde ist das ja aber auch nicht erforderlich.

180
FREDERSDORF AN DEN KÖNIG

Wieder einmal handelt es sich um schwierige Verhandlungen mit Bühnenkräften. Ein Tänzerpaar, das Fredersdorf behalten möchte, stellt sehr hohe Gehaltsansprüche und beruft sich dabei auf die Bezüge der Cochois, die vor Jahren bereits die Gattin von Friedrichs Freund d'Argens geworden war. Der Kämmerer rechnet seinem Herrn vor, wie man neue Geldmittel für das Theater gewinnen könne, und weist dabei auf verschiedene freigewordene Gehälter hin, unter anderem auf die 1200 Taler, die bisher dem Freiherrn von Knobelsdorff zustanden.

Dieser einstige Freund Friedrichs, der infolge der eigensinnigen Durchkreuzung seiner Künstlerpläne durch den König ihm allmählich, trotz äußeren Ausgleichs, immer mehr entfremdet worden war, hatte am 16. September 1753 das Zeitliche gesegnet. [Vgl. Nr. 1 und 136].

Daß Friedrich der Bedeutung Knobelsdorffs durch seine Gedächtnisrede auf ihn, die er am 24. Januar 1754 in der Akademie der Wissenschaften vorlesen ließ, voll gerecht wurde, hörten wir schon. Die Anerkennung der Nachwelt verkörpert sich in dem von Begas geschaffenen Marmorstandbild, das Kaiser Wilhelm I. dem großen Baumeister in der Vorhalle des Alten Museums setzte.

Fredersdorf fährt dann in seinem Briefe fort:

20. April 1754.

ich wil, wann Ew. Königl. Maj. es gnädigst approbiren [billigen], *sehn, Sie Beyde* [das Tänzerpaar] *vor 2000 Thaler Zu Engagiren.*

und wann Sie davor Bleiben werden, so sein Sie das Werth, denn es sein attachirte [anhängliche] *Leute an Ew. Königl. Maj. und die mit Lust Ihr metier Tractiren* [ihren Beruf betreiben].

noch heüte gegen Mittag dran Von Schick
do erwarte ich aug weitern, Vorm Tag in
fenster ich wohlendige gewesen Dahern,
aber alad fenster mis forstn zü bliben
ind in der Camer mis Nacht heiner
Trinnd. ich Münschen Von Hrorhern alod
ad gich Vou Tagen Tagen mit diße behenerin
Möghn. gestern habe ich driner behenery
Celebriend, mit 2 buteilen üngenrehern hrein
Carel fat nohr Cifnlln gegeißt, und nach
dingher Tchönn Harmonie hat Matschenco Prenen
bären Danch angenißtnd. gott benahen.

H.

Die [Tänzerin] *Madame Westris hatt Humelln* [Hummeln] *in leib, Ihr Bruder is ein Schön Figur als Düpres und Sie ist auch schön, allein es Kostet vil. ich Ersterbe Ew. Königl. Majest.*

untherthänigster treuer Knecht
Fredersdorf

P d 20 Ap 1754

Randbemerkung des Königs:

ich gebe Keinen einen groschen Mehr, Wie er hat! die Denis und Ihr Man Müssen von Keiner augmentation [Zulage] *reden, oder ich jage sie zum Teüfel! und Solche Canaillen Krigt man doch wieder!*   *Fch*

181

FREDERSDORF AN DEN KÖNIG

20. April 1754

Ewr. Königl. Majeste Allergnädigsten Befehl zu-Folge habe [ich] *die weine* [auf der Rechnung] *mit angesetzet und Beträget sich die Summa Auf allen Rewyn* [Revuen = Truppenbesichtigungen] *3260 Thaler 3 gr.* [Groschen].

Auf ein-Liegenden sein die Conditiones [Bedingungen] *von Mr. Westris und seine Schwester.* [Der Agent] *Petit Schreibet mir, es währ hohe Zeit, sonst Stünde Er* [Herr Westris] *Schon mit dem Englischen Ministre in Handel* [mit dem englischen Gesandten in Verhandlung], *nach Engelland zu gehn.*

Ewr. Königl. Maj. werden allergnädigst zu Befehlen geruhen, was hir-rauff zu antworten.

Meine Füße seindt Mehren-theils in Ordnung, mit den übrigen Muß ich geduldt haben. wann es nur warm wahr [wäre], *so gieng ich Gerne aus. ich Bin mit der demüthigsten Untherthänigkeit Ew. K. M.*

Untherthänigst treuer Knecht
Fredersdorf

P d 20 Apr 1754

Bemerkungen des Königs:

Monsieur Westris ist nicht Klug! werr wirdt einen Täntzer 4000 Thaler geben, der Schwester 3000, und dem Bruder 1000 Thaler!? das müssen Naren Seint! sage Man den Denis, der Westris Wolte sich hier angagiren, ich Wolte ihm aber lieber behalten, wann er noch einen acord [Vertrag] *machen wolte.*

oder man mus Sehen, ihm vohr beständig zu engagiren. Dann Menagire [erspare] *ich das Reise-geldt hin und zurüke, was auch vihl macht*[1].
die 3200 Thaler werde ich d. 24. May betzahlen zu die lägers [Truppenübungen]. *ich Mus geldt zu Canonen, Mundirungs-Stücke* [Uniformen]*, pontons etc. aus-geben*[2]*, und Kan nicht so vihl vohr Haselanten* [etwa = Possenreißer] *verthun!*
    gottbewahre! *Fch*

[1] Es ist merkwürdig, daß der König es sich gefallen läßt — wenigstens von Fredersdorf gefallen läßt — immer wieder mit den unerquicklichen, wenn auch oft sehr spaßhaften Kleinlichkeiten des begehrlichen, eifersüchtigen und übelnehmerischen Künstlervölkchens selbst befaßt zu werden, zumal ihm, wie wir sogleich wieder sehen werden, der Kopf mit den allerernstesten Fragen erfüllt war. Diese merkwürdige Anteilnahme am Theaterleben wäre noch eher zu verstehen, hätte er die Bühne für einen wichtigen Träger von Bildung und Gesittung gehalten, statt, wie wir schon früher erwähnten und ihm nach dem damaligen Stand der Dinge als berechtigt zugestehen mußten, nur für ein Mittel zu erholsamer Unterhaltung und zu leichtem Genuß der Sinne.

Er war sich aber wohl bewußt, daß sein persönliches Beteiligtsein an diesem ständigen Theaterkrieg im Grunde etwas Lächerliches hatte. Das beweist ein Brief, den er einen Tag nach dem vorstehenden Schreiben an seinen Pariser Gesandten und Freund, den Lord Marschall Keith, richtet und in dem es — in der Übersetzung — heißt:

„Hier, lieber Lord, haben wir weder unverschämte Priester noch ehrgeizige Richter, wie die, die ihr Stückchen in Paris aufführen. Dafür haben wir aber eine Bande von Possenreißern, die belustigender und närrischer sind, als die gesamte europäische Geistlichkeit... Die Mühe, den Frieden in dieser Gesellschaft von Possenreißern aufrecht zu erhalten — das ist jetzt unsere Beschäftigung! Sie können mir glauben, daß es leichter ist, die französische Ostindische Kompagnie mit der englischen zu versöhnen, als Herrn Cricca mit der Signora Paganini. So viele Verhandlungen sind nicht in Wien und Mannheim wegen der Wahl eines römischen Königs gepflogen worden (vgl. Brief Nr. 111], als Klugheit und Vermittlungskunst aufgewandt werden mußten, um die Gesellschaft dazu zu bringen, die Oper „Die drei Buckligen" aufzuführen! —"

¹ Die „Lägers" sind die großen Truppenübungen, über deren Einführung durch Friedrich und hohe Bedeutung für die kriegsmäßige Schulung der Offiziere wir bereits bei Brief 116 gehört haben. In diesem Jahre 1754 fanden drei große „Läger" statt, bei Stargard in Pommern vom 1. bis 4. Juni, bei Spandau vom 26. bis 30. August und bei Gohlau in Schlesien vom 6. bis 8. September. Diese eifrige Vorbereitung auf den Krieg, an die wir in unserem Brief auch durch die Bemerkung Friedrichs erinnert werden, er brauche Geld zu Kanonen usw., entsprach durchaus der politischen Lage. Denn die große Krise, über die wir bei Brief 111 zuerst berichteten, dauerte vom November 1752 bis Mitte des Jahres 1754 an. Wir erinnern uns, daß der Herd der Gefahr in England lag, und daß der wirkliche Ausbruch des Krieges mit den vereinigten Engländern, Russen und Österreichern nur davon abhängig schien, ob die Verhandlungen zwischen London und Petersburg über die geldliche Unterstützung der Russen zum Ziele führten. Für das Jahr 1754 hatte Friedrich bestimmtest auf den Krieg gerechnet. Statt dessen trat im März durch den Tod Pelhams, des Führers der englischen Whigpartei, eine gewisse Entspannung ein, die den König im Mai hoffen ließ, und es ihm in der Mitte des Jahres zur Gewißheit machte, daß es diesmal noch friedlich abgehen würde. Um diese Zeit nämlich konnte Friedrich die von ihm „durch geheime Kanäle" genau verfolgten englisch-russischen Verhandlungen als abgebrochen betrachten, dank der Unersättlichkeit des russischen Hofes.

Aber die mit Hochdruck betriebenen Rüstungen gingen natürlich weiter; Friedrich wußte ja wohl, daß es sich nur um eine Gnadenfrist handeln konnte. Was er aber nicht ahnte, war, daß zwei Jahre später, als das Unwetter wirklich losbrach, Frankreich, also seine einzige starke Stütze bisher, sich unter seinen **Feinden** finden würde, während England, das er jetzt mit Recht als die schlimmste Quelle der Gefahr ansah, auf **seiner** Seite stehen sollte.

182

FREDERSDORF AN DEN KÖNIG

20. April 1754.

Ew. Königl Majesté habe aller-unther-thänigst aufgesetzet, waß die depensen [Ausgaben] *anno 1752 Bey denen Rewyn* [Revueen] *gekostet haben. die disjährige rewy* [Revue] *Bey Stargard ist nach proportion der Magdeburgschen gerechnet. es ist un-möglich, auf einige Thaler zu-viel oder zu-wenig zu rechnen, denn die vivres* [Lebensmittel] *Steigen und fallen*[1]. *was zur Kellerey gehöret haben Ew. Königl. Maj. auf jeden Platz a part* [besonders] *Betzahlet.*

Die astrua [Sängerin Astrua] *Bittet um 10 tage uhrlaub nach Stettin Zu gehn, den Schönen orth zu Besehn*[2]. *ich Ersterbe*

Ew. Königl. Majesté
unther-thänigster treuer Knecht
P. d 20 App. 1754 *Fredersdorf*

Bemerkungen des Königs:

der Wein, Mein lieber Fredersdorf, und das Essen werden aus einem beütel betzahlet; also, wann es Ihnen nicht zu-wieder [zuwider] *ist, So bitte ich zu den essen das Trinken tzu-zu-rechnen, damit ich meinen Vohrraht* [an Geld] *darnach einrichten Kan. und Wünsche ihnen im übrigen thausendt Kluk* [Glück] *zur besserung!*[3]   *Fch*

[1] Dem Steigen und Fallen der Lebensmittelpreise sah der König keineswegs untätig zu, sondern suchte sie — insbesondere die Kornpreise — gleich seinem Vater durch Aufspeicherung von Getreide und dessen Ausgabe in Zeiten der Teuerung zu regeln. Der Erfolg war, daß die durch gute und schlechte Ernten verursachten Schwankungen auf ein sehr geringes Maß beschränkt blieben. Die Möglichkeit zu so wirksamer Preisbeeinflussung gab ihm der Umstand, daß der Domänenbesitz fast ein Viertel des ganzen Landes umfaßte.

[2] Stettin, der „Schöne orth", den die verhätschelte Primadonna besichtigen will, verdankt Friedrich dem Großen außerordentlich viel. Im Mittelalter war die Stadt ein nicht unbedeutendes Glied der Hansa, obschon die Ausfahrt aus dem Haff ins Meer recht schwierig war. Die einzig brauchbare Fahrstraße bildete nämlich der Umweg durch die Peene zwischen Vorpommern und der Insel Usedom, und auch diese war sehr seicht und nur durch „Leichter" zu benutzen. Trotz dieser schlechten Seeverbindung blieb die Oderflußschiffahrt bis in das 16. Jahrhundert hinein lebhafter als diejenige auf der Elbe. Dies änderte sich erst, als infolge der törichten Kirchturmspolitik der Stadt Frankfurt ein höchst verderblicher Verkehrskrieg mit dem damals landfremden Stettin ausbrach, der durch die Geltendmachung von sogenannten Stapelrechten (die zwangsweises, mehrtägiges Zum-Verkauf-Stellen der Waren in der Durchfahrtsstadt zum Gegenstand hatten), durch Aus-

schließung fremder Frachtschiffe und durch Kampfzölle geführt wurde. Die Folge war, daß der Handel vom österreichischen Schlesien nach der See nun den Landumweg über Leipzig zur Elbe suchte und nach Hamburg ging. Zwar konnte ein Teil dieses Verkehrs für Brandenburg zurückgewonnen werden durch die Schaffung des „Friedrich-Wilhelmkanals" von der Oder zur Spree, mit dem der Große Kurfürst einen Wasserweg Breslau—Berlin—Hamburg herstellte, aber der unteren Oder kam das natürlich nicht zugute.

Stettin, das ursprünglich zum Herzogtum Pommern, dann zu Schweden gehörte, war 1720 im Frieden von Stockholm an Preußen gefallen, doch blieb der Ausweg zur See, die Peene, noch dem Zoll der in Neuvorpommern sitzenden Schweden unterworfen. Immerhin wurde schon jetzt der verkehrshindernde Hader zwischen Frankfurt und Stettin, die ja nun demselben König zu gehorchen hatten, abgemildert. Durchgreifendes für Stettin geschah aber erst durch Friedrich II. Er machte die Swine — also den nächsten Weg zur See, zwischen Usedom und Wollin — wenigstens soweit schiffbar, daß sie mit der schwedischen Peene wetteifern konnte, und eröffnete damit eine rein preußische Odermündung, an deren Ausfluß er 1746 als Vorhafen von Stettin einen Ort „Swinemünde" gründete. Ebenso wichtig war, daß Friedrich seit 1742 Schlesien beherrschte und damit Einfluß auf den ganzen Wasserweg von Breslau bis zur Ostsee bekam. Aber auch das war ihm nicht genug! War früher die obere Oder durch den Oder-Spree-Kanal gewissermaßen in die Elbe geflossen, so schuf nun Friedrich — um im gleichen Bilde zu bleiben — für die obere und mittlere Elbe eine Mündung in die Oder: Der von ihm gebaute „Plauensche Kanal" verkürzte den Weg von Magdeburg nach Berlin; und der im Jahre 1740 begonnene „Finowkanal" stellte die Verbindung von Berlin zur unteren Oder her. 1746 fuhr das erste Salzschiff auf diesem Wege von Magdeburg nach Stettin!

Ferner darf nicht unerwähnt bleiben, daß die von Friedrich durchgeführte Urbarmachung und Besiedelung der „Oder-Brücher" bei Stettin, Damm, Gollnow, Greifenhagen und Gartz (der Heimat unseres Fredersdorf) der Stadt Stettin ein besseres Hinterland schuf und damit ebenfalls zu ihrer Hebung beitrug.

So wurde die Stadt durch Friedrichs großzügige Tatkraft zu dem „Schönen orth", den die Astrua jetzt der Besichtigung für wert hielt.

[3] Daß der König zu Fredersdorf hier plötzlich „Sie" sagt und die Formel gebraucht: „wenn es Ihnen nicht zuwider ist", will natürlich als Scherz verstanden sein.

FREDERSDORF AN DEN KÖNIG

29. April 1754

Corestini [der Sänger Carestini] *ist Gestern* [zu mir] *angekomen und* [hat es] *sehr empfindlich genomen, daß Er Nicht Zum Concert gerufen worden. seinen Vorgeben nach — da Ewr. Königl. Maj. Ihn die 1000 Thaler Zu-Lage vor einige Monath nicht* [haben] *geben wollen — hätt Er sich in Rusland Engagiret, welches ich aber Nicht glaube. wann Ew. Königl. Maj. Ihn Willens sein Zu Behalten, wahr* [wäre] *das eintzige Mittel, Ihn in seiner großen ambition* [mit Rücksicht auf seinen großen Ehrgeiz] *heute Abendt einge gnädige Worte Zu-fließen zu lassen. alsdann müßte man sehn, waß mit Ihm zu thun* [ist]. *giebt man sich gar Zu sehr vil Mühe, so sagen alle, Er würde eine große augmentation* [Zulage] *Verlangen*[1].

mein Fieber, so ich des abends wieder die Zeit gehabt, fanget an ab-zu-nehmen, [so] *daß ich hoffe, es wirdt in einigen tagen vor-Bey sein. Gott weiß, ich wolte so gerne gesundt sein, um ein-mal aus der Kranckheit zu Komen! —*

Ew Königl. Maj. erweisen mir so vil Gnade, wo-vor ich Gerne durch Meinen Dienst erkenntlich sein wolte; allein die öftere Zufälle lassen mich Nicht Zu Krafft komen. doch hoffe ich, daß es einmal komen wird.

wegen Carestini werden Ewr. Königl. Maj. mir gnädigst Befehlen, wie man sich gegen Ihm raus-lassen soll.

nach Paris habe [ich] *geschrieben um einen Balletmeister und täntzerin in Denis und seiner Frauen Stelle, allein ich bin sicher, Ew. Königl Maj. Bekomen solche 2 Leute Nicht so wieder, die mit so vil guten Willen tantzen und Kein Handel machen. ich Ersterbe Ew. Königl. Maj.*

Pots. d. 29. Apl. 1754

Untherthänigster treuer Knecht
Fredersdorf

---

[1] Des Sängers Carestini Vertrag war am 31. März abgelaufen (vgl. Brief 161). Er selbst hatte im vorigen November während seines Streites mit der Astrua um seinen Abschied ersucht. Jetzt aber, da sein Vertrag doch zu Ende ist, fühlt er sich trotzdem beleidigt, daß er nicht zum Konzert zugezogen ist, und kommt beschwerdeführend zum vielgeplagten Fredersdorf. Im übrigen spricht das Geschichtchen für sich selbst; und man kann nur sagen, daß es des Königs Klage an den Lord Mar-

schall von der für die Theaterleute aufzuwendenden „Klugheit und Vermittlungskunst" nur bestätigt (vgl. Nr. 181).

184
DER KÖNIG AN FREDERSDORF
(30. April 1754)

von Carestini Kan ich nichts anders Sagen, als daß ich Keinem Menschen zulage gebe. wil er noch hier bleiben, So ist es guht, wil er nicht, So habe ich Schon einen andren und Kan er Sein glüke in Petersbourg versuchen! [Im Juni ging er tatsächlich nach Rußland.]

mons [monsieur] *Denis des-gleichen! vohr das geldt, das ich ihnen gebe, Kan ich imer andere Krigen, ist es nicht aus Francreich, so ist es aus Italien. aber nicht einen groschen mehr! wohr* [wo] *würde das hin-gehen! zuletzt müste der Impresario banqueroute* [bankrott] *Machen!*[1]

habe Du nuhr gedult! Du würst gesundt werden, aber alles übele, Was dich Deine charlatans zu-wege gebracht haben, Kan man nicht auf ein-mahl Weckpusten. hier seindt [hier handelt es sich um] *Hemeroiden und geschwihr in denen prostaten. wann alle Docters aus der Welt zusamen Kähmen, So Können sie Diehr nicht auf eine andere art, alss es nuhn geschihet, tractiren* [behandeln], *ohne Dihr in die größte lebensgefahr zu Setzen! du bist zu leicht-gläubig! und wann einer Dihr was vohrsaget, so glaubestu ihm gleich. gottbewahre!*

Fch

[1] Natürlich meint der König mit dem „Impresario" scherzhaft sich selber.

185
FREDERSDORF AN DEN KÖNIG
14. Mai 1754

[Nach für uns belanglosen geschäftlichen Erörterungen fährt Fredersdorf fort:]

Ewr. Königl. Majesté Gnädige ver-Mahnungen und vorsorge thun bey mir einen großen Effect. ich Befinde Mich in rechten Bessern umständen, als vor 3 Monath. ich Küsse Ew. K. Maj. die Füße und Ersterbe Ew. Königl. Maj.

untherthänigster treuer Knecht
Fredersdorf

P d 14 May 1754

Bemerkung des Königs:

es freüet mihr, daß es mit Dihr guht gehet, ich hoffe guhte folgen davon. nuhr vergesse nicht, daß Du Sehr Schlim kranck geweßen bist, und daß du nicht mehr Kräfte als ein Kind hast. gottbewahre!

Fch

186

DER KÖNIG AN FREDERSDORF

(Mitte Mai 1754)

ich bin heute heraus geweßen und habe die fontaine bessehen. es ist was Infames! ich habe gesagt, man Sol den fontenié weck-jagen und zu-Sehen, einen Habilen [tüchtigen] *menschen darbei zu Krigen, der die Sache in Ordnung bringt. ich wünsche Dihr einen guhten fortgang deiner gesundtheit. gottbewahre!*

Fch

Für seine drei Springbrunnen im Park von Sanssouci — eine „Wasserkunst" gehörte ja unbedingt zu einem fürstlichen Garten jener Zeit — hatte der König viel Geld ausgegeben. Auf einer Anhöhe in der Nähe hatte er ein Sammelbecken von etwa 8 Millionen Litern Fassungskraft errichtet und dem Zeitgeschmack entsprechend mit den noch heute erhaltenen künstlichen Ruinen malerisch umkleidet, wovon der Hügel den Namen „Ruinenberg" erhielt. Aber Friedrich erlebte keine Freude an dieser kostspieligen Anlage. Nur einmal, am Karfreitag dieses Jahres (am 12. April 1754), tat einer der beiden kleineren Springbrunnen eine Zeit lang seine Schuldigkeit. Im übrigen aber waren die Röhren, die man zunächst zweimal in Holz, dann aber in Eisen hergestellt hatte, ständig undicht. Ob der jetzt weggejagte „Fontenié" der erste Inhaber dieses Amtes (ein aus Holland verschriebener gewisser Heintze) war, oder bereits ein Nachfolger von ihm, konnten wir nicht feststellen. Auf diesen Heintze, der sich als sachverständiger Fachmann ausgegeben hatte, obschon er nur ein gewöhnlicher Gärtner war, hatte der König einen gewaltigen Zorn, der indessen bald seinen harmlosen Ausfluß in eine derbe Neckerei fand. Friedrich ließ nämlich ein Ölbild malen, das zwei lebensgroße Esel darstellte und die Unterschrift trug: „Hollandse Fontänen-Maaker".

Weiteres über die bösen Springbrunnen werden wir im Brief 232 hören.

187

DER KÖNIG AN FREDERSDORF

(9. Juni 1754)

Sei Du nicht bessorget um mihr! wohr mihr der Teüffel nicht holet, so Komme ich gesundt wieder[1]. *ich denke d. 23. oder 22. Wieder hier zu seindt; ich werde zurüke die Tour über leitzig und Cosvic* [Leipzig und Koswig] *nehmen, dar Könen* [mir welche] *von meine gespan* [Gespannen] *entgegen gehen. Sorge nuhr indessen vohr Dihr Selber; und mache einen guhten Vohraht von gedult und von Mäßigkeit in allen Stüken, denn ohnc dem — und Was ich Dihr vergangen geschrieben habe — ist Keine hoffnung zur volkomenen Geneßung. Keiner Wünschet sie Dihr mehr als ich. ich habe das vertrauen, daß du dihr guht in acht nehmen wirst, und daß ich das vergnügen haben Werde, bei meiner Rükkunft Dihr gesundt und Wohl zu finden.*

Gottbewahre!   *Fch*

[1] Dieser Brief ist geschrieben vor der, vom 10. bis 23. Juni 1754 dauernden, Reise des Königs, die ihn über Magdeburg und Halle nach Bayreuth zu seiner Schwester Wilhelmine führte. Dort verblieb er vom 18. bis 21. Juni und kehrte dann über Leipzig zurück. Wilhelmine fand er in schlechtem Gesundheitszustand vor. Aus dem Umstand, daß er zu ihrer Heilung nichts Besseres zu tun wußte, als ihr seinen Dr. Cothenius — „unsern Aeskulap" nennt er ihn in einem Briefe an seine Schwester — nach Bayreuth zu schicken, geht aufs neue hervor, wie großes Vertrauen er, trotz gelegentlicher Spötteleien auch gegen ihn und trotz alles grundsätzlichen Mißtrauens gegen die Ärzte im allgemeinen, zu diesem Manne hatte. Und nur dieser Arzt war ihm auch gut genug für seinen Fredersdorf! —

188

FREDERSDORF AN DEN KÖNIG

23. Juni 1754.

ich werde mich hertzlich Freüen, wann ich hören werde, daß Ewr. Königl. Majesté gesund und Vergnügt [aus Bayreuth] *zurück gekomen sein. Ein-Liegende Briefe sein zwei Stück vom Mylord Marschall*[1], *ein vom Graff Algaroti und ein Stück von Darget.*

Der Brunnen, so ich itzo Bey Meinen umständen trincke, Verspricht mir viel gutes; ich Bin ohne Fieber, der Apetit und Schlaff findet sich auch. mit der Haupt-incomodite [Hauptbeschwerde] — *des öfteren aufstehens des Nachts — will* [es allerdings] *noch nicht ceshiren* [aufhören], *doch empfinde* [ich] *Beym Uriniren Nicht mehr solche Sensible* [peinliche] *Schmertzen und auch Nicht solche Starke retensiones* [Hemmungen]. *ich Bin also voller guten Hoffnung, daß Bey einer guten diet alles wird guht gehn. und dieses alles habe ich lehdichlich Ew. Königl. Majesté Gnädige Vorsorge untherthänigst und Fuß-Fälligst Zu Danken!*

Wann mir Ew. Königl. Maj. allergnädigst erlauben, so will [ich] *morgen Meine untherthänigste aufwartung Machen. ich ersterbe*

Po d 23 Juny 1754

Ewr. Königl. Majesté untherthänigster treuer Knecht Fredersdorf

Bemerkung des Königs:

Grf. allgarotti sein Tractament [Gehalt] *Sol ihm nicht weitter ausgetzahlet werden.*

Fch

Der Lord Marschall Georg von Keith, den wir in den Briefen 102 und 139 als wahrhaft vornehmen, aufrechten Mann und ehrlichen Freund des Königs kennen lernten, war, wie wir gleichfalls schon wissen, seit 1751 Friedrichs Gesandter in Paris. Jetzt im Mai 1754 verließ er diese Stellung. Bezüglich des Wunsches, von seinem politischen Amt entbunden zu werden, hatte ihm der König am 8. Februar 1754 geschrieben (natürlich französisch): „... vielmehr halte ich Sie für einen außerordentlich liebenswürdigen Mann, von dem ich annehme, daß er, von seinem Gewerbe angeekelt, nach Freiheit lechzt. Das ist eine so natürliche menschliche Empfindung, dass ich nichts dagegen zu sagen weiss. Wäre ich so Herr meiner Handlungen, wie Sie Herr der Ihrigen sind, so hätte ich schon längst einen ähnlichen Entschluß gefaßt, aber in meinem Handwerk muß man sein Joch das ganze Leben tragen..." Und am 31. März schrieb ihm Friedrich zum gleichen Gegenstand: „... Ich halte die Menschen für glücklich, die sich in einem gewissen Alter von den Geschäften zurückziehen können, und dieses Glück erscheint mir um so größer, als ich fürchte, es selbst niemals genießen zu können. Pläne, Sorgen und Verlegenheiten — das ist der Inhalt menschlicher Größe! Hat man manchmal in diese laterna magica gesehen, so hat man völlig genug davon. ... Alle unsere Mühe kommt oft nur auf den Wunsch hinaus, Leute glücklich zu machen, die es nicht sein wollen..."

Der letzte Satz dieses unendlich müde klingenden Briefes bezieht sich natürlich auf die undankbare Verständnislosigkeit, mit der seine Landeskinder vielen seiner segensreichen, aber freilich immer „fertig von oben kommenden" landesväterlichen Plänen begegneten.

Auch die von Darget und Algarotti eingetroffenen Briefe mögen in ihrer Wirkung zu solch schmerzlich-müder Stimmung des Königs gepaßt haben. Es war, wie wir wissen, sehr einsam um Friedrich geworden; der anregende Kreis von Sanssouci hatte sich fast vollständig aufgelöst. (Vgl. Brief 102 u. 136). Auch Algarotti und Darget fehlten. Der letztgenannte, den wir einst als Friedrichs „Vorleser" kennenlernten (Brief 38) weilte wieder in seiner französischen Heimat. Ihm schrieb der König Ende Februar folgendes: „Dieser Winter war schrecklich. Sie haben sehr richtig erraten, daß ich mein Zimmer nicht verlassen würde, so daß ich allerdings einsamer bin, als mir lieb ist. Unsere Gesellschaft ist zum Teufel gegangen. Der Narr [Voltaire] ist in der Schweiz, der Italiener [Graf Algarotti] ist heimlich durchgebrannt, Maupertuis liegt auf dem Siechbett [aus Ärger über Voltaires fortgesetzte Angriffe] und d'Argens hat sich den kleinen Finger verletzt... Ich lebe mit meinen Büchern, pflege Zwiesprache mit den Menschen des augusteischen Zeitalters und werde bald die heutigen Menschen nicht besser kennen, als weiland Jordan die Straßen von Berlin."

Man sieht, wie das „Alleinsein" des Königs begonnen hat, das ihn im Laufe der Jahre immer mehr in den Ruf eines harten, verschlossenen, grundsätzlich mißtrauischen Charakters bringen sollte. — Und trotzdem strahlt sein Wesen diese wundervolle Wärme fürsorgender Liebe aus für Fredersdorf, den einfachen Menschen, der geistig so gar nichts dazu beitragen konnte, das Einsamkeitsgefühl seines Herrn zu vermindern! — Oder müssen wir statt „trotzdem" sagen: „gerade deshalb um so mehr" —? —

Über den Grafen Algarotti ist an dieser Stelle ergänzend zu sagen, daß er schon im Februar 1753 nach Italien gereist war. Der König betrachtete das nur als Urlaub. Das geht hervor aus einem Brief an den Grafen vom Sommer 1753, der im übrigen dadurch bemerkenswert ist, daß er uns erkennen läßt, wie sehr auch in Friedrich der alte Drang der deutschen Seele nach dem Süden lebte, und wie er sich nach dem Anblick der Landschaft und der steinernen Zeugen der Antike sehnte. Daß er diesen Wünschen lebenslang die Erfüllung versagte, war auch eines der Opfer, die er seinem königlichen Beruf darbrachte.

Über Algarottis Nichtrückkehr ist Friedrich jetzt recht erzürnt, er sperrt ihm das Gehalt. Gleichwohl vergaß er der alten Freundschaft nicht; das beweisen nicht allein die späteren herzlich klingenden Briefe, sondern auch die Tatsache, daß er dem 1764 in Pisa Verstorbenen auf dem dortigen Campo santo ein würdiges Grabmal setzen ließ.

189

DER KÖNIG AN FREDERSDORF

(24. Juni 1754)

ich habe 300 Thaler nach paris betzahlet, ich habe Sie jetzunder in Paris an Mr Dalenber gegeben, die Müsen an Metra [Kunsthändler Mettra in Paris] *alle jahr übermachet werden. es freüet mihr, daß es sich mit Dihr wieder zu bessern Scheinet.*   *Fh*

„Dalenber" ist Jean Lerond d'Alembert, der große, fast das gesamte Wissen seiner Zeit umspannende Gelehrte, der an Ruhm — wenn auch als nächster — hinter Voltaire zurückstand, ihn aber an geistiger Tiefe und vor allem an edlen Gaben der Seele weit überragte. Eine bitterschwere Jugend hat d'Alembert gehabt. Als uneheliches Kind von seinen herzlosen Eltern ausgesetzt, wurde er von der Behörde einer armen Glaserfamilie in Pflege gegeben, kam aber als Zwölfjähriger in eine Erziehungsanstalt, wo sich seine fabelhaften Gaben bald aufs glänzendste und vielseitigste entfalteten, so daß er bereits im Alter von 24 Jahren von der Pariser Akademie der Wissenschaften als Mitglied aufgenommen wurde. Als „Freidenker" ist auch er den Verfolgungen der Theologen nicht entgangen, wie auch sonst sein Leben dauernd beschattet blieb. Seine geldlichen Verhältnisse waren überaus dürftig, aber er strebte dennoch weder nach irdischem Gut, noch nach äußerem Glanz. Darum lehnte er einen Ruf nach Petersburg, als Erzieher von Katharinas Sohn Paul, ebenso ab, wie die immer erneuten dringenden Einladungen zur Übersiedlung nach Potsdam, dies, obschon er Friedrichs warme Bewunderung aufs herzlichste erwiderte. Seit 1747 gehörte er (als „Auswärtiges Mitglied") der Berliner Akademie an, aber von Paris konnte er sich nicht trennen. Außer seiner Kränklichkeit hielten ihn sein Heimatgefühl, tausend geistige Fäden und die treue Liebe zu einer Frau, die dessen nicht wert war, dort fest. Daß Friedrich trotzdem seit 1754 die in unserem Brief erwähnte Jahreszahlung von 300 Talern zur Besserung der sehr beschränkten Lage des Gelehrten anwies, ehrt seinen wahrhaft königlichen Sinn, wie es andererseits beweist, wie hoch d'Alembert den König schätzte; denn von einem anderen, als einem wahrhaften **Freunde**, hätte diese stolze Seele gewiß keine Unterstützung ohne sichtbare Gegenleistung angenommen. Welcher Jammer ist es, daß nicht **dieser** Mann an Voltaires Stelle stand in Sanssouci! Er hätte mit seinem hohen und feinen Geist und seiner edlen Seele zugleich dem Verstande **und** dem Herzen Friedrichs Genüge tun können.

Erst im Sommer 1755 lernte Friedrich — in Wesel — d'Alembert persönlich kennen (vgl. Brief 289), und acht Jahre später machte der Gelehrte einen mehrmonatigen Besuch in Sanssouci. Die Eindrücke d'Alemberts aus dieser Zeit spiegeln sich in einem Ausspruch, der uns allerdings nur mittelbar überliefert ist. Wir setzten ihn als Geleitwort über unser Buch: „Man kennt diesen König allein durch seine **Taten**, die Geschichte wird sie nicht verschweigen; aber, was er für die wenigen ist, die mit ihm **leben**, verkündigt sie nicht."

Und doch gab dieser begeisterte Gast auf Friedrichs hoffende Frage, ob er **dauernd** bei ihm in Sanssouci bleiben wolle, ohne Besinnen eine neue Absage. Wir glauben nicht, daß auch diesmal das Heimweh nach Frankreich sein Beweggrund war, sondern die Hellsichtigkeit eines großen Seelenkenners, die ihn ahnen ließ, daß mit diesem König nur eine „Feiertagsfreundschaft" möglich sei, keine solche des Alltags. Und nach allem, was wir über Friedrichs sonstige Freundschaftsschicksale wissen, hatte d'Alembert **recht**. Nie wieder haben sich die beiden mit Augen gesehen, aber sie „lebten" miteinander, indem sie durch einen wundervollen Briefwechsel verbunden blieben, dem erst d'Alemberts Tod im Jahre 1783 ein Ziel setzte.

190

DER KÖNIG AN FREDERSDORF (Juni 1754)

Bey der opera [Oper] *Seindt vihle aptequer-rechnungen*[1]*, die mihr nicht gefallen.*

es freüet mihr Sehr, daß der Solistice [die Sonnenwende] *vorbei ist, die tzeit ist ordinär fohr krancken Sehr gefehrlich*[2]*. und weil du den So guht überstanden* *hast, So Wäkset* [wächst] *meine hoffnung bestendig und hoffe ich Dier beinahe volkomen gesundt zu Sehen, welches ich dihr aufrichtig wünsche!*

Fch

[1] „Apotheker-Rechnungen" = Überteuerungen.

[2] Immer wieder begegnen wir dem Glauben des Königs an den Einfluß der Sonne und des Mondes auf die Krankheiten. Man vergleiche die ausführlichen Darlegungen dazu bei Brief 107.

191

FREDERSDORF AN DEN KÖNIG

26. Juni 1754.

der Graff Algarotty[1] *hatt Bey der Hoff-Stats-Cassa sein Tractment* [Gehalt] *die Zeit seines weg-seins nicht gehoben. es Beträgt sich Zusamen 3400 Thaler. Man siehet aus diesen umständen, daß er nicht hatt wollen wieder-Komen. ich habe dieses geldt Komen lassen; und wirdt es von Ew. Königl. Maj. Befehl dependiren. den Schlüssel zu den Kasten, worin es ist, habe an Glaso*[2] *gegeben.*

ich Gienge gerne aus, allein Cothenius hat mir Bey dem regen-Wetter [Regenwetter] *es ver-Bothen. sonst gehet es recht guht,* [so] *daß ich immer mehr glaube, alle meine incomoditeten* [Beschwerden] *loß zu werden. Gott gebe Nur Ew. K. M. gesundtheit! ich Küsse Ihnen die Füße!*

untherthänigster treuer Knecht
Fredersdorf

P d 26 July 1754

Bemerkung des Königs:

[Nach einer Verfügung über die von Algarotti her freiwerdende Summe fährt der König fort:] *es freüet mihr, daß es guht mit Dihr gehet; und tuhestu sehr guht, bei dem heßlichen wetter zu-hause zu bleiben.*

Fch

[1] Wegen des Grafen Algarotti siehe den Brief 188.

[2] „Glaso" ist der Kammerdiener Glasow, der später wegen eines schweren Vergehens im Dienst auf Festung kam und dort starb.

DER KÖNIG AN FREDERSDORF
(Ende Juni 1754)

ich habe in bareit [Bayreuth] *Mit* [dem Sänger] *Steffanino abgeredet, er Sol mihr einen Jungen buben Kaufen in Rohm* [Rom], *der eine Schöne Stime hat. mache ihm dorten doch Credit und Schreibe ihm darum*[1].

dann So ist ein Sänker in Neapoli, der heißet Menzoni; den Mus Man Skreibe, ob er sick Wil angagir vohr Künftig jar, denn der Monsieur Amador mihr nit gefal; und der andere Sol Sink, wie ein enkel [Engel]. *und ich liebe was guhtes, Schlekt mihr nit gefal. gottbewahre ihr* [= Euer] *hokwolgebor und gebe Kesundtheit und Kraften, auk Schlaff und fil andere Kute Sack!*[2]   *Fch*

Carel hat Sich Nase durch-gekratzet, ich mus im [ihm] *die forder-poten auf den Rüken binden lassen!*[3]

[1] Aus Bayreuth war der König, wie wir uns erinnern, soeben zurückgekehrt. Der dortige Sänger Stefanino Leonardi, den wir in unseren Briefen auch einmal als Gast in Potsdam sehen, hat offenbar eine Reise nach Italien vor und soll bei der Gelegenheit einen jungen Sopransänger für die Berliner Oper „kaufen". (Über das Kastratenwesen im damaligen Kunstgesangsbetrieb vgl. Brief 41.)

[2] Im zweiten Absatz des Briefes gebraucht der König — sein eigenes Kauderwelsch übertrumpfend — sogenanntes „Franzosendeutsch" (vgl. dazu Seite 14), und er beehrt Fredersdorf scherzhaft mit dem Adelsprädikat „hokwolgebor". Offenbar ist er guter Laune. Das zeigt sich auch

[3] bei der Bemerkung über „Carel", dem angeblich die „Vorderpfoten" auf den Rücken gebunden werden sollen, weil er sich die Nase gekratzt hat. Hier haben wir den dritten Mosaikstein für die künftige Zusammensetzung des „Carel"-Bildes.

FREDERSDORF AN DEN KÖNIG
5. Juli 1754.

Ewr Königl Maj. habe [ich] *untherthänigst Bitten wollen,* [mir zu sagen], *ob es dero Gnädiger Befehl ist, daß die teutsche Köche* [den deutschen Köchen] *so als den Franzoschen alles soll ver-abfolget werden, waß Sie Fordern. jayart*

[Joyard, der Leibkoch], *beruft sich drauf, es solt Ihnen gegeben werden, was Sie Fordern. wir Komen Keinen tag mit dem, was Ewr. Königl. Maj. ausgesetzet* [haben], *aus; und Mögten durch die Continuation* [Fortdauer dieses Zustandes] *in Schulden Komen. is es aber Ewr. K. Maj. allergnädigster Befehl, so soll alles gegeben werden. ich lege ein Küchen-Zettel bey, damit Ewr. K. M. den täglichen aufwandt sehn Könen. Betrug is hir Nicht dabey, allein ich wolt Nicht gern in un-ordnung Komen*[1].

wann Mein Gicht-Fluß wird aus-getobet haben, Kan ich aus-gehn. ich Bin Froh, daß es mit der Blase gut gehet; dieser Schmertz gehet über alles. ich danke und Küsse Ewr. Königl. Maj. die Füße vor den gnädigen rath. Gott Er-Halt Sie Nur! und Bitt [ich erbitte] *noch einige tage geduldt mit anfang des Brunens* [der Brunnenkur][2]. *ich Ersterbe*

E. K. M. untherth. treuer Knecht
Fredersdorf

P d 5 July 1754

[1] Hier sehen wir Fredersdorf, „le grand factotum", mit Küchenfragen beschäftigt. Auch in der Küche haben die Franzosen die Vorhand. Diesen, die natürlich den königlichen Tisch zu versorgen haben, wird ohne weiteres alles an Zutaten ausgehändigt, was sie verlangen. Dasselbe Recht beanspruchen nun, unterstützt durch den hohen „Chef" Joyard, der schon die Rheinsberger Küche regierte, auch die deutschen Köche!! — Dem guten Fredersdorf macht diese „Revolution" Sorge, denn es werden ohnehin schon 11 Taler täglich mehr verbraucht, als vom König festgesetzt ist, und das sind nur 32 Taler!

Der Kämmerer kennt seinen Herrn, er weiß, wieviel Wert dieser auf gutes Essen legt, daß er sich täglich den Küchenzettel vorlegen läßt und nicht selten Änderungen anordnet, ja, daß er, wenn etwas besonders gutes oder etwas neues in Aussicht steht, auch wohl schon vor der gewohnten Stunde anrichten läßt. Also Küchenzettelfragen sind eine kitzlige Angelegenheit! Aber andererseits: Die 11 Taler Mehrverbrauch! Das ist auch eine Sache, mit der sich der Herr Kämmerer in die Nesseln setzen kann! Also stellt er die ganze Frage der Allerhöchsten Entscheidung anheim. Er macht sich die Sache nicht leicht, sondern legt dem König eine 6 große Bogen umfassende Aufstellung darüber bei, was in der Küche beispielsweise am 30. Juni 1754 verbraucht worden ist und was dafür geliefert wurde. In diesem Schriftsatz sind die Küchenzettel für die verschiedenen Tafeln, von der königlichen, bis herab zu denen der Kammerdiener, der Pagen und der Lakaien, genau aufgeführt, auch ist angegeben, daß die und die Köche die und die Gerichte mit den und den Zutaten hergestellt haben. Selbst die Ausgabe für Kohlen ist nicht vergessen. Nur die Kocherei für die Hunde ist nicht besonders aufgeführt, obschon diese, wie wir wissen, sich keineswegs immer mit „Abfällen" zu begnügen hatten!

Auf den gänzlichen Abdruck des großen Küchenberichtes möchten wir verzichten, aber von den Einzelpreisen wollen wir wenigstens einige anführen, um unsere Leserinnen, die schon so viel Gelegenheit hatten, sich über den „Alten Fritz" zu ärgern, nicht unheilbar zu erzürnen.

Zum Verständnis der Preise ist vorweg zu bemerken, daß ein Taler in 24 Groschen zu je 12 Pfennigen zerfiel. Hiernach entnehmen wir aus dem Bericht, daß ein Pfund Rindfleisch 1 Groschen und 6 Pfennige kostete, Hammelfleisch ebensoviel, und Kalbfleisch 1 Groschen und 9 Pfennige. Schinken und Talg stellten sich auf 3 Groschen, fetter Speck auf 3 Groschen und 6 Pfennige. Für Butter zahlte man 3 Groschen, für Eier 10 Groschen für das Schock, also 2 Groschen für das Dutzend. Dagegen waren Dinge, die aus dem Auslande kamen, der hohen Frachtkosten wegen verhältnismäßig teuer. So mußte man für Zitronen je Stück 1 Groschen, für das Pfund Mandeln 4 Groschen und 6 Pfennig, für Zucker — es war ja Rohrzucker — 4 Groschen und 9 Pfennige ausgeben.

² Aus dem Satz: „Und bitte noch um einige Tage Geduld mit dem Anfangen des Brunnentrinkens" geht wieder einmal hervor, mit wie rührender Aufmerksamkeit der König jede Einzelheit in Fredersdorfs Kuren verfolgte und mit väterlicher Autorität bestimmte. (Am 23. Juni [Brief 188] berichtete Fredersdorf schon, daß er nunmehr den Brunnen trinke; offenbar war ihm das zunächst nicht gut bekommen, und er hatte wieder aufgehört.)

194
DER KÖNIG AN FREDERSDORF

(6. Juli 1754)

ich Kan recht guht essen, und die Köche Könen das-Selbige essen Machen, nuhr Müssen Sie nicht die helfte von denen Ingredientzen [Zutaten] Stehlen, sonsten gehen alletage 11 Thaler mehr darauf! ich versichere Dier, daß unßer fras [Fraß] nicht Kostbahr, aber [sondern] Nuhr Delicat ist![1]

Was thuht der teüfel, er Siket [schickt] *mihr einen Majohr mit recruhten aus bareit* [Bayreuth]. *dar gehöhret eine goldene Tabatiere vohr! Solte ich auch am Betel-Stap* [an den Bettelstab kommen], *So mus ich Sie Kaufen. lasse nuhr eine vohr 150 Thaler aus berlin Komen!*

Fch

[1] Man sieht, der arme Fredersdorf ist mit seinem großen Bericht hereingefallen! Das Essen — der „Fraß" — soll so bleiben wie zuvor, aber es soll keine Mehrausgabe stattfinden! Diese beruht, so erklärt der König schlankweg, auf Stehlerei! Es nutzt Fredersdorf nichts, daß er in seinem Brief — diesem erwarteten Einwand vorbeugend — erklärt hatte: „Betrug is hir Nicht dabey"! —

[2] Der Major — es ist wohl ein Herr von Treskow, den Friedrich am gleichen Tage in einem Brief an Wilhelmine erwähnt — bringt „Rekruten". Und diese sind doch stets so sehr erwünscht. Aber trotzdem: Der Teufel schickt ihn, denn — es kostet als Geschenk für den Offizier eine goldene Tabaksdose!

Es ist reizvoll zu sehen, wie sich in Friedrichs II. Wesen oft Eigenschaften seines Großvaters und seines Vaters durchkreuzen. Wie Friedrich I. hat er eine gewisse Neigung zum Wohlleben und leichten Lebensgenuß, aber von Friedrich Wilhelm I. die Sparsamkeit, die in kleinen Dingen manchmal bis zur Knauserei geht. Allerdings soll es ja, wie der Herausgeber aus erfahrenem Frauenmunde verraten kann, eine allgemeine Eigenschaft der Männer sein, daß sie bei bedeutenden Ausgaben oft großzügig, bei geringen aber „entsetzlich kleinlich" sein können! —

195

FREDERSDORF AN DEN KÖNIG

8. Juli 1754.

[Nach einem Bericht über einen dem Kapellmeister Graun (vgl. Brief 7) empfohlenen „Kastraten" fährt Fredersdorf fort:]

Es ist ein gewisser reicher Kauffmann aus Spanien hier, Nahmens Herr v. Dahlen, welcher ein landes-Kind von Ew. K. M. [ist]. *dieser Cavallier is Wegen Armuth vor 27 jahr aus dem Weselschen* [Gebiet von Wesel] *Weg-gegangen und durch sein Fleiß ein reicher Kauffmann geworden und wohnet in Cadix. Dieser Man, der Nichts Verlanget, Er-Bittet sich die gnade, Ew K. Maj. diejenige Vortheile an-zu-Zeigen, so unserem Commerce* [Handel] *Noch fehlen, um es recht Florisant* [blühend] *Zu machen. Er obligieret* [verpflichtet] *sich, in 2 jahr* [von] *Hambourg, Altona* [und] *Meist gantz Holland den Spanischen Handel nach Stettin Zu Schaffen. Er Bittet sich aber aus, seine propositiones* [Vorschläge] *so geheim als Möglich zu halten,* [da] *sonst alle das seinige* [sein Vermögen] *in Spanien, das Considerable* [beträchtlich] *ist, verlohren ging. Mit Ew. Konigl. Maj.* [selbst] *Wil Er Zu thun haben und Noch mit einem Ver-nünftigen Menschen, so von Commerce Connaisence* [Kenntnis] *hat. sein intention* [Absicht] *ist, mit dem seinigen ins Landt Zu Ziehen.*

Mein Fieber hatt mir Verlasen, allein Meine Brust und übeler Husten nebst die Schmertzen, so ich drauf habe, inquiettiren [beunruhigen] *Mich. ich Bin ein Elender Köther* [Hund] *und erkenne Meine Faiblesse* [Schwäche] *imer Mehr. Ew. Konigl. Maj. Gnade und viehle Wohlthathen, so Sie mir er-Zeigen, erhalten mir Mein leben. ich erkenne solches mit den Dank-Bahrsten Hertzen und Ersterbe Ew. Konigl. Maj.*

unterthänigster treuer Knecht
Fredersdorf

P d 8 July 1754

Der Bericht Fredersdorfs über den deutschen Kaufmann aus Spanien, der nach Preußen übersiedeln will und sich anheischig macht, den spanisch-preußischen Handel, soweit er bisher den Weg über die Nordseehäfen Hollands und der Elbe nahm, unmittelbar nach Stettin zu leiten, gibt uns zu folgenden Betrachtungen Anlaß.

Der Herr von Dahlen ist ins Ausland gegangen und dort Kaufmann geworden, in der Heimat wäre ihm seines Adels wegen dieser Beruf verschlossen gewesen. Der landsässige preußische Adel hatte allmählich den „ständischen" Widerstand gegen den Souverain aufgegeben. Dazu hat die Krone nicht wenig beigetragen, und zwar dadurch, daß sie die Offiziersstellen — abgesehen von wenigen Truppenteilen — tatsächlich genommen zum Reservat der Edelleute machte. So schuf sich Friedrich, und das bildete einen nicht geringen Teil seiner kriegerischen Kraft, einen Offizierstand von großer innerer Einheitlichkeit, in dem sich die Sippe für die Ehrenhaftigkeit und Tapferkeit des Einzelnen mitverantwortlich fühlte. Und andererseits erzog er so den gesamten Adel dazu, die zum Blutopfer freudig bereite Treue zum König zur selbstverständlichen Standessitte zu erheben. Friedrich war keineswegs blind gegen Schattenseiten seiner Junker, im ganzen aber galten sie ihm durchaus als die „gute Rasse", die „auf alle Weise meretieret, konservieret zu werden". Darum behandelte er auch als Landesvater (ohne doch, namentlich dem Bauernstande gegenüber, parteiisch zu werden) den Adel sehr pfleglich. Andererseits verfiel er nicht dem Vorurteil, Gaben des Geistes und des Charakters seien in höherem Grade und aus anderen Gründen von der Geburt abhängig, als deshalb, weil gewisse Eigenschaften erfahrungsgemäß nur durch die gehobene Lebensstellung einer längeren Geschlechterfolge hochgezüchtet werden können.

Die Sitte, daß der preußische Adel entweder das auf eigener Scholle selbstgebaute Brot, oder aber — in Offiziers- oder Verwaltungsbeamtenstellungen — „das Brot des Königs" aß, ist bekanntlich bis in unsere Tage erhalten geblieben und hat — seit dem Aufstieg des, zu Friedrichs Zeiten noch meist schlummernden, Bürgertums — nicht wenig Widerspruch erregt. Erst seit der jüngsten Staatsumwälzung bahnt sich in beruflicher Hinsicht eine stärkere Verwischung der Standesgrenzen an, gewiß nicht zum Vorteil des Adels, als einer geschlossenen Gesellschaftsklasse.

Die Vorschläge, die der Herr von Dahlen dem König machen will — ihm selber und einem „Handelssachverständigen", womit wohl Fäsch (Brief 26) oder Gotzkowski (Brief 21) gemeint ist — sehen etwas nach „Projektenmacherei" aus, mit der der König zeitweise überlaufen wurde*. Trifft allerdings unsere Vermutung zu, daß dieser „Dahlen" mit einem in anderen Quellen genannten Kaufmann „Dahrl" gleichzusetzen ist, so hat sich der König auf seinen Plan eingelassen. Denn dieser „Dahrl" hat tatsächlich den Versuch gemacht, ein Handelsabkommen zwischen Spanien und Preussen zu vermitteln. Erfolg hat er darin allerdings ebensowenig gehabt, wie im Jahre 1749 der erste nach Spanien geschickte preußische Gesandte, namens Cagnony, der eine Vereinbarung zugunsten der preußischen Einfuhr, insbesondere für die schlesische Leinwand, erzielen sollte. Die „Atmosphäre" in Madrid war eben für Preußen nicht günstig, seit Friedrich im Jahre 1741 ein ihm von dort angebotenes Bündnis nicht eingegangen war.

---

* Wir hörten davon in Brief 94 gelegentlich der „Asiatischen Kompagnie" in Emden. Auch Nettelbeck, der nachmalige Held von Kolberg, weiß in seiner Lebensgeschichte davon zu erzählen, wie er einmal mit einem afrikanischen „Projekt" bei König Friedrich „abgefallen" ist.

DER KÖNIG AN FREDERSDORF

(9. Juli 1754)

den Castraten [d. h. den von Fredersdorf im vorigen Brief erwähnten Sopransänger] *mus man Komen lassen. wann er 500 Thaler Krigt, ist* [es] *genug, denn er verstehet noch nichts; und Einer fehlet, der baldt Komen mus.*

wegen deiner gesundtheit freüet es Mihr, daß das Fiber weckist [weg ist]. *der husten wirdt Sich baldt geben und ohne folge seindt; nuhn Sihestu aber leider wieder aus der Erfarung, daß ich nicht unrecht habe, Dihr von der berlinschen Reiße abzuhalten. wann du Krank bis, so vertzweifle nicht, dan* [denn] *anjetzo ist keine gefahr zu beßorgen; aber wann Du besser bist, So glaube Dihr nicht gleich gesundt, denn das bistu noch lange nicht! darum gewehne* [gewöhne] *Dihr, als wie ein Kranker zu denken, und Moderire* [mäßige] *deine Wivasitet* [Lebhaftigkeit] *bei guhten tagen, oder Wihr Komen nichmahlen vom flek!*

Regim [Ordnung] *und großes Menagement* [Schonung] *Mußtu haben, nichts ungesundes essen noch trinken, die Kälte und Wint, nas* [nasses] *Weter hüten* [vermeiden], *Dihr nicht über Kräfte mit gehen* [Gehen] *oder fahren fatiguiren* [ermüden], *und nicht ehr glauben Couriret* [geheilt] *zu Seindt, bis i c h es Dihr Sagen werde. absonderlich trinke den brunnen mit dem gehörigen regime* [Vorsicht] *im Essen, trinken und übrigen, auf daß du dier nicht Selber ums leben bringest. gottbewahre!*

Fch

NB: *Ergernis Meide aufs eüßerste, und benehme Dihr* [vermeide], *So vihl du Könst, was darzu kan gelegenheit geben.*

FREDERSDORF AN DEN KÖNIG

10. Juli 1754

ich habe einen Menschen aus Prag Engagiret, welcher aus-Schreibender Kreiß-Secretarius ist. von diesen menschen Könen Ew. Königl. Maj. allemahl 4 Wochen vor-aus wissen, wann die ostericher [österreichische] *Armé marchiren solt, auch wie Stark, wo sie hingehen und wo Sie Ihr magazins hin-legen, und viehleicht noch* [andere] *Nützliche Sachen. ein-Lage ist* [die Briefanlage besagt], *wie itzo effectivement die armé stehet, und wie Viehl Regimenter die Königin* [Maria Theresia] *Hatt.*

ich habe ihm instruiren lassen, Nichts un-nöthiges zu Schiken und Nichts andres, als was der warheit gemäß [ist]. *ich hoffe in einige tage wieder Nachricht von Ihm zu haben, ob Er in allen Conditiones Entriret hatt* [sich allen Bedingungen gefügt hat]. *davor habe* [ich] *Ihm Ver-Sprochen, wann Er sein Sache Vernünfftig und Klug machen wird,* [daß] *Er sein Brodt mahl in Ew. K. M. lande* [finden] *solte. wann es Ew. Königl. Maj. allergnädigst approbiren* [billigen], *so wil* [ich] *mit diesen Menschen Continuiren* [weiter verhandeln]. *Wo es aber Nicht Ew. K. M. Wille is, so werde mir da-nach richten, denn ohne Ew. K. Maj. Befehl Wil ich Nichts unter-Nehmen.*

Zu den Angefangenen Brunen [Brunnenkur] *wünsche ich Ew. K. M. Nur gutes Wetter! so Bin ich Versichert, es wird gott-Lob gut gehn.*

Mein Gicht-Fluß wil noch nicht gäntzlich cessiren [aufhören], *welches mich recht Peiniget. ich hab weder Schlaf noch ruhe, doch is es Nicht mehr so Stark. ich lege mich Ew. K. Majesté demüthigst zu Füsen, Gott Vergelt alles gutes und gnädiges, welches Ew. K. Maj. an mir Beweisen! ich Ersterbe*

Ewr. Königl. Majesté
Aller-unther-thänigster treuer Knecht
Fredersdorf

P. d 10 July 1754.

Hier sehen wir unseren vielseitigen Fredersdorf, der dem König einst den ersten politischen Spitzel verschaffte (Brief 32ff.), als Vermittler eines militärischen Spions. Ein „Ausschreibender Kreis-Sekretär" in Dresden ist sein Mann. (Man denkt unwillkürlich an die schöne preußische Amtsbezeichnung „Geheimer expedierender Sekretär und Kalkulator", von der wir erst seit kurzem befreit worden sind.) Das dem Brief beigefügte Schriftstück gibt ganz genaue Auskunft über das österreichische Heer, über seine Stärke, Einteilung und Bewaffnung. So reizvoll die Einzelheiten für den Fachmann sein mögen, glaubten wir doch für unseren weiteren Leserkreis auf den Abdruck verzichten zu sollen.

198

DER KÖNIG AN FREDERSDORF (9. Juli 1754)

ohngeachtet ich von denen östreichern ihre unternehmungen guht instruiret bin, So Wirdt es doch nicht Schaden, Wenn man den Menschen engagiret. nicht im friden, aber werenden Krig [während eines Krieges] *Kan er guhte Dienste thun.*[1] *es freüet mihr, daß es sich mit Dihr bessert. verkälte Dihr nuhr nicht, dann Wirdt die gicht gewisse vergehen. ich Saufe den Brunnen nach der Kunst, und vergesse die Kirschen nicht dabei*[2]. *Gottbewahre!* Fch

[1] Der König antwortet recht kühl, wir vermissen ein Wort der eigentlich doch wohl verdienten Anerkennung für Fredersdorf. Vor sieben Jahren, als es sich um die Anfänge eines Spionagedienstes handelte, fand Friedrich ganz andere Worte! Die Erklärung für die gleichmütige Ruhe, mit der er die Mitteilungen jetzt hinnimmt, mag einerseits darin liegen, daß er schon anderweitig „guht instruiret" ist, und sodann darin, daß er eben um diese Zeit hinsichtlich der augenblicklichen Lage infolge des Einschlafens der Verhandlungen zwischen England und Rußland außer Sorge ist. (Vgl. Brief 181, Anm. 2.) Immerhin lesen wir auch hier zwischen den Zeilen bestätigt, daß ihm der „kommende" Krieg als ein unvermeidbares, nur zeitlich noch unbestimmbares Ereignis erscheint.

[2] Die diesjährige Brunnenkur in Sanssouci — das waren zugleich des Königs „Ferien" — dauerte vom 8. bis 23. Juli 1754.

199

DER KÖNIG AN FREDERSDORF (Mitte Juli 1754)

wegen deine umbstände, so freüet es Mihr, daß die Schmertzen nach-lassen; es ist weiter nichts, als eine fligende gicht[1]. *nuhr mus Du Dihr in acht nehmen, daß es nicht nach der blaße* [Blase] *oder nach der brust gehe. deswegen mus du nicht aus der Camer gehen, bis Der flus gantz Disipiret* [aufgelöst] *ist, und Dihr vohr zuch-winde und vohrnehmlich vohr Schleünige ver-Enderunk von Hitze und Kälte meiden* [hüten].

Sonst ist es guht, daß es Sich nach denen eüßeren theillen wende und daß die blaße [Blase] *ungekränket bleibet, denn mit der ist garnicht zu Schertzen. gottbewahre!* Fch

[1] Offenbar hat der König inzwischen mit Dr. Cothenius, kurz bevor dieser (am 11. Juli) nach Bayreuth reiste, gesprochen und tröstet Fredersdorf nun damit, daß seine in den letzten Briefer erwähnte Gicht nur eine „fliegende" sei.

200

DER KÖNIG AN FREDERSDORF

(Mitte Juli 1754)

wegen der astrua [Primadonna Astrua] *und Romani, So wil ich wohl, den Bischof zu gefallen, sie 3 Wochen permission* [Urlaub] *geben, wann Sie Selber dahin wollen*[1].

wegen pineti [Pinetti, italienischer Theateragent], *so mus er den jungen Sopran engagiren, der noch bei dem Meister ist, und Schiken ihm, je ehr jelieber, daß er gegen der opera zur tzeit hier ist,*

den conteralt [Contra-Alt] *muß Man hören, wie die Stime ist; er mus den Discant* [die hohe Stimmlage] *weder durch der Nase noch durch den hals Singen, eine egale* [ausgeglichene] *Stime haben, und helle* [und] *Clar, nicht Dumpfig* [singen], *sonsten wil ich ihm nicht*[2].

[Dr.] *Cothenius Kan noch bis zum 20ten dar* [in Bayreuth] *bleiben und dann zurüke Kommen*[3]. *ich bin froh, daß es Sich mit Dihr bessert und daß dieser Schauer wieder vohrüber ist. lasse Dihr das Moperni-unglük*[4] *zur warnung dihnen; und traue Keinem charlatan! gottbewahre!*

Fch

[1] Giovanna Astrua, die Primadonna, hat wieder einmal einen Sonderwunsch — diesmal gemeinsam mit dem Sänger Romani — und „selbstverständlich" wird er ihr auch in diesem Falle nicht abgeschlagen. Es handelt sich um eine Gastspielreise nach Prag, woselbst dem Kaiserpaare zu Ehren glänzende Festlichkeiten stattfanden, im Anschluß an große österreichische Manöver, über deren Verlauf sich Friedrich genaue Berichte verschaffte. Fredersdorf bestellt einige Tage später dem König den Dank des Sängerpaares mit dem Bemerken: „sie seindt Besonders Vergnügt, nach Prag Zu gehen; es Bringet was ein! —"

[2] Hier haben wir wieder ein recht eindringliches Beispiel dafür, wie der König sich — trotz alles Schimpfens über das „Schelmpack" und obschon ihm das Theater nur Gegenstand des „Vergnügens" war — um die Eigenschaften und Leistungen seiner Bühnenkräfte bis ins

Kleinste selbst kümmert. Fredersdorf berichtet später, Pinetti werde sich „den Schönen Contra-Alt" anhören, damit er dem König eingehend berichten könne.

³ Wir bemerkten schon, daß der König bei seinem im Juni erfolgten Besuch in Bayreuth der kranken Schwester versprochen hatte, ihr seinen Leibarzt zu senden. Dr. Cothenius blieb 5 Wochen dort und kehrte am 13. August heim.

⁴ Das „Moperni-Unglück" kommt in den weiteren Briefen des Königs noch mehrmals als abschreckendes Beispiel zur Verwendung. Es hat damit folgende Bewandtnis. Hinter dem Namen „Moperni" (von Friedrich auch „Mauperni" geschrieben) versteckt sich der Marquis Théodore Camille de Montperny, der am Hofe von Bayreuth zugleich Oberst, Direktor der Bauten, Oberleiter der „französischen Komödie" und endlich auch Oberhofmeister war. Wilhelmine schätzte diesen, wie Friedrich ihn nannte, „in Treue erprobten Mann, der ihr außerdem nützlich war", sehr hoch und litt schmerzlich, als sie ihn durch den Tod verlor.

Im März 1753 hatte die Markgräfin ihrem Bruder geschrieben: „... Wir haben ein seltsames Beispiel von einer Sympathiekur erlebt. Montperny lag in den letzten Zügen. Sein Körper begann sich bereits zu entzünden. Eine einfache Bauersfrau hat ihn binnen zwei Stunden gerettet..." Auch Wilhelmine entschloß sich daraufhin, sich von dieser Wunderfrau „aus der Entfernung besprechen" zu lassen, und sie meldet ihrem darüber „erschreckten", vor „Kurpfuschern" dringend warnenden Bruder zunächst erstaunliche Heilerfolge — die aber nach drei Wochen in nichts zerfließen. Die Worte, in denen sie dies zugibt, kehren in plötzlichem Umschwung wieder ganz ihre „Aufgeklärtheit" ironisch und spöttelnd hervor: „Meine Kur hat wie die Wunder im Evangelium geendet, d. h. sie ist ebenso gut beglaubigt wie jene."

Während ihr nun die „Kur" wenigstens nicht geschadet hat, ist Montperny nach Wilhelmines und Friedrichs Überzeugung das O p f e r der Wunderfrau geworden. Nach dem baldigen Wiederauftreten seiner Leiden suchte er Genesung in Paris, wo er Ende Juli 1754 qualvoll starb. Daß unser — von uns auf „M i t t e Juli" datierter — Brief das „Moperni-Unglück" als bereits geschehen behandelt, erklärt sich daraus, daß Wilhelmine schon zu Anfang des Monats nach Potsdam berichtet hatte, der Marquis sei gestorben. Die dem zugrunde liegende Meldung aus Paris erwies sich dann aber als irrig, d. h. als um einige Wochen verfrüht.

Die merkwürdige Vermischung von „Aufgeklärtheit" und Neigung zum „Okkulten", wie wir sie soeben bei Wilhelmine beobachteten, ist kennzeichnend für jene Zeit*. Dazu paßt es auch, daß die Markgräfin das Vorkommen von „Sympathie" (oder, wie wir heute sagen würden, „Telepathie") Friedrich gegenüber verteidigt, indem sie schreibt: „Obwohl fern von Dir, f ü h l e ich Deine Leiden, Sorgen und Freuden. Kann ich hiernach abstreiten, daß es Sympathie g i b t ?" —

201
FREDERSDORF AN DEN KÖNIG

22. Juli 1754

[In 12 bezifferten Absätzen gibt Fredersdorf einen Bericht über des Agenten Pinetti Unternehmungen, Meinungen und Geldansprüche. Es handelt sich um den „jungen Castraten" (den Sopransänger) und den „Schönen conteralt". („Contra-Alt" ist eine tiefere Tenor-Stimmlage.) Die Einzelheiten können wir uns, soweit sie nicht schon in der Anmerkung zum vorigen Brief verwertet sind, schenken. Dann fährt Fredersdorf unter Ziffer 13 fort:]

Meine Mattigkeit wird sich Baldt legen. ich Bin froh, daß ich Nicht Lahm Bin geworden. ich hab mir gestern hertzlich gefreüet, da ich Ew. K. M. hab vor-Bey-reüten sehn. Sie sehn recht Munter und woll aus, Gott er halte Ew. Königl. Maj. weiter, welches Meine gröste Freude ist!

ich Ersterbe

P 22 July 1754

Ew. K. M.
unther-thänigst treuer Knecht
Fredersdorf

202
DER KÖNIG AN FREDERSDORF

(22. Juli 1754)

mihr fehlet ein Zenker [Sänger][1]. *also mus er* [Pinetti] *ihm* [den Kastraten] *nohtwendig vor den Carneval engagiren, wenn er ihm auch 600 Thaler gibt, und noch, was der meister auf der handt gibt.* [Sinn: „und außerdem das übliche

---

* Ein Vergleich mit der geistigen Einstellung Europas nach dem Weltkriege drängt sich auf. Man erinnere sich auch der Anmerkung zum Brief 107 über die „Astrologie".

Handgeld]. *So* [Somit] *bin ich zu-friden, daß man ihm* [dem Pinetti] *das geldt übermachet.*

Krigt er den Cotralt [Contra-Alt] *auch, So haben wier weiter nichts mehr Nöhtig; und darf er nicht nach Rohm* [Rom] *reisen. Cotenius Kan nuhr dahr* [in Bayreuth] *bleiben, bis er* [selbst] *meinet, nicht mehr dorten nöhtig zu Seindt. nimm dihr hübsch in acht! gottbewahre!*

Fch

¹ Dem König fehlt ein „Zenker". Es bleibe dahingestellt, ob „Zenker" lediglich eine der „souveränen" Schreibarten des Königs für „Sänger" ist, oder ob es sich um einen beabsichtigten Witz handelt, unter Benutzung der Klangähnlichkeit von „Zänker" und „Sänger". Im übrigen erklärt sich der Brief nach den früheren Erläuterungen von selber.

203
FREDERSDORF AN DEN KÖNIG

23. Juli 1754

[Zunächst erstattet Fredersdorf eine Monatsabrechnung, dann heißt es weiter:]

ich Gratulire Ewr. Königl. Maj., daß Sie den Brunen [die Brunnenkur] *so glücklich ge-Endiget haben* [vgl. Brief 198]. *mit mir fanget es an, gut Zu gehen, ich Kan im Stehen etwas uriniren und Merke Kein Fieber. Nur Mat* [bin ich noch], *welches sich auch Baldt legen wird.*

die Ordre an [das Bankhaus] *Splittgerber* [für Pinetti] *bitte unther-thänig wegen des Castraten zu unter-Schreiben.* [Vgl. Brief 202].

Untherthänigst treuer Knecht

P. d. 23 July 1754 *Fredersdorf*

204
DER KÖNIG AN FREDERSDORF

(23. Juli 1754)

es ist mihr recht lieb, daß es Sich mit Dihr Bessert, nuhr Mustu Dihr noch Wohl in acht nehmen, nicht ergeren und nichts Thun, was Dihr Schaden Kan! Morgen werde ich aderlassen; und Nachmitag wieder in Potzdam Seindt. Schreibe doch an Metra [den Kunsthändler Mettra] *nach paris: wenn dortn*

Inventaires [Versteigerungen stattfinden] *werden, Wohr* [wo] *Tablos* [Gemälde] *verkaufet werden,* [so solle er zusehn], *ob* [er] *von Tisiens, Paul Veronesse, Jourdans und Corege vohr Honete* [annehmbare] *preise* [etwas] *Kaufen Könte: hübsche große „Tablau de galerie", aber keine huntzfotiesche heilige, die Sie Märteren, aber* [sondern] *Stücke aus der Fabel oder historie!*

Der Mons. Petit [ebenfalls ein Pariser Kunsthändler] *ist ein araber! dem Traue ich in Keinen handel!*

Gottbewahre!   *Fch*

Der dritte Abschnitt dieses Briefes zeigt einen selbst für Friedrichs Verhältnisse fürchterlichen Satzbau, nur durch mehrere Einschiebungen, Zeichensetzungen und eine Umstellung konnten wir ihn lesbar gestalten.

Der Kunsthändler Mettra in Paris (von dem wir als Anlage zur Bassewitzschen Sammlung einige Handschreiben besitzen) soll durch Fredersdorf den Auftrag erhalten, bei etwaigen Versteigerungen darauf zu achten, ob Gemälde bestimmter Meister — große Bilder, die in eine „Galerie" passen und die nicht zu teuer sind — zum Verkauf gelangen. Die gewünschten Maler sind „Tisiens" (Tizian), „Paul Veronesse" (Paolo Veronese), „Jourdans" (Jakob Jordaens) und „Corege" (Correggio). Bezüglich der Gegenstände, die die Bilder darstellen sollen, wünscht Friedrich „keine hundsföttischen Heiligen, die sie martern", sondern „Stücke aus der Fabel und Geschichte".

Es ist reizvoll, zu sehen, wie sich Friedrichs Kunstgeschmack mit den Jahren, das will sagen mit dem Reifer- und Ernsterwerden, allmählich entwickelte und vertiefte. Seine Grundanschauung allerdings blieb — ebenso wie bei der Bühne — daß die Kunst erfreuen solle.

Ursprünglich war er von der anmutigen, aber sehr leichten Malkunst des Rokoko ausgegangen. Watteau (Brief 1) und Pesne, den er schon als Kronprinz zu sich nach Rheinsberg zog, waren seine ausgesprochenen Lieblinge. An Pesne richtete er einst in gebundener Rede eine Mahnung, an die wir durch die Worte unseres Briefes „aber Keine huntzfotiesche heilige, die Sie Märteren!" erinnert werden. Sie lautet in deutscher Übersetzung:

„Die Heiligen gib auf, die trüb ihr Schein umkränzt,
Und übe Deinen Stift an dem, was lacht und glänzt!
... Und immer sei gedenk: Dem Liebesgott allein
Dankt Deine holde Kunst ihr Wesen und ihr Sein!"

Wenn wir jetzt in unserem Brief auf dem „Wunschzettel" für Mettra keine „modernen" Rokokomaler mehr finden, sondern drei alte italienische Meister, so ist es doch kein Zufall, daß gerade Tizian, der große Venezianer (1477—1576), Paolo Veronese (1528—1588) und Correggio (1494—1534) genannt sind, denn diese drei haben in ihrer Kunst — unter sich und mit den Malern des Rokoko — das Gemeinsame der farbenfrohen, raumschmückenden Wirkung und der unbefangenen Sinnenfreude an Anmut und Liebreiz.

Aber auch an herberem Stil hatte Friedrich inzwischen Geschmack gewonnen. Neben seiner inneren Entwickelung hatte dazu das Kennenlernen der Dresdener Gemäldesammlung beigetragen, zu dem ihm sein dortiger Aufenthalt zum Schluß des Zweiten Schlesischen Krieges Gelegenheit bot. So hatte er auch für holländische Meister allmählich Verständnis erlangt. Daher erscheint in unserem vorstehenden Briefe der Name Jordaens (1593—1678), des Malers lebendiger Volksszenen. Und in anderen Briefen unserer Sammlung sind, wie wir bereits sahen, die großen Niederländer Rubens und van Dyck genannt, von denen Friedrich im Laufe der Jahre eine größere Anzahl von Werken (12 und 11) erwarb. Daß ihm namentlich der farbenglutige Rubens, und zwar insbesondere in seinen sinnenfrohen Bildern aus der alten Götter- und Fabelwelt, gefiel, liegt ganz in der von uns erwähnten vorwiegenden Richtung von Friedrichs Ansprüchen an die bildende Kunst.

205

FREDERSDORF AN DEN KÖNIG

24. Juli 1754.

[Nach einigen Kassenangelegenheiten schreibt Fredersdorf:]

Mit Meiner Besserung Continuiret es [hält es an]. *und wann die witterung so Bleibet, so hoffe* [ich], *in Einigen tagen aus-Zu-gehn, um die gnade zu haben, Ew. Königl. Maj. vor alle wolthaten die Füße Küssen Zu Könen.*

Fredersdorf

P. d. 24 July 1754

Bemerkung des Königs:

Es freüet mihr, daß es sich mit Dihr noch bessert

206
FREDERSDORF AN DEN KÖNIG

August 1754.

[Zunächst berichtet Fredersdorf darüber, daß und unter welchen Bedingungen ein Schweriner Baumeister sich erbietet, in das Königs Dienste zu treten. Dann lautet der Brief weiter:]

Mr. Denis [der Ballettmeister] *is auch Bey mir gewesen und, so wie ich von Ihm verstanden* [habe], *hat Er die Neüen Ballets Noch Nicht angefangen, weil Er im October doch mit seiner Frau abgehe, in-so-ferne Ew. Königl. Maj. Ihm nicht sein Verlangen* [nach Zulage] *gnädigst accordiren* [bewilligen][1].

die [Winter-Spiel-] *Zeit Kompt ran, Kein anderer Ballet-Meister is nicht Zu Bekomen! es würde Ew. Königl. Maj. Nicht angenehm sein, wann die Zeit ran Komen soll* [sollte] *und es daran fehlen* [würde]!

Mr. Westris und seine gantze Familie [der allfallsige Ersatz für Denis] *wollen von Ihrer* [vom König verweigerten] *Forderung Nicht abgehen, und die Andren* [Künstler] *in Paris haben wir schon alle gehabt.* [Der Agent] *Calabria hatt mir gesagt, in Italien weiß Er Keine Nicht, die* [dem] *Denis und seiner Frau gleich Kähmen.*

Meine Gesundheitsumstände seindt dieses mahl so Elend gewesen, wie ich Noch Niehmahlen aus-gestanden, [aber] *es fänget sich an Zu Bessern; und hoffe ich, daß es das letzte Mal* [gewesen] *sein soll. die große Schmertzen legen sich und läßt sich alles zur Heilung an,* [so] *daß ich auch denke, in 8 tagen aus-Zu-gehen, so-Ferne mir die grose Mattigkeit es Erlauben wird, ich lege mich Ewr. Königl. Maj. Demüthigest Zu-Füsen und danke vor alle gnädige vorsorge und grose gnade. ich werde solches Bis in Meinen tod erkennen und Ersterbe*

Ew. Königl. Majest.
Unther-thänigster treuer Knecht
Fredersdorf

Pots. d. Aug. 1754

[1] Man sieht, der Herr Ballettmeister Denis ist zähe, er will eine Gehaltszulage für sich und seine Familie unter allen Umständen durchsetzen, und er scheut sich nicht, zu „streiken": Die Bühnentänze für den Winter werden einfach nicht eher vorbereitet, als bis die Zulage

bewilligt ist! — Er weiß, daß der König in große Verlegenheit kommt, wenn er demnächst keinen Ballettmeister hat. Fredersdorf redet darum auch seinem Herrn lebhaft zu, diesmal seine Weigerung zurückzunehmen und nachzugeben, da kein anderer Ausweg möglich sei. Es ist recht ergötzlich, den Fortgang dieses Kleinkrieges in den weiteren Briefen zu verfolgen.

207

DER KÖNIG AN FREDERSDORF

(August 1754)

antworte nuhr, [dem Schweriner Baumeister] *daß ich ihm 1200* [Taler] *bihte* [biete], *nebst Titel etc., mehr Kan ich ihm nicht geben. Wil er nicht davohr dihnen, So mus ich zusehen, einen anderen habilen* [tüchtigen] *menschen zu Krigen.*

Wegen Denis: an Zulage ist nicht zu Denken! wil er aber Sein engagement verlengren, so wil ich ihm und Seiner Frau eine pension [Ruhegehalt] *versichern, wenn Sie nicht mehr Tantzen Können*[1].

es ist mihr lieb, daß der Flus im Kopf nach-lässet, ordinare [gewöhnlich] *halten solche Flüsse wenige tage an; nuhr ist es guht, daß es vorbei ist. Spansche fligen* [Kantharidin, ein stark reizendes Mittel] *hätten alles verdorben! gehe nuhr nicht zu tzeitig aus, Sonsten Könstu Dihr Schaden thun; und tzwinge Dihr nicht, bis die Kräfte alle wieder dar Seindt.*

mit den armen Haken[2] *gehet es zu-Ende.*

Gottbewahre!   *Fch*

[1] Wie man sieht, hat Fredersdorfs Zureden wegen des Ballettmeisters Denis gefruchtet. In der Sache gibt der König nach, aber — das „Königswort" muß gerettet werden! Also lautet die Entscheidung: Denis bekommt keine „Zulage", sondern, was doch mittelbar auf dasselbe hinausläuft, die Zusicherung eines Ruhegehaltes „wann Sie nicht mehr Tantzen Können"! Wir werden sehen, ob der König mit dieser diplomatischen Entscheidung zum Ziele kommt.

[2] „der arme Haken", mit dem es zu Ende geht, ist der General Hans Christoph Graf von Hacke, von dem wir beim Brief 11 (Anm. 6) Näheres gehört haben. Er starb am 17. August 1754.

208

DER KÖNIG AN FREDERSDORF

(August 1754)

ich wil Hoffen, daß du dießes mahl mit dem parochismo [Anfall] *durch bist, aber ich habe observiret* [beobachtet], *daß es die andere Mohnahte auch wohl d. 14ten wieder-gekomen ist. also bitte ich dich, thue mihr es aus liebe, und nim Dihr in allen Stüken bis nach d. 15ten in acht, daß wann wohr* [wenn etwa] *noch Was Komen sol* [sollte], *du Keine Schult daran hast! ich Wolte Dihr So gerne helffen, als ich das leben habe! und glaube gewisse, daß, wo es von Mihr Dependirte* [abhinge], *du gewisse gleich gesundt seindt Solst* [solltest]! *allein die Krankheit ist sehr übel; und Kan gewisse mit der* [ärztlichen] *Kunst nicht mehr darbei gethan werden, als es geschihet. gottbewahre!* Fch *antworte mihr nicht!*

Zu diesem Schreiben, wie den beiden folgenden, möchten wir dem, was oben auf Seite 27—43 im allgemeinen über die innere Stellung des Königs zu seinem Fredersdorf gesagt wurde, nichts weiter hinzufügen. Solche Briefe sprechen am besten für sich selbst. —

209

DER KÖNIG AN FREDERSDORF

(August 1754)

ich mus Morgen nach berlin gehen, es freüet mihr daß ich Dihr in leitliche umbstände [zurück-] *lasse. nuhr recomandihre* [empfehle ich] *Dihr Sehr, eine recht ordentliche Diete zu halten, alle ärgernis auf alle ersinnliche weiße zu vermeiden, Cothenium* [dem Dr. Cothenius] *zu folgen, und Künftigen Mohnaht dihr aus precotion* [Vorsicht] *gegen d. 15ten Schrepen* [schröpfen] *zu lassen, umb denen hemeroidalbewegungen eine Diversion* [Ablenkung] *zu Machen. Du hast gesehen, daß Deine Krankheit ein Kurtzes ende machen Kan* [am „Fall Moperni", vgl. Brief 200]. *also Sei So gescheit, und hüte Dihr vohr alles, was dihr in solche Klächliche umbstände bringen Kan, absonderlich vohr ärgernis! und lasse Cothenium, mit dem ich alles abgeredet habe, Walten, dan* [denn] *hier Mus die precaution* [Vorbeugung], *üble umbstände vohr-zu-Komen* [zuvorzukommen], *das beste thun. glaube gewis, daß, was Mit Menschlicher hülfe bei Dihr auszurichten ist, nichts Sol verseümet werden. habe nuhr vertrauen dartzu und lasse Dihr nichts anders ein-reden. es Meinet Keiner besser mit Dihr, wie ich, Du Könst mihr gewisse glauben! folge Du nuhr, und Suche Dihr Sonsten im übrigen das leben So angenehm zu machen, wie Du Könst. so-lange wie das fiber wek bleibet, so lasse dihr Starke bouilons von Calbfleisch mit reis oder gruben* [Graupen] *machen. hüner- und calbfleisch kan dihr nicht Schaden, vohrkost* [Vorkost] *ist zu Stark. vergis nicht die Schmertzen, die Du gehat* [gehabt] *hast, umb dardurch die Diete besser zu observiren* [innezuhalten]. *ich wünsche Dihr tausendt glük datzu! Gottbewahre!*

                    Fch

210
DER KÖNIG AN FREDERSDORF

(August 1754)

Schreibe nuhr an Mettra [den Pariser Kunsthändler, vgl. 204], *4000 Thaler währe vihl geldt vohr ein Tablau* [Gemälde]. *ich Solte glauben,* [er] *Könte damit zufriden Seindt. mehr geben thue ich nicht!*

Wegen Moperni [200 u. 209] *Sihestu, daß gewisse Zufälle Seindt* [daß es gewisse Krankheiten gibt], *wohr* [wo] *die force* [eine Gewaltkur] *alles verdirbt, und wohr man gedult bei haben mus. lasse Sie dihr nuhr nicht vergehen, So wirdt es Schon besser werden!*

 gottbewahre!   Frch

211
DER KÖNIG AN FREDERSDORF

(August 1754)

es ist mihr lieb, daß Du Dihr guht befindest! — Carel ist sehr unartig gewesen. er thuht nicht guht, wann er viehl [Geld] *hat. 4 Tahler Monatlich von Seinen tractement* [Taschengeld] *Sollen abgetzogen und an Seinen Vahter geschiket werden; und Seinen Kahn Sol er nicht Wieder haben, bis er Vernünftig wirdt. gottbewahre!*

                    Fch

Hier ist wiederum vom „Carel" die Rede, von dem wir schon in drei früheren Briefen hörten und noch in sieben späteren hören werden. Bisher haben wir den Leser in unseren Anmerkungen auf das Kommende vertröstet, jetzt aber müssen wir wohl damit aufhören und versuchen, ein „Bild" zusammenzusetzen.

Carel ist ein Leibpage des Königs. Nach dem Vornamen und der Zeit seines Auftauchens in den Briefen haben wir die dringende Vermutung, daß es sich um Carl Friedrich von Pirch handelt, der, am 12. Oktober 1739 geboren, im Jahre 1754 des Königs Hofpage und bald darauf einer seiner acht Leibpagen wurde. Zur Zeit des vorstehenden Briefes war Carel also noch nicht ganz 15 Jahre alt. Ein frischer, übermütig fröhlicher und erquickend kindsköpfiger Junge muß er gewesen sein, der dem König dadurch gewiß nicht weniger zusagte, daß er es „ganz gehörig hinter den Ohren" hatte.

Wenn Friedrich seinem Fredersdorf immer wieder von den weltgeschichtlichen Begebenheiten mit Carel erzählt, so ist das zugleich ein Beweis dafür, wie gern der König den frischen Jungen hat — und wie gern den Fredersdorf, daß es ihm von selbst in die Feder fließt, von dieser seiner kleinen Lebensfreude dem kranken Alten stets aufs neue etwas abzugeben. Fredersdorf, bei dem Carel oftmals als des Königs Bote aus und einging, muß übrigens auch in einer Art „onkelhaftem" Verhältnis zu ihm gestanden haben, wie wir bald sehen werden.

Bei nur einiger Vorstellungskraft sieht man das Mienenspiel des Königs bildhaft vor Augen, wie der Bengel angelaufen kommt und ihm stolz und glücklich den „jungen hasen" bringt, von dem er „s a g e t", man „hette ihm ins Nest gefunden". (Brief 173.) Oft muß Friedrich den „Kleinen" — so wird er auch wohl genannt — mit diesem Vorfall geneckt haben, denn noch ein halbes Jahr später bestimmt er ihm als Geburtstagsgeschenk außer einem „Huzaren-pels" einen „jungen Hasen". In offensichtlicher Vorfreude auf des Geburtstagskindes überraschtes Gesicht teilt der König diesen Plan — in Brief 225 — an Fredersdorf vorher mit.

Und welche Farbe gewinnt nun, da wir mit dem Namen „Carel" eine lebendige Vorstellung verbinden, die kleine Geschichte aus dem Briefe 179, wo der König Fredersdorfs Genesung mit zwei Bouteillen Ungarwein „celebrirt", Matschenco „seinen bären-Dantz" verrichtet und Carel „vohr Kitzelln gequipt" hat! —

Ferner war es natürlich unbedingt nötig, Fredersdorf alsbald darüber zu unterrichten [Brief 192], daß Carel sich, vielleicht im Schlafe, die „Nase durch-gekratzet" hat, so daß Allerhöchst zu erwägen stand, ihm „die forder-poten auf den Rüken binden zu lassen"! —

Im vorstehenden Brief hören wir, daß der „Lausbub", wie man auf bayrisch sagen würde, ernstlich „unartig" gewesen ist, so daß ihm sein Kahn, den er auf der Havel hatte, einstweilen beschlagnahmt worden ist und ihm von seinem fürstlichen Gehalt — das nach dem damaligen Pagenetat 10 Taler monatlich betragen haben muß* — 4 Taler abgezogen und an seinen Vater geschickt werden sollen.

Das „Nichtguttun" war aber glücklicherweise kein Dauerzustand, denn z. B. im Brief 262 stellt der König seinem Carel das ehrenvolle Zeugnis aus: „jetzunder ist er Himlisch artig!" Der gleiche Brief bringt Fredersdorf die Neuigkeit: „Carel hat Schwesternschaft mit die mene gemacht, er heisset [jetzt] die Weisse mene", wozu erklärend zu sagen ist, daß mit „mene" des Königs Windhündin „Alkmene" gemeint ist. Man sieht förmlich vor Augen, wie der blonde Junge — „die Weiße Mene" — sich auf dem Fußboden mit dem Hunde balgt und das neue „Schwesterchen" — das nun, zur Unterscheidung, den Namen „die schwarze mene" bekommt — umhalst.

In einem bald darauf an Fredersdorf gerichteten Brief (Nr. 263) nimmt Friedrich auf dieses Ereignis Bezug, indem er schreibt: „Die Schwartze mene [der Hund] lässet Dihr grüßen, und die Weiße leichtfertige bestie [ganz offenbar Carel] überbringet Dihr dieses".

Und dann fährt der Brief gleich fort mit einer Neckerei, bei der der Ohm Fredersdorf nach des Königs Plan den Mittelsmann machen soll. Dazu muß man aber vorweg wissen, daß Carel mit zwei jungen Damen — vermutlich sind es Hoffräulein bei einer Angehörigen des Königlichen Hauses — ein wenig schäkert! Gewiß geschieht das ganz in der harmlosen Art, die seinen Knabenjahren zukommt, wenn der kleine Mann nicht gar ein „Kavalier wider Willen" gewesen ist, das heißt lediglich das leidende „Objekt" eines Spaßes, den sich die jungen

---

* Zwischen den Berliner und den Potsdamer Pagen bestand ein beträchtlicher Unterschied in der Behandlung; die letztgenannten, insbesondere die Potsdamer „Leibpagen", hatten es weit besser und sahen mit entsprechendem Stolz auf die Kameraden von der Spree herab. Über die Zustände im Berliner Pagenhause — Carel wurde in Dresden vorgebildet — entnehmen wir dem Buch von v. Scharfenort „Die Brandenburg-Preußischen Pagen 1415—1895", daß die dortige Erziehung recht streng und mehr als einfach war. Der „Gouverneur" machte auf die stark verluderte Einrichtung des Hauses und darauf, daß für je zwei Pagen nur ein Bett vorhanden sei, in wiederholten Eingaben aufmerksam, wurde aber vom König „der großen Kosten wegen" abschlägig beschieden. Für die damaligen Verhältnisse im Anstaltserziehungswesen sind diese Tatsachen ebenso bezeichnend, wie der Umstand, daß es in der Krankenstube zwar sonst am Nötigsten fehlte, nicht aber an einer Holzkanne „vor die Kranken Bier zu holen".

Damen mit ihm machten. Auf diese „Liebesgeschichte" bezieht es sich, wenn der König im Brief 263 an Fredersdorf fortfährt: „frage ihm nuhr, wie sich die frölen fitztuhmen [Vitzthum von Eckstädt] und die frölen oldenburg [von Oldenburg] befinden, und Sage ihm nuhr, sie würden ihm ohne tzweifel ein Schön Kamisol machen lassen!"

Zu einem ähnlichen Scherz soll sich Fredersdorf bei einer anderen Gelegenheit hergeben (Brief 266). Da schreibt der König: „Carel hat vom 1. april gesprochen, er ist aber noch nicht april geschiket [„in den April geschickt"] worden. mache [Du] ihm nuhr weis, die fröhlin Fitzthum hätte ein Heiraths-Contract [Eheversprechen] von ihm, und [sie] hätte einen brif an Dihr geschikt, wie Sie darauf bestünde, ihm zu Heirathen." Natürlich ist Carels Schrecken größer, wenn der ernsthafte Herr Geheime Kämmerer das behauptet, als wenn der König es ihm aufzubinden sucht, denn bei dem ist der Junge schon an solche Neckereien gewöhnt und darum hellhörig.

Leider blieben Friedrichs Scherze nicht immer in den Grenzen, die nach unserem heutigen Empfinden einem so jungen Blut gegenüber selbstverständlich sind. So schreibt er im Brief 285 an Fredersdorf: „Carel hat einen ausschlag ins gesichte; ich habe ihm gesagt, es wären Frantzosen [die „französische Krankheit"] von der freulein fitzthum". Noch unzweideutiger ist dieser ins Unerfreuliche entgleisende Scherz — es handelt sich ja um einen fünfzehnjährigen Knaben! — in folgender Stelle (Brief 244): „Carel hat eine außgeschlagene Stirn, ich Sage [ihm], es Seindt die „franzosen" und er Sol 6 Wochen in der Casterole — er ist bange Davohr!" Dazu muß man wissen, daß „Casserolle" — dieses Wort ist natürlich mit „Casterole" gemeint — in der Pariser Volkssprache nicht nur das bekannte Küchengerät, sondern auch das „Hôpital du Midi", die Heilanstalt für Syphiliskranke, bezeichnete.

Von diesen letzterwähnten Entgleisungen des königlichen Scherzes abgesehen*, wird man Friedrichs Freude an dem jungen „Übermut" vollauf verstehen. Es ist ja die Freude des fertigen Menschen an der Knospe, des mit Verantwortung und Sorgen beschwerten Ernstes an der fröhlichen Unbelastetheit, des vom Leben Enttäuschten und zum Mißtrauen Erzogenen an der hell äugigen Vertrauensseligkeit, des müde

---

* So peinlich diese Entgleisungen sind, so dürfen wir dem König dabei gerechterweise doch „mildernde Umstände" nicht versagen. Wir müssen bedenken, wie angekränkelt und der gesunden Scham entwöhnt das Empfinden und der Geschmack dieser „galanten" Zeit geschlechtlichen Dingen gegenüber ganz allgemein war.

Werdenden an dem menschlichen Frühling, in dem noch alles Wachstum und lachende Zuversicht ist. —

Daß dem König ein Knabe solche Herzensfreude eher vermitteln konnte, als es ein noch so fröhliches Mädchen zu tun vermocht hätte, ist ein ganz natürlicher Vorgang, der einfach auf dem stärkeren „Verstehen", der engeren seelischen Verwandtschaft beruht*. Auch mögen wohl Erinnerungen an die eigene — freudlose, durch Zwang beengte, von Lüge und mancher anderen Schuld belastete — Knabenzeit mitgewirkt haben, um Friedrich dieses in seinem Carel verkörperte Stück sonniger Jugend doppelt erquickend zu machen.

Andererseits können wir uns leider dem Eindruck nicht verschließen, daß dem König dieser Knabe, ebenso wie andere junge Menschen, die er gern gehabt hat, letzten Endes doch kaum mehr als nur ein Spielzeug gewesen ist. Das, was den „Erzieher" im höchsten Sinne ausmacht — sei er nun Vater oder ein Fremder — das lebendige Sichverantwortlichfühlen für die innere Entwicklung eines gefühlsmäßig nahestehenden jungen Menschen, diese edelste Frucht und dieses höchste Glück einer wirklichen Freundschaft zwischen Alter und Jugend, ist, soweit wir sehen können, Friedrich verschlossen geblieben** — und eben diese innere Kraftquelle wäre seiner reichen, aber allzu früh einsam werdenden Seele so sehr zu wünschen gewesen! —

Wir mögen unsere „Carel"-Geschichte nicht schließen, ohne dem Leser über das weitere Schicksal des jungen Menschen zu berichten. Er fand einen frühen Tod unter erschütternden Umständen. Es war 1757, im großen Kriege. Als Glied der nächsten Umgebung hatte Carel seinen Herrn ins Feld begleitet. Da spielte einst sein Bursche mit dem

---

* Der Leser wolle sich, um die Carel-Geschichte im richtigen psychologischen Zusammenhang zu sehen, der Ausführungen erinnern, die wir zu den Briefen 78 und 102 gemacht haben, wobei besonders auf die letzten Abschnitte der Bemerkungen zu 102 hingewiesen werden darf.

** Wir schreiben dieses Wort, obschon uns natürlich bekannt ist, daß der Kronprinz einst den jungen Sohn des Küstriner Kammerpräsidenten von Münchow nach Rheinsberg kommen ließ, wo der Knabe von den Freunden Friedrichs und auch ihm selbst unterrichtet wurde. Auch dem tiefen, durchdachten Ernst, mit dem der König — unter Ausmerzung der an ihm selbst einst begangenen Behandlungsfehler — seine Vorschriften für die Erziehung seiner Brüder und Neffen gab, wie seinen Bestrebungen zur Verbesserung des öffentlichen Unterrichts versagen wir die gebührende hohe Anerkennung, ja Bewunderung, selbstverständlich n i c h t. Aber bei alledem handelte es sich doch nicht um d a s, wovon wir oben sprachen, ein p e r s ö n l i c h e s Erzieherverhältnis, in dem Verstand und Herz in engstem Verein unmittelbar von Mensch zu Mensch wirken.

Gewehr eines österreichischen Überläufers, ohne zu wissen, daß es geladen sei. Der Schuß ging los, und der Siebzehnjährige sank entseelt zu Boden. — Der König hatte mit ihm zusammen zum Inspizieren reiten wollen, war aber durch Zufall davon abgehalten worden. Als er die Unglücksbotschaft erhielt, soll er völlig erschüttert ausgerufen haben: „Ach wäre ich doch ausgeritten!" —

Wie gern Friedrich den „Carel" gehabt hat, dürfen wir auch wohl daraus schließen, daß er später seinen jüngeren Bruder, Johann Ernst, ebenfalls zum Leibpagen machte. Dieser, nicht unser „Carel", ist der bekannter gewordene „Page von Pirch". Er muß eine rechte „Range" gewesen sein. Als er schließlich gar zu übermütig wurde, schickte ihn Friedrich in ein strenges Regiment und gab dem Kommandanten eine entsprechende „Gebrauchsanweisung" mit. Das paßte dem jungen Mann nun durchaus nicht, und er versuchte mit allen Mitteln, von der Truppe loszukommen. So spie er einmal vor den Augen des Generals „Lungenblut" — das er vorher in einer Blase in den Mund genommen hatte! Als er daraufhin dem König bei einer „Revue" krank gemeldet wurde, sagte Friedrich zum Oberst: „Krank!? — Pirch ist ein leichtfertiger Vogel! Lass Er sich von dem doch nichts weiß machen. Es ist nur Verstellung!" Schließlich aber erzwang der Trotzkopf doch die Entlassung „wegen Krankheit" — die ihn aber nicht hinderte, alsbald nach Paris zu gehen und in das französische Heer einzutreten, in dem er hochkam und das preußische „Exerzitium" einführte*.

212

DER KÖNIG AN FREDERSDORF

(August 1754)

Du Krigst alle jahr 520 Thaler: darvohr mus mein neveu alle tage 7 gelbe Wakslichter in seine Camren Krigen und des abendts 4 Kleine assietens [Schüsseln] *von einem teütschen Koch.*

es freüet mihr, daß es Sich mit Dihr bessert, und Wünsche ich die folge [daß es so weiter geht]! *gottbewahre!*

Fch

Der „neveu", für dessen Versorgung — Majestät setzen Allerhöchstselbst die Zahl der Wachslichter fest! — Fredersdorf die 520 Taler er-

---

* Für einige wertvolle Mitteilungen aus seiner Familiengeschichte sind wir Herrn Hauptmann Carl v. Pirch in Frankfurt a. O. sehr zu Dank verpflichtet.

hält, ist der älteste Sohn August Wilhelms, mithin der künftige Erbe des Throns, den er als „Friedrich Wilhelm II." dereinst besteigen sollte. Der Prinz war am 25. September 1744 geboren, also jetzt noch nicht ganz 10 Jahre alt. Schon im Januar hatte er den Offiziersdegen erhalten und war dem Leib-Garde-Bataillon zugeteilt worden. Obschon sein Vater noch bis zum Sommer 1758 lebte, siedelte der Knabe doch schon jetzt (am 19. August 1754) mit seinem „Gouverneur", einem Grafen Borcke, nach Potsdam über, um unter den Augen des königlichen Oheims erzogen zu werden. Für Eltern und Kind war das gewiß nicht leicht, und zur Besserung der persönlichen Beziehungen zu seinem Bruder mag diese Maßnahme des Königs auch nicht beigetragen haben, aber Friedrich hielt sie unter dem Gesichtspunkt des Staatswohles für notwendig.

Wie er einst die Erziehung seiner jüngeren Brüder, Heinrich und Ferdinand, überwacht hatte, so wollte er es jetzt auch mit dem künftigen Thronerben gehalten wissen und ihn deswegen in seiner Nähe haben. Sehen wir somit Friedrichs erzieherischen Ernst, wie er ja auch aus seinem herrlichen — freilich für ein reiferes Alter berechneten — „Politischen Testament" vom Jahre 1752 hervorleuchtet, so steht das doch keineswegs in Widerspruch zu dem, was wir in der vorletzten Fußnote zur vorigen Anmerkung sagten: Er „überwachte" die Ausbildung des Prinzen und gab die trefflichsten Anordnungen dafür, aber eine Erziehung in persönlichem Sinne, ein Überströmen von Seele zu Seele, war es nicht! — Wie wenig übrigens der König mit seinem einstigen Nachfolger zufrieden war, sollte sich um so deutlicher zeigen, je älter der Prinz wurde.

213

FREDERSDORF AN DEN KÖNIG[1]

18. August 1754.

Ew. Königlichen Majestät allergnädigsten Befehle nach soll das nöthige Essen und Lichte für den Prinzen Friedrich besorgt werden. Was Wein und Bier und das nöthige Tafelzeug, wie auch Service, anlanget, werden Ew. K. M. ihm gleichwohl aus u n s e r e r Menage geben lassen; ich werde einen Überschlag von Allem machen[2].

Monsieur und Madame Denis sind auf keine Art zu persuadiren. Sie bitten unterthänigst, daß sie im October können fortkommen; wenn aber Ew. K. M.

*jedem tausend Thaler Zulage geben wollen, so wollen sie sich noch auf einige Jahre engagiren*³. *Baron Sweerts* [der Schauspieldirektor] *rühmt eine Komödiantin und fraget an, ob er sie soll kommen lassen.*

Wo ich jemalen habe Apparence [Aussicht] *gehabt, gesund zu werden, so denke ich es anitzo; denn nach dem letzten Zufall* [Vgl. Brief 206] *finde ich überhaupt eine große Veränderung. Wenn es so continuiret* [weitergeht], *so werde ich mir forciren* [anstrengen, nämlich: gesund zu werden] *und Ew. K. M. immer und ewigen Dank wissen. Sobald ich im Stande bin, werde ich ausgehen, um Ew. K. M. den unterthänigsten Dank fußfälligst zu machen.*

Ew. K. M.
unterthänigster treuer Knecht
Fredersdorf

¹ Dieser Brief ist der sechste, der nächstfolgende der siebente von den acht Stücken, die — ursprünglich der Bassewitzschen Sammlung angehörig — dort von Burchardt 1834 abgeschrieben wurden, später aber verloren gegangen sind. Vgl. Brief 2, Anm. 1.

² Dieser Absatz bezieht sich auf den vorigen Brief. Der Umstand, daß Fredersdorf um die Versorgung des noch nicht zehnjährigen Prinzen mit „Wein und Bier" besorgt ist, erinnert uns an die Bierkanne für die kranken Pagen, von der wir zwei Briefe zuvor hörten.

³ Der ergötzliche Krieg zwischen dem königlichen „Impresario" und dem Herrn Ballettmeister Denis nebst Anhang geht weiter. Auch des Königs diplomatischer Ausweg von Brief 207, nämlich dem Denis anstelle der nun einmal verweigerten Gehaltszulage ein Ruhegehalt zuzusichern, führt nicht zum Ziel. Denis beharrt darauf: Entweder 1000 Taler Zulage oder Abgang im Oktober und dadurch große Verlegenheit für die Bühnenleitung! Was nützt es Friedrich, daß er nun im nächsten Brief auch seinerseits sich wieder auf einen rein ablehnenden Standpunkt stellt, die Sache kommt doch noch anders! (Vgl. Brief 268.)

214

*DER KÖNIG AN FREDERSDORF*¹ (Ende August 1754)

Es thut mir leid, daß das Denis'sche Geschlecht so intraitable [halsstarrig] *ist; aber Geld kriegen sie nicht einen Groschen mehr von mihr und wird ihnen nirgend einer so viel geben, als sie hier haben*².

An [den Schauspieldirektor Baron] *Sweerts, wegen der Komödiantin, so weiß er ja wohl, daß wir, um die Truppe zu completiren* [vollzählig zu machen], *mehrere Subjecte nöthig haben. Eine Mademoiselle ist ganz gut, aber es müssen noch drei Schurken* [männliche Schauspieler] *dazu.*

Bleibe Du man immer ein [im Zimmer] *und gehe nicht eher aus, als wenn Du zwei Pfund Rindfleisch in einer Mahlzeit aufessen kannst. Gott bewahre!*

Montag [26. VIII.] *ist das Lager* [Truppenübung] *zu Spandow; Freitag bin ich wieder hier, Montag* [2. IX.] *nach Berlin, Dienstag* [geht es] *nach der Silesie* [Schlesien][3].

Gott bewahre! *Fch.*

[1] und [2] Siehe Anmerkungen zum vorigen Brief!
[3] Des Königs Reise nach Schlesien dauerte vom 3. bis 21. September 1754.

215

DER KÖNIG AN FREDERSDORF

(Anfang September 1754)

mache Dihr um Mihr Keine Sorgen [der bevorstehenden Schlesischen Reise wegen], *ich bleibe imer der-Selbige. denke nuhr an Deiner flege und Wage nichts jetzunder. wann die Hemeroiden Können im gange bleiben bis gegen den 6ten oder 4ten, so übergehen wihr vieleicht den Parochismum* [Anfall] *vom 14. und wohr* [wenn] *das geschihet, so haben wihr einen guhten vohrsprung und mus die tzeit wohl angewändet werden, umb Kräfte herbei zu schaffen. gottbewahre!* *Fch*

Einen „Parochismus vom 14ten" erwartet der König, da er, wie wir in Brief 208 sahen, „observiret hat, daß es die andere Mohnahte auch wohl d. 14ten wieder-gekomen ist".

216

DER KÖNIG AN FREDERSDORF

(2. September 1754)

ich habe mit Cothenium [Dr. Cothenius] *gesprochen. der ist voller Courage und verspricht lauter guhtes; nuhr bittet er Sehr, daß du Dihr vohr alles in acht nimst, was Dihr Schaden kan.* er meinet, wenn nuhr das equinoxsium [die Tag- und Nachtgleiche] *vorbei Sein wirdt, dann müste die besserung schon mehr zu merken Seindt; und wihr haben rathgehalten, wie die zufälle, die Dihr flegen gegen den Neüen Mohnt* [Neumond] *zu komen, Könten gehindert werden. ader- lassen wollen wihr nicht, umb Dihr nicht zu entkräften. hilffe* [hilf] *nuhr von Deiner Seitten mit der guhten Diet und regim* [mit Vermeiden] *von allem, was Dihr schaden Kan, so habe ich alle Hoffnung, daß du tzimlich wieder wirst retabliret* [wiederhergestellt] *werden. ich verlange keine andere erkentlichkeit von Dihr, als dihr gesundt wieder zu Sehen, was mihr Sehr freüen wirdt. gott- bewahredihr!*

Fch.

Wie meistens vor Antritt einer Reise hat der König auch diesmal vorher noch Ratschlag mit dem Dr. Cothenius gehalten, damit in der Zwischenzeit nur ja nichts in Fredersdorfs Pflege versäumt wird! — Wegen des Aequinoktiums und des Neumondes vergleiche man die Anmerkung zu Brief 107.

217

DER KÖNIG AN FREDERSDORF

(September 1754)

Schike mihr einen ordensband und Sterne, denn [die] *Kan ich heute gleich an den man bringen*[1]. *Köpen* [Geheimrat Köppen] *wirdt Dihr Morgen 4000 Tha- ler vohr Tropen* [Drop] *über-machen*[2]. *mache, daß* [ich] *nichts als guhte tzei- tungen* [Nachrichten] *von Deiner gesundtheit Krige! Gottbewahre!*

Fch

[1] Der Brief ist während der vom 3. bis 21. September dauernden Reise des Königs nach Schlesien geschrieben. Friedrich war dort mit der Verleihung von Orden und Standeserhöhungen sehr freigebig, solche Mittel gehörten mit zur „inneren Eroberung" des mit den Waffen ge- wonnenen Landes. (Vgl. Brief 134.)

[2] Hier werden wir wieder einmal an des Königs Goldmacherzeit er- innert. Der Alchemist Drop hat seine Abstandszahlung von 8000 Talern immer noch nicht erhalten, weil sie, der Bloßstellungsgefahr wegen, ja nur aus gelegentlichen Mitteln bestritten werden konnte. Jetzt bekommt er eine Ratenzahlung in halber Höhe der Schuld. (Vgl. Brief 170.)

218

DER KÖNIG AN FREDERSDORF

(September 1754)

ich Schike Dihr ein gantz Pak aptequer-rechnungen zurüke. von denen 18000 Thaler, So übrig Seindt, Müssen sie betzahlet werden, und bleibe ich noch 3000 Thaler Schuldig. umb aber ins Künftige nicht mehr dergleichen zu haben, So lasse mihr ein Buch Machen [es folgen Anordnungen, welche Ausgabeposten darin stehen sollen]. *alsdann So Können Sie mihr keine Streiche Machen!*

nehme Dihr jetzunder Sehr in acht! nun Kömt baldt die Schlime tzeit [die Tag und Nachtgleiche], *und wann die Nuhr überstanden ist, So hoffe ich, daß du durch bist. gottbewahre!* Fch

Auch dieser Brief ist während der Schlesischen Reise geschrieben. Er ist kennzeichnend für die ewige Geldknappheit des Königs und für sein immer wachsendes Mißtrauen, fast jedermann gehe darauf aus, ihn zu betrügen.

Es mag an dieser Stelle bemerkt werden, daß die auf volle Tausend endigenden Zahlen in der Urschrift unserer Briefe nicht nach heutiger Art durch das Anhängen von drei Nullen gebildet werden, sondern dadurch, daß unter einen Bruchstrich ein „m" (= mille) gesetzt wird; 18 000 wird also geschrieben $\frac{18}{m}$.

Eine andere von der heutigen abweichende Schreibweise bezieht sich auf die Bezeichnung der Monate durch Ziffern. Wir zählen die Monate von Januar an, bezeichnen also beispielsweise den 10. Oktober 1754 mit der Abkürzung 10. X. 1754. In Wirklichkeit aber heißt der Oktober — nach dem römischen Kalender — „der a c h t e Monat". Damals hatte man das noch im Bewußtsein und schrieb demgemäß: „10. 8ber 1754".

219

DER KÖNIG AN FREDERSDORF

(September 1754)

ich habe gestern das buch [siehe vorigen Brief] *gekrigt, wohr vohr* [wofür] *ich danke. nuhn Komt baldt wieder die Schlime tzeit* [die Tag- und Nachtgleiche] *herran; so nim Dihr nuhr guht in acht! glaube doch nicht So leichte, ich bitte*

Dihr, daß ein oder ander charlatan Dihr helffen würdt. Keiner würde es lieber Sehen als ich, allein bis dahto hat die erfarung gelernet [gelehrt], *daß es mit Dergleichen Curen imer Schlecht abgeloffen ist; also bitte ich Dihr, bleibe nuhr bei unserer Docterei! Du hast nicht so vihl gesundtheit übrig, daß was auf den Spihl zu setzen ist; und giebt Dihr so ein Idioter Kerl Hitzige Medecin, so Schmeist er Dihr So übern hauffen, daß weder hülfe noch retung übrig bleibet.*

Du must Dihr selber nicht guht sein, daß du solche Proben mit Deinen Cörper vohrnehmen Wilst. lasse uns doch noch ein par Mohnahte Walten! und dann, wann Du was Hazardiren [aufs Spiel setzen] *wilst, so tuhe was du Wilst; alleine jetzunder gehet es auf toht und leben!*

glaube mihr, ich verstehe mehr von anathomie und Medecin, wie Du! aber Deine Krankheit lasset sich nicht tzwingen; sie ist Complitziret, und gehöret ein Habiler [tüchtiger] *Docter dartzu, die Mitels So ein-zu-richten, daß, was das eine Helffen Sol, das andere nicht Schadet. es thuet mihr leidt, daß man Dihr nicht gleich Helffen kan, allein wie hastu nicht mit Deinem Cörper hausgehalten, allerhandt Medecin, die Meistens Schädlich* [war]*, in-genommen, alle 8 tage andere Docters* [gehabt]*, zuletzt den Duvergé, der die Caren* [Karre] *gar in Drek geschoben, also daß* [es] *mihr noch Wundert, daß du am leben bist! ohnmögliche Dinge muß man nicht pretendiren* [verlangen]*! also ist hier nichts anders zu thun, wann man der Fernunft folgen Wil, als das geblühte Zu versüßen, der Materie ihren lauf zu lassen, Keine treibende Mitels zu nehmen, das Fiber zu Wiederstehen, die Hemeroiden, wann sie Komen, zu adouciren* [zu besänftigen]*, und auf solche Weiße das* [nächste] *Frühjahr zu gewinnen, dar dan* [wo dann] *mit Brunnens und Kreüters viehle übele umstände Könen abgeholffen werden. aber* [freilich] *daß Man Dihr 18 jahr alt machen sol, das gehet nicht an!*

ich Schreibe Dihr die pure Wahrheit! ich Wolte wünschen, daß Deine umbstände besser Weren. alleine nuhn Mus man So vorlibt nehmen, wie Sie Seindt, und nuhr [daran] *denken, das übel, was man Kan, zu verhindern. ich meins gewisse guht mit Dihr; und wann ich einen Menschen finden könte, der wirklich im Stande wehre* [wäre]*, Dihr zu helffen, so Wolte ich im* [ihn] *vom Japan Komen lassen! alleine einen jeden, der Dihr was vohrsagt, leichtsinnig zu glauben, das ist gahr zu gefährlich; und bin ich Dihr zu guht, umb Dihr das zu rahten! Gottbewahre!*

Fch

Dieser lange, von innigster Zuneigung und wahrhaft rührender Fürsorge eingegebene Brief, der offenbar die Antwort auf die Ankündigung einer „neuen Kur" ist, gewinnt n o c h mehr an innerem Wert, wenn man bedenkt, daß er während einer der Besichtigungsreisen geschrieben ist, die des Königs Zeit und Kraft bis aufs ä u ß e r s t e in Anspruch zu nehmen pflegten. Auch in diesem Zusammenhang muß daran erinnert werden, daß unser Buch — bis auf verschwindende Ausnahmen, die wir besonders vermerkt haben — nur eigenhändige Briefe des Königs enthält, während er sonst sehr vielfach in die Feder diktierte.

220
FREDERSDORF AN DEN KÖNIG

29. September 1754.

[Nach verschiedenen anderen Rechnungssachen fährt Fredersdorf fort:]

Ew. Königl. Maj. haben Mir von dem Longy [Lonié] *aus Achen* [Aachen] *einen Grosen Bericht Zu-geschikt, worinen Er noch 15584 Thaler von Cron-Printzlichen Zeiten* [her] *Zu Fordern hatt. ich habe Ihm auf Ew. Königl. Maj. gnädige Ordre in May-Monath Müsen Schreiben, Er solt in October Be-Zahlet werden. was ich Ihm Nun antworten soll,* [darüber] *Er-warte* [ich] *Ew. Königl. Maj. allergnädigst ordre.*

Mit meiner gesundheit fanget es An, guht Zu gehn; die Mattigkeit fanget an, etwas ab-Zu-Nehmen, die Starken Blasen-Krämpf lasen auch etwas nach. was mir Noch Zu-rück hält, ist der wenige Schlaff, und daß ich 6 u 20 [26] *bis 24 Mahlen Mus vor Schmertzen aufstehen des nachts. doch Bin ich froh, daß der Urin abgehet. diesen guten forth-gang Mit Meinen umständen habe ich allein Ew. Königl. Maj. gnädige Ver-Mahnung Zu-Zu-Schreiben. ich werde auch ferner Folgen und alles Anwenden, um Baldt gesundt Zu werden. ich Ersterbe*

Ew. Königl. Majest.

unther-thanigster treüer Knecht

Pot d. 29. Sept. 1754   *Fredersdorf*

Mit Staunen und Befremden lesen wir hier, daß der König einem Herrn Lonié — oder wie Fredersdorf schreibt: Longy — in Aachen „aus kronprinzlichen Zeiten", also seit mindestens anderthalb Jahrzehnten die ein beträchtliches Vermögen darstellende Summe von

15 584 Talern schuldet — und daß auch jetzt noch die Begleichung der offenbar als zu Recht bestehend anerkannten Schuld hinausgezögert wird! Im Mai dieses Jahres hat Fredersdorf dem Gläubiger schreiben müssen, er werde im Oktober befriedigt werden; und nun bewilligt Friedrich, wie der folgende Brief zeigt, wiederum keine Zahlung, sondern läßt Lonié auf „Künftig jahr" vertrösten, wo ihm eine Teilzahlung von 8000 Talern in Aussicht gestellt wird! —

Unser erster, recht peinlicher, Eindruck ist: Welch wahrhaft unwürdiger Zustand der königlichen Privatkasse zeigt sich hier! Und welch harte Zumutung ist das für den Gläubiger! Der zweite, im Gegensatz hierzu stark versöhnende, ja geradezu erfreuliche, Gedanke aber ist dieser: Welch selbstlos pflichtgetreue Achtung für eine geordnete Verwaltung der Staatsgelder gehört für einen vollkommen „absoluten" König — einen Herrscher, in dessen Händen zudem große Einnahmen (z. B. aus Schlesien und Friesland) unmittelbar, d. h. ohne Beteiligung des Finanzministeriums (Generaldirektoriums), zusammenflossen — dazu, so scharf zu scheiden zwischen Ausgaben des Staates und solchen der Krone, daß er sich einer derartig demütigenden Lage aussetzt! — So betrachtet, läßt auch diese, an sich so klägliche Geschichte unsere bewundernde Hochachtung vor dem großen König nur steigen! (Vgl. Brief 165, betreffs Drop und Wilhelmine.)

Im übrigen zwingt uns unsere Briefstelle, uns ein wenig mit dem Kapitel „Schulden in der Kronprinzenzeit" zu befassen, so unerfreulich es auch ist.

Schon der fünfzehnjährige Knabe hat beträchtliche Schulden gemacht. Zum großen, und diesmal gewiß voll berechtigten Zorn des Vaters wurde im Winter 1727 entdeckt, daß das uns sattsam bekannte Bankhaus Splitgerber dem allerdings sehr knapp gehaltenen Prinzen 7000 Taler geborgt hatte. Daß diese Summe hauptsächlich für Musiknoten und eine, unter des Erziehers Duhan Einfluß wenigstens zum Teil recht verständig zusammengestellte, Büchersammlung* ausgegeben

---

* Die Bücherei war in einem Berliner Bürgerhause vor der Entdeckung durch den königlichen Vater sichergestellt. Einen wie wenig fruchtbaren Gebrauch der Prinz von ihr machte, haben wir bereits bei Brief 76 gehört. Die Entdeckung des verbotenen Besitzes durch Friedrich Wilhelm erfolgte erst 1730, nachdem infolge des unseligen Fluchtplanes das Unheil über Friedrichs Haupt zusammengeschlagen war. Für Duhan, an dem der Prinz noch mit großer Liebe hing (vgl. Brief 7), obschon er seit seiner 1727 erfolgten Einsegnung nicht mehr dessen Schüler war, hatte die Auffindung der geheimen Bücherei die Verbannung nach Memel zur Folge.

war, konnte Friedrich nicht entlasten, am wenigsten aber hätte es in den Augen des solchem „Unfug" abholden „Soldatenkönigs" eine Entschuldigung bilden können.

Das Schlimmste an dem Schuldenmachen des Fünfzehnjährigen aber war, daß er weitere Anleihen, die er über die entdeckten 7000 Taler hinaus gemacht hatte, dem Vater nicht gestand, obschon dieser ihm, wie er später behauptete, gesagt haben will: „Ich bezahle es mit Pläsier, denn an Gelde fehlet es mir nicht, und an dem Gelde ein Dreck gelegen ist, woferne Ihr Eure Konduite und Aufführung nur ändert und ein honettes Herz bekommt; wenn Ihr mir ein Wort davon saget, so soll es Euch an Gelde nicht fehlen!" Daß Friedrich trotzdem den Mut zum Eingestehen seiner weiteren Schulden nicht fand, zeigt, wie vollkommen verschüchtert, vertrauenslos und seelisch verkrüppelt er schon damals seinem Vater gegenüberstand, der damit die Früchte seiner zwar herzensgut gemeinten, aber bei diesem Knaben vollkommen verfehlten, ja geradezu verderblichen Erziehungsmaßnahmen erntete.

Daneben freilich trug auch die Mutter eine gewisse Schuld, da sie — im Zusammenhang mit dem Plan der sogenannten „englischen Doppelheirat" für Wilhelmine und Friedrich — schon damals die Politik ihres Gatten heimlich zu durchkreuzen suchte und dabei ihre beiden ältesten Kinder unter Anwendung bedenklicher Mittel zu Parteigängern gegen den Vater machte.

Der zweite uns bekannte Fall des Schuldenmachens, oder doch des Versuchs dazu, fällt in die Zeit, da der durch schwerste seelische Mißhandlungen zur Verzweiflung getriebene Kronprinz seinen Fluchtversuch machte, den der gewiß nicht minder bemitleidenswerte Vater dann als „Desertion" auffassen zu müssen glaubte. Bei den Vernehmungen des verhafteten Prinzen kam folgendes heraus. Friedrich, der bekanntlich die Heirat mit einer englischen Prinzessin wünschte, weil er dadurch eine eigene Hofhaltung in Hannover (als Statthalter dieses britischen Nebenlandes) und damit die ersehnte Unabhängigkeit von seinem Vater zu erhalten hoffte, hatte die unter diesen Umständen erklärliche Absicht, seine geplante Flucht nach England zu richten. In London fürchtete man jedoch politische Verwickelungen und suchte den Kronprinzen zum Verzicht auf die Flucht zu bewegen unter dem Angebot, seine Schulden zu bezahlen. (Dazu kam es freilich nicht, weil der Verzweifelte seine Flucht dennoch, nur mit zunächst anderem Ziel, versuchte.)

Über diese Angelegenheit schrieb Friedrich Wilhelm I. an seinen Vertrauten, den Fürsten Leopold von Dessau, dem er in dieser Zeit des öfteren sein gepreßtes Vaterherz ausschüttete, das Folgende: England habe zwar die Fahnenflucht widerraten, aber doch von allem gewußt, ohne ihn, den König von Preußen, zu warnen. Friedrich, „der böse Mensch", habe hilfesuchend an seinen Oheim Georg geschrieben und habe ferner den britischen Gesandten gebeten, England möge ihm seine Schulden bezahlen. Er habe deren Summe auf 17 000 Taler angegeben, während sie in Wirklichkeit nur 9000 Taler betragen hätten. Auf die Frage, warum er eine zu hohe Summe genannt, habe „Inquisit" geantwortet: „dass [damit] er noch was übrig hätte". Der Brief schließt mit den Worten: „Gott bewahre alle ehrlichen Leute vor ungeratene Kinder! Es ist ein gross chagrin, doch ich habe vor Gott und der Welt ein reines Gewissen..."

Zwei Jahre später gab Wien „durch versteckte Wege" Geld an den Kronprinzen. Das war gedacht als eine Art Beschwichtigungsmittel für die Empörung Friedrichs über die ihm — nicht zum wenigsten durch die österreichische Politik — aufgezwungene, höchst widerwärtige Verlobung mit der Prinzessin Elisabeth Christine von Braunschweig-Bevern, seiner nachmaligen Gemahlin. Diese Zahlungen, die sich kennzeichnenderweise auch auf Wilhelmine erstreckten, wurden aber nur zwei Jahre lang geleistet. Daher kam Friedrich bald in neue Nöte.

Die bescheidene Summe, die ihm in Ruppin und dann für die Rheinsberger Hofhaltung ausgesetzt war, mußte er zum größten Teil für sein Regiment ausgeben, um durch Werbung genügend Mannschaften und vor allem „Lange Kerle" aufzubringen und auf diese Weise das Wohlgefallen seines Vaters zu erringen. Das Ergebnis waren mancherlei neue Schulden. (Von solchen in Aachen hören wir durch unseren Brief.) Im Inlande konnte er keine Darlehen aufnehmen, da es den Untertanen seit einiger Zeit strengstens verboten war, königlichen Prinzen etwas zu borgen. Seine Not war so groß, daß er schrieb: „Ein Mensch, der in den Händen der Seeräuber gewesen ist, kann sich in keiner übleren Lage befinden als ich." So wandte er sich durch seinen Freund Suhm nach Rußland und wiederum an seinen englischen Oheim, obschon er diesen persönlich durchaus nicht mehr leiden mochte, darin also der Ansicht seines Vaters beigetreten war. Nach seinem Regierungsantritt war es eine seiner ersten Taten, die englischen „Beiträge" zurückzuzahlen, um politisch freie Hand zu bekommen.

Wir können dieses betrübende Kapitel nicht schließen, ohne an den Brief 211 zu erinnern, wo Friedrich seines Pagen „Carel" Gehalt von monatlich 10 auf 6 Taler herabsetzt mit der Begründung: „er thuht nicht guht, wann er viehl hat!" —

221

DER KÖNIG AN FREDERSDORF

(30. September 1754)

die Rechnung von Spitzegerber[1] [Bankier Splitgerber] *führe nuhr in october auf.*

Monsieur Lonié Sol Künftig jahr 8000 Thaler Krigen auf abschlag [S. vorigen Brief].

wegen deiner Krankheit folge nuhr [Dr.] *Cothenius und Mache umb gottes willen Keine proben mehr, oder dihr holt der teüfel, so wahr ich bin! du bist ungeduldig; geschwinde Könstu* [kannst Du] *nicht gesundt werden, das ist nicht möglich, tzeit gehöret darzu. und wohr* [wenn] *du Dihr nicht mit fermeté* [Festigkeit] *vohrnimst, Cothenius zu folgen, so gehet es Dihr so wie Mauperni*[2], *was mihr Sehr leit thun würde! gottbewahre!*

                                                                                    Fch

[1] „Spitzegerber" ist eine Kreuzung von „Spitzbube" und „Splitgerber".

[2] Der dem König als „warnendes Beispiel" eines Kurpfuscher-Mißerfolges so hochwillkommene Fall Moperni — hier schreibt er zur Abwechslung das „o" französisch, also „au" — wird an dieser Stelle zum vierten Male ins Feld geführt! [Vgl. Brief 200.]

222

DER KÖNIG AN FREDERSDORF

(Anfang Oktober 1754)

ich Weis nicht, ob der 1te Castrate [Sopransänger] *an-Komen wirdt gegen der opera* [zu Beginn der Opernzeit]; *und Sein engagement habe ich auch* [noch] *nicht gesehen. Wohr alles mit diesen richtig ist und er* [der Agent Pinetti] *Kan ein par jungens mit rechte Schöne Stimen* [in Rom] *auftreiben, So Sol es mihr lieb seindt, und Kan man ihm einen pas* [Paß] *und Weksel auf 100 Ducaten Schiken*[1].

Wegen der Müntz-liferungen, So ist der accordt So unbillig, daß ich ihn nicht eingehen kan, denn die Mark fein in 8 oder 4 gr. [Acht- oder Vier-Groschenstücken] *mus nicht höger als 13 Thaler, 12 Groschen zu Stehen komen; und von Scheide-Müntz Seint wier überschwemet*².

es freüet mihr, daß es Sich mit Dihr bessert. So gantz Sicher vohr einen anstos im neuen Mohnt bistu [aber] *nicht! wenn es nuhr leidtlich ist, so mus man* [schon] *zu-frieden Seindt. Deine particulir-Cuhren* [geheimen Pfuscherkuren] *haben vihl Derangement* [Unheil angerichtet] *und* [es] *ist nicht möglich, daß Cothenius in 14 tagen das wieder in die richte bringet. habe nuhr gedult und brauche nichts fremdes, So Wirdt es Sich mit der tzeit wohl geben. gottbewahre!*

Fh.

¹ Der erste Absatz des Briefes bezieht sich inhaltlich auf ein Schreiben des Agenten Gaetano Pinetti aus Rom vom 22. September 1754, das unserer Sammlung beiliegt. Im nächsten Brief verwahrt sich Fredersdorf gegen des Königs Vorwurf, er habe den Vertrag des „1ten Castraten", eines gewissen Posoni, nicht zur Genehmigung vorgelegt.

² Diese scheinbar so trockenen Worte über Münzangelegenheiten führen uns, wenn man ihnen genauer nachgeht, mitten hinein in große staatliche Schicksalsfragen, sowohl in der Zeit Friedrichs — wie in der jüngsten Vergangenheit unserer Tage!
Wir erinnern uns, wie der König in dem von ihm geschaffenen besonderen Handelsministerium — dem „Fünften Departement des Generaldirektoriums" — gar bald den Vorsitz selbst übernahm, während der Geheimrat Fäsch (Brief 26) sein, wie wir heute sagen würden, „Ministerialdirektor" war. Mit überragend klarem Blick erkannte Friedrich den engen Zusammenhang der Wirtschaftsfragen mit denen der Währung. Mit diesen letztgenannten aber stand es schon lange vor dem Siebenjährigen Kriege ganz allgemein in deutschen Landen so schlecht, daß die Minister des Generaldirektoriums ihre Unfähigkeit erklärten, diese Aufgabe für Preußen befriedigend zu lösen. Da nahm der König auch die Währungsfragen selbständig als sein „Reservat" in die Hand, wobei er sich zum fachmännischen Gehilfen den nunmehrigen Generalmünzdirektor Graumann aus Braunschweig, also aus dem „Auslande", heranholte. Dem Heiligen Römischen Reiche fehlte es an Macht, um der von den ungezählten Staatshäuptern Deutschlands seit langem und im Wetteifer betriebenen Münzverschlechterung (die natürlich als „Teuerung" in die Erscheinung trat) „von oben her" zu steuern. So war es, ganz wie in der „Inflationszeit" nach dem Weltkrieg 1914—18, dazu gekommen, daß im deutschen Großhandel, sobald

er über die Grenzen der Einzelländer hinausging, fremde, nichtangekränkelte Währungen der Preisberechnung zugrunde gelegt wurden. Die Rolle, die in dieser Hinsicht in unseren Tagen der nordamerikanische Dollar spielte, begann damals dem französischen Louisdor und dem Franztaler zuzufallen. In dieser Lage beschloß Friedrich, da ihm sein Land die hierzu erforderliche Größe zu haben schien, im Jahre 1750 eine eigene, vollwertige, also international verwendbare Münze zu schaffen. Nach dem sogenannten „Graumannschen Münzfuß" sollten aus einer „feinen Mark" Silbers 14 Taler geprägt werden und aus 6,055 Gramm Gold ein Friedrichsdor im Werte von 5 Talern. Da indessen unter Zugrundelegung der Weltmarktpreise für die Edelmetalle die Friedrichsdors etwas zu hochwertig waren, wurden sie von klugen Geldleuten alsbald aufgekauft und verschwanden aus dem Verkehr. Dadurch erklärt sich des Königs Bestreben, das Gold in den öffentlichen Kassen zurückzubehalten und Silber auszuzahlen, eine Anordnung, der wir in vielen unserer Briefe (z. B. in 136, 167—69) begegneten. Hiervon abgesehen hat sich Friedrichs Münzläuterung von 1750 bestens bewährt und ist — das Heilige Römische Reich und den Deutschen Bund überdauernd — die Münzgrundlage für das Reich Bismarcks geworden.

Allerdings stand der neuen Währung zunächst, nämlich während des Siebenjährigen Krieges, ein schweres Siechtum bevor, das — wenn auch im Maßstab kleiner — dem Wesen nach genau die gleichen Krankheitserscheinungen hervorrief und für den volkswirtschaftlichen Arzt die gleichen Aufgaben zur Lösung stellte, wie der Weltkrieg: Inflation und Aufwertungsfrage!

Sehen wir, wie die damalige Inflation (schnelles Unterwertigwerden der Münzen durch zu geringen Gehalt an Edelmetall) sich entwickelte, und wie der große König die Aufwertungsfragen löste!

Es gehört zu den erstaunlichsten Taten der Geschichte, daß Friedrich II. aus dem siebenjährigen Ringen geldlich weniger geschwächt hervorgegangen ist, als die Großstaaten Frankreich, Österreich und England, und dies, obschon seine vielfach und schwer verwüsteten Länder kaum noch den finanziellen Friedensbedarf hatten aufbringen können, obschon ferner seit 1761 mit dem Rücktritt Pitts des Älteren die englischen Hilfsgelder ausgeblieben waren. Die Mittel, durch die Friedrich dieses geldwirtschaftliche Wunder verrichtet hat, waren die schweren Kriegssteuern, mit denen das unglückliche Sachsen und Mecklenburg (das 1757 zu Preußens Feinden übergegangen war) belastet wurden, und daneben eine planmäßige Münzverschlechterung, die der Staatskasse an „Schlagschatz" jährlich bis zu 6 Millionen Talern einbrachte. Noch im Frieden hatte der König einen etwas bedenklichen Schritt in dieser Richtung getan, indem er — eigens für den Handel mit Polen — leicht unterwertige Dukaten holländischen Gepräges herstellen ließ! 1755 wurde zuerst das, bis dahin rein staatlich betriebene, Münzgeschäft in begrenztem Umfange an private Unternehmer verpachtet, gegen 5 Prozent Abgabe an die Staatskasse, jedoch mit der Auflage, vollwertiges Geld auszugeben. Nach der Eroberung Sachsens erhielt das Berliner Haus „Ephraim und Söhne" die Berechtigung, in sächsischen Münzstätten — also unter Mißbrauch ausländischen Münzkredits — Taler und „Augustdors" zu prägen, die nur etwa 70 Prozent des Graumannschen Vollwertes hatten.

1759 wurden der zur Firma „Ephraim Söhne, Moses Isaac und Daniel Itzig" erweiterten Genossenschaft der Münzpächter auch die staatlichen Prägestätten auf preußischem Gebiet in vermehrtem Umfang übergeben, wo sie nun gleichfalls Taler und Friedrichsdors von einem Wert von nur 70 Prozent herausbrachte, die Taler in Drittelstücken. Im nächsten Jahre ging es einen weiteren Schritt abwärts, insofern, als Ephraim und Genossen in den sächsischen Münzanstalten nunmehr Dritteltaler von nur 43 Prozent innerem Wert und noch minderwertigere Augustdors und Münzen polnischen Gepräges, die sogenannten „Timpfen", herstellten. Der Tiefpunkt wurde, unterstützt durch die nunmehr wetteifernde Münzverderbnis in den Nachbarländern, erreicht mit Talern zu 28 Prozent des Ursprungwertes. Schlimm war es, daß die Macht der Ephraimschen Genossenschaft inzwischen so gestiegen war, daß sie — unter Androhung der Nichterneuerung des Vertrages — im August 1760 beim Könige die Zulassung der sächsischen Dritteltaler zweiter Verdünnung auch zu den preußischen Staatskassen durchzusetzen vermochte, mit dem Ergebnis, daß diese Münze bald alles bessere Geld verdrängte. Die erwähnte Macht aber bestand darin, daß Ephraim und Genossen nunmehr ein wohlgegliedertes Heer von Wanderhändlern zur Verfügung hatten, die von Tür zu Tür zogen, um die besseren Münzen, natürlich möglichst billig, aufzukaufen und in den Schmelztiegel der Genossenschaft zu liefern. Auf diesem Wege und durch seine großen Geschäftsverbindungen in Prag und Warschau gelang es Ephraim, auch die Nachbarstaaten mit seinem schlechten Gelde zu überschwemmen und auf diese Weise insbesondere Polen, Rußland und Ungarn zu unfreiwilligen Steuerzahlern zu machen und verhältnismäßig besseres Geld von dort ins Land zu ziehen.

Die preußische Bevölkerung war natürlich erbittert auf die „Ephraimiten", wie man das „neue" Geld nannte, und der landläufige Spruch:

„Von außen schön, von innen schlimm,
Von außen Friedrich, von innen Ephraim"

war gewiß noch die mildeste Form des haßerfüllten Urteils über dieses Geld und seine jüdischen Hersteller. Die Gerechtigkeit erfordert aber, zu betonen, daß die Genossenschaft, so gewiß sie samt der Heerschar ihrer Helfershelfer zum Geschlecht der „Kriegsgewinnler" zählte — an denen es bei keinem großen Kampf gefehlt hat — doch in den Wirkungen beträchtliche Verdienste um das „Durchhaltenkönnen" Preussens gehabt hat. Ferner darf nicht vergessen werden, daß sie im Auftrage (und, wenigstens anfangs, im Sinne) des Königs gehandelt hat, der auch von Staats wegen (also mit Übergehung der Pächter) Münzen, insbesondere die englischen Hilfsgelder, sehr stark verschlechtert hat.

So war also gegen Ende des Krieges eine „Inflation", zwar nicht im Verhältnis von Eins zu einer Billion, aber doch von etwa Eins zu Drei vorhanden. Das sich daraus ergebende Problem der „Aufwertung" war dem Grundsatze nach das gleiche wie in unseren Tagen.

Da hat der große König, noch vor Beendigung des Krieges und bevor die Sache völlig „ins Rutschen" kam, durch eine Verfügung vom 12. Januar 1762 eingegriffen, die unsere heutigen „Inflationsverarmten" nur mit wehmütigem Neid erfüllen kann: Wer gutes Geld geborgt hatte, mußte, falls er sich zur Rückzahlung drängte, entsprechend mehr an neuem Gelde heimzahlen. Verlangte dagegen der Verborger seinerseits sofortige Rückzahlung, so mußte er sich zunächst mit dem Nennbetrag in neuem Geld begnügen, erhielt aber eine Bescheinigung dazu, die ihn „wegen des etwa künftig festzusetzenden Agio", d. h. wegen einer etwa kommenden amtlichen Aufwertung, sicherstellte. In des Königs Begleitworten zu der genannten Verfügung heißt es unter anderem, daß „diejenigen, so bloß von ihren Zinsen leben, dadurch würklich an den Bettelstab gebracht werden, und es dahero so nöthig, als höchst billig sey, diesem in Zeiten vorzubeugen, damit nicht noch mehrere von diesen letzten ins Unglück geraten."

Wir möchten aber nicht mißverstanden werden: Wenn wir uns dieser Tat des großen Königs bewundernd freuen und oben sagten, dem Grundsatze nach sei die Aufwertungsfrage damals die gleiche gewesen, wie in unseren Tagen, so verkennen wir doch keineswegs das Vorhandensein größter **praktischer** Unterschiede zwischen damals und heute, mindestens seitdem bei uns die Inflation einmal einen so ungeheuerlichen Grad erreicht hatte. (Es darf nebenbei bemerkt werden, daß zu Friedrichs Zeit der Geldwert gar nicht so ins Bodenlose sinken konnte, einfach, weil es kein Papiergeld gab. Dieses kann man ja, durch Aufdruck beliebig hoher Zahlen, weit mehr „verdünnen" als Hartgeld.)

Die Überleitung von den schlechten Münzen zu den alten guten hat Friedrich — und das war ein Teil seiner überwältigend großartigen Maßnahmen zum „Retablissement", d. h. zur schnellen Heilung der Kriegsschäden — durch eine Reihe klarer Verordnungen über die Eigenschaft der Münzen als „gesetzliche Zahlungsmittel" und über die Umrechnungssätze so schnell und wirksam gefördert, daß bereits durch das „Edikt" vom 29. März 1764, also fast genau 12 Monate nach Friedrichs Heimkehr aus dem Felde, der alte „Graumannsche Münzfuß" von 1750 wieder eingeführt werden konnte. Daß das nicht ohne Härten und auch nicht ohne schwere wirtschaftliche Erschütterungen abgehen konnte, ist für das Denken des heutigen Menschen, der „von Staats wegen" einen so eindringlichen, wenn auch mit recht kostspieligem Schulgeld erkauften Lehrgang über volkswirtschaftliche Fragen durchgemacht hat, eine Selbstverständlichkeit.

223

FREDERSDORF AN DEN KÖNIG

8. Oktober 1754.

[Fredersdorf verteidigt sich zunächst wegen der angeblichen Nichtvorlage des Anstellungsvertrages für den „Castraten" (vgl. den vorigen Brief). Dann erbittet er für den während einer Felddienstübung verunglückten „Jäger Schmidt" Krankenurlaub und die Försterstelle seines Vaters, „welcher Bestandig Elendt ans Podagra Liget". Nach Erörterung von zwei Rechnungssachen fährt der Brief dann fort:]

Ich hoffe, diesen Monath gut Zu pashiren; und gehet es diesen gut, so Kom ich den November auch gut durch, daß [so daß] ich dann glaub in Stand zu sein, Mit Zu gehen nach Berlin. ich Werde mir Fleisig in Acht Nehmen, und Ersterbe

Ew. Konigl. Maj.

Unther-thänigster treuer Knecht

P d 8. Oct 1754 *Fredersdorf*

224

DER KÖNIG AN FREDERSDORF

(8. Oktober 1754)

ich hoffe von deinen umbständen alles guhtes, jedoch Kan Kein mensch repondiren [dafür einstehen], *daß nich noch Sonswas* [sonst etwas] *Komen Könte. wann es nuhr nich Stark ist, So wird Cothenius und Deine guhte Nathur Dihr wohl herausreißen. aber Keine Neüe proben* [mit Kurpfuschern] *gemacht! Sonst gehet es Schieff, das ich nicht hoffe. Gottbewahre!*

Fch

225

DER KÖNIG AN FREDERSDORF

(den 9. Oktober 1754)

zu-lage Kan ich weder an [den Tänzer] *Denis noch an Keinen anderen geben, dartzu bin ich weder reich genung, noch Seindt die leüte mehr Wehrt. wann Sie durchaus vohr ihr Tractament* [Gehalt] *nicht bleiben wollen, mus man andere Komen lassen, die guht Seindt und vohr den Selbigen preis Capriolen Schneiden* [Vgl. Brief 213 f.].

Petit [gemeint ist der Agent Pinetti] *Kan den menschen* [nämlich den Castraten] *Schiken. und Kan er eine hübsche Hure* [Sängerin] *mit-Krigen, So ist es auch guht, denn die fehlet uns auch.*

Carel den werde ich auf Seinen gebuhrtstag einen jungen Hasen und einen Huzaren-pels schenken[1].

es freüet mihr, daß Du nuhn Schläft [schläfst] *und Dihr in-So-weit erhole* [hast]. *nuhn müssen wihr d. 16ten*[2] *guht über haben, das solte mihr Sehr freüen, wohr* [wenn] *der dießen Mohnaht guht vohrüber gehet! wann auch* [Dr.] *Cothenius vorhero Kühlende mitel gebe* [gäbe], *das Solte wohl* [dazu] *helfen, daß wihr den tag besser übergingen. ich wünsche es von hertzen. in-dessen nehme Dihr nuhr in-acht vohr alles, was* [wovon] *Du Selber weist, daß* [es] *Dihr Schaden Kan. gott bewahre!*

Fch

[1] Wegen „Carel" vgl. Brief 211! Er wird am 12. Oktober 15 Jahre alt.
[2] Der König hat sich hier vielleicht verschrieben und meint statt „d. 16ten" den 14ten. (Vgl. die Briefe 208 und 215.)

226
FREDERSDORF AN DEN KÖNIG 11. Oktober 1754

Fredersdorf berichtet zunächst über die Arbeiten in den königlichen Gärten und Alleen und stellt mit Genugtuung fest, daß die jährlichen Kosten allmählich sinken und jetzt nur noch 2051 Taler und 16 Groschen betragen.

Dann ist die Rede von Verträgen, die der Kämmerer mit den Bildhauern Ebenhecht und Adam geschlossen hat, und von der Beschaffung von Marmor für ihre Arbeiten. Die beiden Genannten gehören zu den zahlreichen in- und ausländischen Künstlern, die fortlaufend mit Aufträgen bedacht wurden,

Bekanntlich hat der König, insbesondere im Park seines geliebten Sanssouci, eine große Fülle bildhauerischer Werke aufgestellt. Gegen Ende seiner Regierung berechnete man die Gesamtzahl seiner Erwerbungen auf fünftausend Stücke. Wir gedachten schon des „Betenden Knaben" und der „Polignacschen Antikensammlung", der sich später das Bayreuther Antikenkabinett seiner Schwester Wilhelmine zugesellte. Nicht der oben erwähnte Bildhauer Adam („der Jüngere"), sondern „Adam aus Nancy" hat die berühmte Gruppe „Achill und die Töchter des Lykomedes" ergänzt, die in Frascati unter den Trümmern des Mariushauses ausgegraben wurde und bei Sanssouci in dem der römischen Rotonda nachgebildeten Kuppeltempel neben vielen anderen Antiken ihr Heim fand. Weitere bekannte Werke desselben Meisters. die Jagd- und Fischereigruppen, waren ein Geschenk Ludwigs XV. an Friedrich.

Sodann fährt Fredersdorfs Brief folgendermaßen fort:

[Die] *Einlage ist heute von Bareuth* [Bayreuth] *ge-Komen. Meerman Schreibt mir, daß die Schwer Bagage Schon nach Francreich abgegangen währ*[1].

Seit dem 1ten October finde ich einen grosen unter-Schied in meiner Kranckheit, und Befinde mich so Ziemlich leidtlich. [Nur] *das viehle auf-stehn Verhindert mir, Kräfte genug Zu samlen. ich denke den Neüen Mond gut zu passiren; als-dan dürfte es Nicht fehlen, daß ich nach und Nach Müsse gesund werden. Ew. Konigl Maj. Bitte ich demüthigst um die Continuation* [Erhaltung von] *dero gnade, ich werde gewiß Zeit Meines lebens Nicht undank-Bar sein!*

untherthanigster treuer
P d 11 Oct 1754   *Fredersdorf*

¹ Die „schwere Bagage" ist bereits nach Frankreich abgegangen. Das bezieht sich auf eine eben jetzt stattfindende Reise der Markgräfin von Bayreuth nach Südfrankreich und Italien. Auf ein Schreiben der Schwester aus Avignon, dem Sitz der Päpste während der „babylonischen Gefangenschaft", das auch zur Zeit des Briefes noch päpstliches Gebiet war, antwortete Friedrich am zweiten Weihnachtstage 1754 mit einem Brief, den wir wenigstens auszugsweise bringen möchten, weil er Gedanken enthält, die die kommende große Revolution vorauszuahnen scheinen:

„Teuerste Schwester, ich habe die Freude gehabt, einen aus Avignon datierten Brief von Ihnen zu erhalten. Ich wundere mich darüber, daß Sie dort an Kälte leiden! Es ist doch ein sehr mildes Klima, und außerdem hat es der Papst gesegnet!

Sehr erstaunt bin ich über den gesamten Inhalt Ihres Briefes. Freilich macht man überall die Bemerkung, daß es, je größer ein Staat ist, desto schwerer hält, ihn in allen Einzelheiten gut zu verwalten. — Wie ist es auch möglich, daß die Regierung in Versailles von den Räubereien der Generalpächter Kenntnis hat, die das Volk aussaugen? Und wie sollen so viele Mißbräuche abgestellt werden können, wenn die, die sie prüfen müßten, selber der Bestechung zugänglich sind? —"

[Der nächste hier wiedergegebene Briefabschnitt setzt voraus, daß Wilhelmine dem Bruder geschrieben hat, die Franzosen wünschten sich einen Herrscher, wie ihn Preußen hätte, d e m würde es schon gelingen, Ordnung zu schaffen.]

„.... Die Franzosen machen sich, wenn sie mich herbeiwünschen, über mich lustig, oder sie sprechen so nur aus Liebenswürdigkeit zu Ihnen, die Sie eine so ehrende Meinung von mir haben. Meine Kräfte würden zu schwach sein, ein so ungeheures Unternehmen zu beginnen, wie es die Abstellung der Mißbräuche in Frankreich sein müßte. . . ."

In der Tat darf man wohl zugeben, daß d i e s e Aufgabe selbst die Kräfte eines F r i e d r i c h überstiegen haben würde, der auch im kleineren Preußen die „Ordnung bis ins Kleinste" vielleicht nicht derart vollkommen hätte aufrecht erhalten können, wie es auch in den unruhigsten Zeiten der Fall war, hätte er nicht die Lebensarbeit seines Vaters im Aufbau eines pflichtgetreuen, redlichen Beamtentums ererben dürfen.

227
DER KÖNIG AN FREDERSDORF

(12. Oktober 1754)

gantz sicher Könstu [kannst Du] *noch nicht Sein! deswegen nim Dihr Wohl in-acht, absonderlich vor verkältung! Sonsten Könte leicht, jetzunder bei dem Schlimen Wetter, ein zufal Komen. So lange wie die Materie frei abgehet, So hat es nichts zu Sagen, aber Stopet sich die, so ist wieder was unterwegens. ich wil es aber nicht hoffen; und wirdt das meiste auf Dein fernünftiges verhalten ankomen!*

Frch

228
DER KÖNIG AN FREDERSDORF

(17. Oktober 1754)

Jetzunder ist die tzeit, da alle Hemeroidarii mit der Krankheit incomodiret [belästigt] *seindt. ich habe auch die Coliquen gehabt. es freüet mihr nuhr, daß sie Dihr dißmahl so baldt — und ohne die anderen schlime zu-fälle — verlassen haben. das Schlime uriniren wirdt sich mit der tzeit legen. aber bedenke nuhr, wie mit Deinem Cörper hart ist verfahren worden, und wie der Duvergé* [der schon öfter erwähnte Kurpfuscher] *mit Dich ausgehalten hat! so-was lässet sich gewisse nich so leichte in ordenung bringen. ich bin bange, du wirst noch einige Mohnaht zu thun haben, ehr* [ehe] *sich die Schmertzen legen werden. alle hülfs-mitel, die dar mit gelindig-Keit Könen gebraucht werden, Sollen gewis an Dihr gewendet werden, aber mit Starken Sachen Würfe man Dihr follens* [vollends] *über den haufen, und würde Dihr doch nicht helffen Können. ich hoffe baldt gantz guhte nachrichten von Dihr zu Krigen. ich habe den Dokter* [von Berlin] *herüber geschiket; er wirdt gewisse thun, was möchlich ist. nim Dihr nuhr Wohl in acht und quaksalbre um Gottes Willen nicht mehr!*

hier brenen [brennen] *mihr die Sollen* [Sohlen]*, daß ich wieder wek Komme. ich bin So verdrißlich und So ergerlich über 100 unangenehme tzeitungen und historien, daß ich alles überdrüßig bin! gottbewahre Dihr!*

Fch

Hier haben wir wieder einmal einen der rührenden Trost- und Ermahnungsbriefe, wie sie sich als roter Faden durch die ganze Sammlung ziehen. Friedrich selbst hatte in diesen Tagen einen seiner häufigen Anfälle von Hämorrhoiden und Koliken gehabt. Wir würden das aber vielleicht in unserem Briefe überhaupt nicht erwähnt finden, spräche er es nicht als **Trost** für seinen Leidensgefährten Fredersdorf aus.

Ein beredtes Zeugnis für sein zutrauliches Verbundensein mit Fredersdorf ist auch der letzte Satz mit dem Stoßseufzer: „Hier" — nämlich in dem verhaßten Berlin, wo er am 17. und 18. Oktober weilte — „brennen mir die Sohlen, daß ich wieder wegkomme!" Und die Worte, daß er „alles überdrüssig" sei, erinnern uns an seinen Brief an den Lord Marschall Keith (vgl. Nr. 188), den er glücklich preist, weil jener sein Amt verlassen und ein Leben eigener Wahl führen kann. Die „unangenehmen tzeitungen und historien" werden sich wohl auf die auswärtige Politik beziehen, mit deren Fortgang sich auch der Leser demnächst, nach langer Pause, wieder einmal wird beschäftigen müssen. Es kann aber auch sein, daß mit den „Zeitungen" die allmonatigen Berichte der Kammerpräsidenten gemeint sind, die diese über den Kopf der Minister hinweg unmittelbar an den König zu erstatten hatten und die amtlich als „Zeitungen" bezeichnet wurden. Dann würde also der Ausdruck „tzeitungen und historien" zu übersetzen sein mit „innen- und außenpolitische Nachrichten".

229

DER KÖNIG AN FREDERSDORF

(Mitte Oktober 1754)

ich Schike Dier den Paß vohr die Stühle. ich höhre aber nicht gerne von Rechnungen Sprechen! Das Stof werde Kaufen zur Weste, aber ich Kan es noch nicht betzahlen[1].

Mit Deine Krankheit wirdt es Schon besser werden, das fiber Kömt [nur] von Matichkeit; nuhr mustu Dihr nicht zu frühe ausmachen [ausgehen]!

Die Hemeroiden haben bei mihr heüte wieder aufgehöret. also werde, wohr [wenn] Sie nicht wieder-Komen, heüte abendt Pillen nehmen. die pulvers habe ich alle zum Teufel geschmissen[2]. *Ich wünsche Diehr guhte Besserung und geduld!*

Fch

[1] Der Satz, daß der König „den Stoff zur Weste noch nicht bezahlen kann", redet Bände über den Zustand seiner Privatkasse!

[2] Dieser Bericht wird durch eine teilnehmende Anfrage Fredersdorfs veranlaßt sein.

230

FREDERSDORF AN DEN KÖNIG

21. Oktober 1754.

Fredersdorf berichtet über ein Schreiben des Theateragenten Pinetti aus Rom. Von einem gewissen Sänger versichere dieser, „daß es kein Mensch vor Ew. K. Maj. währ, weilen er Keine Brust-Stime [hätte], sondern durch die Nase und Hals Sänge." Dann ist, nach Erwähnung eines Neapolitanischen Musikers, nochmals die Rede von den schon im Brief 222 genannten „2 junge Kastraten", die für 350 Dukaten von ihren Eltern und Lehrmeistern „gekauft" werden könnten. Endlich fährt Fredersdorf fort:

Pinetti Bittet um Baldige Antworth und das geldt, sonst Könte Er Nichts Ausrichten.

Ew. K. Maj. Gratulire ich Zu denen haemoroiden. [S. den vorigen Brief]; *es freüet Mir Ungemein. Gott wird Ihnen eine Vergnügte gesundheit geben!*

und von Meinen umständen [zu reden, so] *glaube ich Meine volle-Komene gesundheit wieder Zu erlangen. ich hab in 2 jahr Keinen Monath so gut passiret, als diesen! und ich werde Nicht ehender* [eher] *ausgehen, Bis ich nicht überZeuget bin, daß Mein Schmertzen und geschwier gäntzlich weck sein, Zu-Mahl da ich sehe, daß es Nothwendig is. dieses alles hab ich warhafftig Ew. Konigl. Maj. Zu danken, und werde Ihnen tausendt Mal die Füse davor Küsen, und leben und sterben* [als]

E. K. Maj.

Unther-thänigster treuer Knecht

P d 21 Oct 1754   *Fredersdorf.*

231

DER KÖNIG AN FREDERSDORF

(22. Oktober 1754)

von die 2 junge Castraten Sol er [der Agent Pinetti] *den besten aussuchen und Kaufen, denn das ist genung. was wollen wihr mit alle die Walachen machen! dartzu sol er geldt Krigen, aber mehr nich.*

es freüet mihr, daß du Dihr guht befindest; und hoffe ich nun guhte folge, wohr [wofern] *du nicht wieder Wilt* [wild] *und ungeduldig wirst.*   Fch

232
FREDERSDORF AN DEN KÖNIG

29. Oktober 1754

Zunächst berichtet Fredersdorf, daß er durch Pinetti „6 gläser von die Stärkst riechende pomade" für den persönlichen Gebrauch seines Herrn aus Rom habe kommen lassen, und spricht dann von dem ebenfalls durch Pinetti vermittelten Angebot eines Prunktisches, dessen Platte aus 2 Stücken „orientalischen jaspis", d. h. aus ägyptischem Jaspisgestein, bestehen soll. Dann fährt der Brief fort:

Es hatt sich ein Mensch hir-her gefunden, der in reiche [im Reiche] *von Ew. K. M. Hern officirs gehört, daß hir so vil geldt an eine Fontaine verwand währ. ich habe Ihm gestern alles Zeigen lassen. Er hatt seine gedanken über die Plümpe-arbeit* [Pumpenarbeit] *und fehler der machine ausgeführt, und saget mir,* [er] *würde versuchen, die Sache in Stande* [zu] *Bringen. Wan Ihm aber Ew. Konigl. Maj. da-Zu Emploiren* [verwenden] *wolten, so wolte Er den Winter durch das Werk in solchen Stand setzen, daß man allemal Könte das reservoir voll Mahlen. Er giest sich Zu-gleich alle röhren selbst; und versteht das hidruling* [die Hydraulik = Wasserbaukunst] *aus dem Fondament und hatt, laut seine atteste, an unter-Schiedene Fürstliche Höffe der-gleichen* [Sachen] *und* [solche]*, die noch viel difficiler sein, angefertigt. was Ew. Konigl. Maj. allergnädigst Befehlen, werde* [ich] *dem Man Bescheiden.*

Mit Meinen umständen gehet es recht gut, außer der grosen Mattigkeit, so ich Beständig wegen des Wenigen Schlaffs empfinde.

Unther-thanigster treuer Knecht
Fredersdorf

P. d. 29 Oct 1754

Wir erinnern uns, wie der König im Mai dieses Jahres (Brief 186) nach Besichtigung der Springbrunnen, die so gar ihre Pflicht nicht tun wollten, seinen Ärger in die Worte zusammenfaßte: „Es ist was Infames!" Damals ordnete er an, den bisherigen Wasserbaumeister wegzujagen und einen „habilen Menschen" anzustellen, der die Sache in Gang bringen könne. Einen solchen glaubt nun Fredersdorf jetzt gefunden zu haben. Dieser Mann hat „in reiche", das heißt „im Reiche", durch preußische Werbeoffiziere von des Königs großen, aber vergeblichen Ausgaben für seine Wasserkünste gehört und behauptet nun, unter entsprechend abfälliger Beurteilung des bisher Geleisteten, e r werde die Sache in Ordnung bringen, insbesondere das Vollpumpen des Sammelbeckens auf dem „Ruinenberg". Er kann sich zahlreicher Zeugnisse von anderen Höfen rühmen, denn damals mußte ja jeder der kleinen „Ludwigs", die es auf den vielen deutschen Thronen und Thrönchen gab, unbedingt seine Wasserkunst haben.

Ob Friedrich diesen Menschen angestellt hat — sein Antwortbrief verlangt zunächst Auskunft über die Kosten — ist uns nicht bekannt. Wohl aber wissen wir, daß der so zuversichtlich sprechende Mann, falls er wirklich „Fontenié" geworden ist, sich jedenfalls auch v e r g e b l i c h bemüht hat. Denn erst Friedrich Wilhelm IV., der erste unter Friedrichs Nachfolgern, der wieder ein warmes Verhältnis zu Sanssouci gewann (und von dem zum großen Teil die heutige Gestaltung des Parkes herstammt), erlebte es, die Springbrunnen wirklich in Gang gesetzt zu sehen. Fast hundert Jahre nach der Gründung des „Schlosses auf dem königlichen Weinberge", im Oktober 1842, sandte die „Große Fontaine" am Fuße der „Terrassen" zum ersten Male ihren 40 Meter hohen Strahl in die Lüfte. Für den großen Friedrich, der sich diese herrliche Anlage erdacht hatte, ist sie zeitlebens „was Infames" geblieben.

Fredersdorfs angeblich Sachverständiger spricht davon, daß er das Sammelbecken voll „Mahlen" wolle. Das Pumpwerk wurde also damals mit einer Windmühle betrieben. Lange nach des Königs Tode wurde zu diesem Zwecke an der Havel eine Dampfmaschine aufgestellt in einem als türkische Moschee verkleideten Gebäude. Aber auch der altgewordene Friedrich hat die „Feuermaschine" noch kennengelernt und mit scharfem Blick erfaßt, daß hier etwas Wichtiges im Werden sei. Der kluge Greis entsandte mehrere Techniker nach England, die ihm über die Erfindung des James Watt berichten mußten, und hat dann von 1784 an selber noch die Aufstellung mehrerer Dampfmaschinen in staatlichen Betrieben veranlaßt, auch hierin ein führender Geist! —

233
DER KÖNIG AN FREDERSDORF

(30. Oktober 1754).

Mons. Pineti [der Agent] *schreibet imer von vihlen geldt — und das habe ich nicht! den Tisch möchte ich Wohl Kaufen, aber ich habe die Masse* [Maße] *nicht davon. das Sicherste Wehre* [wäre], *man Kaufte die Steine* [den Jaspis] *und liß sie hier* [hierher] *Kommen. Die pomaden habe ich guht em-Pfangen.*

Wegen des Fontenié mus man wissen, was er haben Wil, und wie viehl geldt noch zum Fontinen-bau ausgesetzet ist. dan Kan ich darauf antworten[1].

es ist mihr lieb, daß es mit Dihr in-So-weit guht gehet, aber ich traue dihr nicht auf ein har [Haar] *und glaube imer, Du quaksalberst durch-ein-ander! wann du das nuhr wolst bleiben lassen, so wirstu gewisse mit der tzeit besser und gantz guht werden.*

aber du bist wie die Mimi! wann man meinet, man hilt sie feste, so Sprung sie um der architrave von der camer herum[2].

gottbewahre!   *Fch*

[1] Zum zweiten Absatz vergleiche man den vorigen Brief von Fredersdorf, auf den der König hier antwortet.

[2] Von reizendem Humor ist der letzte Satz, in dem der König seinen immer wieder zu den Quacksalbern ausrückenden Patienten mit der „Mimi" vergleicht, die, wenn man sie gerade am Schwanz erwischt zu haben glaubt, auf dem Zimmergesims, „der architrave von der camer", herumspringt. Noch besser aber kann man sich das schelmische Lächeln vorstellen, das beim Niederschreiben dieser Zeilen des Königs Mundwinkel umspielt haben wird, wenn man weiß, daß „Mimi" nicht etwa eine K a t z e und ein zeitgenössisches Lebewesen ist, sondern eine gemeinsame „Jugenderinnerung" aus den glücklichen Rheinsberger Tagen, nämlich ein A f f e n w e i b c h e n namens „Mimi". Diese quecksilberige Mitbewohnerin von Friedrichs Studierstube in „Remusberg" steckte so voll loser Streiche, daß man versucht ist, sie für eine Ahnfrau von Wilhelm Buschs „Fipps, dem Affen" zu halten. Eines Tages saß der Kronprinz, wie so oft, voll Eifer über der Philosophie Christian Wolffs, des von Friedrich Wilhelm auf Betreiben empörter Kirchenmänner „bei Strafe des Stranges" von der preußischen Universität Halle vertriebenen Gelehrten. Chasot, der junge Lebenskünstler, der Jagd und Liebesspiel bei weitem dem Dienst der Feder vorzog, hatte mit heimlichem Stöhnen die Wolffsche Weisheit für seinen Herrn ins Französische übertragen müssen, auf daß dieser sie leichter verstehen könne.

Als Friedrich nach der Abendmahlzeit an seinen Schreibtisch zurückkehrt, findet er ihn leer. „Mimi" aber sitzt vor dem brennenden Kamin und betrachtet befriedigt ihr Werk — die „sachliche Erledigung" der Wolffschen Philosophie. Wir wissen es nicht, trauen aber Friedrichs scharfer Zunge wohl zu, daß er Mimis Auffassung vom „Kampf mit geistigen Waffen" in boshaften Vergleich gesetzt haben mag mit dem Vorgehen der Berliner Regierung. Nach der Thronbesteigung war es eine seiner ersten Taten, Wolff ehrenvoll zurückzuberufen.

234

FREDERSDORF AN DEN KÖNIG

15. November 1754.

Ew. Konigl. Majesté Bitte ich tausendt-Mahl um Vergebung [wegen] *Meiner langsahmen Antworth. Gott weiß, ich Bin Niehmahlen in so schlechten und Elenden umständen gewesen!* [Dr.] *Cothenius hatt merveillee* [Wunder] *an mir gethan! ich hatt schon 5 Tag und Nacht in-eins-weg* [immerzu] *gebrochen, daß es dem meserire* [Miserere] *nah wahr,* [da] *gab Er mir tropfen, die mir gleich halfen. itzo Bin ich Nicht im Stande Zu gehn, noch zu stehn*[1].

Ihro Hoheit von Braunschw. haben Bey Luberkuhn [dem Goldschmied Lieberkühn] *wieder Silber Bestelt und mir durch Ihren Camerdiener Schreiben lasen, daß Sie das von Ew. Konigl. Maj. gnädigst* [in Aussicht stehende] *präsent Zum weihnacht da-Zu Emploir* [verwenden] *will.*

Die Princessin Amalie, K. H. [Königliche Hoheit]*, Bittet um Bahr-geldt. Princessin Heinrich, K. H., Freuet sich noch, wann sie das vorjährige präsent von Ew. K. M. ansiehet, und wird mit dem Zu-Frieden sein, was Ew. Konigl. Maj allergnädigst choisir* [aussuchen] *werden. Ihre* [Seine] *K. Hoheit Printz Ferdinand werden Silberne teller angenehm sein, um das Service, so Sie schon haben, Zu Complettiren* [ergänzen]*. Luberkuhn hatt das Bisherige verfertigt und weis* [weiß] *das Facon.*

ich Ersterbe   *Ew. Konigl. Maj.*
Allerunterthänigster treuer Knecht
Fredersdorf

P. d 15 Nov 1754

[1] Der arme Fredersdorf hat wieder in erbarmungswürdiger Weise leiden müssen, und zwar, wie wir aus des Königs Antwort entnehmen, durch eigene Schuld, da er sich wiederum einem Kurpfuscher in die

Arme geworfen hatte. Er ist, wie er schreibt, dem „meserire" nahe gewesen. Damit — es soll natürlich „miserere" heißen — ist entweder gemeint „dem Tode nahe", wenn es nämlich eine Anspielung auf den alten Kirchengesang des „Erbarme Dich!" (nach dem 57. Psalm der Vulgataübersetzung) sein soll, oder aber der Sinn ist folgender: Als ärztlicher Fachausdruck bedeutet „Miserere" soviel wie „Kotbrechen". Da Fredersdorf unmittelbar vorher berichtet, daß er fünf Tage und Nächte lang immerzu habe erbrechen müssen, liegt diese Deutung nahe. Jedenfalls ist es dem armen Menschen entsetzlich schlecht gegangen, und er hat in hoher Lebensgefahr geschwebt.

[2] Die weiteren Abschnitte des Briefes handeln von den Weihnachts- oder richtiger Neujahrsgeschenken Friedrichs an seine Geschwister. Es ist kennzeichnend für Fredersdorfs Stellung zum König, daß bei ihm die „Wunschzettel" zusammenlaufen. „Ihro Hoheit von Braunschw.", die Herzogin Philippine Charlotte, Friedrichs Schwester, hat an Fredersdorf schreiben lassen, um durch ihn dem König „hintenherum" beizubringen, daß er ihr das beim Juwelier Lieberkühn tatsächlich bereits bestellte Silber schenke. Daß der Kämmerer von diesem Briefe ganz offen spricht, war gewiß nicht im Sinne der Frau Herzogin.

Eine andere Schwester, Amalie, bittet um Bargeld! Die Prinzessin Amalie war die einzige Tochter, die bei ihrer Mutter blieb, obschon sie in ihrer Jugend als Schönheit gerühmt wurde. Freilich war auch sie zweimal zur Ehe begehrt worden, einmal (1743) von der Kaiserin Elisabeth von Rußland für ihren Neffen, den Großfürsten Peter, den nachmaligen, 1762 durch Mord endigenden Zaren, sodann (1746) vom französischen Hof für den Dauphin. Beide Male versagte der gekrönte Bruder aus guten Gründen seine Zustimmung zu diesen glänzend scheinenden Verbindungen, während ein dritter Heiratsplan, den Friedrich selbst lebhaft wünschte — nämlich mit dem schwedischen Thronfolger, der dann der Gemahl der Prinzessin Ulrike wurde — an Amalies Widerstreben scheiterte. Im April 1756 machte der König dann die jungfräuliche Schwester, die bei Hofe als spitzzüngig verschrien war und von der Königin als mutmaßliche Haupturheberin ihrer Vernachlässigung durch den Gatten gehaßt wurde, zur Äbtissin von Quedlinburg; ihren Wohnsitz behielt sie aber auch weiterhin in Berlin.

Von der liebenswürdigen Prinzessin Heinrich, genannt „die schöne Fee", hörten wir schon. Sie ist „mit allem zufrieden".

Wenn Fredersdorf schreibt: „I h r e Königliche Hoheit Printz Ferdinand", so könnte man vermuten, er meine Ferdinands Gattin, zumal

„Teller" gewünscht werden. Das kommt aber nicht in Frage, da dieser Prinz, Friedrichs jüngster Bruder, sich erst im nächsten Herbst vermählte. Von seiner Hochzeit werden wir in unseren Briefen noch hören.

Der Juwelier Lieberkühn war ein sehr geschickter Künstler. Als einst, im Dezember 1744 während der großen Geldnot, Fredersdorf nächtlicherweile die von Friedrich Wilhelm I. aufgestapelten Schätze aus dem Schloß in die Münze überführte (vgl. Brief 9), befand sich auch der gediegen silberne „Trompeterchor" darunter. Diesen ließ der König nachmals durch versilberte Holzschnitzerei ersetzen und zwar durch die kunstreiche Hand Lieberkühns.

235

DER KÖNIG AN FREDERSDORF

(16. November 1754).

es ist mihr recht lieb, daß Du dißes-mahl wieder durch bist. allein Wessen Schuldt ist es? meine beiersche [bayrische] *Köchin berümt* [rühmt] *Sich, daß sie Dihr in der Cuhr* [Kur] *hat, lachman* [ein Kurpfuscher] *brauchstu Darmank* [dazwischen] *und wer weis wie viehl andere Dokters!!* —

ich mus Dihr die reine Warheit Sagn: Du führst dihr wie ein ungetzogen Kint auf, und — *wan Du gesundt Wärst,* [so würde ich sagen] — *wie ein unfernünftiger mensch! mach doch ein-Mahl ein Ende mit die Närsche quaksalberei, da du Dihr gewisse, wohr* [wenn] *du nicht davon ab-lässest, Dihr den Thoht mit tuhn würst! oder du wirst mihr tzwingen, Deine leüte in Eidt und flicht zu nehmen, auf-daß sie mihr angeben müssen, wenn ein Neüer Docter Komt oder Dihr Medicin geschiket wirdt.*

hästu [Hättest Du] *mihr gefolget, so würstu* [würdest Du] *dießen Somer und herbst guht zu-gebracht haben, aber die Närsche und ohnmögliche inbildung, in 8 tagen gesundt zu werden, hat Dihr fast zum Mörder an deinen leibe gemacht! ich Sage es Dihr rein heraus: würstu* [Wirst Du] *Dihr jetzunder nicht von allen deinen Idioten-Docters, alte Weiber etc, loßschlagen, so werde ich* [Dr.] *Cotenius verbihten, den fus in Deinem hause zu setzen; und werde mihr nicht weiter umb Dihr bekümern! denn wen du So Närsch bist, daß Du Dihr nach So vihlen proben Durch Solches liderlickes gesindel Wilst umbs leben bringen lassen, So mögstu* [magst Du] *deinen Willen haben! aber so* [dann] *wirdt Dihr auch Kein Mensch beklagen!*

du hast mihr zwahr Vihl versprochen, aber Du bist So leicht-glaubig und So leicht-Sinnig, daß man auf Deine Worte Keinen Stat machen Kan. Sehe nuhn Selber, was Du thun Wilst. und Morgen Gib Deine resolution [Entscheidung]! *denn es mus der Sache ein rechtes Ende werden, Sonsten Crepirstu* [krepierst Du] *meiner Sehlen aus puren übermuht!* Fch

Diesen Brief kennen wir schon von Seite 38 her; hier mußte er wiederholt werden mit Rücksicht auf den zeitlichen Zusammenhang. Es ist, trotz alles Polterns, ein wundervoller Brief!

Wie oft haben wir die unendliche Langmut und Milde des Königs gegenüber Fredersdorfs ständigem Ungehorsam bewundern dürfen, diese unerschöpfliche Geduld bei einem Menschen, den sein schnell aufwallendes Blut und seine Gewöhnung an unbedingtes Herrschen sonst jeden Widerstand niederschmettern ließ. Wie völlig anders behandelt er demgegenüber seinen Fredersdorf. Noch soeben (Brief 233) konnten wir uns daran erfreuen, wie der Vorwurf der Unbotmäßigkeit in den Vergleich mit der Äffin „Mimi" liebenswürdig schelmerisch eingekleidet wurde. J e t z t aber, da der König sieht, daß der Kranke in furchtbarer Weise gelitten hat und daß er um Haaresbreite am Tode vorbeigeschritten ist, bricht ein urwüchsiger Zorn durch. Er stellt ihn vor die Entscheidung: Entweder gehorche und werde vernünftig, o d e r ich ziehe meine Hand von Dir!

Fredersdorf wird sehr erschrocken gewesen sein, aber die Drohung, der König werde ihn seinem Schicksal überlassen, hat er sicher n i c h t geglaubt, so wenig, wie w i r das glauben. Zu deutlich fühlt man ja heraus, wie dieser Zorn n i c h t s anderes ist, als treueste Liebe in verändertem Gewande. Und das ist es, was diesen Brief trotz seiner groben Töne so innig und verehrungswürdig macht.

236.

DER KÖNIG AN FREDERSDORF

(etwa 18. November 1754)

ich habe gemeinet, mihr eine freüde [damit] *zu machen, dihr zu Sehn, aber ich bin recht betrübt zurüke gekomen. ich finde Dihr Sehr abgenomen, Seit-dehm ich Dihr gesehen habe. ich habe in Mihr Selbst so vihl gegen alle deine charlatans geschimffet; und werfe ich mihr noch imer vohr, daß ich zugegeben habe, daß der Duvergé So gottlos mit Dihr ausgehalten hat*[1]; *allein nuhn ist nuhr hoffnung in*

Deiner Diet und in die Kunst des [Dr.] *Cothenius! wenn wihr den Künftigen Mohnaht nuhr wie dießen vohrüberhaben, so wil ich alles guhtes hoffen, alleine ich kan Sagen, ich bin recht en peur* [in Sorge] *darum. mache* [Du] *nuhr, was möglich, umb die Kräfte wieder, So viehl es sein Kan, herbei zu Schaffen.* [Du mußt] *offte und wenig Essen, starke Nahrhafte bouillons!* (*die lasse nuhr von Meine* [d. h. wohl, des Königs persönlichen] *Köche Machen.*) [Und ferner:] *keine verkältung nicht! Sehe Dihr an, wie eine annanas, die man mit der Kunst zur reife bringt*²*! dan* [denn] *fährt ein übler windt Dihr auf dem leibe, so ist es vorbei. ich bitte Dihr recht Sehr, lasse Dihr die gedult nicht vergehen! und wan du mihr lieb hast, so lege deiner genesung nichts im Wege und gebe zu keinem übel gelegenheit!*

gottbewahre! *Fch*

Wie vollständig der Zorn des Königs im vorigen Brief in Wahrheit n u r Liebe war, bestätigen diese Zeilen, die geschrieben sind unmittelbar nach einem Besuch beim todmatten Fredersdorf. Am Krankenbett ist Friedrich so ergriffen gewesen, daß sein Mund verstummte. Jetzt, in seine Gemächer heimgekehrt, muß er ihm schreiben, was vorher nur seine Augen gesagt haben werden. Dieser Brief — und fast mehr noch der nächste — soll für sich selber sprechen. Nur zu ein paar Nebenpunkten möchten wir kurze Hinweisungen geben.

¹ Im vorigen Schreiben, dem „Brief des Zorns", macht der König dem F r e d e r s d o r f die heftigsten Vorwürfe wegen der ständigen Rückfälle in die Kurpfuscherei, hier kein Wort mehr davon, nur noch sich s e l b s t klagt er an, daß e r das nicht zu verhindern gewußt habe! —

² Das Bild von der „Ananas, die man mit der Kunst zur Reife bringt", war für Fredersdorf voll Farbe, denn er wußte, mit welcher Sorgfalt der König seit einiger Zeit in Sanssouci mit Hilfe eines eigens dazu aus Holland berufenen Gärtners die künstliche Zucht dieser Frucht betrieb und wie er sich über jedes Gelingen dabei freute.

237

DER KÖNIG AN FREDERSDORF

(etwa 19. November 1754)

ich wolte wünschen, daß Dihr Dein Schlaff geruhiger und besser würde, und daß nachgerade der apetit Kähme. ich kan Sagen, daß ich gestern umb dihr recht bettrübt geweßen bin, ich hätte mihr dihr nicht So Sehr abgemattet vohrgestellet! Es hatt mihr rechte Traurige gedanken gemacht. ich Sage Dihr nicht das hunderste theil, der [von dem, was] *mihr durch den Kopf gegangen ist, ohne das* [ganz abgesehen von dem] *Mitleiden, das mihr deine fihlfältige Schmertzhafte zufälle veruhrsachen. wann wihr nuhr den Künftigen Mohnaht guht überstehen, den* [dann] *wil ich foller freüden Seindt, dan* [denn] *ich gönne Dihr gewisse alles guhte und solte mihr nichts leidt werden, was es auch Sei, anzuwenden, umb Dihr wider gesundt zu machen.   gottbewahre!*   Fch

Die traurigen Gedanken, die dem König — abgesehen vom persönlichen Mitleid mit seinem armen Fredersdorf — durch den Kopf gegangen sind, haben sich natürlich mit der wehmütigen Frage beschäftigt, ob es ihm bestimmt sei, alle Menschen zu verlieren, die ihm lieb sind. Schon mehrmals sind wir ja bei ihm diesem düsteren Schicksalsglauben begegnet. Wir wissen auch, wie verständlich das war, da der Tod seinem Freundesherzen in den letzten Jahren so viele und schwere Wunden geschlagen hatte und da auch die Lebenden, die ihm wert waren, ihn einer nach dem anderen verließen. Das gerade geistig überragenden Menschen so oft beschiedene Geschick des Einsamwerdens (in Friedrichs Falle beschleunigt und verschärft durch den Abstand, den der Thron schafft, und wohl auch durch seine oft verletzende Art) hatte ihn gar früh ereilt. [Vgl. Brief 102.] Was Wunder, daß er sich nun doppelt anklammerte an die bedingungslos und anspruchslos treue Seele des schlichten Menschen Fredersdorf. Vielleicht hat der König, als ihm der Gedanke, auch ihn zu verlieren, das Herz zusammenkrampfte, in seinem Sessel gesessen und einem seiner treuen H u n d e den angeschmiegten Kopf gestrichelt. —

238

DER KÖNIG AN FREDERSDORF

(Gegen Ende November 1754).

lasse uns ja allen plunder verkaufen, den wihr haben, umb d. heren [den Herrn] *Drop zu betzahlen. und was* [dann noch] *an der Suma fehlet, werde ich zu-Schißen* [zuschießen].

ich werde heüte wieder mit Cothenius umb Deine gesundheit Sprechen. er versichert gewisse, dihr aus diesem allen wieder [heraus] *zu tzihen. Die Kräfte aber müssen nohtwendig wieder gesamllet werden, dan* [denn], *wie es wahrscheinlich ist, so Könen noch wohl ein par zufälle mit Fiber, von 4 Wochen zu 4 Wochen, Komen; alleine sie müssen leidtlicher* [erträglicher] *werden und müssen so abnehmen, daß du Selbsten die besserung merken Könst. ich were* [werde] *nichts verseümen, den Cothenium mit ambition* [mit Aufstachelung seines Ehrgeizes] *zu treiben; und, was in der Medecin und Seiner Kunst Sticht* [steckt], *Sol gewisse alles gebraucht werden! suche nuhr zu Schlafen, wann es angehet; und Wil es nicht alle-Mahl in ligen* [im Liegen] *gehen, so probihre* [es] *auf einen guhten lehn-Stuhl im Sitzen. gottbewahre Dihr! wann das 4tel meiner Wünsche erfület wirdt, So solstu* [solltest Du] *bald gantz gesundt werden!*   *Fch*

Zu dem wesentlichen, dem zweiten Teil des Briefes, möchten wir auch diesmal nichts hinzufügen, um den unmittelbaren Eindruck nicht abzuschwächen.

Mit dem ersten Absatz hat es folgende Bewandtnis: „in denen Braunschweigschen Cammern [d. h. den für die Braunschweigschen Herrschaften bestimmten Räumen des Schlosses], wo das Theewasser gekocht wird, in den Spind, was in der Mauer stehet" ist nach Fredersdorfs Bericht eine große Menge alten Plunders gefunden worden, bezüglich dessen der Kämmerer Anweisung erbittet, was damit geschehen solle. In dem langen Verzeichnis des Gefundenen finden sich die drolligsten Sachen aufgezählt, so z. B. neben vielen Prachtgewändern „3 Unter-röcke", „10 Schnür-Brust, worunter reiche und Schlechte [schlichte] sich befinden und Neue Corselets", „1 Goldenen Sonnen-Paresole mit goldenen Frangen", „1 Silberner Nacht-topf", „3 par Pantoffel" und so weiter!

Dieser Fund ist eine „außeretatsmäßige" Einnahme, die dem König trefflich zustatten kommt, um endlich die geheimgehaltene Schuld an den Goldmacher Drop zu bezahlen, der ja immer noch 4000 Taler zu fordern hat. (Vgl. Brief 217.)

239
FREDERSDORF AN DEN KÖNIG

25. November 1754.

Wieder einmal ruft Fredersdorf die Allerhöchste Entscheidung in einer wichtigen Staatsfrage an: Zwischen dem Tabaksdosenmacher „Bandeson" — er wird in unseren Briefen auf die verschiedenste Weise geschrieben — und dem „Juden Ephraim" (vgl. Brief 222) ist ein Streit ausgebrochen, ob der Betrag von 800 Talern „vor Steine", die Ephraim geliefert hat, vom Dosenmacher oder von der königlichen Schatulle bezahlt werden muß.

Sodann berichtet der Kämmerer, daß der Agent Pinetti einen echten „Paolo Veronese" für 60 Dukaten anbiete, und fährt dann fort:

von [Mit] Meinen itzigen Befinden bin ich Zu-Friden. ob die englische Medicin gleich viel Schmertzen an die örther Macht, wo die Geschwier sein, so finde [ich], daß Sie die Materie Mehr als sonst treibet, und ich mir viel Soulagirter [befreiter] dabei Befinde; nur Merke ich, daß Geduld Das Beste hir-Bey ist!

alle vor-sorge, so Ew. Konigl. Maj. hier-Bey gehabt, und alles gnädige Bezeigen [Gnadenbezeugungen] werde ich Zeit-Lehbens mit dem unther-thänigsten Dank er-Kennen und Ersterbe   *Ew. Konigl Majesté*

allerunther-thänigster treuer Knecht

P d 25 Nov 1754   *Fredersdorf*

240

DER KÖNIG AN FREDERSDORF   (26. November 1754)

der [Dosenmacher] Banson hat 4500 Thaler betzahlet bekomen. ich glaube, die Doßen weren [wären] nicht mehr Wert [nämlich einschließlich der Ephraimschen Edelsteine].

ich habe Kein geldt, Ital. Tablos [italienische Gemälde] zu Kaufen! ein Pol Veronese wirdt nicht vor 60 Ducaten verkauft, also ist es [nur] eine Copie!

es ist mihr lieb, daß Du Dihr beserst. halte nuhr an der Stange und quaksalbere nicht, So wirstu gewisse besser Werden!   *Fch*

241

DER KÖNIG AN FREDERSDORF   (Ende November 1754)

Die Leda mus Metra [der Kunsthändler Mettra in Paris] So wohlfeil Kaufen, als er Kan. Wegen des andern Tablau, So Wolte ich lieber nach Madame Lacé ihren Toht die gantze Masse zusamen behandelen [erhandeln], wie ich die antiquen vom Cardinal polignac gekaufet habe. führe Dihr hübsch vernünftig auf!

Frch

Über die Bilderankäufe durch den Pariser Händler Mettra hörten wir ausführlich im Brief 204. Auch vom Ankauf der Antikensammlung des Kardinals Polignac durch den König ist schon wiederholt die Rede gewesen.

Über die abenteuerliche Geschichte des hier erwähnten berühmten Bildes von Correggio „Leda mit dem Schwan" möge folgendes erzählt sein: Einst ward es Karl V., dem Kaiser Luthers, von einem Herzog von Mantua zum Geschenk gemacht. Der deutsche Zweig der Habsburger brachte das Bild später nach Prag, von wo es die Schweden im Dreißigjährigen Kriege nach Stockholm entführten, bis die mannweibliche Königin Christine (die zum katholischen Glauben übertretende Tochter Gustav Adolphs) das Bild nach Rom mitnahm. Von dort gelangte es auf dem Umweg über viele Hände nach Paris, wo der Herzog Louis von Orleans aus engherziger Frömmelei die Spießbürgertat beging, den Kopf der Leda herausschneiden zu lassen, weil ihm der Ausdruck zu sinnlich schien. In diesem verstümmelten Zustand erwarb jetzt Friedrich das Bild zu wohlfeilem Preise und ließ den fehlenden Kopf durch den Maler Schlesinger ersetzen.

242

DER KÖNIG AN FREDERSDORF

(Dezember 1754)

Dahr ist wieder ein ferfluchter Charlatan aus Kassel gekommen! um Gottes Willen, willstu Dihr ums Leben bringen?! Die Erfahrung machet Dihr nicht Klug! Der Duvergé, der hate Dihr die ersten 8 Tage gesundt gemacht, das nahm aber ein besem ende [böses Ende]. *Es wirdt mit diesen nicht besser gehen; und, was zu beklagen ist, ist, daß Du Dihr von freien Stücken umbs leben bringst. ich bitte Dihr, Traue Dihr doch nicht einen Jeden zu, und Schafe* [schaffe] *doch den Schurken ab, der Dihr hitzige balsam und Solches Zeuch geben wirdt, das Dihr den brandt in leibe machen wird. bleibe doch bei* [Dr.] *Cothenius! der Morau, der aus Louvain, der Italiener, der aus Schweinitz, der Duvergé* [lauter Kurpfuscher] *haben Dihr mehr zurücke wie forwerts gebracht. habe doch einMahl 6 Wochen gedult und lasse Cothenium und mir Wirtschaften, es wirdt guht gehen! oder Du bist allein an allem unglück, das folgen kan, Schuldt!*

Fch

Nochmals sieht sich der König genötigt, Fredersdorf eindringlichst und in zum Teil recht „deutlichen" Worten zu beschwören, endlich mit den Kurpfuschern Schluß zu machen und sich ganz ihm und dem Leibarzt Cothenius anzuvertrauen. Fast noch rührender als der vorstehende ist der nächste Brief, den der König am Tage vor seiner Übersiedlung nach Berlin zu den dortigen höfischen Winterfesten schreibt, gewissermaßen als Ermahnung „auf Vorrat". Nochmals — nun zum fünften Male — weist er auf das „Moperni-Unglück" [vgl. Brief 200] hin, warnt vor Pfuschern und „Infamer medecine" und vor der Ungeduld, durch Gewaltkuren schnell gesund werden zu wollen.

243

DER KÖNIG AN FREDERSDORF

(19. Dezember 1754)

Du hast mihr dis frühjahr So heilig versprochen gehat, nichts zu brauchen, als von Cothenius. ich habe mihr darauf verlassen; und hoffe gewisse, daß du mit der tzeit besser werden wirst. aber du fängst es an, wie der Mauperni, der Miserabel gestorben ist. wenn Du Dihr umbringen wilst, so Solstu [sollst Du] *zum wenigsten es Mit einer art anfangen, die nicht Schmertzhaft ist. alleine ich sehe vohr augen, Daß Du Dihr mit allerhant Infamer medecine, die Du ins gelache herein-nimst von jeden Menschen, auß freien Stüken in so Elende umbstände Setzen wirst, Daß Dihr Kein Mensch wirdt helfen Können! handele doch nicht so unvernünftig an Dihr Selber, oder es wirdt Dihr Kein mensche beklagen, wann Du So muhtwillig an Deinen unglük Schuldt Sein Wilst. nuhn ist wieder vonforne anzufangen, und bistu alleine Schuldt daran! werde doch ein-mahl vernünftig! fasse Dihr, und sei ein gantz jahr geduldich und brauche nichts, als von Cothenius, und lasse Dihr die Närsche gedanken vergehen, in 8 tage gesundt zu werden.*

ich gehe nuhn wek [nach Berlin], *und weis nicht, wie Du Dihr verhalten wirst. und wenn Du mihr auch was versprichst, So helstues* [hältst Du es] *doch nicht! ich wolte baldt Schildwachen vor Deiner thüre Setzen lassen, Daß Kein Docter herein Komen Könte. wenn Du mihr Sagen lässest, in Wenig tzeit wirstu* [würdest Du] *gesundt werden, So weis ich gleich, was die Cloque* [Glocke] *geschlagen hat und daß wieder eine neüe cuhr* [Pfuscher-Kur] *angefangen wirdt! alleine, wenn Du Dihr umbs leben bringen wilst, so Kan ich es nicht mit gewalt*

verhüten! werde doch auf Deine alten Tagen — nach so viehl unglükliche proben — Klug und folge mihr, denn Keiner meinet es mit Dihr besser!
    gottbewahre!   *Fch*

Täte es nicht jedes Wort des Inhalts, so würde uns schon allein die Länge dieses Briefes, zu dem sich der so unendlich belastete König die Zeit nimmt, beweisen, w i e ihm das Wohl seines Fredersdorf Herzenssache ist.

244
DER KÖNIG AN FREDERSDORF
                                                                                        (Januar 1755)

ich hoffe, du Würst bei Deiner guhten Diete bleiben und Keine quaksalbereien durchnander gebrauchen. Schreibe doch nach berlin [wo der König bis zum 29. Januar zum „Karneval" weilt], *wie du Dihr befindest. und Könstu* [kannst Du] *nicht Schreiben, So lasse an Carlen* [den Pagen] *nachricht geben.*

Sonabendt gebe ich der V. K. [verwitweten Königin] *zu Essen splendide, Sonsten werd ich nicht vihl ausgaben machen.*

Carel hat eine außgeschlagene Stirn. ich Sage [ihm], *es Seindt die frantzosen und er Sol 6 Wochen in der Casterole. er ist bange Davohr!* [Siehe Brief 211]

Gottbewahre Dihr, Sei den Januari So from, wie den December, So Sehe dich gesund wieder.
                                                                                                                     Fch

245
DER KÖNIG AN FREDERSDORF
                                                                                                         (Januar 1755)

ich habe heüte mit [Dr.] *Cothenius einen großen Discurs* [Besprechung] *über Deiner gesundtheit gehabt. nuhn habe ich endlich resolviret* [beschlossen], *Dihr was zu gebrauchen, das,* [wie] *ich gantz gewise hoffe, Dihr Sehr Soulagiren* [erleichtern] *wirdt. es Kan nichts besser bei Deinen umbständen sein, die Schmertzen müssen Sehr nachlassen, der Schlaf etwas wieder Komen und die Wallung des geblühts sich legen. ich habe groß vertrauen dartzu und hoffe Dihr damit wieder auf die beine zu bringen! nuhr glaube nicht, daß* [es] *Möglich ist, Dihr auf einmahl zu Curiren, sondern* [aber] *ich verspreche, Dihr in gantz erträchliche umbstände zu setzen; und* [ich] *hoffe, du Solst einen baldigen effect davon haben.*

   gott bewahre Dihr! **Fch**

Während der Trubeltage des Berliner „Karnevals" hat der König wieder einmal „Consilium" mit Dr. Cothenius abgehalten über Fredersdorfs Krankheit. Das Ergebnis ist, daß — anscheinend auf Friedrichs Vorschlag — ein neues Mittel in Aussicht genommen ist, von dem er sich sicheren Erfolg verspricht. Rührend ist die aus dem Brief klingende Freude darüber, d a ß dem armen Fredersdorf nun endlich geholfen werden kann, und daß e r , Friedrich, es ist, der diese Hilfe bringt! —

246
DER KÖNIG AN FREDERSDORF

(Januar 1755)

Carel [der Page] *hat mihr gesagt, daß es sich mit Dihr noch nicht bessert. ich versichere Dihr, daß es mihr recht bettrübt macht. ich hoffe, daß die jetzige* [d. h. die im vorigen Brief erwähnte neue] *Medecin einen guhten Efect thun wirdt. es ist, glaube ich, was vohr Deine umbstände zum besten Sein Kan. Menagire* [Schone] *Dihr nuhr* [Deinerseits] *recht mit Essen und Trinken, und mache Mihr Keine schande. sonsten lege ich das handtwerk niehder! ich habe meine gantze Hoffnung zu die pillen und die Injections* [Einspritzungen] *und hoffe, daß Du baldt linderung verspüren wirst. wann es sich bessert, so lasse es mihr doch Sagen! gottbewahre!* **Fch**

Der König hat seinen Leibpagen Carel (s. Brief 211) zu Fredersdorf geschickt, wohl zugleich um dem Kranken durch den fröhlichen Jungen eine Aufheiterung zu verschaffen und um selbst sichere Nachrichten zu erhalten. Aufs neue gibt er seiner Zuversicht Ausdruck, daß die „jetzige" Medizin bestimmt helfen werde und bittet, es ihm doch ja sogleich „sagen zu lassen" — selber schreiben soll der Kranke also nicht — wenn der erwartete günstige Erfolg eintritt.

DER KÖNIG AN FREDERSDORF

(Januar 1755)

Es freüet mihr Sehr, daß es sich mit Dihr So guht bessert. nur mus das fiber entlich auch gantz nach-bleiben und die Materie weißer [werden] und mit weniger Schärfe abgehen. und wann Du alsdann bei deiner guhten Diet bleibest, Dihr nicht ärgerst — welches Schlimer als das übrige ist — und die Medecin ordentlich zu gebrauchen Continuirest [fortfährst], So habe ich keinen tzweifel, daß du nicht wieder ziemlich guht werden Solst.

Cothenius muß aber gegen d. 12ten, zum Spätzden [spätesten] d 15., vohr die Hemeroiden vohr-beügen, und, umb daß die uns nicht alles verderben, entweder Schrepen [schröpfen], oder 1 untze aderlassen, oder mit Sonsten was vohrbeügen. das Sage ihm nuhr! und dann wirdt alles guht gehen!

ich nehme mihr hier [bei den Berliner Hoffesten] Sehr in acht, umb Keine Schulden zu machen und mihr aus den Winter so Sachte durch-zu-helfen. also würstu [wirst Du] von hier und von der Küche Keine große rechnungen Krigen. gottbewahre!   *Frch*

Fredersdorfs Befinden ist günstiger geworden, und die Freude des Königs darüber ist groß, zumal er — nicht ahnend, daß es kein Dauererfolg sein sollte — die glücklich eingetretene Besserung sicherlich auf Rechnung „seines" neuen Mittels gesetzt haben wird.

Reizend ist auch der letzte Briefabschnitt. Der König ist gewiß, seinem Kämmerer eine F r e u d e zu machen mit der Mitteilung, daß er „keine große rechnungen Krigen" wird. Für den wahrhaft treuen Diener ist eben der Geldbeutel des Herrn genau wie der eigene! —

FREDERSDORF AN DEN KÖNIG

22. Januar 1755.

Ew. Königl Majesté habe die Gnade, aller-untherthänigs die Monathliche rechnung Zu übermachen.

Der Printz [des Prinzen] Ferdinand v. Braunschw. sein 1500 Thaler stehen vor den Febr, Märtz und Apprıl Mit drauf, welches [die] Suma ein wenig hoch machet.

Ew. Königl. Majesté werden allergnädigst Befehlen, wie-viel auf die ein-Liegende Specification diesen Monath soll Be-Zahlet werden.

Mit Meinen Gesundsheits-umständen gehet es sehr gut, ich hoffe in einigen wochen im Stande Zu sein, sicher aus-Zu-gehn. Ew. Königl. Majest werden noch so lange gedult mit Mir haben, als-Dann werde ich wieder ein gantzer Mensch sein. Ew. Königl. Maj. gnade und vorsorge Bitte Mir untherthänigst aus, wovor ich Fuß-Küsendt Zeit-Lebens sein werde

Ew. Königl. Majest.
Allerunther-thänigster treuer Knecht
Fredersdorf

P d 22 Jan. 1755

Des Königs Voraussage, daß er Fredersdorf durch eine niedrige Schatullrechnung für den Januar werde erfreuen können (s. vorigen Brief) hat sich leider als verfrüht erwiesen, der Betrag ist im Gegenteil so hoch, daß wieder einmal ein Teil davon schuldig geblieben werden muß. Die Höhe der Summe ist einmal verursacht durch eine Dreimonatszahlung an den General Prinzen Ferdinand von Braunschweig, den Schwager des Königs, sodann aber auch durch große Ausgaben während des Karnevals, wie wir aus Friedrichs ärgerlicher Beanstandung der Abrechnung in seinem Antwortschreiben sogleich ersehen werden.

249

DER KÖNIG AN FREDERSDORF

(23. Januar 1755)

die Stal-rechnung ist zu grob! ich habe 24 Pferde mehr wie Sonsten. [Das macht:] *Ration à 4 Thaler = 96 Thaler! das übrige ist gestolen!*

das essen [Festessen in Berlin] *ist nicht 100 Thaler wehrt gewesen, also* [sind] *mit den Goldenen Servis* [d. h. einschließlich des Prunkessens, bei dem das goldene Tafelgerät benutzt wurde] *150 Thaler gestohlen!*

den tag vom bal [Ball] *50 Thaler gestohlen! das übrige gehet an.*

Fch.

Zeigt uns dieser Brief aufs neue, wie fast übergenau sich Friedrich um die Einzelheiten seines Haushaltes kümmerte und wie scharf seine, auf ewiges Mißtrauen gegründeten und darum gewiß nicht immer gerechten Urteile waren, so führt ihn uns das nächste Schreiben auf einem anderen Gebiet als sein eigenes „Faktotum" vor. Wir erinnern uns von früher, daß ihm seine Neigung, auch in Bauangelegenheiten unter Zurückweisung sachverständigen Rates ganz auf eigenen Füßen zu stehen, einst ein ungesundes (weil nicht unterkellertes) Schloß „Sanssouci" und den Verlust der Freundschaft Knobelsdorffs eintrug. (Vgl. Brief 1, Anm. 5.)

250

FREDERSDORF AN DEN KÖNIG

1. Februar 1755.

Ich habe den Stuccatour-Arbeiter ausführlich gesprochen. Er Kan nach Ew. Königl. Majesté Allergnädigsten Verlangen [die] Gantze Camer in der arth [Art] Arbeit Verfertigen. vor den quadrate-Fuß marmor Zu machen ist ein-Mahl reguliret [ein für alle mal ausgemacht] 16 Groschen; und die stuccatour-Arbeit wil Er nach den dessein [der Zeichnung], welches Ew. Königl. Majesté allergnädigst [selbst] entworfen [haben], aus-ar-Beiten.

Fredersdorf

P d 1 Febr: 1755

Randbemerkung des Königs:

ich wolte das Cabinet neben meiner Schlafcamer machen lassen, alein es gehet mit der arbeit [d. h. in Marmor] nicht an, ich mus es in holtz machen lassen.

251

FREDERSDORF AN DEN KÖNIG

9. Februar 1755.

Aus der Ein-lage werden Ew. Königl. Majest. ein Gantzes Portrait [Beschreibung] von der Sängerin Cocchetta allergnädigst ersehen. Sie wird, allen ansehn [Anschein] nach, diesen Monath in Wien ein-treffen.

Der Graff Algarotty [Algarotti] hatt Ihr Zu-geredet, Die reise nach Berlin Zu thun. wann Ew. Königl. Maj. dem [preußischen Gesandten in Wien] Minist. v. Klinggräve [Klinggräffen] die gnädigste ordre ertheilete, Ihrer reise wegen mit Ihr Zu Sprechen, so hören Sie Ew. Königl. Maj. selbst [zur Probe]; und Kan man Sie [wenn sie nicht gefällt] vor ein präsent wider Los werden.

der Graff Algarotty leget sich Ew. K. maj. Zu-Füsen und offeriret in allem sein unther-thänigst Dienst, es Mög sein worin es wolle.
Fredersdorf
P d 9 Febr: 1755

Randbemerkung des Königs:

besorge nuhr, daß man die Sengerin Komen lässet, wann Sie in Wien Sein wirdt.
Fch

Was uns im vorstehenden Brief am meisten berührt, ist dies: Wir hörten (Brief 188), daß der König seinen Freund Algarotti, nicht ohne bittere und wehmütige Gefühle, als verloren betrachtet hatte, daß er an Darget geschrieben hatte: „Der Italiener ist durchgebrannt". Nun zeigt uns unser Brief die fortdauernde Verehrung und dienstbereite Ergebenheit des Grafen für Friedrich — aber freilich in des Königs p e r s ö n l i c h e Umgebung zurückkehren wollte er n i c h t ! Das mahnt uns an die „traurigen Gedanken", von denen der immer einsamer werdende König an Fredersdorf schrieb, als er fürchten mußte, auch diesen zu verlieren. (Vgl. Brief 237.)

Joachim Wilhelm von Klinggräffen war ein ausgezeichneter Diplomat, den Friedrich hochschätzte und stets an schwierigen und wichtigen Stellen verwandte. Er war zunächst Gesandter in Ansbach, dann in München, seit 1746 in Dresden, darauf in den kritischen Jahren 1748 bis 1750 in London; von dort ging er nach Wien. In den schicksalsschwangeren Tagen voll höchster Spannung zu Beginn des großen Krieges hat allerdings auch dieser, sonst so hoch anerkannte, Mann sich die bittersten Vorwürfe des Königs zugezogen wegen angeblich unnötiger Rückfragen, durch die unersetzliche Zeit verloren ging.

252

DER KÖNIG AN FREDERSDORF

(Mitte Februar 1755)

Daß Du jetzunder an Deiner gesundtheit was fühlest, Komt entweder von Einer Kleinen verkältung, oder auch von einem Ansatz hemeroidal-bewegungen. wann Du nuhr im übrigen eine guhte Diet hälst, so wirdt das in wenig Tagen wieder vohrüber gehen. aber in acht nehmen mustu Dihr ungemein und nichts wagen, was Dihr Schähtlich seindt Kan! Sei Du nuhr gantz geruhich und lasse

Dihr die geduldt nicht vergehen, so [alsdann] *hoffe ich Dihr noch gesundt wieder zu Sehen. Cothenius wirdt wohl in 4 Tagen wieder hier seindt; ich hoffe, er wirdt Dihr wohl wegen Deiner gesundtheit instruiren auf seine abwesenheit.*

Fch

253 bis 260*.

Zeit: 15. bis 18. Februar 1754.

Die vorstehend genannten acht Briefe wollen wir, um Raum zu sparen und weil sie keine besonders wertvollen Einblicke in das persönliche Wesen des Königs gewähren, zusammenfassen und nur ein kleines „Bilderbuch" daraus zusammenstellen.

Über die vom Grafen Algarotti empfohlene Sängerin Cocchetta (Coquetta, Coquette), mit der nach ihrer Ankunft in Wien der Gesandte von Klinggräffen wegen einer Gastspielreise nach Berlin verhandeln sollte (vgl. Brief 251), berichtet Fredersdorf,

„es währ Ihr ein Hauffen übeles von Berlin vorgesagt, allein eine gewisse Dame Berberigo hätte Sie, aus devotion vor Ew. K. maj., disponieret [überredet], *die reise* [nach Berlin trotzdem] *zu thun".*

Als der König aber später hört, daß die Donna für diese Reise 500 Dukaten beansprucht, verzichtet er dankend.

Eine andere Theatersorge betrifft den Sänger Paulino. Er ist ein seit seinem 16. Lebensjahr in Berlin angestellter Sopransänger, und nun 29 Jahre alt, also offenbar einer jener armen italienischen Knaben, die für die Ausübung ihres Berufes verstümmelt wurden. Er will nun einen neuen Vertrag schließen und meint — als Neunundzwanzigjähriger! — nunmehr „für sein Alter Besorget sein" zu müssen. Der König ordnet an, die von ihm beanspruchten 2000 Taler sollten ihm in d e r Weise bewilligt werden, daß er von vornherein nur 1500 Taler Jahresgehalt erhielte, und die restlichen 500 Taler erst,

„So-wie er die Trilo [Triller] *bis in das* [hohe] *C machen Kan."*

Demgegenüber drückt Fredersdorf in schlauer Diplomatie durch, daß Paulino, der von auswärts glänzende Anerbietungen erhalten hat, die ganzen 2000 Taler sofort erhält unter folgender Bedingung:

---

* Die Briefe 254, 257, 259, 260 sind vom König, 253, 255, 256, 258 von Fredersdorf geschrieben.

„Er verspricht, sich Nicht zu neglegieren [vernachlässigen], *viel-Mehr allen Fleiß an-Zu-wenden, Ew. Königl. Maj. Zu Contentiren* [zufriedenzustellen]. *den Trillo in C wolte Er weder tag Noch Nacht ruhn lasen, Bis Er Ihm raus-Brächte. und solt es Ihm ja manquiren* [mißlingen] *nach Endigung der 12 jahr* [des neuen Vertrages], *so wolt Er die 500 Thaler wieder rausgeben."*

Fredersdorf weist bei der Gelegenheit auf die böse Wettbewerberschaft der Dresdener Oper hin, deren berühmter Kapellmeister Hasse gewiß reichere Mittel zur Verfügung hat. Er schreibt:

„Mr. Hasse ist uns ein gefährlicher nacht-Bahr [Nachbar]!"

Für Quantz, Friedrichs alten Lehrer im Flötenspiel, ist die Stelle kennzeichnend:

„Mr. quantz, der sonst Nicht Gerne was approbiret [anerkennt], *findet gut, daß Man Ihm* [den Paulino] *fest Engagieret".*

Damit beruft sich der gewandte Herr Kämmerer auf „d i e" Autorität, denn er wußte wohl, daß Quantz, gestützt auf seine alten Beziehungen, der Einzige war, der sich in den Konzerten von Sanssouci am Spiel oder den eigenen Tonwerken des Königs eine „Kritik" erlauben durfte, sei es durch ein zustimmendes „Bravo!" — oder das, für den ehemaligen Schüler ebenso unmißverständliche Unterlassen dieser Anerkennung. Einmal wagte er sogar, sich bei einer verunglückten Stelle vernehmlich zu räuspern! — Der König ließ sich darauf durch einen anderen Musiker belehren und verbesserte dann den Fehler seines Werkes mit dem lächelnden Bemerken: „Wir dürfen doch Quantz keinen Katarrh zuziehen!"

Auch eine andere Gestalt, die — gleich Quantz — auf dem berühmten Bilde Menzels „Das Konzert" verewigt ist, der schon der Rheinsberger Kapelle angehörige Geigenkünstler Franz Benda, kommt in der hier behandelten Briefreihe vor:

„Paulino Bittet um eine Gnade vor Benda vor die grose Müh, so Er die 13 jahr Mit Ihm [d. h. mit seiner Ausbildung] *gehabt* [hat]. *Er* [Paulino] *Könt Ihm Nichts geben."*

Dagegen ist nicht die Rede von dem für die Beurteilung Paulinos doch eigentlich „zuständigen" Kapellmeister Graun. Man sieht, Fredersdorf regelt die Angelegenheiten ganz selbständig und zieht als Ratgeber nur zu, wen er will. Friedrich billigt seine Vorschläge mit den Worten in „Franzosendeutsch", an dessen Auftreten man immer seine gute Laune erkennen kann:

„maken nuhr rictic die accord!"

Ferner ist in der Briefreihe die Rede vom „Singer Luini", der durch den Agenten Pinetti in Rom angeworben ist für das erstaunlich hohe Jahresgehalt von 4125 Talern. (Wenn das Friedrich Wilhelm I. gewußt hätte!!) Fredersdorf ist stolz auf seinen, noch eben mit knapper Not vor dem Zugriffe des Hofes von Portugal geretteten Luini, denn

„Er soll Schönste supprano haben, Klahr und rein, auch Musique wissen, wohl aussehn und gut gemacht sein".

Die Worte „Musique wissen" und „gut gemacht sein" sollen wohl sagen, daß der Sänger auch Musiktheorie verstehe und gut ausgebildet sei.

Der König äußert aber Bedenken und schreibt:

„der Luini Sol eine Schöne, aber Sehr Schwache Stimme haben, und [zwar] So, daß Man ihm auf dem Teatre nicht hören Kan. also glaube ich, der [Agent] Pinetti hat Sich mit ihm übereilet. [Schon] 3000 Thaler ist vihl geldt vohr einen Capaunen, und Muß er alle qualiteten haben, die zu verlangen Seindt, wann man Sie gibt. Schreibe nuhr an Pinetti, wohferne die Stimme nicht auf dem Teatre zu hören ist, So Schike ich ihm zurük!"

Endlich ist von allerlei Gemäldekäufen durch den Pariser Kunsthändler Mettra die Rede auf Grund eines (der Bassewitzschen Sammlung noch beiliegenden) gedruckten Verzeichnisses. Auch hier gießt der König einiges Wasser in den Wein von Fredersdorfs Stolz und Freude, indem er an einer Stelle schreibt:

„Das Tablau [von Jordaens] *ist nicht vihl Nutze"* und an einer anderen: *„mehr geldt, wie die ausgesetzte 10000 Thaler, Kan ich nicht an Tablaux anwenden, also Mus Metra darohr Kaufen, was er Krigen Kan und das Kauf-Precium* [den Kaufpreis] *wehrt ist."*

Dagegen wird Fredersdorf unbedingt Glück gehabt haben mit der Ankündigung:

„*Er* [nämlich der Graf Algarotti] *erwartet täglich frische Butarda Aus Corfu, welche Er, so Baldt* [wie] *möglich, vor Ew. K. Maj. unther-thänigst absenden wird, und leget sich Ew. Königl. Maj. Zu-Füsen.*"

„Butarda" ist nämlich vermutlich „Poutargue", also der im Mittelmeer vielgefangene Thunfisch; und der König ist für jede Bereicherung seines Küchenzettels, wie wir wissen, sehr empfänglich. Ist getrockneter Thunfisch auch im Süden ein sehr gemeines Gericht, der Leibkoch Joyard wird schon etwas der königlichen Tafel Würdiges daraus zu machen wissen! —

261
DER KÖNIG AN FREDERSDORF

(Februar 1755)

bei der Colique [Kolik], *die Dihr wieder zugestoßen ist, bitte ich Dihr recht Sehr: nim Dihr wohl in acht, hüte Dihr vohr alle Hitzige Sachen, die garr leichte eine Inflamation* [Entzündung] *zu-wege-bringen könten,* [und] *lasse Dihr braf* [brav] *Lavemens* [Einläufe] *geben, wenn es auch alle halbe Stunde wehre*[wäre], *so wirstu dardurch baldt Soulagihret* [erleichtert] *werden. absonderlich aber hüte Dihr vohr alle Hitzige Dinge! gottbewahre! ich wünsche eine baldige besserung!*

Frh

262
DER KÖNIG AN FREDERSDORF

(Februar 1755)

Der Tobac [Schnupftabak] *ist Zwahr nicht gantz so guht, als der erste, doch wil ich ihn gerne nehmen, wann Spligerber* [Splitgerber] *mehr* [davon] *Schaffen Kan*[1].

ich bin recht froh, daß es sich mit dihr bessert. nuhr müssen wihr morgen [den morgigen Tag][2] *vohrüber haben! wann wir erst den Mertz und april überstanden* [haben werden], *so wil ich ein feste* [Fest] *geben!*

ich bitte dihr recht sehr, nehme dihr doch gegen denen Schlime Zeiten recht in acht! ich wolte Dihr Sehr ungern verlihren! und haben Wihr erst die 2 Schlimme Mohnahte vorbei, so hat es guhte wegen. wenn morgen guht übergehet, So lege Dihr nuhr auf guhten apetit und Suche Dich mit Essen und Schlafen So vihl zu erholen, wie Möchlich.

man Saget, Deine Camer, wohr Du nuhn bist, ist auch Wärmer wie die vohrichte; allso hüte Dihr ja vohr alle verkältung, auf daß wihr das Solistitium³ überstehen. ich versichere Dihr, daß ich recht in Sorgen vohr Dihr bin, und daß mihr öfters nicht guht zu-muhte darbei ist.

Carel hat Schwesterschaft mit die mene [des Königs Hündin Alkemene] gemacht, er heißet [nun] die „Weiße mene". jetzunder ist er Himlisch artig!⁴

wann Du [nur] gesundt währest, so währe ich im übrigen geruhig! gottbewahre Dihr, mein lieber Fredersdorf! und daß ich morgen nichts übeles von Dihr zu hören Krige! das Wünsche ich recht.

Frch

Den vorstehenden Brief fand der Herausgeber im Preußischen Geheimen Staatsarchiv zu Berlin, dem für die Erlaubnis zum Abdruck hiermit geziemend gedankt sei. Das Stück stammt ursprünglich aus der Bassewitzschen Sammlung und gehört zu den wenigen, um die sich der für 1819 urkundlich feststehende Bestand nachträglich vermindert hat. (Vgl. Seite 9f., wo auch mitgeteilt ist, woran die frühere Zugehörigkeit dieses Briefes zu unserer Sammlung erkannt wurde.)

¹ Eine wie wichtige Sache die Beschaffung des „richtigen" Schnupftabaks für den König war, haben wir schon bei Brief 3 gesehen. Splitgerber hat gewiß seine besondere Ehre darein gesetzt, unter Ausnutzung seiner fremdländischen Verbindungen etwas ganz besonders Gutes herbeizuschaffen.

² Es steht wieder einmal ein für die Gesundheit „kritischer" Tag bevor, um den sich der König Sorge macht. Er nimmt es diesmal so wichtig, daß wir wohl annehmen müssen, es handle sich um mehr als nur einen Mondwechsel. Vielleicht ist es eine Finsternis der Sonne oder des Mondes.

³ Ein „Solstitium" (also eine „Sonnenwende") kann hier nicht gemeint sein, das würde zu den übrigen Zeitangaben des Briefes nicht stimmen. Offenbar hat der König „Solstitium" und „Aequinoctium" verwechselt, meint also den kalendermäßigen Frühlingsanfang. Beide Zeitpunkte sind ja nach seiner Überzeugung für einen Kranken „kritisch". (Vgl. Brief 107.)

⁴ Mit diesem netten Geschichtchen vom Pagen „Carel" haben wir uns schon im Zusammenhange (bei Brief 211) beschäftigt. Im nächsten Brief spinnt es sich weiter.

DER KÖNIG AN FREDERSDORF (Februar 1755)

mit [bei] *Deine Schlimme umbständen mus man mit wenigen vorlib nehmen und haben wier doch eine Schlime tzeit verbei* [Vgl. Brief 262, zweiter Absatz]. *ich wil hoffen, der 24. wirdt auch noch ohne gantz gefehrliche zu-fälle vorübergehen; und denn Müssen wihr vohr den Mertz* [März] *Sorgen. nehme Dihr vohrnehmlich vohr verkältungen in acht, denn ich merke wohl, daß die dihr zum allerschädlichsten seindt. und is* [iß] *nuhr So viehl,* [wie] *es der apetit zu-lässet!*

wann wihr [erst] *den Mertz überhaben, da So werde ich rechten guhten muht Krigen! aber Solange, gestehe ich, bin ich imer bange, wenn ich zu dihr Schike, eine Schlime antwohrt zu Krigen.*

Die Schwartze mene [die Hündin „Alkemene"] *lässet Dihr grüßen. und die Weiße leichtfertige bestie* [der Page „Carel"] *überbringet Dihr dieses. frage ihm nuhr, wie sich die frölen fitztuhmen* [Frl. v. Vitzthum], *und die Frölen oldenburg* [Frl. v. Oldenburg] *befinden, und Sage ihm nuhr, sie würden ihm ohne tzweifel ein Schön Camisol machen lassen!* [Vgl. hierzu Brf. 211].

gottbewahre! ich wünsche Dihr tausendt gutes und gelüke [Glück]!

Fch

Das ist wiederum ein erquickender Brief, den nur wärmste Fürsorge und Anteilnahme eingeben konnte. Und wie lieb ist es gedacht, daß der Bote auch diesmal der Page „Carel" sein muß, das frische junge Blut, von dem der König weiß, daß niemand besser geeignet ist, den Kranken ein wenig aufzuheitern.

264

DER KÖNIG AN FREDERSDORF (Ende Februar 1755)

jetzunder Mustu [mußt Du] *Dihr tzum Meisten menagihren* [schonen], *Da wihr noch 10 tage nach den Neuen Mohnt haben. lasse Dihr nuhr die gedult nich verlihren* [vergehen]! *nun ist der letzte Winter-Mohnaht, im Martzio haben wihr das frühjahr nahe, und dann Komt Das guhte Weter, die frische Kreuter und die Brunnens* [Brunnenkur], *da wihr vihl mit werden aus-richten Könen! gott bewahre!* *Fch*

DER KÖNIG AN FREDERSDORF
(Ende März 1755)

weillen die Tablaux [von Mettra in Paris] *ein-Mahl gekaufet Seindt, mus ich Sie behalten. Die Frantzosen Krigen Krig mit die Engelender, und da Wirdt man* [auf dem Pariser Kunstmarkt] *wohlfeiller Kaufen Könen! Wegen der Sengerin weis ich nicht, Was Sie vohr die Reise haben wil.*

Fch

Mit dem Satz „Die Frantzosen Krigen Krig mit die Engelender" zielt der König auf die politischen Wirren in Nordamerika ab. Dort hatten sich die englischen Siedelungen — beginnend mit der Kolonie „Virginia", dem „Jungfernlande" der unvermählten Königin Elisabeth — allmählich an der ganzen Westküste der heutigen Vereinigten Staaten ausgebreitet. Der Entwicklungsgang war der, daß die nördlichen, demokratisch verwalteten Niederlassungen mit den südlichen, aristokratisch geleiteten Gebieten der Negerssklaverei eine Verbindung fanden durch den Erwerb der bisher niederländischen Kolonie am Hudson, deren Hauptstadt „Neu Amsterdam" fortan den Namen „Neu York" trug.

Diese englische — germanisch-protestantische — Kolonialwelt war rings umgeben von Siedlungen der romanisch-katholischen Franzosen und Spanier, deren Gebiete sich vom St. Lorenzstrom über das Land der großen Seen zum Ohiobecken, den Mississippi abwärts und dann bis Florida erstreckten. Seit 1690 gab es (man unterscheidet verschiedene „Kriege") schwere Zusammenstöße zwischen den Engländern und Franzosen. Die zur Zeit unseres Briefes letzte dieser blutigen Zwistigkeiten war der sogenannte „Erste König-Georgs-Krieg", der einen Teil des Österreichischen Erbfolgekrieges bildete. Der diesen abschließende Friede von Aachen im Jahre 1748 hatte es aber unterlassen, im Ohiogebiet feste Grenzen zwischen Engländern und Franzosen zu schaffen, so daß nun Reibereien auf die Dauer unausbleiblich waren. Schon 1753 und 54 gab es denn auch schon wieder örtliche Kämpfe, die Regierungen der Mutterländer tauschten drohende Noten aus und begannen in den heimatlichen Häfen ein eifriges Wettrüsten. Von diesem Zustande sah Friedrich mit klarem Blick voraus, daß er die Tendenz in sich trüge, eines Tages ganz von selbst zum offenen Kampfe zu führen.

Nach manchem Schwanken seiner Meinung, entsprechend dem Schwanken der Ereignisse, kam der König eben in den Tagen des vorstehenden Briefes zu der bestimmten und von nun an festgehaltenen Überzeugung, daß der baldige Ausbruch des Krieges unvermeidlich sei; und mit dieser Auffassung sollte er recht behalten. Sein politischer Scharfsinn erkannte wohl, was dieser neue offene Kampf der Großmächte Frankreich und England an Bedrohungen auch für die Ruhe Europas und insbesondere Preußens in sich schloß. Deshalb verfolgte er, wie die Erlasse an seine Gesandten zeigen, die Dinge mit gespanntester Aufmerksamkeit und in dem eifrigen Bestreben, entweder den Krieg doch noch überhaupt zu vermeiden, oder wenigstens den Kampfplatz auf die See und die Kolonien zu beschränken. Davon werden wir noch hören.

Hier aber sei vorweg bemerkt, daß der amerikanische Entscheidungskampf sich mit dem „Siebenjährigen Krieg" zu einem weltgeschichtlichen Gesamtgeschehen verwob und im Jahre 1763 mit großen Vorteilen für England endete. Das aber will sagen, er schuf die Vorherrschaft der germanisch-protestantischen Welt in Nordamerika, also einen Tatbestand, dessen Folgen für die Geschichte Europas und der ganzen Menschheit selbst in unseren Tagen noch unabsehbar sind.

266

DER KÖNIG AN FREDERSDORF

(Ende März 1755)

Carel [der Leibpage] *hat vom 1ten april gesprochen. er ist aber noch nicht april geschiket* [„in den April geschickt"] *worden; mache ihm nuhr weis, die fröhlin Fützthum* [Frl. v. Vitzthum] *häte ein Heiraths-Contract von ihm, und häte einen brif an Dihr geschikt, wie Sie darauf bestünde, ihm zu Heirathen!* — [Vgl. Briefe 211 und 263].

nuhn hoffe ich, daß deine gesundtheit imer besser werden Wirdt. Solte auch gegen der Mohnt-verenderung Was colique [etwas Kolik] *Komen, so wirdt es doch nicht vihl zu Sagen haben und wirdt Keine gefahr darbei seindt, auch leichte Sich abhelfen lassen. nuhr Mustu* [mußt Du] *Dihr bei dießer rauen* [rauhen] *Witterung vohr der Kälte hüten. gottbewahre!*

Fch

DER KÖNIG AN FREDERSDORF

(Anfang April 1755)

Es Thuht mihr recht leidt, daß wihr noch nicht so Weit Kommen Können, Dihr einen rechten guhten Mohnaht zu verschaffen. Cothenius verspricht, das Fiber sol nuhn ausbleiben, welches ich von Hertzen wünsche.

sei doch nicht um Mihr besorget! was mihr gefehlet hat, wahr zuviehl geblühte. ich wolte wünschen, Du währest So [ebenso] *leichte zu Couriren! mache doch, was du Könst, umb gesundt zu werden! Schreibe nicht Ehr* [eher], *bis die Kräfte wieder-Kommen, und lasse Cothenium Schreiben. ich wünsche Dihr So viehl guhtes. wann es nuhr was helfen wolte! gottbewahre!*

       Fch

„Sei doch nicht um Mihr besorget!" Das ist wieder ein Beispiel dafür, wie Friedrich — obschon er die innere Verpflichtung fühlt, den ehrlich teilnehmenden Fredersdorf mit Berichten zu versehen (vgl. S. 41f.) — von seinen eigenen Leiden nicht gern viel geredet haben mag. Und dabei war er in diesem Monat recht ernstlich krank und litt große Schmerzen. Am 2. April begann ein Gichtanfall, der allerdings bald nachließ, aber nur, um am 8. April vor einem sehr heftigen Podagra das Feld zu räumen. Dieses Leiden fesselte den König zunächst an Bett und Lehnstuhl und dann noch eine Weile wenigstens an das Zimmer, bis er endlich am 28. April zum ersten Male wieder ausreiten konnte. In diesen Krankheitstagen von Sanssouci war es auch, daß Friedrich den französischen Gesandten Latouche zu sich bat. (Im allgemeinen vermied er den persönlichen Umgang mit den in Berlin beglaubigten fremden Diplomaten, aus Furcht vor der eigenen Lebhaftigkeit, die ihn leicht in Gefahr brachte, mehr oder schärferes zu sagen, als ihm nachher bei ruhiger Erwägung lieb war. Er führte daher seine Verhandlungen mit den fremden Mächten — vielfach mit Übergehung seines eigenen Außenministers — vorzugsweise durch Anweisungen an die preußischen Gesandten im Auslande.) Dem Herrn Latouche sagte Friedrich jetzt, nachdem er vorher seine Überzeugung von der Unabwendbarkeit des offenen Amerikazwistes betont hatte: „Wissen Sie, mein Herr, welchen Entschluß i c h in der gegenwärtigen Lage fassen würde, wenn ich der König von Frankreich wäre!? Ich würde, sobald der Krieg erklärt wäre oder sobald die Engländer eine Feindseligkeit gegen Frankreich begangen hätten, wie sie dem Gerücht nach im Mittelmeer es getan haben sollen, eine beträchtliche Heeresmacht nach Westfalen schicken, um sie unverzüglich in das Kurfürstentum Hannover [das englische Nebenland] zu werfen. Das ist das sicherste Mittel, diesem .... die Flötentöne beizubringen!" Zu einer Antwort hatte der verblüffte Gesandte keine Zeit, denn schon war Friedrich aus dem Zimmer verschwunden.

Der Leitgedanke des Königs bei dieser Einflüsterung ist ohne Zweifel der gewesen, ein solcher rascher, und für König Georg an dieser Stelle sehr empfindlicher, Angriff werde England zum Einlenken bewegen und so — mindestens für Europa — den Frieden retten. Freilich hätte Friedrich seinen Ratschlag wohl unterlassen, wenn er vorausgewußt hätte, daß nun Frankreich an ihn das Ansinnen stellen würde, den Einfall nach Hannover müsse er selbst übernehmen! Dessen weigerte er sich sehr entschieden, denn, so sagte er, das würde nicht dem Frieden dienen, sondern mit Sicherheit den allgemeinen europäischen Krieg entfesseln. Ein Kampf zwischen England und Preußen würde unfehlbar für Rußland und Österreich der Weckruf sein, sich ebenfalls auf Preußen zu stürzen; zu einer solchen Lage aber könne er es um so weniger kommen lassen, als nach den trüben Erfahrungen im Zweiten Schlesischen Kriege sein Vertrauen auf tatkräftige Unterstützung durch Frankreich nicht eben groß sei. Er müsse also, um solche Pläne überhaupt nur erörtern zu können, Sicherheiten haben, als die er unter anderem die kriegerische Mitwirkung der Türken und der Dänen bezeichnete.

In der Tat war Friedrichs Vertrauen zu seinem französischen Bundesgenossen seit einiger Zeit sehr gesunken. Hatte er auch schon vorher häufig genug Ursache gehabt, mit Frankreich höchst unzufrieden zu sein, so war es ihm doch immerhin gelungen, im kritischen Augenblick stets eine diplomatische Einheitsfront mit Versailles zu bilden und dadurch die mehrfach drohenden Kriegsgefahren nach dem Dresdener Frieden, insbesondere die von 1749 und von 1752—54 (vgl. die Anmerkungen zu den Briefen 68, 89, 111, 120 und 181) friedlich zu überwinden. Wenn er nunmehr sehr skeptisch über den Wert der französischen Freundschaft dachte, so hing das zusammen mit der Beobachtung der wachsenden sittlichen Zerrüttung der dortigen (inneren und äußeren) Staatsleitung. Die Regierung war ja vom Hofe, dieser aber von Weiberherrschaft abhängig, und sie ließ mehr und mehr politisches Urteil, Tatkraft und Folgerichtigkeit des Handelns vermissen. Insbesondere seit im Hochsommer 1754 die Leitung der französischen

Außenpolitik in die Hände des Ministers Rouillé übergegangen war, eines durchaus untüchtigen Mannes, war es mit der diplomatischen Überlegenheit der Gruppe Preußen-Frankreich im europäischen Kräftespiel zu Ende. Als daher Frankreich — das, wie wir sehen, Preußens **kriegerische** Hilfe gegen England suchte, während Friedrich seinerseits, jetzt wie seit langem, die Zusammenarbeit mit Versailles nur zur Stützung des **Friedens** benutzen wollte — mit der Frage kam, ob Preußen geneigt sei, das (von 1741 herstammende) Bündnis nach dem für den Sommer 1756 bevorstehenden Ablauf zu erneuern, verhielt Friedrich sich sehr zurückhaltend, um sich seine Hand am Steuer der preußischen Politik in diesen stürmischen Zeiten nicht binden zu lassen.

268

FREDERSDORF AN DEN KÖNIG

9. April 1755.

Ewr. Königl. Majesté Berichte aller-unther-thänigst, daß [ich] *mit dem Denis in richtigkeit Bin, und Zwar hatt die Frau Ihm 500 Thaler von Ihr Bekomene* [von den ihrerseits bekommenen] *1000 Thaler Zu-lage gegeben. Und Ihm* [habe ich] *den Titl als Ober-Ballet-Meister* [in Aussicht gestellt], *welches Mit in das Engagement soll gesetzet werden, das ich Erst Ew. Königl. Maj. allerdemütigst Zur unter-Schrift Zu-Schicken werde. Auf 3 jahr haben Sie sich Engagirt; und Mir deücht, den* [dann] *wird auch wohl Nicht viel gutes Mehr an Ihnen sein*[1].

Ewr. Königl. Maj. danke ich untherthänigst vor das gnädige Mit-Leiden Meiner Krankheit[2]; *ich bin noch Elende Matt.*

Unther. tr. Kn.
Fredersdorf

P d 9 Ap 1755

[1] Von der großen Politik kehren wir zum kleinen Alltagsleben zurück: Wieder einmal taucht der Herr Tanzmeister Denis aus der Versenkung auf, der zähe Verhandlungsgegner, den wir aus den Briefen 206, 207, 213, 214 kennen. Der König hatte gesagt: „Es gibt keine Zulage!" und Denis hatte erklärt: „Dann streike ich sofort, gehe zum 1. Oktober, und Ihr habt keinen Ersatz!" Auf Fredersdorfs dringendes Zureden hatte Friedrich dann, zwar beileibe keine „Zulage", wohl aber, was in

der Wirkung auf dasselbe herauskam, eine Altersversorgung bewilligt. Jedoch auch das hatte nichts genutzt, im Briefe 214 waren die Verhandlungen abgebrochen. Und nun ist Herr Denis und Familie, das „Denis'sche Geschlecht", d o c h immer noch da! Irgendwie muß der gute Fredersdorf sich und den Herrn Tanzmeister also durch die Zwischenzeit künstlich durchgeschlängelt haben. Um so stolzer ist er nun, heute melden zu können, daß er mit dem Denis jetzt auch von Amts wegen „in richtigkeit" ist. Die Lösung ist verblüffend: Das Königswort, daß Denis keine „Zulage" erhalten solle, ist gerettet, aber — seine F r a u hat 1000 Taler mehr erhalten und gibt „ihrerseits" davon 500 Taler an ihren Gatten ab, der außerdem den Titel „O b e r - B a l l e t t meister" erhält! Friedrichs Antwort auf den letzten Punkt ist reizend! (Siehe den nächsten Brief.)

² Fredersdorf ist gewiß sonst kein Sprachkünstler! Aber um wieviel bildhafter und stärker ist doch sein Ausdruck, der König habe seine Krankheit mitgelitten, gegenüber unserer abgeblaßten Sprechweise, die da sagen würde, er habe Mitleid gehabt „mit" dem Kranken! —

269
DER KÖNIG AN FREDERSDORF

mit des Denis Seinen engagement bin ich zu/riden. er Kan „ober- und unterbalet-meister" Seindt !

Du Kanst nich p . . . . und ich Kan nicht gehen [wegen Podagra]*, wihr Seindt allebeide nicht mehr Nutz, als daß uns der Schinder holet!*

Fch

270
FREDERSDORF AN DEN KÖNIG
26. April 1755.

Ewr. Königl. Majesté übersende einen Kasten mit Putarda [Thunfisch, vgl. Brief 253/60]*, welche der Graff Algarotty* [Graf Algarotti] *vor Ew. K. Maj. unterthänigst* [aus Venedig] *gesandt hatt.*

Bey-Komenden Stein Schiket ein Kaufman aus Napell [Neapel]*, wo-von Er den Brilleant — in eben der größe und auch so geschliffen — hat, vor 40 000 Du-*

caten. Er offeriret [erbietet] *sich, so-gleich Zu Komen, wann Ihm Ew. Königl. Maj. gnädigst verlangen.*

ich Gratulire Ew. K. Maj. von Hertzen, daß Sie [nach dem Gicht- und Podagraanfall] *wieder gehn Könen. Gott gebe, daß die Fatale Krankheit möge Niehmahlen wieder Komen! ich Ersterbe*

Ew. Königl. Majesté
unther-thänigster treuer Knecht
Fredersdorf

Pots. d 26 Ap 1755

271

DER KÖNIG AN FREDERSDORF

(27. April 1755)

ich bin dießes mahl [mit Gicht und Podagra] *vihl Schlimer, wie vohr 3 jahr gewesen; ich Kan Keine Krefte wider Krigen und der linke fus wil noch nicht fort.*

ich kaufe keine brillants vohr 40000 Ducat! Allgarotti mus man Danken. Schreibe doch an Mettra [den Pariser Kunsthändler], *es Währe alle aparance* [Aussicht], *daß es Krieg mit Fr. und Engeland* [zwischen Frankreich und England] *werden würde. wann der Krieg anging, so Mögtte er Mal Mad. Lacé Sondiren* [aushorchen] *lassen, ob Sie wohl ihre Tablaux* [Gemälde] *verkaufte und wievihl Sie davohr haben wolte.* [Vgl. Briefe 241 u. 265]. *gottbewahre!*

Fch

272

DER KÖNIG AN FREDERSDORF

(Anfang Mai 1755)

du dust [tust] *gantz guht, daß Du Dihr in acht nimst; und ich habe nebst Cotenius* [ebenso wie Dr. Cothenius] *alle hoffnung, daß Du wirst uhrsache haben, Dier über Deiner Diete* [Diät] *Selber zu freuen.*

Morgen wirdt Dihr Koppen [Geheimrat Köppen] *3200 Thaler zur fresserei Schiken* [für] *hier und in die Lägers*[1].

Frich

---

[1] In der Zeit vom 15. bis 26. Mai 1755 fanden große Truppenübungen bei Spandau und Tempelhof statt.

273 bis 280

(Vom 4. bis 11. Mai 1755).

Diese acht zwischen dem König und Fredersdorf gewechselten Briefe wollen wir, wie wir es schon bei den Nummern 253—60 taten, zusammenfassend behandeln, weil das darin enthaltene verwirrende Durcheinander von „dienstlichen" Angelegenheiten sonst leicht ermüdend wirken könnte.

Auf der ersten Seite unseres kleinen „Bilderbuches" erscheint

„Die Bayersche [bayrische] *Köchin",*

dieselbe, die der König im Brief 235 voll Zornes erwähnt mit den Worten:

„meine beiersche Köchin berümt sich, daß sie Dihr in der Cuhr hat!".

Jetzt soll sie entlassen werden, sträubt sich aber heftig dagegen. Natürlich ist diese Frage — neben der englisch-französischen Kriegsgefahr! — wichtig genug, um der allerhöchsten Stelle zur Entscheidung vorgetragen zu werden. Fredersdorf schreibt:

„Ew. Königl. Maj. werden Allergnädigst Befehlen, ob die Bayersche [bayrische] *Köchin diesen Monath noch Kochen soll. Sie Lamentiret sehr, daß Sie weg soll."*

Und der König, statt sich solche Behelligung zu verbitten, entscheidet ganz sachlich:

„sie Sol nicht mehr Kochen, sie ist eine Schmudlerin und ist nichts nutze!"

Dadurch ist diese Großmacht denn nun auch wirklich überwunden, denn in seiner Antwort meldet der Geheime Kämmerer:

„Der Bayerschen Köchin werde [ich] *Ihr reise-Geldt Mit Ewr. K. Maj. gnädigste erlaubnis geben und* [sie] *reisen lassen."*

Noch an einer anderen Stelle wird die Hofküche mit der königlichen Anteilnahme beehrt, nämlich durch die, natürlich auf Durchsicht der Rechnungen beruhenden, Worte:

„bei der Küche ist g e s t o l e n, in-gleichen bei-dem Stal [Marstall]*!"*

Auch daß er 750 Pfund Schnupftabak auf einmal abnehmen muß — es ist seine Lieblingssorte, und der schlaue Kaufmann hat erklärt: „Alles, oder nichts!" — gefällt dem hohen Hausvater begreiflicherweise gar nicht, was sich in der Stelle kundgibt:

„4000 Thaler vor Tobac ist Sehr Teuer!! alle Mohnaht 1000 Thaler!! — Vohr die Fresserei werde ich d. 22ten 3000 Thaler betzahlen."

Fast noch mehr aber entlädt sich Friedrichs Zorn gegen die Musikanten! Dieser Zorn war sehr alt. Schon in der Rheinsberger Zeit schreibt der damalige Kronprinz einmal: „Die Herren Musiker sind zu meist launisch und zänkisch. Können zwei gleich viel, so werden sie sofort zu Nebenbuhlern." Jetzt verlangen sie, unter Berufung auf ein angeblich beim Regierungsantritt gegebenes Versprechen, „Diäten", wenn sie in Potsdam spielen; denn B e r l i n sei, so sagen sie, ihr Amtssitz. Friedrich stellt sich aber auf den entgegengesetzten Standpunkt und schreibt:

„Die Musicanten machen mihr Tol [toll] wegen ihre Dieten! sie Sehen es an, als wann das zu ihrem traktement [Gehalt] gehöret, was doch nicht ist! ich mus wisen, wie-vihl es das gantze jahr macht."

Daraufhin muß der arme Fredersdorf eine genaue Aufstellung machen, nach Talern und Groschen, der er hinzufügt:

„Sie [die Musiker] Lamentiren unge-Mein!"

Aber das nützt ihnen nichts, denn der König antwortet:

„dass die, [die] zum Intermezo [Theaterspiel] herkomen, oder die exstraordinair Komen, Dieten kriegen, ist recht. Aber warum Sol ich die leüte Dopelt tzahlen? hier [in Potsdam] bin ich das gantze jahr, in berlin brauche ich Sie nuhr zur opera. also d a ist es recht, daß sie Dieten kriegen. aber wer wirdt Solche leüte Dopelt betzahlen!?"

Außer diesen allgemeinen Musikersorgen gibt es aber auch noch besondere: Da wird hin und her geschrieben wegen der Gastspielreise eines Bayreuther Sängers (Stefanino Leonardi) nach Berlin und wegen des „Castraten" Luini. Vor allem aber ist „Mr. Bache", d. h. Herr Philipp Emanuel Bach, der Sohn Johann Sebastians[*], unzufrieden und droht mit seinem Abgang, da er mit seinem Gehalt von 300 Thalern nicht auskommen könne. Außerdem beschwert er sich bitter darüber, daß die Musiker Agricola (s. Brief 174) und Nichelmann, die doch

„seine Scholaren gewesen währen",

---

[*] Johann Sebastian, der „große" Bach, hat lediglich als Gast vor Friedrich gespielt.

trotzdem schon weit mehr, nämlich 600 Taler Gehalt hätten. Darauf erwidert der König:

„*bac ligt!* [Bach lügt!] *agricola hat nuhr 500 Thaler. er* [Bach] *hat ein-mahl im consert hier gespilet, nuhn Krigt er Spiritus! — er S o l doch zulage Krigen, er Sol nuhr auf den Etat warten!*"

„Er Krigt Spiritus!", das soll wohl heißen: „Das ist ihm zu Kopfe gestiegen!" Sehr gut angeschrieben scheint Bach bei Fredersdorf nicht gewesen zu sein, denn dieser macht die ironische Bemerkung:

„*Mr. Bache hat in gnaden resolviret, Bis Zur retour des Nichelmannes hier Zu Bleiben.*"

Einer „Figurantin" [Schauspielerin], die eine nach Fredersdorfs Ansicht unberechtigte Forderung geltend macht, stellt er in Aussicht:

„*ich werde Ihr tüchtig den Peltz waschen*".

Ergötzlich ist es, daß er den Ort Stuttgart auf schwäbisch lautgerecht „Stuccard" benennt, ebenso wie der König gelegentlich auf gut sächsisch „Dresen" schreibt. Zum Kapitel „Rechtschreibung" liefert Friedrich in den hier behandelten Briefen noch folgende hübsche Beispiele: Es sollen in Paris drei Gemälde „14 fus hoch und 20 Reinlendisch [rheinländische Fuß] breit", bestellt werden, nämlich „Ifignie en aulide" [Iphigenie in Aulis] „jugement de Paris" [Urteil des Paris] und „Trionfe de Bacus et Ariane" [Triumph des Bacchus und der Ariadne]. Man sieht, „huntz-fotiesche heilige, die Sie Märteren" sind es gerade nicht, was die drei Bilder darstellen sollen! (Vgl. Brief 204.)

An das Sprichwort „Qui s'excuse, s'accuse" muß man denken, wenn Fredersdorf einem Briefe an den uns wohlbekannten Kabinettsrat Eichel, in dem er seinen „aller-Liebsten Freund, auf das de-Müthigste" um Auskunft über die diesjährigen Zeitpunkte für die Truppenübungen und Besichtigungen bittet, den Nachsatz hinzufügt:

„*Es* [die Frage] *geschiet Nicht aus Curiosite* [Neugier] *oder Politische absicht, wohl aber aus öconomische*"! —

(Herrn Eichel mochte sonst die Eigenschaft der „politischen Curiosité" bei Fredersdorf nicht ganz unbekannt sein!)

Und den Schluß möge folgende — leider sicher sehr zutreffende — Randbemerkung des Königs bilden, dessen Neigung zu Unverständigkeiten im Essen wir ja schon früher erwähnten:

Fredersdorf: [Dr.] *Cothenius is gantz Außer sich vor Freuden, daß Ewr. Königl. Maj. solche gute Diät halten.*

Der König (am Rande): *da weiß Cothenius nichts davon!*

281
DER KÖNIG AN FREDERSDORF

(Mai 1755)

anderson [der Kammerdiener Anderson] *ist nicht gescheit! er leufet* [läuft] *des Abends hier und in berlin allerwegen aus, und* [es] *ist aus pure Schlüngelei, daß er nichts Thun wil. über anderthalb jahr habe ich keine dinste von ihm gehabt, imer ist er tükisch und Eigensinig. und wer nichts thun wil, mus sich nicht beklagen, daß er nichts verdinet. in Campagnen* [Feldzügen] *ist er nicht mit gewesen, er hat Sich imer Sehr geschonet und hat niehmahlen nichts als mit tzwang thun wollen. er ist nicht So alt, invalide zu Sein, und Seine Krankheiten Seindt Nuhr expensen* [Ausreden] *Seiner Schlüngelei.*

gottbewahre Dihr! ich habe dir Meintage dergleichen vohrwurf nicht machen dörfen; ich habe Dihr er [eher] *abhalten müsen, nicht mehr zu thun, als deine Kräfte zu-lassen!* Fch

Der Kammerdiener Anderson ist entlassen worden und macht nun allerlei Querelen, um die Fortzahlung seines Lohnes oder die Gewährung eines Ruhegehaltes zu erreichen. In den nächsten Briefen werden wir weiter davon hören.

Hier nimmt nur der letzte Briefabsatz unsere Aufmerksamkeit in Anspruch, die einzige Stelle in unserer Briefsammlung, die auf Fredersdorfs früheren Stand als Kammerdiener in Rheinsberg zurückweist. Mit dem Lob, das der König seiner unbedingten Treue und seinem fast über die Kräfte gehenden Diensteifer spendet, kann Fredersdorf wohl zufrieden sein.

282
DER KÖNIG AN FREDERSDORF

(Mai 1755)

es ist viehl, daß Du die Teatren-bagage verglichen hast![1] — *lasse anderson nuhr gehen und Sage ihm nichts; ich bin Seine Caprissen* [Wunderlichkeiten] *so müde und Seine tücke, daß ich nichts* [mehr] *von ihm wissen Wil. er Schreibet, wenn er einem Minister nuhr 8 jahr die Schue geputzet hätte, So würde er besser ver-sorget, als von Mihr; 20 jahr häte er mihr vohrs liebe brodt gedinet, und hätte doch die bataille von chaslau gewonen! die leüte in berlin haben ihm zum Naren gemacht* [2].

nuhn fange ich an, gantzes zu-trauen zu deiner geneßung zu Krigen. wie ich Dir vergangen [neulich] gesehen habe, so sahstu 3 mahl So guht aus, als dießen Winter. nuhr noch d. 16ten überstanden, und dan Würstu ein rechter hübscher Kerel werden! gottbewahre!   *Fch*

[1] Worauf sich dieses Lob für Fredersdorfs neuen Erfolg in der „Theaterpolitik" bezieht, wissen wir nicht; vielleicht ist es eine nachträgliche Anerkennung für die pfiffige Lösung des „Falles Denis!" (Vgl. Brief 268.)

[2] Der entlassene Kammerdiener Anderson hat weiter Beschwerde geführt und genörgelt. Auf eine, zwischen diesem und dem vorigen Brief liegende, Anfrage hat der König aber erneut entschieden: „anderson ist reine ausgestrichen und höret das Tractament [die Löhnung] auf!"

Aus dem vorstehenden Schreiben entnehmen wir, daß es sich um einen Geisteskranken handelt, denn er bildet sich ein, der Sieger von Czaslau (Schlacht im Ersten Schlesischen Kriege am 17. Mai 1742) zu sein. Wäre damals schon die heutige Anschauung über das Wesen des Irreseins verbreitet gewesen, so würde der König gewiß dem Anderson, als einem armen Kranken, eine Versorgung und angemessene Heilbehandlung haben angedeihen lassen.

Es ist hier nicht der Ort über die allmähliche Veränderung der Stellungnahme von Theologie, Medizin und öffentlicher Meinung gegenüber den Geisteskranken mehr zu sagen, als in folgenden Andeutungen geschehen kann. Das Mittelalter und die Zeit bis ins 17. und 18. Jahrhundert hinein hatte in diesen bedauernswerten Menschen bekanntlich durchweg „Besessene" gesehen, die der Mißachtung, wenn nicht gar (als Teufelsgenossen) des Scheiterhaufens wert schienen. Diesen Glauben an die Beteiligung von „Dämonen" hat nun allerdings Friedrich, der königliche Freund der Aufklärungsphilosophen, gewiß nicht mehr gehabt, aber er stand doch noch insoweit unter den Nachwirkungen uralter Volksanschauungen, daß er nicht auf den Gedanken kam, das Irresein bedeute lediglich eine des Mitleids werte „Krankheit", der gegenüber keine andere Stellungnahme berechtigt sei, als die, sie mit geeigneten Mitteln zum Ziele der Heilung zu „behandeln". Solche Erkenntnis begann gerade damals erst (1756) in den Köpfen einiger Pariser Ärzte zu dämmern. Und ehe aus dieser neuen Theorie die ersten t a t s ä c h l i c h e n, wenn auch noch ganz vereinzelten Versuche zu ärztlicher Beeinflussung der Geisteskrankheiten im modernen Sinne erwuchsen, weilte Friedrich nicht mehr unter den Lebenden. Die verdienstvollen Wegbereiter auf diesem Gebiet waren der französische Arzt Pinel und sein englischer Berufsgenosse Tuke. Zur allgemeinen Herrschaft gelangte die menschenwürdige und wissenschaftlich-vernünftige Behandlung der Irren im Abendlande erst im 19. Jahrhundert, während der Islam darin seit langen Zeiten vorangeschritten war.

283

FREDERSDORF AN DEN KÖNIG

(Mai 1755)

Der Brief enthält zunächst verschiedene geschäftliche Erörterungen, unter anderem über das Angebot eines kostbaren „Lüster" [Kronleuchters], und fährt dann fort:

über Anderson sein Conduite [Betragen] *gegen Ew. K. Maj. Suspendire* [unterdrücke] *ich Meine gedanken. Er handelt, wie ein Mensch, der sich unglücklich machen wil. seine Expressions* [Ausdrücke] *und ordiner arthen* [gemeine Redensarten] *seindt so einfältig, daß man Ihm, ohne reproche* [Widerspruch] *Zu machen, Nicht an-hören Kan. ich lasse Ihm gehn, denn Man richtet Nichts Mit Ihm aus. sein Hochmuth und eingebildetes Wesen is zu groß, denn ich weis, wie Er mir Zu-weihlen Begegent hat. Sein Ew. Königl. Maj. so gnädig, und Ergern sich Nur Nicht über Ihn!*

wann ich auch wieder gantz gesundt werde, so werde [ich doch] *Mein Tag Kein hübscher Kerl werden* [vgl. d. vorigen Brief], *wokl aber ein alter guter und treüer Fredersdorf Bleiben! —*

284

DER KÖNIG AN FREDERSDORF

(Mai 1755)

wegen den Lüster [Kronleuchter] *habe ich kein geldt, ihn zu Kaufen. und wegen anderson habe ich meine parti* [Stellung] *genommen und lasse ihn gehen, und wil auch weiter nichts von ihm Wissen.* Fh

Zwei Briefe zuvor mußten wir feststellen, daß der König insofern ein Kind seiner Zeit war, als er dem — wie wir heute sagen würden geistig kranken — Kammerdiener Anderson Unterstützung und Pflege versagte. In seinen Augen war der Mensch eben kein „Kranker", und darum auch weder unzurechnungsfähig noch hilfsbedürftig, sondern ein böswilliger „Narr", der für seine Handlungen durchaus verantwortlich blieb. (Vgl. auch Brief 281.)

Nun läuft dieser Mann, von dem jeder wußte, daß er aus des Königs nächster Umgebung stammte, in Berlin und Potsdam herum und führt gemeine und verleumderische Redensarten über seinen Herrn. Es liegt also der Fall der „Majestätsbeleidigung" in schroffster Form vor. Und darauf lautet Friedrichs Antwort lediglich: „Ich lasse ihn gehen, und will auch weiter nichts von ihm wissen!" Also weder an Bestrafung noch an tatsächliche Verhinderung der Verleumdungen denkt dieses wahrhaft königliche Herz! —

285

DER KÖNIG AN FREDERSDORF

(18. Mai 1755)

es freüet mihr Sehr, daß der 17. guht über ist; nuhn müssen wihr d. 18. auch noch vorbei haben. dann hoffe ich, daß der gantze Mohnaht wirdt guht Seindt.

wenn auch die Meclenburgische Pferde nicht So groß wie der Schimel Seindt, so thuht es nichts, ich wil Sie nuhr zur Strapatz haben auf reisen[1].

betzahle die Kirschen[2] *nuhr von dem Mohnahtsgeldt. es ist So Kalt wetter, als im Winter*[3]. *den Sonabendt gehe ich nach berlin; da Sreibe Svertzen* [dem Schauspieldirektor Baron Sweerts], *daß des Nachmitags die probe*[4] *bestellet wirdt, aber ohne Depense* [Unkosten] *zu machen.*

Carel [der Leibpage] *hat einen ausschlag ins gesichte. ich habe ihm gesagt, es wären Frantzosen von der freülein fitzthum.* [Siehe Briefe 211 und 244.]

Der Bresing mus sich tzeigen. wehre [wäre] *es ein Cresus* [Krösus] *und ein Ocse* [Ochse] *darbei, so nehme ich ihn nicht, hat er aber Verstandt, So Kan er Dreiste Komen*[5].

Dinstag Morgens [ist] *meine wenichkeit wieder hier.*   *Frch*

[1] Der „Schimmel" ist wohl eines der Lieblingspferde, denen der König fast so sehr zugetan war und fast ebenso große Vorrechte einräumte, wie seinen Hunden. Viele drollige, aber natürlicherweise wohl

übertriebene und ausgeschmückte Geschichtchen liefen im Volke um über den „König und seine Pferde", denen er mit Vorliebe die Namen seiner „innigsten" Feinde an den fremden Höfen gab, wie z. B. „Brühl" und „Kaunitz" — denn, trotz im allgemeinen sehr guter Behandlung bekamen die Tiere doch bisweilen eins mit dem Stock zwischen die Ohren! —

Der Ausdruck „Strapatz auf reisen" ist sehr berechtigt, denn bei diesen Gelegenheiten mutete der König sich selbst und seiner Umgebung — Mensch und Tier — Ungeheuerliches zu. (Vgl. S. 388.)

[2] Die „Kirschen" stehen nicht im Widerspruch zu unserer Zeitbestimmung des Briefes. Wir hörten ja schon einmal, daß der König sich, ohne Rücksicht auf die Kosten, die ersten Kirschen sogar schon um Weihnachten herum zu verschaffen pflegte. Natürlich handelte es sich dabei um in Warmhäusern gezogene Früchte.

[3] Daß der Frühling des Jahres 1755 sehr kühl war, ist auch anderweit bezeugt.

[4] Wir sehen, daß der König an einer Theaterprobe teilnehmen will und dürfen gewiß sein, daß er dabei nicht nur stummer Zuschauer sein wird.

[5] Wer „Bresing" war, ist uns nicht bekannt; wir nehmen an, daß es sich um einen wohlhabenden ausländischen Kaufmann handelt, wie sie der König gern zur Hebung des eigenen „commercii" ins Land zog. Das Beispiel mit seinen sehr „bildhaften" Ausdrücken zeigt, daß es ihm dabei mehr auf die kaufmännische Klugheit und Tatkraft, als auf das Vermögen ankam.

286

DER KÖNIG AN FREDERSDORF

(etwa 24. Mai 1755).

habe du nuhr guht vertrauen und Sei nicht verdrißlich! dis fiber ist baldt abgeholffen worden. wann du [aber] *Glaubest, daß es Möglich ist, Dihr in 4 Wochen zu Curihren, das ist ohnmöhglich! ich habe mit allerhandt Docters und feldscheers* [Feldscherern] *umb die Krankheit gesprochen. allein es ist ein Schlimer zufal* [Fall]*, der* [bei dem] *nicht anders als durch die länge der tzeit zu helffen ist; und ohne was buhße* [etwas Buße, nämlich für die Kurpfuscher-Sünden] *könts nicht abgehen! allein in 3 oder 6 tage werden die Kräfte Schon Wieder-Komen. Setze Dihr nuhr feste in Kopf, daß deine besserung nicht anders, als* *lanksam, geschehen Kan, und daß noch hier und dahr zufäle* [Anfälle] *Komen müssen, alleine von Mohnaht zu Mohnaht geringer. ich weiß alles, was Cothenius Dihr gebraucht. alleine Wie* [als] *ein Ehrlicher man* [Mann] *Kan er nicht anders an Dihr handelln. und nuhn mustu von der tzeit abwahrten, was in Keine Menschliche Kräfte ist, zu tzwingen.* Fch

Der Brief ist vermutlich in den Tagen der Felddienstübungen bei Tempelhof (23., 24. und 26. Mai) geschrieben worden. Immer und überall denkt der König voll tätiger Teilnahme an die Leiden seines Fredersdorf; so hat er die Gelegenheit der größeren Truppenansammlung benutzt, um die mit Dr. Cothenius vereinbarte Kur durch Rücksprache mit Militärärzten („allerhand Dokters und feldscheers") zu überprüfen.

287

DER KÖNIG AN FREDERSDORF

(4. Juni 1755)

es Thuht mihr Leidt, daß Du wieder Schlimer geworden bist. wenn Du wilt [willst] *gesundt werden, so ist Kein ander mitel, als hübsch zu folgen. ich habe heute Keine Zeit*[1], *also Kan ich nicht in Detail* [im Einzelnen] *Dihr Schreiben, aber morgen wil ich Dier alles Deutlich vertzehlen, wie Deine Krankheit ist, was Menschen-hülfe darbei Thun Kan, und wie es möglich ist, Dihr hier heraus zu reißen.*

Boidson [der Tabaksdosenmacher] *bittet umb die frantzösische Steine, umb die Crisofraßene Dose*[2] *fertig zu Machen. ich habe den Preis vergessen*

Morgen werde ich ein Meres [Mehreres] *schreiben. gottbewahre!*

Fch

[1] Der König war vom 28. Mai bis 2. Juni unterwegs gewesen nach Freienwalde, Stargard und Schwedt und befand sich nun in großer Eile, da er am 5. Juni abends eine große Reise nach dem Westen Deutschlands antreten wollte.

[2] Die Dose soll aus „Chrysopras" gemacht werden, einem hauptsächlich in Schlesien gefundenen Halbedelstein von zart grüner Farbe, den der König wieder in Aufnahme brachte. Er hat sich unter anderm zwei Prunktische mit 94 cm langen Chrysoprasplatten machen lassen, die noch heute die Bewunderung der Kenner erregen.

DER KÖNIG AN FREDERSDORF

(5. Juni 1755)

Nach einem genauen exsamen Deiner umbstände findet sich, daß du geschwihr in die prostraten hast. da Kan mit injections [Einspritzungen] *nichts außgerichtet werden, wie du es aus der erfarung weist. hier-zu Komen die Hemeroidal-Krämpfe, die bei alen leüten, so sie haben, ordinair gegen den follen Mohnt* [Vollmond] *sich eüßern. diese bewegungen — wegen der Nähe des Mastdarmes an die prostraten — machen Dier alle Mohnt gegen d. 14ten entweder retension d'urine* [Harnverhaltung] *oder fibers, die wegen des geswihrs leichte Inflamatorisch* [entzündlich] *werden könen.*

diese umbstände seindt nun freilich Sehr übel, und Können nuhr auf einer art Couriret werden. und das Kan nicht anders geschehen, als wenn der patiente die Cour durch Seine Diet und acuratesse [Gewissenhaftigkeit] *in gebrauch der Medecin hülfe gibt.*

Die gantze Cour, so ich mit Cothenius heüte noch [d. h. vor der Abreise] *abgeredet habe, bestehet in blut-reinigende Mitels, da* [unter denen] *die Tissane* [ein bitterer Heiltrank]*, wenn sie ordentlich gebraucht wird, das beste ist. allein wenn du sie nicht brauchen Könst, so Wollen Wihr Sie in Consentrirter dosi* [eingedickter Form] *geben, wenn Du nuhr braf Wasser Trinken wilt* [willst].

wann das geblühte sich bessert, so bessert sich die Materie auch [und] *machet Dihr weniger Schmertzen. und wann das geschwühr — welches freilich groß sein Mus — außgeschworen sein wirdt, dann kan es das guhte geblühte heillen. sistu* [Siehst Du] *wohl, andere Sichre mitel in der Welt seindt nicht vohr der Krankheit! und wann du nicht folgen wilst, so mus es zuletzt ein Schlecht ende nehmen.*

bilde Dihr nicht ein, daß es Möglich ist, Dihr in 2 Mohnahte zu couriren. wenn es [möglich] *wehre, so glaube gewise von mihr, daß ich der erste sein würde, dihr die Cour an-zu-rahten. aber da das nicht angehet, müsen wihr uns an practicable* [tatsächlich mögliche] *dinge halten. was nuhr geschehen kan, ist, daß wihr von d. 14tage* [den 14 Tagen] *profitiren bis gegen den follen Mohnaht, umb das bluht zu reinigen. 2tens, daß du Dihr von Meine Köche Supe consomé* [Fleischbrühe] *machen lässest, ohne pfefer und ohne gewirtz. die Consomé nach apetit 2 oder auch 3 Schalen aus-trinken! das wirdt Dihr Kräfte geben und auf die Beine bringen. noch Könstu* [Außerdem kannst Du] *graupen oder reis Mit hüner- und Calbfleisch nach apetit essen, aber Keine unferdauliche speise! dardurch müssen die Kräfte wieder ersetzet werden.*

wann es nuhn gegen d 14ten gehet, So mus du Dihr Dopelt menagiren [in acht nehmen], *umb zu nichts* [Schlimmem] *gelegenheit zu geben. und wenn* [trotzdem] *was Komen Sol* [sollte], *So haben wihr auch* [für den Fall] *alles — wegen Krampf-mitel so-wohl, als auch in gewissen fällen wegen ader-lassen — abgeredet.*

Du Könst Dihr auf mihr verlassen, daß ich nicht mehr Sorge vohr mihr haben könte, wann ich krank wäre, als vohr Dihr! also folge nuhr und verhindere uns nicht an die guhten Intentions [Absichten], *die man mit dihr hat. und glaube nicht, wenn du 8 tage Krampfrei* [krampffrei] *bist, daß die Krankheit gehoben ist, sondern warte,* [bis] *daß ich Dihr mit gewisheit datzu gratuliren Kan. die boulion* [Fleischbrühe] *bestelle nuhr gleich. gottbewahre!*   *Frh*

Wie regelmäßig vor Antritt einer großen Reise, nimmt sich der König, trotz aller Hetze, die Zeit, durch eingehende Beratung mit seinem Leibarzt Vorsorge zu treffen, daß während seiner Abwesenheit in der Pflege Fredersdorfs nur ja nichts versäumt werde. Mit wie unendlich eindringender und bis in die kleinsten Einzelheiten gehender Aufmerksamkeit und Teilnahme ist dieser lange eigenhändige Brief geschrieben! — Wahrlich, des Königs Wort „Du kannst Dich auf mich verlassen, daß ich nicht mehr Sorge für mich haben könnte, wenn ich krank wäre, als für Dich!", ist mehr als wahr! —

289

FREDERSDORF AN DEN KÖNIG

5 Juni 1755

Ewr. Königl. Majesté Kan ich un-Möglich reisen lasen, ohne Ihnen Meinen Segen Mit-Zu-geben. ich wünsche von Grund Meiner Seehlen eine gesunde und Vergnügte reise und retour!

ich Ersterbe

Pots d 5 Juny 1755

*Ew. Königl. Majesté
Unther-thänigster treüer Knecht
Fredersdorf*

Dieser Brief, der sich offenbar mit dem vorstehenden des Königs gekreuzt hat, ist Fredersdorfs Abschiedsgruß für die lange Reise, die Friedrich am Abend dieses 5. Juni antrat.

Die Fahrt ging zunächst zu den großen Truppenübungen, die in der Nähe von Magdeburg stattfanden, dann über Braunschweig, durch hannoversches Gebiet, nach Bielefeld und von dort nach Friesland.

Der Reiseweg des „französischen Parteigängers" — und das zum mindesten wollte der König ja unter allen Umständen bleiben, trotz seiner Zurückhaltung gegenüber dem Neuabschluß des Bündnisses mit Frankreich (vgl. Seite 372) — führte, wie wir hörten, durch das „englische" Hannover hindurch. Das aber war ein Unternehmen, das, mit Rücksicht auf die starken Amerika-Zwistigkeiten zwischen London und Paris, wohl bedacht sein wollte. Friedrich hatte deshalb zuvor durch seine Braunschweiger Verwandten in Hannover „sondieren" lassen, ob seine Durchreise genehm sein werde. Er erhielt die Antwort, er sei hochwillkommen und man werde ihm den glänzendsten Empfang bereiten. Das aber schien dem König wiederum zuviel des Guten, denn unter solchen Umständen fürchtete er, Frankreich kopfscheu zu machen; er bat deshalb, „inkognito" durchreisen zu dürfen, ohne alle „Distinktiones und Ehrenbezeugungen".

Den politischen Hintergrund zu diesen höfischen Verhandlungen bildeten folgende Ereignisse: Schon seit Monaten wußte das Diplomatengerücht zu munkeln, zwischen London und Berlin bahne sich eine „Aussöhnung" an. Daß es für England wünschenswert war, Preußen bei dem bevorstehenden Kampf mit Frankreich mindestens neutral zu wissen, lag auf der Hand, denn von Preußen her schien dem König Georg am meisten Gefahr für sein Kurfürstentum Hannover zu drohen. (Allerdings hätte Georg sich sagen müssen, daß es für ihn nicht möglich sein würde, gleichzeitig der „Freund" Preußens zu werden und Österreichs ihm wertvolle Bundesgenossenschaft zu behalten.) Aus Anlaß gewisser Ereignisse am Hofe von Kassel — der dortige Erbprinz war katholisch geworden — hatte man den Gedanken der inneren Zusammengehörigkeit der „protestantischen Mächte" neu zu beleben und gegen Ausgang des Winters für eine Annäherung zwischen England und Preußen auszunutzen versucht. Aber Friedrich hatte sich auch hier sehr zurückhaltend gezeigt. In diesem Zusammenhang ist das englische Anerbieten eines glänzenden Empfanges in Hannover zu sehen. Wie klug Friedrich daran tat, sich alle Auszeichnungen zu verbitten, sieht man daraus, daß selbst die „inkognito" erfolgende Durchreise schon genügte, ringsum in Diplomatenköpfen das Gerücht von einer Annäherung zu befestigen.

Bald darauf versuchte England sein Ziel auf dem Wege zu erreichen, daß es dem Herzog von Braunschweig, Friedrichs Schwager, die Hand des Prinzen von Wales für seine Tochter anbot, in der Hoffnung, in diese Verhandlungen den König von Preußen hineinzuziehen. Als Friedrich sich dazu nicht einfangen ließ, verstieg sich London zu der nicht mißverständlichen Andeutung, die Heirat müsse davon abhängig gemacht werden, daß der Herzog seinen Schwager in Berlin dazu bringe, sich für den Fall eines französischen Angriffs auf Hannover neutral zu verhalten. Dem König wurde es einerseits schwer, seiner Braunschweigischen Schwester das Heiratsglück ihrer Tochter zu verderben, andererseits aber hielt er es aus vorsichtiger Rücksicht auf Versailles für geboten, sich nicht zu binden. So blieb er offiziell aus den Verhandlungen zwischen London und Braunschweig ganz heraus und ließ seinen Schwager nur insgeheim wissen, daß er sich auf den englischen Vorschlag nicht einlassen könne. Dagegen bot er sich, als Ende Juli Frankreich (wegen einer offenen Feindseligkeit britischer Schiffe in den amerikanischen Gewässern) seine Gesandten in London und Hannover abberufen hatte, als Vermittler zwischen den Westmächten wegen ihrer amerikanischen Streitigkeiten an — hier, wie seit 1745 immer, auf die Erhaltung des Friedens bedacht. So blieb die Lage bis zum 1. September. Von der scharfen und folgenreichen politischen Schwenkung, die der König zu diesem Zeitpunkt machte, werden wir später hören.

Zunächst aber kehren wir zum Juni zurück und begleiten Friedrich weiter auf seiner Reise, die ihn, wie schon gesagt, von Braunschweig durch Hannover nach Bielefeld und Emden führte. Von dort ging es an den Niederrhein nach Wesel, wo wir dem König in unseren Briefen auch vor 4 Jahren schon begegnet sind. Im Volksmunde berühmt geworden ist die Fahrt, die der König mit nur zwei Begleitern unter dem Decknamen eines „Musikus des Königs von Polen" von hier aus nach Holland hinein bis Amsterdam machte, eine „Extratour", die uns an ein ähnlich abenteuerliches und an lustigen Zwischenfällen reiches Unternehmen aus dem Jahre 1740 erinnert, da Friedrich als „Graf Dufour" das französische Straßburg besuchte, damals von seinem Bruder August Wilhelm, dem Grafen Algerotti, einem Grafen Wartensleben und unserm Fredersdorf begleitet. Man hatte bei der studentisch-übermütigen Stimmung jener Fahrt ins Elsaß nicht einmal an Pässe gedacht. Diese mußte Fredersdorf erst an der Grenze, so gut es eben gehen wollte, mit Hilfe des königlichen Siegelringes zusammenstoppeln. Wie gern mag der Kranke, der jetzt traurig daheim bleiben mußte, an jene „schönen Zeiten" zurückgedacht haben.

In Wesel traf der König — jetzt, im Juni 1755 — den großen Pariser Gelehrten d'Alembert (von dem wir bei Brief 189 eingehend gesprochen haben) und seinen uns ebenfalls wohlbekannten ehemaligen Sekretär und Vorleser Darget. Dieser, damals in Paris um die Erlangung eines einträglichen Amtes bemüht, kam mit geheimen Aufträgen der französischen Regierung, um in Ausnutzung des Vertrauensverhältnisses zu seinem früheren Herrn zu erforschen, welche Absichten der König hinsichtlich Hannovers habe, wenn es zum englisch-französischen Kriege in Europa käme. Darget scheint aber ebensowenig erfahren zu haben, wie seiner Zeit im Jahre 1740 der mit einem ähnlichen Geheimauftrage ausgerüstete Voltaire. (Vgl. S. 205.)

Wohl aber äußerte sich Friedrich nach seiner Heimkehr dem Berliner französischen Gesandten gegenüber, und zwar in dem Sinne, daß er die niederländischen Besitzungen des den Engländern verbündeten Österreich als gegebenenfalls geeignetes Ziel eines französischen Angriffs in Europa bezeichnete, während er bezüglich eines Einmarsches in H a n n o v e r nunmehr deutlich a b w i n k t e : „Dieser Plan kann Euch nicht konvenieren!" —

Am 24. Juni verließ der König Wesel und traf schon am 27. Mittags in Potsdam ein, ein Beispiel für seine aller Anstrengungen spottende Reisegeschwindigkeit, das um so erstaunlicher anmutet, wenn man bedenkt, daß er unterwegs noch in Hamm und Lippstadt „inspizierte".

290

DER KÖNIG AN FREDERSDORF

(Ende Juni 1755).

es hat mihr recht leit gethan, zu hören, daß du wieder Solchen blaßen-Krampf [Blasenkrampf] *gehat hast. ich wolte, du häst* [hättest] *nichts von* [dem Kurpfuscher] *Lachman gebraucht! aber jetzunder nuhr* [daran] *gedacht, das üble wieder in ordnung zu bringen! Cothenius hat mihr von einen Mitel gesagt, da er sich viehl von verspricht. wann ich in deiner Stelle wehre* [wäre], *So gebrauchte ich gewisse n i c h t s anders, und würde nicht ungeduldich in der Cuhr. es ist deine Sache, du Kanst thun, was du Wilst, aber bedenke nuhr, daß du mit deinen leben Spihlest, und daß jetzunder hohe tzeit ist, dihr das leben* [noch] *zu retten. ich Sehe die sache recht guht ein und Schreibe es dihr aus treüen Hertzen. wann du meinen raht nicht folgest, So wirstu es hernach zu Spähte bereüen.*

gottbewahre und gebe Dihr gedult und einen guhten und fermen [festen] *entschlus!* *Fh*

Der Brief ist unmittelbar nach der Rückkehr des Königs von der großen Reise geschrieben. Sofort hat Friedrich — wie es für sein Empfinden selbstverständlich war — sich nach seines Fredersdorfs Ergehen erkundigt und daraufhin betrübende Auskunft erhalten, leider auch gehört, daß der Patient wiederum selbst die Schuld trägt. Allen ernsten Ermahnungen und freundlichen Bitten zum Trotz hat Fredersdorf die Zeit der fehlenden Beaufsichtigung dazu benutzt, sich aufs neue einem Kurpfuscher zu ergeben. Aber wie unendlich milde ist des Königs Tadel für diesen ebenso törichten, wie empörenden Ungehorsam: „Ich wollte, Du hättest nichts von Lachmann gebraucht! Aber jetzt nur daran gedacht, das Üble wieder in Ordnung zu bringen!" —

Und nun folgt im nächsten Brief, den wir schon aus früherem Zusammenhang kennen, Friedrichs entzückend schalkhafter Einfall, den halsstarrigen Pflegling in dessen eigenen Netzen zu fangen, dadurch daß er ihm ein „rares Elixir" schickt von weiland Theophrastus Bombastus Paracelsus, also von einer bei allen Alchemisten hochangesehenen „Autorität". Der springende Punkt ist natürlich, daß der Wundertrank die Eigenschaft hat, keine anderen Heilmittel neben sich zu dulden, bei Strafe höchst verdrießlicher Folgen! Was der Inhalt der Flasche gewesen ist, dürfen wir getrost den „Doktoren" Cothenius und Friedrich überlassen — unsere Laienvermutung geht auf gefärbtes Wasser.

291

DER KÖNIG AN FREDERSDORF

(Ende Juni 1755).

ich Schike Dihr Ein Rares Eliksihr [Elixir], *das von Teofrastem Paratzelsio* [Theophrastus Paracelsus] *Komt, welches mihr und alle, die davon genomen haben, wunder gethan hat. nim nuhr von dießer Medecin. es leidet aber Keine quaksalberein darnehben! sonsten benimt* [es] *einem vohr Sein lebe-Tage die Mänliche Krefte der liebe!* *Fh*

Aus den Monaten Juli und August 1755 sind uns keine Briefe erhalten. Vielleicht hat diese Lücke, wie die früheren, uns unbekannte Zufallsursachen, vielleicht hängt sie aber auch damit zusammen, daß es Fredersdorf gesundheitlich besser gegangen zu sein scheint — für September ist das durch seine Briefe bezeugt — und ferner damit, daß sich der Verkehr zwischen Herrn und Diener, da beide in Potsdam weilten, in der Hauptsache mündlich abgewickelt haben mag.

*

Ich besitze dsehr fein Raves Glükhsehr das von Teofrasten Paratzelsis komt erwelchem sich und allen den darren Personen haben wunder gethan hat, nun mehr von disher Medicin, es limtet aber keiner qualsalberein darnehsten sonsten bemint ich nimer haft kein ende sagen den Männlich ernsten der linden

Bevor unsere Briefe im Herbst 1755 wieder beginnen, vollzogen sich in der Politik schwerwiegende Ereignisse, die Friedrich, wie schon Seite 387 angedeutet wurde, zu Beginn des Monats September zu einer überaus folgenreichen Schwenkung veranlaßten.

Wir erinnern uns, daß seit Jahren des Königs politischer Gedankengang dieser war: Österreich ist, um Schlesiens willen, der unversöhnliche Feind; es wird losschlagen, sowie sich eine günstige europäische Gesamtlage bietet. Dazu gehört als unerläßliche Vorbedingung die kriegerische Mithilfe Rußlands, dessen Zarin Elisabeth und Großkanzler Bestushew ja ebenfalls von flammendem Haß gegen den König von Preußen erfüllt sind. Rußland aber wird nicht losschlagen ohne Englands geldliche Hilfe. (Dadurch allein, daß die Geldverhandlungen zwischen London und Petersburg sich zerschlagen hatten, war ja die Kriegsgefahr von 1752—54 gebannt worden. Vgl. die Briefe 111, 120 und 181.)

Also standen für den König folgende Erwägungen fest. Erstens: Solange England an Rußland keine Unterstützung zahlt, hält die Zarin Frieden, solange diese ruhig bleibt, droht auch keine Gefahr von Österreich. Zweitens: Frankreich — der alte, wenn auch allmählich mehr und mehr unzuverlässig gewordene politische Parteigänger Preußens — wünscht das demnächst ablaufende Bündnis zu erneuern, in der Absicht, Preußens Kraft gegen England in dem um Amerika entbrennenden Krieg einsetzen zu können, und zwar durch einen preußischen Angriff auf Hannover. Der König verweigert sich dieser Zumutung, wünscht aber gleichwohl mit Frankreich eng verbunden zu bleiben. Drittens: England sucht sich dem König von Preußen — unter Benutzung der Braunschweigischen Heiratspläne — zu nähern, mit dem Ziel, ihn in dem bevorstehenden englisch-französischen Kriege zur Neutralität gegen Hannover zu bestimmen. Auch in dieser Richtung will der König sich nicht vorweg die Hände binden.

Das Gesamtbild ist also dies: Sowohl Frankreich wie England werben um Friedrichs Gunst um Hannovers willen, nur mit entgegengesetzten Zielen. Und gegen beide Westmächte verhält sich der König abwartend; er will sich keine „Chancen" im großen politischen Spiel entgehen lassen.

Da erfuhr er Ende August über Holland, es sei zwischen London und Petersburg nun doch der — solange vergeblich angestrebte — Hilfsgeldervertrag zustande gekommen, der 70 000 Russen zu Englands Verfügung stelle. (Diese Nachricht erwies sich zunächst als Irrtum, einen Monat später — Ende September — aber als nunmehr richtig.) Sofort lenkte Friedrich England gegenüber ein, indem er sich nunmehr, durch Vermittelung des Herzogs von Braunschweig, zu Verhandlungen wegen seiner Neutralität bereit erklärte. Denn er erkannte, daß es unter diesen Umständen in Englands Hand lag, Rußland und damit auch Österreich gegen Preußen zu schicken, wann es immer wollte.

Rußland fürchtete er sehr, obschon er die Angriffskraft des dortigen Heeres gering, vielleicht zu gering, einschätzte; aber er sah klar — was Napoleon 1812 verkannt hat —, daß Rußland seinerseits wegen seiner unermeßlichen Räume niemals vernichtend getroffen werden könne, also eine ständige „Gefahr im Rücken" bleiben werde.

Die aus diesen Erwägungen heraus angeknüpften Verhandlungen des Königs mit England führten schließlich am 16. Januar 1756 zum „Vertrage von Westminster". Dieser war kein „Bündnis", sondern nur ein Neutralitätsvertrag; er war auch nicht für die Dauer geschlossen, sondern nur für den gegenwärtigen französisch-englischen Amerikazwist, dessen Übergreifen nach Europa dadurch verhindert werden sollte. Dennoch war der Westminstervertrag insofern von größter Bedeutung für Friedrich, als beide Vertragsteile sich verpflichteten, nicht nur selbst gegeneinander friedlich zu bleiben, sondern auch ihre Verbündeten von feindlichen Handlungen abzuhalten. Das bedeutete einerseits, Frankreich (der Genosse Preußens) solle auf einen Angriff gegen Hannover verzichten, aber andererseits auch, Rußland (der Verbündete Englands) solle Preußen unangetastet lassen. Eine Festlegung Rußlands aber (ohne dessen Hilfe auch Österreich stille bleiben würde) war, wie wir wissen, in Friedrichs Augen der Erhaltung des Friedens überhaupt gleichzuachten. Somit hielt er den Vertrag von Westminster für die große, den Frieden rettende Tat! —

Es fragte sich nur, wie die beiden in Westminster an die Kette gelegten Mächte — Frankreich und Rußland — den ihnen bisher unbekannten Vertrag aufnehmen, und ob sie sich ihm fügen würden.

In beiden Fällen erlebte Friedrich eine bittere Enttäuschung. Der scheinbar alle Gefahren bannende Westminstervertrag erwies sich als der schwerste politische Rechenfehler seines Lebens, er führte ihn in den allgemeinen Krieg hinein, den er gerade hatte vermeiden wollen, und er führte ihn unter den denkbar ungünstigsten Bedingungen hinein.

Fragen wir zunächst, wie sich Frankreich zu Westminster stellte! Wir erinnern uns, daß Friedrich dieses Land, trotz seiner Zurückhaltung hinsichtlich der Bündniserneuerung, als Freund behalten wollte. Er glaubte auch, daß dies trotz des Westminstervertrages möglich sein werde, denn einen Angriff auf Hannover mit französischen Truppen hielt Friedrich ohnehin für in Paris aufgegeben, und die Möglichkeit eines Einrückens der Franzosen in die österreichischen Niederlande — Österreich war ja Englands Verbündeter — hatte er in Westminster ausdrücklich offen gehalten. Was sollte also Paris gegen eine Neutralisierung Deutschlands sachlich einzuwenden haben? Ein neutraler und darum ungeschwächter König von Preußen konnte Frankreich diplomatisch eine stärkere Stütze sein, als ein mit England-Hannover, dann aber unvermeidlich auch zugleich mit Rußland und Österreich, im Kriege stehender. In der Tat fand Friedrich in Frankreich zunächst einiges Verständnis für diese Gedankengänge, nur durch die Form, d. h. dadurch, daß er den Franzosen den Westminstervertrag erst als vollendete Tatsache mitgeteilt hatte, war die Pariser Eitelkeit schwer verletzt. Aber auch dafür konnte Friedrich eine Entschuldigung anführen. Er hatte nämlich bereits am 13. September 1755, also mehr als ein Vierteljahr vor Westminster, nach Paris mitgeteilt, daß ihm „wichtige und merkwürdige Eröffnungen" gemacht seien (vgl. S. 392, Abs. 1 u. 2), über die er dem angekündigten französischen Sondergesandten, dem Herzog von Nivernais, mündliche Mitteilungen zu machen wünsche. Es war nicht Friedrichs Schuld, daß sich die Ankunft dieses Diplomaten in Berlin trotzdem von Monat zu Monat verschob, bis sie endlich unmittelbar vor dem Abschluß des Westminstervertrages erfolgte.

Nivernais ließ des Königs Darlegungen über die Ungefährlichkeit des Westminstervertrages für Frankreich bis zu gewissem Grade gelten und trat in die Verhandlungen wegen Erneuerung des französisch-preußischen Verteidigungsbündnisses ein. Diese ließen sich durchaus hoffnungsvoll an. Da kam Mitte März aus Paris der Geheimbefehl an den Herzog, sich lautlos zurückzuziehen. Am 2. April reiste Nivernais ab.

Was lag dem zugrunde? In einem der Welt des Bergmanns entlehnten Vergleich möchten wir sagen: Der Westminstervertrag wirkte nicht augenblicklich zerstörend auf das Verhältnis zwischen Preußen und Frankreich, wohl aber wie langsam sich ansammelnde Erdgase, die nach einer gewissen Anreicherung plötzlich durch das zufällige Hinzutreten einer offenen Flamme zur vernichtenden Schlagwetterexplosion führen. Diese Flamme kam von Österreich.

Wir erinnern uns (von unseren Briefen 22 und 25 her), daß der Dresdener Frieden zwischen Österreich und Preußen Ende 1745 um Haaresbreite dadurch vereitelt worden wäre, daß gleichzeitig eine Annäherung zwischen Österreich und Frankreich auf dem Marsche war. Nach dem Frieden von Aachen 1748 hätte sich Österreich wiederum lieber an Frankreich als an England angeschlossen. Nur weil Paris nicht wollte, blieb Wien bei London, also beim „alten System". (Englands Hauptfeind war Frankreich, Österreichs Hauptfeind Preußen, also gehörten London und Wien eigentlich nur solange innerlich zusammen, als ein gemeinsamer Kampf gleichzeitig gegen Frankreich und Preußen in Betracht kam. Sowie sich England mit Preußen oder Österreich mit Frankreich vertrug, entfielen die Grundlagen des englisch-österreichischen Einverständnisses. Darin lag die übertünchte Unstimmigkeit der politischen Belange im „alten System".) Der Staatsmann Österreichs, der den Gedanken einer Loslösung von England und statt dessen einer Verbindung mit Frankreich auch noch nach 1749 — wo Preußen und Frankreich bekanntlich wiederum eng zusammengestanden hatten (vgl. Brief 89) — ausdauernd verfolgte, war der hochbegabte, scharfrechnende Graf K a u n i t z. Im August 1755 gelang es ihm endlich, das Steuer des österreichischen Staatsschiffes in diesem Sinne entscheidend umzulegen, zunächst noch im geheimen. Womit er Frankreich zu ködern suchte, können wir hier übergehen. Nur sehr langsam und mit in Österreichs Sinne unzureichenden Ergebnissen kamen die Verhandlungen mit Paris weiter, bis (um zum oben gebrauchten Bilde zurückzukehren) am 16. Januar 1756 die „Erdgasquelle" des Westminstervertrages durch König Friedrich geöffnet wurde und die „Vergiftung der Atmosphäre" begann. Nun ging es, nicht zum wenigsten durch das Betreiben der Marquise von Pompadour, nach den Wünschen des Grafen Kaunitz voran. Anfang April wurde, wie wir hörten, der Herzog von Nivernais aus Berlin abgerufen, und am 1. Mai 1756 erfolgte die „Explosion", das heißt, es kam das Neutralitäts- und Verteidigungsbündnis von V e r s a i l l e s zwischen Österreich und Frankreich zum Abschluß.

Damit war das alte Band zwischen Preußen und Frankreich zerrissen, als sehr dürftigen Ersatz hatte Friedrich nur den Neutralitätsvertrag mit England.

Aber auch dem „Versailler Vertrage" fehlte zunächst noch die auf Angriff zielende Spitze. Darum hielt Friedrich eine augenblickliche Gefahr noch nicht für vorliegend, solange die Kette nicht brach, an der England den „russischen Bären" gefesselt hielt.

Jedoch auch diese Kette sollte reißen. Der Hof von Petersburg tobte über den Westminstervertrag, denn man hatte ja das Hilfsgelderabkommen mit England — abgesehen von den persönlichen Geldbedürfnissen der Zarin und ihres Anhanges — nur geschlossen, um auf diesem Wege zum Demütigungskriege gegen Preußen zu gelangen.

Die Lage der Zarin war merkwürdig. Von ihren beiden Feinden, Preußen und Frankreich, hatte sich jeder an einen der russischen Verbündeten angeschlossen: Berlin an London, Paris an Wien. Elisabeths Leitstern für die nun zu treffende Entscheidung bildete ihr alles andere beiseiteschiebender Haß gegen Friedrich. Daß Bestushew, der alte böse Feind Preußens, jetzt — natürlich wieder aus gewissen selbstischen Gründen — für Anerkennung des Westminstervertrages war, half nichts. Sein so lange übermächtig gewesener Einfluß war jetzt im Sinken, denn sein Gegenschwieger und seine Hauptstütze, der Graf Rasumowski (vgl. Brief 68), der einstige „Kaiser der Nacht", war krank geworden und durch einen neuen Günstling im Herzen der Zarin verdrängt. Das war der junge Graf Schuwalow, den spitze Zungen „die männliche Pompadour" genannt haben. So schlug sich Rußland, trotz aller Feindschaft gegen Paris, auf die österreichisch-französische Seite. Frankreich mochte ihm auch geldlich einen gewissen Ersatz für England bieten: Die englische Kette des „Bären" war zerrissen.

Elisabeth hätte am liebsten noch im Jahre 1756 losgeschlagen, um Friedrich zu zerschmettern und Kurland zu gewinnen, wofür dann Polen durch Ostpreußen entschädigt werden sollte. Aber Graf Kaunitz winkte ab. Es müsse Zeit gewonnen werden, um das neue österreichisch-französische Einvernehmen aus einem Verteidigungs- zu einem Angriffs-Bündnis zu machen. Das werde solange dauern, daß der Krieg erst 1757 eröffnet werden könne. Bis dahin aber komme alles darauf an, daß König Friedrich nichts merke; er müsse in dem Glauben gelassen werden, Rußland sei noch dem englischen Willen untertänig. Die Losung müsse also lauten: Petersburg hält London hin, über sein Einvernehmen mit Österreich-Frankreich darf nichts bekannt werden, aber Rußland wie Österreich rüsten im stillen mit allen Kräften für das kommende Jahr.

So zog sich im geheimen das, nach menschlichem Ermessen todbringende, Netz um Friedrich zusammen. Bis zum Juni 1756 tastete er im Dunkeln. Wie er aber dann die Geheimnisse zerriß und zu Ende August durch raschen Einmarsch in Sachsen — das im gleichen Sinne „neutrale" Land, wie es 1914 Belgien war — seinen noch nicht völlig vorbereiteten Feinden zuvorkam, ist zu bekannt, um an dieser Stelle eine Wiederholung zu rechtfertigen. Nur das möge aufs schärfste betont werden, daß der König bis zum letzten Augenblick schlechthin alles versucht hat, den Frieden zu retten. Erst als er wußte, daß das nicht mehr möglich sei, ergriff er mit stählerner Entschlußkraft den für ihn günstigen Augenblick zum Losschlagen. Der Inhalt des eroberten Archivs in Dresden lieferte den Beweis, daß längeres Zögern politischen Selbstmord bedeutet hätte und daß Friedrich nur scheinbar der „Angreifer" gewesen ist.

*

Mit der vorstehenden Darstellung der Dinge, die seit dem Sommer 1755 alle geistigen und seelischen Kräfte des Königs anspannten, haben wir weit über den Zeitpunkt hinausgegriffen, in dem unsere Briefe wieder einsetzen. Wir glaubten aber den Zusammenhang der politischen Ereignisse nicht zerreißen zu dürfen, zumal die nun noch folgenden Briefe das gleichzeitige geschichtliche Geschehen kaum ahnen lassen. Sie sind, was ja bei der ungeheuren Inanspruchnahme des Königs durch die großen Staatsgeschäfte völlig verständlich ist, weit weniger „persönlich" gefärbt, als die früheren Briefe und behandeln fast nur geschäftliche Dinge, wie sie das Bedürfnis des Tages mit sich brachte. Sich um Fredersdorf zu sorgen, hatte der König jetzt auch weniger Anlaß, weil es seinem großen Pflegekinde nunmehr endlich für einige Monate besser ging. Daß man aber durchaus nicht etwa an eine Abkühlung der freundschaftlichen Gesinnung Friedrichs glauben darf, beweist die Tatsache, daß seine ganze väterlich betreuende Anteilnahme sofort wieder in alter Herzenswärme zutage tritt, wenn sich Fredersdorf vorübergehend einmal wieder schlechter befindet.

Es bleiben uns nunmehr noch zwei Gruppen von Briefen übrig. Die erste gehört in den Herbst 1755, also in die Zeit zwischen dem Eintreffen der Nachricht vom Abschluß des englisch-russischen Hilfsgelderabkommens und der Unterzeichnung des Vertrages von Westminster; die zweite Gruppe reicht vom 3. bis 18. April 1756, liegt also kurz vor dem Abschluß des österreichisch-französischen Vertrages von Versailles.

Die Herbstbriefe von 1755 wollen wir, mit Rücksicht auf die erwähnte Art ihres Inhaltes, nur als „Bilderbuch" bringen, wie wir das schon an anderen Stellen aus ähnlichen Gründen getan haben.

292 bis 301

(Herbst 1755).

Diese Briefreihe setzt ein nach der Rückkehr des Königs von seiner alljährlichen Besichtigungsreise nach Schlesien, die diesmal vom 3. bis 21. September dauerte. Mit Rücksicht auf die hochgespannte Lage der Politik wird er gewiß ein besonders scharfes Auge gehabt haben auf den Zustand der schlesischen Truppen, wie er denn auch kurz vor dieser Reise eine siebentägige kriegsmäßige Übung bei Spandau abgehalten hatte. Zu allen Sorgen, die ihn bedrängten, war Friedrich in dieser Zeit auch gesundheitlich stark gehemmt. Im August hatte er sich durch einen Sturz vom Pferde erheblich verletzt, und jetzt während der schlesischen Reise plagte ihn sein altes Haemorrhoidalleiden schwer. Im Oktober brauchte er in Sanssouci eine Badekur mit Freienwalder Wasser gegen seine Beinbeschwerden. Darüber schreibt er auf eine teilnahmsvolle Anfrage Fredersdorfs hin:

„das baden habe ich angefangen, man mus Sehn, ob es möglich ist, eine alte Canaille junk zu Machen."

Leider ging die Kur nicht gut aus, sondern endete mit einer Erkältung, die eine Kolik zur Folge hatte.

Fredersdorf dagegen geht es, wie schon angedeutet wurde, in diesem Herbst im allgemeinen besser; immerhin aber hat der König Anlaß, ihn wegen eines bösen, schwer zugänglichen Geschwürs, das vielleicht einen chirurgischen Eingriff erfordert, zu mahnen:

„du must dich durchaus nicht mehr Schneiden lassen, Mach [mag] *geschehen was Wil. du Könst Solche Brutale curn nicht aus-Stehn* [Kuren nicht mehr aushalten]*."*

Am 27. September, bald nach Beendigung der schlesischen Reise, fand die Vermählung von Friedrichs jüngstem, jetzt 25 jährigem Bruder Ferdinand statt. Die Braut war eine Prinzessin der Schwedter Nebenlinie des königlichen Hauses. Dem jungen Paar wurde als Wohnung das „Schulenburgsche Palais" in der Wilhelmstraße angewiesen, das nachmals die Amtswohnung des Reichskanzlers Bismarck werden sollte. (Berühmter als Ferdinand selbst ist sein Sohn geworden, der vielgeliebte feurige Prinz Louis Ferdinand, der in Preußens Unglücksjahr 1806 bei Saalfeld den Heldentod starb.) Über die jetzt bevorstehende Hochzeit schreibt der König an Fredersdorf:

„*ich Schike an Köpen* [Geheimrat Köppen] *5000 Thaler. davohr Müssen die Hochtzeits-Kosten, ingleichen Das feüerwerk getzahlet werden, die Elumination* [Illumination] *gehet vor diesses mahl nicht an, also wirdt Sie gestrichen.*"

Wie hier, offenbar mit Rücksicht auf die Kosten, die Festbeleuchtung unterbleiben soll, so zieht sich auch durch die verschiedensten Rechnungssachen in dieser, wie gesagt hauptsächlich geschäftlichen, Briefreihe wie ein roter Faden der Gedanke hindurch: Sparen, nur sparen! Wenn der König schreibt:

„*Dopelt werde ich nichts austzahlen*",
oder

„*mit die ferde-rechnungen Sein Spitzbubereien*"
oder

„*vohr dem Stal betzahle ich Künftigen Mohnaht nicht einen Groschen mehr, und will von Keine Nebenrechnungen wisen!*",

oder wenn er dem Bankherrn und Großunternehmer Splitgerber als

„*Spitzbubegerber*"

bezeichnet, so sind das uns altbekannte Töne, ebenso wie uns der Satz nicht besonders auffallen kann:

„*schike mihr den brif von den Pomerschen Narren!*",

der sich auf den Einspruch von Altansässigen gegen eine Flußlaufregelung oder Trockenlegung eines Bruchs bezogen haben mag; denn solche — mit „Schädigung der Jagd" oder dergleichen begründete — engstirnige „Proteste" gegen des Königs landesväterliche Guttaten waren an der Tagesordnung.

Etwas neues sagt uns das folgende kleine Bildchen, das Fredersdorf vielleicht ein klein wenig eifersüchtig erscheinen läßt: Ein Herr von Sydow — vermutlich des Königs vormaliger Leibpage Sydow, den er sehr gern mochte — hat sich in die Baurechnungen

„*vor dem reit-Stall*"

gemischt. Über diesen unerhörten Eingriff beschwert sich nun der Herr Kämmerer in folgender, recht vorsichtiger Form:

„*ob dieses, daß Er* [v. Sydow] *sich in öcconomicis meliren soll, Ew. K. Maj. allergnädigster Wille ist, weiß ich Nicht.*"

(In seinem Antwortschreiben „übersieht" der König diese Frage.)

Zum Ausgleich für diese kleine Schwäche dürfen wir uns aber an einer anderen Stelle um so mehr über Fredersdorfs gutes Herz freuen. Es handelt sich darum, für die Waisen eines Silberarbeiters alte Forderungen an die königliche Schatullkasse zu retten, wobei der Wunsch des Kämmerers, den bedauernswerten Kindern zu helfen, deutlich zwischen den Zeilen zu lesen ist.

Des Königs ehrerbietig liebevolles Verhältnis zu seiner Mutter beleuchtet die Briefstelle:

„Die verwitwete Königin hat einen Wagen vohr Sich machen lassen. ich Wolte Wissen, ob er betzahlet ist, oder nicht; und Was er kostet."

Ganz offenbar will er den Wagen, falls die Rechnung nicht bereits beglichen ist, seinerseits bezahlen, um der Mutter eine unerwartete Freude zu bereiten. (Vgl. den ähnlichen Fall in Brief 75.)

Eine entsprechende Absicht liegt dem folgenden (zeitlich nicht hierher gehörigen, bisher aber noch nicht erwähnten) Briefchen zugrunde, wobei man sich erinnern muß, daß das Schloß „Monbijou" der Sommersitz der Königin-Mutter war:

„Diesen Disch, Samt den fus [samt dem Untergestell], *lasse nach Monbijou bringen, auf daß ihn die Königin findet, wann Sie dahrhin Kömt".*

Der Gegenstand dieser Überraschung war jedenfalls einer der damals beliebten Prunktische mit einer Platte aus edlem Gestein.

Des Königs Sinn für „Fürsorge bis ins Kleinste" zeigt auch der Schluß eines launig mit den Worten

„Serviteur! Frch"

unterzeichneten Briefes an Fredersdorf, wo es heißt:

„Dem Kleinen Schwerin lasse halbdutzendt hemde machen",

wobei dahingestellt bleiben mag, ob der „kleine Schwerin" ein Patenkind oder ein Page des Königs war.

Die Erwähnung des holländischen Malers „Vanlo", der richtig „Vanloo" hieß, erinnert uns an eine Geschichte, die Friedrichs schlichte Bescheidenheit in schönstem Lichte zeigt. Bekanntlich errichtete er nach dem Siebenjährigen Kriege — zugleich um der Welt zu zeigen, was er noch geldlich vermöge, und um dem Handwerk Arbeit zu verschaffen — den großen Prunkbau des „Neuen Palais". Für den dortigen „Marmorsaal" hatte der genannte Vanloo ein Deckengemälde in Auftrag bekommen. Auf diesem Bilde stellte er dar, wie der Namenszug des Königs mit einem Lorbeerkranz umwunden von Genien der Versammlung der Götter überreicht wird. Als Friedrich das fertige Gemälde besichtigte, ließ er das Malergerüst neu aufstellen und seinen Namenszug nebst Siegerkranz auslöschen.

Den Schluß der hier zusammengefaßten Briefreihe bilden Worte Fredersdorfs, die um so erfreulicher sind, weil der arme, von Krankheiten zerplagte Mensch sie so selten aussprechen konnte:

„*Mit Mir gehet es gut, und Besser, als ich geglaubt.*"

*

302
FREDERSDORF AN DEN KÖNIG

3. April 1756.

Ewr. Königl. Majesté Melde unther-thänigst, daß der Graff von Podwils [Kabinettsminister Podewils] *einen Fremden Mahler, Nahmens Grothe*[1] *an-hero gesandt mit einigen Portraits. weilen Ihn Mr. Pesne* [der berühmte Hofmaler] *vor den Stärksten Mahler in teutschland hält, hat Ihn der Graff Podwils — da dießer Man in* [nach] *Rusland Komen soll — persuadiret, sich in Berlin zu Etabliren. Er Bittet sich die gnade aus, Ew. K. Maj. seine arbeit Zu Zeigen.*

[Nach einer Bemerkung über den Kauf von Gemälden und französischen Weinen schließt der Brief:]

ich Ersterbe mit der grösesten Submission

Ew Königl Maj.

unther-thänigster treüer Knecht

Fredersdorf

Pots d 3 Ap 1756

Randbemerkung des Königs:

Schike mihr den Mahler. Wegen die gekaufte Tablaux in paris ist guht, und den wein auch. wihr Müssen den vein nach Trinitatis Mohnaht-weise betzahlen.

Fch

Da uns ein Berliner Maler namens „Grothe" oder „Grote" in jener Zeit nicht bekannt ist, wohl aber ein Christian Bernhard Rode, so vermuten wir, daß dieser gemeint ist, zumal wir ja aus unseren Briefen zur Genüge wissen, wie willkürlich Fredersdorf — und nicht minder sein Herr — mit Namen umging, wenn nur eine Klangähnlichkeit (wie sie zwischen „Grothe" und „Rode" besteht) bewahrt wurde. Handelt es sich wirklich um Rode, der von 1725 bis 1797 lebte, so hätten wir hier den Maler vor uns, der das am Eingang unseres Buches wiedergegebene Bild des Königs in der Werkstatt des Hofmalers Pesne geschaffen hat. Es ist ein Geschenk des Königs an Fredersdorf, das mit anderen Gaben der königlichen Gunst und mit unserer Briefsammlung den gleichen Erbweg ging. Die jetzige Besitzerin, Gräfin Olga von Bassewitz in Prebberede in Mecklenburg, hat freundlicherweise die Überführung des Bildes nach Berlin gestattet, wo, nach Vornahme einer Prüfung durch Sachverständige, ein farbiges Lichtbild hergestellt wurde als Grundlage für die Buchwiedergabe. Wann der König das Bild an Fredersdorf geschenkt hat, wissen wir nicht, spätestens dürfte es geschehen sein im April 1757, als der Kämmerer aus dem Amt schied. (Vgl. Seite 24.)

Vielleicht werden die rundlichen Gesichtszüge Friedrichs auf unserem Bilde viele unter unseren Lesern fremd anmuten. Und doch ist es auch anderweitig genügend bezeugt, daß der König in seinen jüngeren Jahren so ausgesehen hat, während die harten Linien, die als für ihn charakteristisch gelten, erst von den unerhörten Schicksalen des Siebenjährigen Krieges gemeißelt worden sind, dieses Krieges, der ihn, wie er selbst wohl sagte, zum „Greis" gemacht hat.

Friedrichs unüberwindliche Abneigung dagegen, den Bildnismalern zu „sitzen", ist bekannt. Nur einmal hat er nach der Überlieferung eine Ausnahme gemacht, deren Frucht das im Besitze des Großherzogs von Sachsen-Weimar befindliche Gemälde von de Gasc ist. Gerade dieses Bild aber hat, obschon es erst 1776 entstand, mit dem unsrigen eine geradezu überraschende Ähnlichkeit.

303

DER KÖNIG AN FREDERSDORF

(16. April 1756)

wegen der hure [einer sich um Anstellung bewerbenden Sängerin] *ist nicht So vihl an ihrem gesicht, als an ihrer Stime gelegen; den Itaillenschen* [italienischen] *brif wirdt der abé* [des Königs Sekretär de Prades] *beantworten. der* [Brief] *aus Cadis* [Cadix] *ist vint* [Wind][1].

NB: *es ist ein Neuer golt-macher in berlin! woh Du noch geldt übrig hast, So steht er zu Dinst!*²   *Fh*

¹ Der Brief aus Cadix enthielt wieder einmal — natürlich „unfehlbare" — Vorschläge zur Hebung des schlesischen Leinwandhandels nach Spanien.
Fredersdorf hat diesen Brief eingereicht mit den fast ängstlich klingenden Worten:
„*ich Bitte es mir aber Nicht ungnädig Zu nehmen, daß ich mir untherstehe, Ew. K. Maj. so-was zu Schicken, ich glaube, es ist meine Schuldigkeit, was Zu Ew. Königl. Maj. intresse ist, an-Zu-Zeigen.*"
Wir wissen ja, wie sehr der König mit solchen, fast immer eigensüchtigen und nicht selten törichten, Anerbietungen belästigt wurde. Vielleicht aber bezieht sich Fredersdorfs Entschuldigung nicht nur darauf, sondern er denkt an Friedrichs Überlastung mit politischen Sorgen.
² Daß dem König, trotz dieses Sorgendruckes, der Sinn für Schelmerei noch nicht abhanden gekommen ist, zeigen die durch ein „Nota bene!" hervorgehobenen letzten Worte seines Briefes, in denen er seinen alten Mit-Alchemisten (vgl. Brief 114ff.) mit der Nachricht vom Auftauchen eines „Neuen golt-machers" neckt. Daß Fredersdorf übrigens trotz aller Enttäuschungen immer noch gläubiger Anhänger dieser geheimen Wissenschaft ist, geht aus dem Schluß seiner Antwort hervor.

304

FREDERSDORF AN DEN KÖNIG

17. April 1755.

[Zuerst berichtet Fredersdorf über Rechnungen, bei denen der König eigenhändig verschiedene Zahlen durchstrichen und herabgesetzt hat, dann fährt er fort:]
Ewr. Königl. Maj. danke [ich] *untherthänigst vor den Berlinschen Goldtmacher, es kostet mich lehr-geldt genug! Meine absicht wehre endlich* [Meine Endabsicht war]: *wenn es wehr* [wäre] *Zu-Stande gekomen,* [so] *wolt* [ich] *es Nicht vor M i c h haben,* [sondern] *lediglich vor Ew. K. Maj. Nutzen, denn Ew. Königl. Maj. haben Mich so viel gegeben und so glücklich gemacht, daß ich Ihnen nicht genugsahm Zeit Meines lehbens danken kan! in-Zwischen hoffe* [ich], *Ew.*

Königl. Maj. alle Satesfaction [Genugtuung] *mit einer Sache Zu Machen, die Sie sich nicht vermuthen werden! —*

ich Ersterbe

Ew. Königl. Maj.
Aller-untherthänigster treüer Knecht
Fredersdorf

Potsd: d 17 Apl 1756

Mit den Worten: „Eure Majestät haben mir soviel gegeben und mich so glücklich gemacht, daß ich Ihnen zeitlebens nicht genug danken kann!" sagt Fredersdorf wahrlich nicht zu viel.

Die geheimnisvolle Andeutung, er hoffe dem König eine Genugtuung zu verschaffen, die jener nicht vermuten werde, kann wohl kaum anders ausgelegt werden, als in dem Sinne, daß doch noch, und zwar für bald, ein großer Erfolg im Goldmachen in Aussicht stünde, der Friedrichs politische Sorgen, wenn nicht beseitigen, so doch wesentlich mindern könnte.

Des Königs Antwort, mit der unsere Briefsammlung schließt, ist von bezwingend liebenswürdiger Schalkhaftigkeit.

305

DER KÖNIG AN FREDERSDORF

(18. April 1756).

ich habe Schon hier die übrige Närsche pretentions [närrische Ansprüche] *der leute* [auf den vorgelegten Rechnungen] *ausgestrichen.* [Vgl. die Einleitung zum vorigen Brief.]

Der goltmacher ist nicht zu verachten! er kan den Blik trefen, und den „goldenen König" machen! er ist sehr erfahren, und kan Dihr in 14 tage eine Million machen. das ist keine bagatelle! und wann du nuhr 8 oder 10000 Thaler zuSetzest, So schwimstu [schwimmst Du] *darnach in golt!! —*   *Fh*

*

Wir stehen am Ende. Ist es dem Leser ähnlich ergangen wie dem Herausgeber, so wird er bei der Beschäftigung mit diesen Briefen, dank ihrer unmittelbar ehrlich wirkenden, im schönsten Sinne naiven Art und ihrer erquickenden Herzenswärme, das Gefühl einer engen inneren Berührung mit dem Menschen Friedrich gehabt und dies als wertvolles Erlebnis empfunden haben. Dieses Gefühl wird auch nicht abgeschwächt werden durch die verstandesmäßige Erwägung, daß es sich um Briefe an einen im Grunde „unbedeutenden" Empfänger handelt, die vom Standpunkt der politischen Geschichte gesehen zumeist „unbedeutenden" Inhalt haben. (Der letztgenannte Einwand trifft indessen nur beschränkt zu, denn wenn man den Texten das hinzufügt, was der König und Fredersdorf sich dabei gedacht, dabei als selbstverständlich vorausgesetzt haben, so ist auch in diesen Briefen, wie wir sahen, recht viel „Bedeutendes" enthalten.)

Immerhin, die wertvollste Gabe, die uns unsere Sammlung vermittelt, ist nicht der „sachliche" Inhalt der Briefe, sondern ihr menschlicher Gehalt, der lebendige Eindruck, ein wie zartes, in ausdauernder Liebe warmes Herz in Friedrichs Brust schlug.

Aber ist ein neuer Beitrag zu dieser Erkenntnis so wichtig, um ein umfangreiches Buch in großer Auflage zu rechtfertigen? Um hierauf zu antworten, müssen wir uns die andere Frage vorlegen: Was bedeutet dem deutschen Menschen unserer Tage die Gestalt Friedrichs des Großen?

Daß diese Gestalt gegenwärtig den Blick ungezählter Augen auf sich zieht, ist ebenso unleugbar, wie der Grund dafür klar ist: Der große Zusammenbruch in und nach dem Weltkriege. Wie „Not" nach dem Sprichwort „beten" lehrt, so lehrt sie auch „verehren". Je tiefer ein deutsches Herz die Knechtung und die Not unseres Volkes als Schmach und brennendes Weh empfindet, desto mehr sehnt es sich nach solchen Gestalten der deutschen Geschichte, an denen es sich innerlich aufrichten kann. So empfinden zahllose Volksgenossen, weit über die kleine Schar derer h i n a u s , die da meinen, es könne und solle alles wieder so werden, wie es zur Zeit Friedrichs war. Auch die verschiedene Beantwortung der Frage, welche „Staatsform" (unter den gegenwärtigen Umständen oder überhaupt) für Deutschland die „richtige" sei, stellt k e i n e Schranke dar für den Kreis der Verehrer des großen Königs, oder sollte es doch nicht tun, noch weniger natürlich die preußischen Grenzpfähle. Was ja alle Menschen, denen Friedrich wert ist, eint, ist die einfache Tatsache, daß es den an der nationalen Not leidenden Gemütern wie ein Wundbalsam w o h l t u t , sich in eine Zeit zu versenken, in der man — selbstverständlich unter Zugrundelegung der damaligen politischen Begriffe — s t o l z sein durfte, eines deutschen Staates Bürger zu sein.

Warum ist es nun aber gerade Friedrich II., dem sich diese Sehnsucht jetzt am meisten zuwendet? Warum nicht Gestalten aus der Zeit der Napoleonischen Unterdrückung, die doch an sich der heutigen Lage eher vergleichbar wäre, als die Notjahre Friedrichs? — Vielleicht deshalb, weil die Taten von 1813 nicht so sehr in e i n e r markigen Persönlichkeit verkörpert sind. Und warum ist dem heutigen Deutschen gefühlsmäßig Hohenfriedberg und Leuthen, ja selbst Kollin, mehr als Sedan? Vielleicht wiederum, weil zwar Bismarck ein überragender Staatsmann, Moltke ein großer Feldherr und Wilhelm I. ein Landesvater war, dem die Herzen seiner Untertanen zuschlugen, wogegen in Friedrich a l l e diese Eigenschaften in e i n e r scharfumrissenen Persönlichkeit vereinigt waren, von der wahre Ströme unbeugsamer Trutzkraft auf alle Glieder des um sein Dasein ringenden Staates ausgingen.

Bei solcher „Heldenverehrung", die, wir wiederholen es, nicht Partei- sondern V o l k s s a c h e ist, handelt es sich um unwägbare Werte von tiefstem Gehalt, um einen dem Religiösen verwandten seelischen Hunger. Die lebendige und freudige Erinnerung an einen Friedrich ist heute ebenso wichtig, wie die an Goethe und Schiller, um das deutsche Volk vor knechtseligem Kleinmut zu bewahren und neue aufbauende Willenskräfte zu entbinden, deren Arbeitsfeld und Ziel im e i n z e l n e n natürlich individuell verschieden ist, je nach den Anschauungen darüber, auf welchem Wege man Deutschlands Heil suchen zu müssen glaubt. Wenn aber nur möglichst alle Menschen deutscher Zunge diese d e u t s c h e W i l l e n s r i c h t u n g haben, dann bleibt unser Volk innerlich gesund, wie auch immer die Staatengeschichte des Erdballs künftig verlaufen möge.

Von dieser Warte aus sehen und bewerten wir die neue Begeisterung für Friedrich II., von ihr aus auch die Kritik an seiner Größe, die als natürliche Gegenbewegung jüngst wieder verstärkt auf den Plan getreten ist.

Immer, namentlich aber bald nach Friedrichs Tode, sind Stimmen — auch von Trägern geschichtlich großer Namen — laut geworden, die ihn nicht gelten lassen wollten, ja, auf einzelnen Gebieten seine „Größe" schroff verneinten. Heute wissen wir — ohne Friedrichs gelegentliche Mißgriffe in Politik, Kriegführung und Verwaltung, ohne auch die Schattenseiten seines Charakters zu leugnen — daß jene Kritiker durchweg den Fehler machten, den König ungeschichtlich, nämlich mit den Augen anderer Zeiten, zu betrachten. So ist es z. B. unschwer zu erklären, daß ein Freiherr vom Stein, der (als Kind der neuen, in der großen Revolution geborenen Zeit) alles Heil von der tätigen Mitwirkung des denkenden Bürgers erwartete, dem Lebenswerk Friedrichs nicht gerecht wurde, da dieser die Staatsgestaltung durch allumfassende Herrschaft nur eines Menschen in schärfster, ja übersteigerter, wenn auch sittlich höchster Form verkörperte. Oder wie konnte ein Ernst Moritz Arndt (in seinen jüngeren Jahren) oder diejenigen glühenden Patrioten von 1848, die die Sehnsucht nach dem alldeutschen Reich in sich trugen, in Friedrich etwas anderes sehen, als den unheilbringenden Schöpfer der preußisch-österreichischen Doppelherrschaft, die die Schaffung eines „Groß-Deutschland" erschwert, wenn nicht unmöglich gemacht hatte? Erst das Werk Bismarcks — ein „Kleindeutschland", mit dem Kern des durch Friedrich stark gewordenen rein deutschen Preußenstaates, aber unter schmerzlichem Verzicht auf die deutschen Bevölkerungsteile des 1866 niedergerungenen vielsprachigen Reiches der Habsburger — schien Friedrichs Taten im nationalen Sinne zu rechtfertigen, rein tatsächlich genommen auch für diejenigen, die als wirkliche Geschichtskenner dem König nicht ein bewußtes Hinarbeiten auf solche („kleindeutsch") nationalen, also überpreußischen Ziele andichteten. Und wer wollte die Abneigung derer gegen Friedrich nicht verstehen, die in ehrlichem Schmerz über seine einseitige Hinneigung zur französischen Bildung und über seine bedauerliche Verständnislosigkeit für die doch auch schon zu seiner Zeit hohen Leistungen des heimischen Schrifttums, vergaßen, wie viel er sachlich gewirkt hat für das Erwachen nationalen Stolzes und damit auch der deutsch-bewußten Dichtung.

Soweit die „Verkleinerungsliteratur" unserer Tage von gewissenhaftem Wahrheitssinn getragen ist und sich von dem eben erwähnten Fehler frei hält, den König „unhistorisch" zu sehen, das heißt ihn nach dem Maßstabe anderer Zeiten zu messen, kann sie natürlich nicht einfach (womöglich unter dem Vorwurf unvaterländischer Gesinnung) „verworfen" werden, sondern sie hat Anspruch darauf, daß man sich sachlich mit ihr auseinandersetze. Sofern aber gewisse Bücher — und solche gibt es leider auch — die Verkleinerung Friedrichs (insbesondere seines Menschentums) zur „Tendenz" machen und die geschichtliche Wahrheit dabei vergewaltigen, halten wir sie von der oben genannten Warte aus für eine schwere Versündigung an der Seele unsres Volkes, zumal solchen Schriften gegenüber eine sachliche Gegenkritik machtlos ist. Es ist ja klar, daß Bücher, die — mit einer den Geschichtskenner schlechthin verblüffenden Erhabenheit über feststehende Tatsachen — in überredender schriftstellerischer Form ebenso zersetzende, wie blendende Behauptungen aufstellen, naturgemäß „interessanter" sind, als es eine gewissenhafte und darum notgedrungen vergleichsweise „nüchterne" Widerlegung sein kann. (Zudem würde eine solche die gleichen Leserkreise überhaupt nicht erreichen.)

Diese Sachlage in Verbindung mit der Erwägung, daß das Volk seine Helden nicht nur als große Tatmenschen bewundern, sondern sie auch menschlich lieben will, ergab für uns die Überzeugung, es sei unverantwortlich, bisher unbekannte Urkunden über den König, die in ungewöhnlichem Maße geeignet sind, ihm noch mehr als bisher die Herzen zu gewinnen, der breiten Öffentlichkeit vorzuenthalten. Das ist die „Rechtfertigung" für unser Buch! —

*

Gesamtgliederung

I. Einführung . . . . 3—43
   1. Die Grundeinstellung des Buches. Wie die Briefe in die Hände ihrer jetzigen Besitzer gelangten. Beweis ihrer Echtheit und Prüfung der Fragen, inwieweit und warum sie bisher unbekannt blieben, ob noch Stücke außerhalb unserer Sammlung erhalten sind, und ob der König einen Teil der Korrespondenz vernichtet hat. Die Schwierigkeiten der Chronologie. Grundsätze der Textbearbeitung (Seite 3—17).
   2. Abriß über Fredersdorfs Lebenslauf und dienstliche Stellung (Seite 18—24).
   3. Vorläufige Gesamtdarstellung des persönlichen Verhältnisses zwischen dem König und Fredersdorf, des wichtigsten, aber keineswegs alleinigen Themas der Briefe (Seite 25—43).

II. Die Brieftexte und ihre Erläuterung . . . . 44—404
III. Schlußwort . . . . 405—408

*

Wegweiser für inhaltliche Zusammenhänge . . . . 410—415
Personenverzeichnis . . . . 416—422
Berichtigungen 422

*

Das Manuskript ist abgeschlossen im Januar 1926.

Wegweiser

zum leichteren Auffinden gewisser inhaltlicher Zusammenhänge und einiger bemerkenswerter Einzelthemen.

*

I. Zusammenhänge der Kriegsgeschichte und der Außenpolitik.

Der Erste und Zweite Schlesische Krieg, bis September 1745.
                                                    Seiten 44—50

Die Schlacht von Soor und die Zeit bis Ende Oktober 1745 (Briefe 1—5, 8, 11, 12).   Seiten 53—59, 64, 66—70

Rückkehr des Königs nach Berlin; vermeintliches Ende des Feldzuges. Der Plan der Österreicher und Sachsen zum winterlichen Überfall auf Berlin und Schlesien wird bekannt. Friedrichs Gegenmaßnahmen. Das Gefecht bei Kath. Hennersdorf (23. XI. 1745).   Seiten 70—72

Der Feldzug in der Lausitz, Zusammenbruch der feindlichen Pläne. Friedrich hält den Enderfolg für gesichert (Briefe 14, 15, 16). Neue Sorgen; das Zögern Leopolds von Dessau (Briefe 17, 18, 19). Die Schlacht von Kesselsdorf (Brief 20). Einzug in Dresden; Politik der Mäßigung (Briefe 21, 22, 23). Der Frieden von Dresden, ein Zufall (Briefe 24, 25).   Seiten 72—87

Der König nach dem Zweiten Schlesischen Kriege (Rückblick und Ausblick).   Seiten 87/88

Die politischen Ereignisse von 1746. Neue Gefahren drohen, insbesondere von Rußland. Der österreichisch-russische „Vertrag von Petersburg".   Seiten 91/92

Die Einrichtung eines politischen Spionagedienstes durch Fredersdorfs Vermittlung (Briefe 32, 35, 36, 38, 42, 45, 49—53, 56—59, 61, 62, 65—74, 89).   Beginn Seite 101

Die Krise von 1749 (Rußlands Pläne zu einem Koalitionskriege gegen Preußen unter Benutzung der Schwedischen Frage) bereitet sich 1747 vor durch den unter Bestushews Einfluß erfolgenden Gesinnungswechsel der Zarin Elisabeth. Seiten 135/136

Änderung der politischen Gesamtlage durch den Frieden von Aachen. Die russische Krisis kommt 1749 zur Zuspitzung. Bestushews unsaubere Machenschaften. Überwindung der Gefahr durch Friedrichs Maßnahmen unter erneutem Anschluß an Frankreich. Seiten 168—170

Die Europäische Politik von 1749 bis 1752. Der Konflikt mit England (1752) wegen der schlesischen Restschuld und der Seerechtsfragen. England sucht Rußland zu kaufen; Österreichs Kriegsentschluß ist von Rußland abhängig. Die Krisis dauert bis 1754. Seiten 200—203

Das „Lager von Spandau" 1753. Seiten 215/216

Die Geheimbestimmungen des Vertrages von Petersburg werden Friedrich bekannt. Seite 219

Georg Keith wird gegen Englands Einspruch preußischer Gesandter in Paris. Friedrichs Politik ist ganz auf Frankreich eingestellt.
Seiten 239/240

Der Plan zur Heeresvermehrung auf Grund künstlicher Goldherstellung. Seiten 245—247

Der glückliche Ausgang der englischen Krisis (1754) infolge Scheiterns der Verhandlungen zwischen London und Petersburg. Seite 285

Weitere Kriegssorgen. Militärische Spionage. Seite 304f.

Die Vorgeschichte des französisch-englischen Kolonialkonfliktes in Nordamerika. Seite 368f.

Wertminderung der französischen Bundesgenossenschaft für Preußen. Zumutung Frankreichs an Friedrich, er solle im Kriegsfalle (das mit England verbundene) Hannover angreifen. Bestreben des Königs, den kommenden französisch-englischen Kampf von Europa fernzuhalten. Seiten 370—372

Englands Versuche zu einer Annäherung an Preußen. Friedrichs Zurückhaltung. Seiten 386—388

Friedrichs politische Schwenkung im September 1755 wegen der ihm infolge Einigung zwischen London und Petersburg drohenden Gefahr eines Angriffs durch England, Rußland und Österreich. Der Neutralitätsvertrag mit England von Westminster. Dessen Wirkung auf Frankreich und Rußland: Frankreich erliegt allmählich den Werbungen Österreichs, deren Ergebnis der „Vertrag von Versailles" ist. Rußland löst sich, zunächst geheim, von London und schließt sich der Gruppe Österreich-Frankreich an. Dem für 1757 beschlossenen Angriff auf Preußen kommt Friedrich 1756 durch Einmarsch in das pseudo-neutrale Sachsen zuvor. Seiten 391—396

II. Psychologische Zusammenhänge

1. Vorläufige Darstellung von Friedrichs persönlichem Verhältnis zu Fredersdorf. (Die bestätigenden Einzelbeispiele innerhalb der Brieftexte [Seite 44—404] sind in diesem „Wegweiser" nicht besonders bezeichnet, weil sie sich fast in jedem Stück der Sammlung finden.)
Seiten 25—43

2. Buchstellen, die den Werdegang, die Eigenart und die Begrenztheiten von Friedrichs Innenleben betreffen, insbesondere im Hinblick auf seine **gefühlsbetonten Beziehungen** zu anderen Menschen (über Fredersdorf hinaus).

Hier sind die wichtigsten und in der genannten Reihenfolge voneinander abhängigen Skizzen die folgenden:

a) Gedanken über die geistige und charakterliche Entwicklung Friedrichs vom Knabenalter bis einschließlich zur Rheinsberger Zeit (Anm. 3 zu Brief 76). Seiten 147—149

b) Friedrichs Verhältnis zur Königin und zum weiblichen Menschen im allgemeinen (Anm. 3 zu Brief 78). Seiten 151—160

c) Jungfriedrich, der angeblich „effeminierte Kerl" (Anm. zu Brief 88). Seite 167/168

d) Des Königs Verhältnis zu seinen Freunden und die tragischen Züge darin (Anm. zu Brief 102). Seiten 186—192

e) Die Zerrissenheiten und Unstimmigkeiten in Friedrichs Naturanlage und ihre Überwindung. Seiten 250—253

f) Die Geschichte vom Pagen „Carel". (Siehe Personenverzeichnis unter „Carel"). Hauptstelle (zu Brief 211): Seiten 315—320

Mit diesen Skizzen a—f stehen die Bemerkungen zu den folgenden Einzelpersönlichkeiten — als Unterlagen oder Ergänzungen — in psychologischer Verbindung. (Das Nachstehende in der Buchreihenfolge.)

S. 52 (Knobelsdorff, Rothenburg); S. 54 (Eichel); S. 55f. (Königin Elisabeth); S. 61 (Barbarina, vgl. S. 144); S. 62 (Grfn. Camas, Jordan, Dietrich Keyserlingk); S. 63 (Duhan); S. 68 (Borcke); S. 67 (Podewils); [S. 87f. Rückblick und Ausblick]; S. 96 (Königin Mutter); S. 99 (d'Argens); S. 108 (Darget); S. 114 (Königin Elisabeth); S. 116 (Königin Mutter); S. 132f. (Adelaide Keyserlingk, Grfn. Camas); S. 138f. Grf. Schaffgotsch); S. 144 (Königin Mutter); [Skizzen a, b und c, Seiten 147—149, 151—160, 167f.]; S. 172f., 174f. und 176 (Wilhelmine); S. 173 (Lentulus); S. 175f. (Chasot); S. 178 (d'Argens); [Skizze d. Seiten 186—192]; S. 194f. (La Mettrie); S. 204—211 (Voltaire); S. 210 (Georg Keith, vgl. S. 239); S. 221 (Wilhelmine); S. 233 (Münchow); S. 236 (Verschiedene Freunde); S. 240 (de Prades); [Skizze e, Seiten 250—253]; S. 256—258 (Voltaire und Wilhelmine); S. 260 (Des Königs Brüder); S. 270—272 (Wilhelmine); S. 276 (Gotter); S. 280f. (Voltaire); S. 291 (Wilhelmine); S. 292—294 (Georg Keith, Algarotti und verschiedene); S. 294f. (d'Alembert); S. 307f. (Wilhelmine); [Skizze f, Seiten 315—320]; S. 320f. (Thronfolger Friedrich Wilhelm); S. 328—331 (Friedrich Wilhelm I., Schulden des Kronprinzen); S. 338f. (Wilhelmine); S. 347 (Amalie und Philippine Charlotte); S. 351 (Verschiedene Freunde); S. 361 (Algarotti); S. 400 (Königin Mutter).

III. Sonstige Zusammenhänge und einige Einzelthemen

Das „Goldmachen".

Brief 114 (Abriß zur Geschichte der Alchemie, Seite 212/213), Briefe 115, 120—132 (Rechtfertigung für den König, Seite 229—231), Briefe 133, 135, 137, 138, 141, 142, 146—149, 151, 154, 155 (das „Gegenbeispiel", Seite 262f.) Weitere Briefe aus der Zeit, da der König die Goldmacherei innerlich überwunden hatte, siehe im Personenverzeichnis unter „Drop". Scherzhafte „Goldmacherbriefe" sind ferner die Nummern 291 (vom „raren Elixier") und Nr. 303—305.

Volkswirtschaft, Handelspolitik, Währung, Verkehr, Technik, Siedlung.

Beispielstellen: Seite 83 (Gotzkowsky); S. 93f. (Fäsch. Friedrich sein eigener Handelsminister); S. 96 (Textilindustrie); S. 105f. (Siedlungen); S. 122f. (Weinbau und Seidenraupenzucht); S. 134 (Post); S. 137f. (Südfrüchte); S. 145f. (Firma Splitgerber und Daum, Kleineisenindustrie, Raffinerien); S. 151 (Tapeten); S. 177 (Pariser Handelsvertragsverhandlungen); S. 180f. (Welthandel, Emdener Handelskompagnien, Problem der Kriegsmarine, die Berliner Seehandlung); S. 267 (Kampfzölle); S. 277 (Leinenindustrie); S. 286f. (Kornpreisregulierung, Kanalpolitik, Siedlungen); S. 302 (Handelspolitik mit Spanien); S. 332—336 (Inflation, Aufwertung, Retablissement); S. 344 (Die „Feuermaschine"); S. 382 (Einwanderung von Kaufleuten. Vgl. S. 114); S. 388 (Reisegeschwindigkeit des Königs).

Friedrichs Verhältnis zur Bühnenkunst und Musik.

Beispielstellen: Seiten 57, 61f., 97, 109, 111f., 274, 284, 306f., 363, 382. Einzelne Theater- und Musikergeschichten siehe im Personenverzeichnis unter den Künstlernamen, insbesondere: Astrua, Bach, Barbarina, Carestini, Denis, Gasparini, Masi, Quantz, Westris.

Friedrich und die bildende Kunst.

Beispielstellen: Seiten 51, 52, 118, 146, 149, 233, 310f. („huntzfotiesche heilige"), 338, 353f. (Leda), 374, 400f., 401f. (Unser Friedrichsbild.)

Friedrich und die Bücher.

Beispielstellen: Seiten 147f., 259, 328.

Friedrichs Kenntnis der deutschen (und französischen) Sprache.

Beispielstellen: Seiten 14ff., 108, 206, 407.

Staatliche und persönliche Geldnöte, Schulden, Trennung zwischen öffentlichen und privaten Mitteln.

Beispielstellen: Seiten 60, 65f., 164, 165, 254f., 264f., 265, 268, 269—271, 327—330, 333f., 341, 399.

Der König als sein eigenes Faktotum. (Absolutes Regierungssystem, Glaube an seine eigene universale Sachverständigkeit, hausväterliche Klein-Interessen.)

Beispielstellen: Seiten 21f., 52, 61, 63, 67, 81, 93ff., 94f., 99, 102, 125, 165, 232f., 252, 265, 284, 298f., 320, 325, 332, 341, 359f., 375—377, 400, 404, 407.

Offiziere (Adel) und Soldaten.

Beispielstellen: Seiten 85, 104, 126, 215f. (Manöver), 300, 301f. (Adel), 330, 398. (Siehe auch Leopold von Dessau S. 79f. und 119.)

Friedrich und die Justiz.

Seiten 62f.

Innere Eroberung Schlesiens, Verhältnis zur Kurie.

Beispielstellen: Seiten 138ff., 232f., 324.

Friedrich und die Juden.

Seiten 101f., 113f., 334f.

Schloß Sanssouci.

Beispielstellen: Seiten 52f., 121, 125, 142, 146f., 173f., 290 (die Fontänen), 343f.

Abneigung gegen höfische Repräsentation.

Beispielstellen: Seiten 96, 110, 243, 272.

Friedrich und seine Tiere.

Beispielstellen: Seiten 54, 76, 192, 213f., 345f., 366f., 381f.

Friedrichs medizinische Anschauungen.

Beispielstellen: Seiten 34—39, 97f., 98f., 115, 196—198 (Astrologie), 213, 307f, 326, 357, 379f. (Geisteskrankheiten), 384f.

Krankheiten des Königs.

Beispielstellen: Seiten 96f., 100, 110f., 112f., 115, 116, 140, 179, 370, 373, 374, 398.

Gedanken über den Tod.

Seiten 110f, 203.

Nachklänge der Rheinsberger Zeit.

Beispielstellen: Seiten 148f., 153f., 187ff., 330, 345f., 378.

Friedrich und die Pädagogik.

Seiten 167, 319, 321.

Friedrichs Erhabenheit über Verleumdungen.

Seiten 210, 381.

Persönliche Bescheidenheit Friedrichs.

Beispielstellen: Seiten 76, 339, 363, 400f.

Menschenfreundlichkeit des Königs.

Beispielstellen: Seiten 60, 63, 224f., 232., 262f.

Tafel, Diät, Küche.

Beispielstellen: Seiten 105, 120, 122, 123, 127, 151, 278, 298—300 (der große Küchenbericht), 365, 375, 377f.

*

Personen-Verzeichnis

Friedrich II. und Fredersdorf sind, weil sie ständig vorkommen, nicht aufgenommen. Nebenpersonen sind vielfach in den (z. T. verballhornten) Namensformen gebracht, wie sie sich in den Originalen finden. Bei Theaterpersonal ist im Register stets nur ein „Th." zugefügt, also nicht zwischen Sängern, Tänzern, Schauspielern usw. unterschieden.

Adam, Bildhauer 338.
Adam, „der Jüngere", Bildhauer 338.
Adamsdorf 116. 117.
d'Adhémar, Marquis, Hofbeamter in Bayreuth 256. 257.
Agricola, Johann Friedrich, Hofkomponist 276. 376. 377.
Alberdahl, Kellermeister im Dienst Friedrichs II. 122. 124. 125. 127.
Albert, Prinz von Braunschweig, Bruder von Friedrichs II. Gemahlin 53. 55f.
d'Alembert, Jean Lerond, französischer Philosoph 191. 294ff. 388.
Alexander der Große 197.
Algarotti, Graf, Freund Friedrichs II. 61. 191. 236. 291f. 293f. 296. 360f. 362. 365. 373. 374. 387.
Amalie, Prinzessin von Preußen, Friedrichs II. Schwester 150. 346f.
Amador (Th.) 297.
Ammon, Christoph Heinrich von, preußischer Delegierter in Paris 177.
Anderson, Kammerdiener 98. 99. 378f. 380f.
d'Argens, Johann Baptista, Marquis 99. 178. 179. 282. 293.
Argenson, französischer Kriegsminister 259.

Aristarch von Samos, griechischer Astronom 197.
Aristoteles, griechischer Philosoph 212.
Arndt, Ernst Moritz 407.
Arnhold, Müller 63.
Astrua, Giovanna (Th.) 62. 93. 109. 110. 115. 129. 149. 161f. 163f. 243. 244. 266. 267. 277. 278. 286. 288. 306.
August, „der Starke", Kurfürst von Sachsen, König von Polen 172.
August II., Kurfürst von Sachsen, König von Polen 47. 57. 64. 71. 72. 84. 85. 201.
August Wilhelm, Prinz von Preußen, Bruder Friedrichs II. 29. 86. 260. 321. 387.

Bach, Johann Sebastian 276. 376.
Bach, Philipp Emanuel 376. 377.
Bandeson, Tabaksdosenmacher 352. 353 („Banson"). 383 („Boidson".)
Barbarina (auch „Barberina"), (Th.) 60. 61. 144.
Bassewitz, Adolf Graf von 5. 8. 13.
Batthyany, österreichischer General 102. 142.
Benda, Franz, Geigenkünstler 363.
Benedikt XIV., Papst 138ff. 163. 339.

Bernes, Joseph Graf, österreichischer Gesandter 102. 117. 123. 127. 134. 137. 140. 142. 169.
Bestushew, Großkanzler von Rußland 47. 92. 135f. 169f. 202. 219. 391. 395.
Bibiena, Josef Galli, Bühnenmaler und Baumeister 267.
Bielfeld, Jakob Friedrich Baron von 19.
Bismarck, Otto Fürst von 7. 333. 398. 406. 407.
Blanckenburg, von 53.
Boden, Friedrich August von, Etatsminister Friedrichs II. 86. 87.
Borcke, Friedrich Ludwig Felix von, Generaladjutant Friedrichs II. 67. 68. 188. 236.
Borcke, Caspar Wilhelm von, Minister Friedrichs II. 103. 104.
Borcke, Graf, Gouverneur des Prinzen Friedrich Wilhelm (II.) von Preußen 321.
Böttger, Erfinder des Porzellans 213.
Bredow, von 53.
Bresing, Kaufmann 381f.
Burchardt, Friedrich 9. 11. 12. 13. 17. 19. 32. 54. 277. 322.

Cagnony, von, preußischer Gesandter in Madrid 302.
Calabria (Th.) 312.
Camas, Gräfin 62. 132f. 157.
Carel (Carl Friedrich v. Pirch), Leibpage Friedrichs II. 32. 192. 275. 281. 282. 297. 315. 316ff. 330f. 337. 356f. 366f. 369. 381.
Carl s. unter Karl.
Carestini (Th.) 243. 244. 266. 267. 278. 288. 289.
Chambrier, Baron, preußischer Gesandter in Paris 178. 179f. 239.
Charlotte, Herzogin von Braunschweig, s. unter Philippine Charlotte.
Chasot, Franz Isaac von 174. 175. 176. 190. 195. 236. 345.

Châtelet, Marquise du, Geliebte Voltaires 204. 205.
Christine, Königin von Schweden 354.
Cicero 198.
Cocceji, Großkanzler in Preußen 61. 138f.
Cocceji, des vorigen Sohn 61.
Cocchetta (Th.) 360. 362.
Cochois (Th.) 161. 282.
Correggio, Maler 310f. 354.
Cothenius, Dr., Leibarzt Friedrichs II. seit Dezember 1747: 31. 34. 35. 37. 39. 99. 115. 166. 168. 171. 181. 182 bis 185. 193—195. 196. 199. 200. 215. 217. 219. 221. 227. 228. 235 bis 238. 240. 242. 254. 256. 261. 263. 264. 266. 273. 279. 291. 296. 306. 307. 309. 314. 323f. 331. 332. 337. 346. 348. 350. 351f. 354f. 356f. 358. 362. 370. 374. 378. 383f. 388f.
Cricca (Th.) 284.
Croce (Th.) 276.

Dahlen, von, deutscher Kaufmann in Spanien 300ff.
Darget, Etienne 108. 236. 239. 240. 291. 293. 361. 388.
Daum, Schwiegervater Fredersdorfs 20. 241.
Denis (Th.) 267. 283. 288. 289. 312f. 321. 337. 372f. 379.
Deutsch, Geheimrat 120.
Donop, von, Page 160. 161.
Drop (auch „Droop" und „Trop"), Goldmacher 253. 254f. 264f. 269. 270. 272. 273. 279. 324. 351f.
Duhan de Jandun, Jacques Egide 60. 63f. 67. 79. 81. 87. 236. 328.
Duvergé 37. 326. 340. 349. 354.
van Dyck, Maler 233. 311.

Ebenhecht, Bildhauer 338.
Eduard VII., König von England 239.
Eichel, Kabinettsrat 22. 48. 53. 54. 67. 68. 74. 94. 102. 105. 118. 120. 126. 128. 132. 137. 140. 141. 254. 377.

Elisabeth, Königin von England 368.
Elisabeth, Zarin von Rußland 47. 71. 91. 135. 169. 202. 219. 347. 391. 395.
Elisabeth Christine, Gemahlin Friedrichs II. 55f. 110. 113. 114. 116. 150. 151ff.
Eller, Arzt Friedrichs II. 64. 95. 97. 101. 103. 113. 115. 121. 122. 140f. 144.
Ephraim 113. 114. 334. 353.
Eugen, Prinz von Savoyen 175.

Fäsch, Johann Rudolf Emanuel 93. 94. 277. 302. 332.
Ferdinand, Prinz von Preußen, Bruder Friedrichs II. 165. 248. 249. 260. 262. 321. 346. 398.
Ferdinand, Prinzessin von Preußen (Luise) Gemahlin des vorigen 398.
Ferdinand, Prinz von Braunschweig, Schwager des Königs 358.
Fink, Rendant der Münze 241. 242. 245.
Föse, Annaliese, Gemahlin des Fürsten Leopold v. Dessau 119.
Fontane, Theodor 18. 20. 24.
Fouqué, de la Motte-, Heinrich August, Freund Friedrichs II. 148. 187.
Franz von Lothringen-Toskana, Gemahl Maria Theresias, Kaiser 46. 47. 49. 117. 118. 200f. 306.
Freytag, Resident in Frankfurt a. M. 210.
Friederike, Markgräfin von Ansbach, Schwester Friedrichs II. 217.
Friedrich I., König von Preußen 255. 300.
Friedrich, Markgraf von Bayreuth, Schwager Friedrichs II. 172f. 270f. (S. Berichtigungen.)
Friedrich Wilhelm, der Große Kurfürst 287.
Friedrich Wilhelm I., König von Preußen 60. 67. 68. 69. 119. 147. 167. 172. 188. 232. 300. 328ff. 345.

Friedrich Wilhelm (II.), Thronfolger 260. 320. 321f.
Friedrich Wilhelm IV., König von Preußen 344.
Friedrich, Erbprinz von Hessen-Kassel 386.

de Gasc 402.
Gasparini, Giovanna (Th.) 60. 62. 129. 130. 137. 149. 268. 269. 274. 275.
Georg II., König von England 49. 71. 202. 239. 243. 258. 330. 371. 386. 392.
Glasow, Kammerdiener 296.
Glöden, von 65.
Goethe, Johann Wolfgang von 5. 159. 406.
Gotter, Graf Gustav Adolf 276.
Gotzkowsky, Kaufmann in Berlin 82. 83. 85. 302.
Graumann, Generalmünzdirektor 254. 256. 332f. 334. 336.
Graun, Karl Heinrich, Kapellmeister und Komponist 61. 109. 111. 274. 276. 300. 363.
Gregor VII., Papst 156.
Gröben, von der, Kammerpräsident in Ostpreußen 200. 202f.
Grothe (Rode?), Maler 401. 402.
Grumbkow, von, General 152.
Grünne, österreichischer General 71. 72. 74. 75. 77ff.
Gustav Adolf, König von Schweden 354.

Hacke, Hans Christoph Graf von, Generaladjutant, Kommandant von Berlin 67. 68. 313.
Händel, Komponist 111.
Happe, von, Etatsminister Friedrichs II. 84.
Harrach, Graf, österreichischer Diplomat 82. 84. 86.
Hasse, Johann Adolf, Kapellmeister in Dresden, Komponist 83. 111. 274. 363.

Heinrich, Prinz von Preußen, Bruder Friedrichs II. 58. 59. 165. 249. 250. 260. 262. 274. 321. 346.
Heinrich, Prinzessin von Preußen (Wilhelmine) Gemahlin des vorigen 248. 249. 250. 347.
Heintze, Fontänenbauer 290.
Heller, Oberförster 124.
Hermon, ägyptischer Priester 234.
Hirschel 206.
Holstein-Beck, Herzog Friedrich Wilhelm von 69. 103. 120. 121. 122.
Homer 147.
Hony, Weinhändler in Brüssel 163. 164.
Hyndford, Lord, englischer Gesandter 136.

Isaac, Münzpächter 334.
Itzig, Münzpächter 334.

Joel, Unternehmer 151.
Jordaens, Jakob, holländischer Maler 310f. 364.
Jordan, Etienne, Freund Friedrichs II. 27. 62. 108. 137. 148. 186ff. 236. 293.
Jordan, Schreiber 102. 132.
Joyard, Leibkoch Friedrichs II. 103. 105. 297f. 365.
Justinianus, Kaiser von Ostrom 198.

Kalkreuth, von, General 205.
Kannegießer, von, Page 160. 161.
Karl V., Kaiser 354.
Karl VI., Kaiser 44. 114.
Karl VII., Kaiser 45. 46.
Karl, Herzog von Braunschweig, Gemahl von Friedrichs II. Schwester Philippine Charlotte 85. 86. 214 bis 216. 248. 249. 262f. 387. 392.
Karl Wilhelm Ferdinand, Erbprinz von Braunschweig, Neffe Friedrichs II. 216f. 221.
Karl von Lothringen, Prinz, Schwager Maria Theresias 45. 49. 50. 54. 55. 69. 70. 71. 72. 73f. 79. 81. 82. 201.

Karl August, Herzog von Sachsen-Weimar 159.
Karl Eugen, Herzog von Württemberg 165.
Karl Wilhelm Friedrich, Markgraf von Ansbach, Schwager Friedrichs II. 248. 271.
Karl Alexander, Erbprinz von Ansbach, Neffe Friedrichs II. 214—216. 217. 220. 248.
Katharina, Kaiserin von Rußland 294.
Kaunitz, Graf, österreichischer Staatsmann 394. 395.
Keith, Georg von, Erbmarschall von Schottland 191. 210. 236. 239. 240. 258. 284. 288f. 291ff. 341.
Keith, James, Feldmarschall Friedrichs II. 239.
Kehr, Generaldirektor der Preußisch. Staatsarchive 7.
Keyserlingk, Dietrich von 27. 62. 132. 148. 186ff. 236.
Keyserlingk, Adelaide von 62. 131. 132f.
Keyserlingk, Graf Karl Hermann von, russischer Gesandter in Berlin 144f. 169.
Klinggräffen, Joachim Wilhelm von, preußischer Gesandter in Wien 360. 361f.
Knobelsdorff, Georg Wenzel Freiherr von 51. 52. 53. 55. 94. 188. 236. 282. 360.
Kopernikus 197. 198.
Köppen, Friedrich Gotthold, Geheimrat 11. 12. 53. 55. 58. 59. 60. 235. 236. 248. 257. 272. 273. 324. 374. 399.
Kortum, Arzt 213.
Kosak, Fasanenmeister 103. 104. 125f.
Koser, Reinhold, Historiker 18. 19. 222.
Krutisch, Gärtner 137.
Kunckel, Johann, Alchemist 213.

Labes, von, zweiter Gatte von Fredersdorfs Witwe 8.

Lachmann, Kurpfuscher 38. 348. 388f.
Lacé, Madame 353. 374.
La Mettrie, Jules Offray 190. 194. 195. 236. 240.
Latouche, französischer Gesandter in Berlin 370f.
Lehwaldt, von, preußischer General 78.
Lentulus, Robert Scipio von 171. 173f.
Leopold, Fürst von Anhalt-Dessau 53. 69. 71. 73. 74. 75. 78. 79. 80. 81f. 118. 119f. 120. 121. 330.
Lesser, Hofrat, Arzt 53. 55. 58. 109. 140f. 150.
Lessing, Gotthold Ephraim 14.
Lieberkühn, Arzt 121.
Lieberkühn, Juwelier 346f. 348.
Liechtenstein, Fürst Wenzel 117. 118.
Lonié (Longy), Gläubiger Friedrichs II. in Aachen 327f. 331.
Loria (Th.) 93. 97. 108. 109. 110. 111. 278. 279. 280.
Louis, Herzog von Orleans 354.
Louis Ferdinand, Prinz von Preußen 398.
Lüderitz, Graf 266.
Ludwig XV., König von Frankreich 21. 338.
Luini (Th.) 364. 376.
Luise Amalie, geborene Prinzessin von Braunschweig, Gemahlin Prinz August Wilhelms von Preußen 145. 260.
Luise Henriette, Gemahlin des Großen Kurfürsten 255.
Luther, Dr. Martin 354.

Marggraf, Chemiker 146.
Maria Theresia 44—47. 49—50. 55. 71. 82. 84. 86. 91f. 102. 118. 134. 142. 169. 173. 201. 205. 258. 304. 306.
Marius, römischer Feldherr 119.
Marschall, von, Handelsminister 94. 131.

Masi (Th.) 93. 107. 109. 111. 115. 125. 127f. 132. 133. 280.
Matschenco 32. 281. 282. 316.
Maupertuis, Pierre Louis Moreau de 67. 68. 79. 81. 194. 195. 207. 210. 236. 293.
Max Joseph, Sohn Carls VII. 46. 201.
Menzel, Adolf von 57. 173. 276. 363.
Menzoni (Th.) 297.
Mettra, Kunsthändler in Paris 294. 309f. 311. 315. 353f. 364. 368. 374.
Meyerinck, General 72.
Miethe, Professor Dr. 235.
Mohammed 198.
Molteni (Th.) 276. 279.
Moltke, Hellmuth Graf von, Generalfeldmarschall 406.
Montperny, Théodore Camille, Marquis, Hofbeamter in Bayreuth 306f. 314. 315. 331. 355.
Morau, Kurpfuscher 354.
Mozart, Wolfgang Amadeus 274.
Müller, Geheimrat 53.
Müller, Küfer 122.
Münchow, von, Kammerpräsident in Küstrin 319.
Münchow, Ludwig Wilhelm von, Graf Minister 16. 231. 232f. 236. 238.
Münchow, von (Schüler in Rheinsberg) 319.

Nahel, Bildhauer 86.
Napoleon I. 392. 406.
Nettelbeck 302.
Nichelmann, Musiker 376. 377.
Nivernais, Herzog von, französischer Sondergesandter 393f.
Nothnagel, Goldmacherin 217. 222 bis 228. 229. 231. 238. 241. 247. 255. 261. 262.

Oldenburg, Fräulein von 318. 367.

Paganini (Th.) 276. 284.
Pailly (Pally) 166.
Pannewitz, Marie von 260.
Paracelsus, Theophrastus 39. 389.
Pasqualino, (Th.) 244.

Paul, Sohn Katharinas von Rußland 294.
Paulino, (Th.) 362. 363.
Pelham, Führer der englischen Whigpartei 285.
Pesne, Maler 188. 310. 401.
Peter, Großfürst, Neffe Elisabeths von Rußland 347.
Petit 233. 283. 310.
Philippine Charlotte, Herzogin von Braunschweig, Schwester Friedrichs II. 85. 86. 217. 346f. (Seite 86 versehentlich nur mit dem ersten Namen bezeichnet).
Pinel, französischer Arzt 380.
Pinetti (Th.) 306. 307. 308f. 331f. 337. 342. 343. 344. 353. 364.
Pinti (Th.) 84. 85.
Pirch, Carl von, s. unter Carel.
Pirch, Johann Ernst von, Leibpage Friedrichs II. 320.
Pitt, d. Ältere, englischer Premierminister 333.
Platon 147.
Plinius, der Ältere 198.
Pluvigné (Th.) 179.
Podewils, Graf von, preußischer Kabinettsminister 47. 55. 67. 68. 71. 76. 78. 102. 401.
Polignac, Kardinal 146. 338. 353f.
Pöllnitz, Baron 106. 107.
Pompadour, Marquise de 394. 395.
Porporino (Th.) 51. 53.
Posoni (Th.) 332. 336.
de Prades, Vorleser des Königs 239. 240. 402.
Preuß, Historiker 255.
Priestley, Chemiker 230.
Ptolemäus, Astronom 197.
Puebla, Graf, österreichischer Gesandter 168. 169.

Quantz, Johann Joachim, Hofmusiker 56. 57. 58. 272. 276. 363.

Rasumowski, Graf 135f. 395.
Rehdentz, Oberforstmeister 124. 125.

Rietzer 53. 67. 68.
Rothenburg, Friedrich Graf von, General, Freund Friedrichs II. 27. 51. 52. 53. 58. 64. 67. 79. 81. 86. 185. 186f. 189. 192. 236.
Romani (Th.) 130. 149. 306.
Rouillé, Graf, französischer Minister 372.
Rubens, Maler 233. 311.
Rudenschöld, von, schwedischer Gesandter 70.
Rutowski, Graf, sächsischer General 74. 78—80. 82.

Salimbeni, Felix (Th.) 60. 62. 112. 128. 161. 162.
Schaffgotsch, Graf (Fürst) Philipp Gotthard von 138f. 190.
Schiller, Friedrich von 165. 406.
Schlieben, Graf, Oberjägermeister Friedrichs II. 103.
Schlieben, Gräfin, spätere Gemahlin Dietrichs von Keyserlingk 132.
Schlesinger, Maler 354.
Schlitz, Graf 8. 9. 10. 12. 13. 20. 281.
Schmidt, Kaufmann in Emden 254.
Schneider, dänischer Legationssekretär 102. 134.
Schopenhauer, Arthur 214.
Schuwalow, Graf (Günstling der Zarin Elisabeth) 395.
Schwerin, Graf, Oberstallmeister 173.
Sidotti (Th.) 276.
Sinzendorff, Graf Philipp von, Kardinal, Fürstbischof von Breslau 137. 138.
Sophie Dorothea, Mutter Friedrichs II. 57. 70. 96. 110. 113. 116. 144. 150. 154. 157. 172. 176. 189. 248. 249. 262. 274. 329. 356. 400.
Sophie Charlotte, Gemahlin Friedrichs I. 253. 255.
Splitgerber, Kaufmann in Berlin 145f. 166. 309. 328. 331. 365. 366. 399.
Stein, Freiherr vom 407.
Stein, Charlotte von 5.

Stefanino Leonardi (Th.) 297. 376.
Stille, Christoph Ludwig von (Freund Friedrichs II.) 149. 187.
Stuart, schottischer Kaufmann 180.
Sulla, römischer Diktator 119.
Sweerts, Baron, Schauspieldirektor 144. 265. 275. 276. 280. 322f. 381.
Sydow, von, Page Friedrichs II. 160. 161. 399.

Tacitus 198.
Tichy 103. 104. 105.
Tizian 310f.
Treskow, von 300.
Tuke, englischer Arzt 380.

Ulfeld, Wiener Hofkanzler 102. 117. 142.
Ulrike, Friedrichs II. Schwester, Kronprinzessin, später Königin von Schweden 70. 136. 169f. 347.

Valory, Marquis, französischer Gesandter in Berlin 108.
Vanloo, Maler 400f.
Veronese, Paolo, Maler 310f. 353.
Villiers, Thomas, englischer Gesandter 72.
Vitzthum von Eckstädt, Frl. von 318. 367. 369. 381.
Voltaire 3. 16. 23. 27. 68. 99. 147. 172. 173. 174. 190. 204ff. 207ff. 229. 236. 239. 256. 257. 258f. 280. 281. 293. 294f. 388.
Volz, Gustav Berthold, Historiker 174.
Voß, Buchhändler 257. 259.

Voß, Steuerrat 259.
Voß, Ernst Johann von, Diplomat 259. 260. 261.
Voß, Sophie von (später Gräfin Voß, Gemahlin des vorigen) 261.

Wähler, Stallmeister Friedrichs II. 105.
Wagner, Richard 5. 274.
Wallenstein 198.
Wartensleben, Graf Leopold Alexander 387.
Watt, James 344.
Watteau, Antoine, französischer Maler 51. 59. 310.
Wedell, Georg von 53. 55.
Wedell, von, Husarenleutnant 252f.
Westris (Vestris) (Th.) 233. 283. 312.
Wilhelm I., deutscher Kaiser 282. 406.
Wilhelm II., deutscher Kaiser 94. 173f. 239.
Wilhelmine, Markgräfin von Bayreuth, Schwester Friedrichs II. 19. 61. 151. 152. 156. 157. 160. 165. 171. 172ff. 174. 175. 176. 186. 189. 192. 206. 214. 220. 221. 226. 231. 248. 249. 256. 257f. 260. 270ff. 291. 300. 307. 308. 329. 330. 338. 339.
Wolff, Christian, Philosoph 345f.
Woronzow, Vizekanzler von Rußland 92.
Wreech, Frau von 157.

Xenophon 147.

Zieten, Hans Joachim von, Husarengeneral 72.

*

Berichtigungen:

Seite 86, Zeile 5, lies statt Philippine: Philippine Charlotte.
„ 172, „ 23, lies statt Karl: Friedrich.
„ 217, „ 13, lies statt Friederike Luise: Friederike.